薪酬蓝皮书

本书由中国劳动保障科学研究院资助出版

中国薪酬发展报告

（2011 年）

人力资源和社会保障部劳动工资研究所组织编写

刘学民　主编

中国劳动社会保障出版社

图书在版编目（CIP）数据

中国薪酬发展报告.2011年/刘学民主编. —北京：中国劳动社会保障出版社，2012

ISBN 978-7-5167-0005-1

Ⅰ.①中… Ⅱ.①刘… Ⅲ.①劳动报酬-研究报告-中国-2011 Ⅳ.①F249.24

中国版本图书馆CIP数据核字（2012）第206762号

中国劳动社会保障出版社出版发行

（北京市惠新东街1号 邮政编码：100029）

出版人：张梦欣

*

中国铁道出版社印刷厂印刷装订 新华书店经销

787毫米×1092毫米 16开本 27.5印张 407千字

2012年8月第1版 2012年8月第1次印刷

定价：72.00元

读者服务部电话：010-64929211/64921644/84643933

发行部电话：010-64961894

出版社网址：http://www.class.com.cn

薪酬蓝皮书

中国薪酬发展报告

(2011 年)

主　编　刘学民

副主编　杨黎明

撰稿人　(以文序排列)

王学力　肖婷婷　王　霞

刘军胜　吕井海　杨艳玲

刘秉泉　王　宏　胡宗万

狄　煌　常风林　孙群义

钱　诚　贾东岚　杨飞刚

马小丽　孙玉梅

深化对企业工资收入分配领域重大问题研究

（代　序）

收入分配是民生之源，事关广大职工群众的切身利益，中央高度重视，社会各界十分关注。深化对企业工资收入分配领域重大问题的研究，破解分配难题，有助于更好地理顺收入分配关系，规范收入分配秩序，进一步调动广大职工群众的积极性、主动性和创造性，推动科学发展，促进劳动关系和谐稳定。

（一）

改革开放以来，我国的收入分配政策不断调整，收入分配体制改革逐步深化。特别是党的十六大以来，党中央提出若干有关收入分配问题的重要论断，对深化我国收入分配制度改革发挥了重要指导作用。

2002 年 11 月召开的党的十六大，以邓小平理论和“三个代表”重要思想为指导，在收入分配方面提出：一是要调整和规范国家、企业和个人的分配关系。二是确立劳动、资本、技术和管理等生产要素按贡献参与分配的原则，完善按劳分配为主体，多种分配方式并存的分配制度。三是坚持效率优先、兼顾公平的分配原则，在初次分配中注重效率，发挥市场的作用，鼓励一部分人通过诚实劳动、合法经营先富起来；再分配注重公平，加强政府对收入分配的调节职能，调节差距过大的收入。四是规范分配秩序，合理调节少数垄断性行业的过高收入，取缔非法收入。五是以共同富裕为目标，扩大中等收入者比重，提高低收入者收入水平。六是建立健全同我国经济发展水平相适应的社会保障体系。其中，确立生产要素按贡献参与分配的原则，扩大中等收入者比重是十六大在分配原则上的重大突破。

2007 年 10 月召开的党的十七大，以科学发展观为指导，强调继续深化收入分配制度改革，并在三方面有创新和突破：一是首次明确提出初次分配和再分配都要处理好效率和公平的关系，再分配更加注重公平。二是提出逐步提高居民收入在国民收入分配中的比重，提高劳动报酬在初次分配中的比重。三是提出创造条件让更多群众拥有财产性收入。

（二）

根据党中央确立的上述分配原则和指导思想，通过积极调整收入分配关系，以按劳分配为主、实行多种分配方式、各种要素按贡献参与分配的格局基本形成。企业工资收入分配改革取得了重大进展。市场机制对企业工资分配的基础性调节作用进一步发挥；国有企业积极探索工资总额管理的改革路径，以工资集体协商为主要形式的企业工资决定机制和正常增长机制逐步建立；工资指导线、人力资源市场工资指导价位和行业人工成本信息发布等制度的宏观指导作用逐步增强；制定规范中央企业负责人薪酬管理的指导意见，中央企业负责人薪酬分配的激励和约束机制初步建立；全国普遍建立了最低工资标准正常调整机制，2011 年全国 25 个省（市、自治区）调整了最低工资标准，平均调整幅度达到 22%；加大了工资分配秩序整顿规范力度，基本解决了国有企业工资历史拖欠问题，有效遏制了拖欠农民工工资的势头，预防和解决欠薪的长效机制建设取得积极进展。

通过深化企业工资分配制度改革，广大职工分享了企业改革发展的成果。全国城镇企业（不含私营单位）在岗职工平均工资从2002年的12 422元增长至2011年的42 452元，年均增长达到14.6%。2011年城镇私营单位就业人员年平均工资增长达到18.3%，增速超过非私营单位的在岗职工。企业职工工资稳定提高，增加了职工收入，改善了职工生活，调动了广大职工劳动和创业的积极性，促进了企业经济效益的提高。同时，拉动了市场消费，有力地推动了经济的发展。

但是，从总体上看，目前企业工资收入分配领域仍存在不少突出矛盾和问题。主要是：政府对企业工资收入分配调节力度不够，劳动报酬在初次分配中的比重持续下降，行业之间、部分职工群体之间的收入差距逐步拉大的趋势尚未根本扭转，分配秩序不够规范，分配不公问题比较突出。这些已经成为当前我国经济社会发展的突出问题，也是许多矛盾的交汇点。积极推进企业工资收入分配制度改革，形成合理有序的企业工资收入分配格局，建立健全企业工资正常增长和支付保障机制，尽快扭转收入差距扩大趋势，认真解决职工群众最关心、最直接、最现实的切身利益问题，是一项重要而紧迫的任务。这其中，加强企业工资收入分配理论及重大问题的深入研究至关重要。

（三）

我国改革已步入攻坚阶段。面对经济体制的深刻变革、社会结构的深刻变动、利益格局的深刻调整、思想观念的深刻变化，企业工资收入分配工作面临着新形势、新任务、新机遇和新挑战。企业工资收入分配领域的重大理论问题需要破解，政策研究的任务艰巨繁重。

1. 关于做大“蛋糕”与分好“蛋糕”问题。对于企业工资收入分配而言，把“蛋糕”做大，就是要提高企业劳动生产率，增强竞争力，促进企业发展壮大，为工资收入分配提供物质基础；把“蛋糕”分好，就是要合理地分配企业收益，使职工能够更好地分享企业发展的成果。“做大蛋糕”与“分好蛋糕”之间本质上是辩证统一的关系。要做蛋糕，才谈得上分蛋糕；只有企业效益增长，把蛋糕做得越大，劳动者分得的蛋糕才能越大，才能为提高职工工资、调整分配差距提供更大的空间。而蛋糕分得公平合理，可以调动劳动者和要素所有者的积极性、主动性、创造性，促进企业发展。分好“蛋糕”必须发挥政府的积极作用。政府要把不断提高劳动者的收入水平、促进劳动关系和谐作为政府的重要职责。要认真研究做大“蛋糕”和分好“蛋糕”的问题，切实建立企业和职工利益共享机制，使广大劳动者能够真正共享改革开放和经济发展的成果。

2. 关于效率与公平问题。改革开放以来，妥善处理效率与公平的关系是我国收入分配的一项重要原则。党的十七大首次明确赋予初次分配以调节公平的应有之义，抓住了我国较长时期以来初次分配过程中忽视公平问题而导致收入差距扩大的根本症结。促进社会公平正义，当前应首先落实初次分配中的公平原则。只有初次分配和再分配并重，在缩小初次分配的不合理差距基础上，再经过更加注重公平的再分配调节，才可能把贫富差距控制在合理的范围内。研究效率与公平问题，要切实注意在初次分配和再分配中都要处理好效率和公平的关系，努力促进效率和公平的有机结合。这样才能促进国民收入合理分配，同时有助于提高消费对经济增长的贡献率，最终既有利于生产力发展，又有利于促进社会和谐。

3. 关于生产要素按贡献参与分配问题。生产要素是由投入社会经济活动中的各种要素所组成，主要包括劳动力、经营管理、人力资本、科学技术、劳动工具、生物资源、矿产资源、货币资本、土地、信息等。这些要素都参与财富和价值的创造过程，是进行各种经济活动所必须具备的条件。生产要素按贡献分配，就是指要素产权拥有者按其所投入社会经济活动中的要素在社会物质财富创造过程中的作用大小和贡献程度获得相应的报酬。党的十七大将十六大提出的“确立劳动、资本、技术、管理等生产要素按贡献参与分配原则”，进一步发展为“健全劳动、资本、技术、管理等生产要素按贡献参与分配制度”。从“确立原则”到“健全制度”，是对社会主义市场经济条件下分配原则的具体化，对于我们从理论和实践的结合上正确把握深化收入分配制度改革的方向具有重要意义。深入研究生产要素按贡献参与分配的问题，健全劳动、资本、技术、管理等生产要素按贡献参与分配的制度，有利于调动各类要素所有者投资经济活动的积极性，有利于各类资源的优化配置和充分利用，有利于促进社会主义市场经济的持续、健康、快速发展。

4. 关于“两低于”与“两同步”问题。20 世纪 90 年代初期，国家在企业工资宏观管理工作中确立了“工资总额的增长低于国内生产总值的增长，平均工资的增长低于劳动生产率的增长”的原则，目的是使工资总额与工资水平的增长与经济增长保持一定的比例关系。2011 年国家发布《国民经济和社会发展第十二个五年规划纲要》，正式确立了“努力实现居民收入增长和经济发展同步、劳动报酬增长和劳动生产率提高同步”的政策导向，成为指导收入分配工作的新原则。“两同步”原则涵盖了初次分配和再分配两大领域。前者针对居民收入分配中出现的居民收入占国民收入比重持续下降等问题，目的是进一步调整国家、企业和居民之间的分配关系，使城乡居民充分共享经济发展的成果；后者针对初次分配中出现的一线职工工资增长缓慢、劳动报酬占初次分配比重下降等问题，目的是进一步调整劳动要素和资本要素的分配关系，促进劳动报酬实现较快增长，提高劳动者参与初次分配的份额，使改革发展成果更多、更公平地惠及全体人民。要通过深入研究，积极探讨实现“两同步”的基本途径和方法。

深化企业工资收入分配制度改革，需要加强顶层设计，深入研究工资收入分配领域的重大理论和政策问题。科研人员要以党的十六大以来确立的收入分配制度改革原则为指导，积极探索，勇于创新，不断引导和推动企业工资收入分配制度改革深入进行。要注重战略思考，研判宏观形势，把握企业工资收入分配工作的全局，找准顶层设计的切入点；要分析和把握政府宏观管理工资分配和市场机制调节工资分配的结合点，确定解决企业工资收入分配问题的着力点；要把握好前瞻性，注重着眼长远，研究解决企业工资收入分配差距问题的长效机制；要加强创新与发展，努力在重点领域和关键环节取得突破。总之，要坚持理论联系实际，深入调查研究，不断推动理论创新，争取产出高质量的理论研究成果，为实际工作的开展和进行决策提供支持。

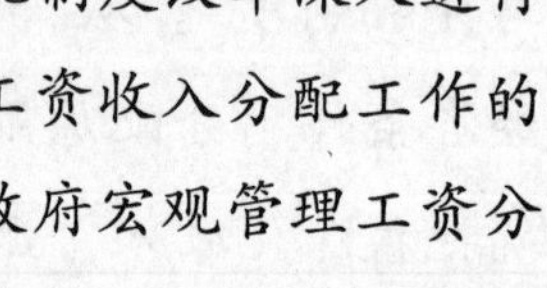

人力资源和社会保障部副部长

2012 年 8 月

目 录
CONTENTS

综 述 篇

评　估　篇

实 践 篇

国外篇

综 述 篇

第一章
企业工资分配

企业工薪劳动者是社会主要就业群体，其工资收入分配状况直接决定和影响着我国收入分配总体格局。"十一五"时期，我国企业工资收入分配受到社会各界高度关注。对"十一五"时期我国企业工资分配情况进行全面分析，对于总结经验，进一步深化企业工资收入分配制度改革，全面完成"十二五"规划提出的企业工资收入分配改革目标，构建和谐劳动关系具有重要意义。

一、"十一五"时期企业工资收入分配总体情况

（一）企业职工平均工资增长较快

2005 年我国企业在岗职工[①]人均工资水平为 17 853 元[②]，2010 年增加到 36 256 元[③]，为"十五"期末的 2 倍。"十一五"期间，企业在岗职工平均工资年均递增 15.2%，扣除城市居民消费物价影响后，实际工资年均递增 12.1%。这一增长速度是 1991 年以来，我国企业在岗职工实际工资水平第二个增长最快的 5 年，年均递增速度比"九五"时期快 2.9 个百分点，比"八五"时期高出 6.9 个百分点，仅比"十五"时期低 0.9 个百分点。应当说，经历了国际金融危机后，我国企业在岗职工工资水平能够保持如此高的增长速度，实属不易（见表 1—1）。

---

① 此处企业在岗职工指国家统计局公布全的国城镇非私营单位企业在岗职工。

② 人力资源和社会保障部．中国人力资源和社会保障年鉴（工作卷）2010 [M]．北京：中国劳动社会保障出版社，2010：1072。

③ 人力资源和社会保障部．中国人力资源和社会保障年鉴（工作卷）2011 [M]．北京：中国劳动社会保障出版社，2011：966。

表 1—1　　1991 年以来我国各个五年计划时期企业在岗职工平均工资实际增长速度对比表

序号	时期	企业在岗职工平均工资年实际增长率（%）
1	“八五”时期	5.2
2	“九五”时期	9.2
3	“十五”时期	13.0
4	“十一五”时期	12.1

数据来源：根据国家统计局编《中国统计年鉴》1991—2006 年、《中国劳动和社会保障年鉴》2006—2008 年、《中国人力资源和社会保障年鉴》2009—2011 年有关数据整理。

从“十一五”时期各年度间的企业工资增长看，虽然增长率有高有低，但总体变化不大，增长速度相对比较平稳。实际平均工资增长速度最高的为 2006 年，达到 13.4%，最低的为 2010 年，增长率为 11.1%，最高年份与最低年份的增长率相差仅为 2.3 个百分点（见表 1—2）。2006 年工资增长速度比较快的原因主要是机关事业单位进行工资改革后，机关事业单位工资水平较大幅度提高，同时也拉动了企业工资的增长。2010 年工资增长下降，主要是受国际金融危机影响，企业工资增长放缓。

表 1—2　　“十一五”期间企业在岗职工工资增长表

年份	企业在岗职工平均工资（元）	名义工资比上年增长率（%）	实际工资比上年增长率（%）
2006	20 555	15.1	13.4
2007	24 046	17.0	11.9
2008	28 359	17.9	11.7
2009	31 622	11.5	12.5
2010	36 256	14.7	11.1
“十一五”期间平均年递增率		15.2	12.1

数据来源：根据《中国劳动和社会保障年鉴》2006—2008 年、《中国人力资和社会保障年鉴（工作卷）》2009—2010 年有关数据整理。

在全国城镇非私营单位企业在岗职工工资较快增长的同时，“十一五”期间，就业人数已经超过 2.4 亿[①]的农民工群体的工资收入也呈现了较快增

① 周宇．关于切实提高农民工福利状况的必要性分析［J］．知识经济，2011，8．

长。2010 年，农民工年均工资收入达 20 280 元，比 2005 年的 10 500 元增长近一倍[①]。“十一五”期间农民工货币工资收入平均年递增达到 14.1%，扣除农村居民消费价格影响因素后，实际工资收入平均年递增 10.4%（见表 1—3）。虽然比全国城镇非私营单位企业在岗职工平均工资增长低 1.7 个百分点，但仍然是增长比较快的时期。

表 1—3　　“十一五”期间农民工工资增长情况

年　份	农民工平均工资（元）
2005	10 500
2010	20 280
“十一五”期间名义工资平均年递增率（%）	14.1
“十一五”期间实际工资平均年递增率（%）	10.4

（二）中西部地区工资增长加快，地区收入差距有所缩小

从各地区城镇单位在岗职工工资水平差距看，企业在岗职工平均工资水平高的地区仍然以东部沿海地区为主。与 2005 年排名相同，2010 年各地区工资水平最高的地区是上海市（70 390 元）、北京市（65 038 元）、天津市（48 354 元），分别是全国平均水平的 1.94 倍、1.79 倍和 1.33 倍。2010 年工资水平排在最后 3 位的地区是海南省（26 940 元）、江西省（28 436 元）、黑龙江省（28 803 元），其工资水平分别是全国平均水平的 74%、78%和 79%。

从各地区城镇单位企业在岗职工工资增长速度看，各地区之间拉开了一定的差距。“十一五”期间增长速度最快的是宁夏回族自治区，5 年间平均递增速度达到 19.6%，工资水平也由 2005 年的平均 17 304 元，提升到了 42 320 元。其次是湖北、安徽、山西、河北、贵州等省，增长速度分别达到 18.7%、18.5%、17.8%、17.4%、17.3%，年递增速度均超过 17%。在增长速度排位前 13 名省份中，除了河北省和海南省外，均是中、西部省份，这些地区年增长速度均超过全国平均水平（14.2%），表明国家的西部大开发、中部崛起、振兴东北老工业基地等政策效应已经显现。“十一五”期间工资增长速度最慢的是广东省，5 年间平均递增速度仅为 11%，由 2005 年的平均

① 农民工收入月均达 1 690 元，年均增长 14.1%农村居民过半收入来自打工，http://roll.sohu.com/20110323/n304731804.shtml。

22 247元增加到2010年的37 485元。其次是浙江省、云南省，年递增速度均低于12%。年均增长速度排位最后10名中，东部地区中除了广东省和浙江省外，还有江省苏、福建省和天津市，东部地区占了一半，这在改革开放以后也属不多见。由于中、西部地区企业平均工资水平的增长速度快于东部地区，因此，"十一五"时期地区间企业工资差距有所缩小，最高地区上海市与最低地区海南省的倍数关系由2005年2.73倍下降到2.61倍，地区工资关系得到改善（见表1—4）。

表1—4　　各地区工资水平最高与最低差距变化表

项　　目	地区	2005年	2010年
31个省份企业在岗职工工资水平最高值（元）	上海市	33 932	70 390
31个省份企业在岗职工工资水平最低值（元）	海南省	12 410	26 940
最高地区与最低地区水平差距（元）		21 522	43 450
最高地区为最低地区倍数（最低地区为1）		2.73	2.61

数据来源：根据《中国劳动和社会保障年鉴》2006—2008年、《中国人力资源和社会保障年鉴（工作卷）》2009—2011年有关数据整理。

由于各地区企业工资增长速度差别较大，因此，31个省份间的排序也发生了较大变化。"十一五"期间，在各省份排序中位次提升最多的是安徽省和湖北省，与"十五"末期相比，两省均向前跃升了11个位次。安徽省企业平均工资2005年在全国排21位，到2010年排第10位。湖北省企业平均工资2005年在全国排29位（倒数第3位），到2010年排第18位。其次是河北省和贵州省，两省均向前提升了8个位次。其他排序位次上升地区的还有，山西省均上升了5个位次，宁夏回族自治区均上升了4个位次，重庆市和内蒙古自治区上升了3个位次，陕西省和吉林省均上升了2个位次，新疆维吾尔自治区上升了1个位次。从表1—5可以看出，在31个省份中，除了河北省外，位次向前移的均为中、西部地区。"十一五"期间，排序位次下降最多的是云南省，下降了17个位次，2005年在全国排第10位，2010年在全国排第27位。其次是福建省，2005年在全国排第13位，2010年在全国排第23位。此外还有湖南省，下降了6个位次；广西壮族自治区、山东省、青海省均下降了4个位次；四川省、浙江省均下降了3个位次；甘肃省、辽宁省均下降了2个位次；黑龙江省、江苏省、广东省均下降了1个位次（见表1—6）。

表1—5　“十一五”期间部分地区企业在岗职工工资水平全国排序位次提升情况表

地区	2005年企业在岗职工平均工资（元）	2005年全国排序位次	2010年企业在岗职工平均工资（元）	2010年全国排序位次	各地区位次提升情况
安徽	15 052	21	35 149	10	11
湖北	13 646	29	32 152	18	11
河北	14 777	23	32 968	15	8
贵州	14 519	25	32 211	17	8
山西	16 212	12	36 794	7	5
宁夏	17 304	9	42 320	5	4
重庆	15 898	14	34 331	11	3
内蒙古	15 087	19	32 680	16	3
陕西	15 367	16	33 186	14	2
吉林	14 454	27	29 854	25	2
新疆	14 814	22	30 896	21	1

表1—6　“十一五”期间部分地区企业在岗职工平均工资水平全国排序位次下降情况表

地区	2005年企业在岗职工平均工资（元）	2005年全国排序位次	2010年企业在岗职工平均工资（元）	2010年全国排序位次	各地区位次下降情况
云南	17 042	10	29 255	27	－17
福建	16 157	13	30 488	23	－10
湖南	15 058	20	29 545	26	－6
青海	18 827	8	34 123	12	－4
山东	15 512	15	32 074	19	－4
广西	15 109	18	30 587	22	－4
浙江	21 117	6	35 696	9	－3
四川	15 170	17	31 312	20	－3
辽宁	16 969	11	33 979	13	－2
甘肃	14 467	26	29 237	28	－2
广东	22 247	5	37 485	6	－1
江苏	18 984	7	35 769	8	－1
黑龙江	13 805	28	28 803	29	－1

从国家统计局公布的近三年城镇私营单位就业人员年平均工资主要数据看，东部地区与西部地区工资水平差距也呈现缩小趋势。从表1—7可以看出，近两年东部地区私营单位就业人员平均工资年均递增速度（9.4%），不仅低于全国平均水平（10.3%），更低于中、西部地区和东北地区。东部地区与中部、西部和东北地区间的倍数关系也由2008年的1.37倍、1.29倍、1.27倍下降为2010年的1.32倍、1.22倍和1.23倍，收入差距逐步缩小。

表1—7　　私营单位地区工资水平差距表　　单位：元

	2008年	2009年	2010年	2009—2010年平均增长速度
平均水平	17 071	18 199	20 759	10.3%
东部地区	18 980	19 840	22 708	9.4%
中部地区	13 843	15 402	17 252	11.6%
西部地区	14 751	16 234	18 640	12.4%
东北地区	14 933	16 414	18 532	11.4%
东部地区是中部地区倍数	1.37	1.29	1.32	
东部地区是西部地区倍数	1.29	1.22	1.22	
东部地区是东北地区倍数	1.27	1.21	1.23	

数据来源：国家统计局2009年和2010年城镇私营单位就业人员年平均工资主要情况。

（三）19个大行业工资收入差距有所缩小

从19个大行业平均工资①水平差距（见图1—1）看，2005年，平均工资水平最高的3个行业分别是信息传输、计算机服务和软件业（40 558元），金融业（32 228元），科学研究、技术服务和地质勘察业（27 434元），这3个行业分别是全国平均水平的2.21倍、1.75倍和1.49倍。信息传输、计算机服务和软件业年工资平均水平比金融业高出8 330元，遥遥领先。农、林、牧、渔业（8 309元），住宿和餐饮业（13 857元），建筑业（14 338元）3个行业平均工资水平在19个行业中名列最后，分别是全国平均水平的45%、75%、78%。最高信息传输、计算机服务和软件业工资水平是农、林、牧、渔业的4.88倍。到“十一五”末期的2010年，平均工资水平最高的3个行业分别是金融业（80 772元），信息传输、计算机服务和软件业（66 598元），科学研究、技术服务和地质勘察业（57 316元）。这3个行业分别是全国平均

① 此处19个行业平均工资为城镇单位在岗职工范围，不含私营单位。

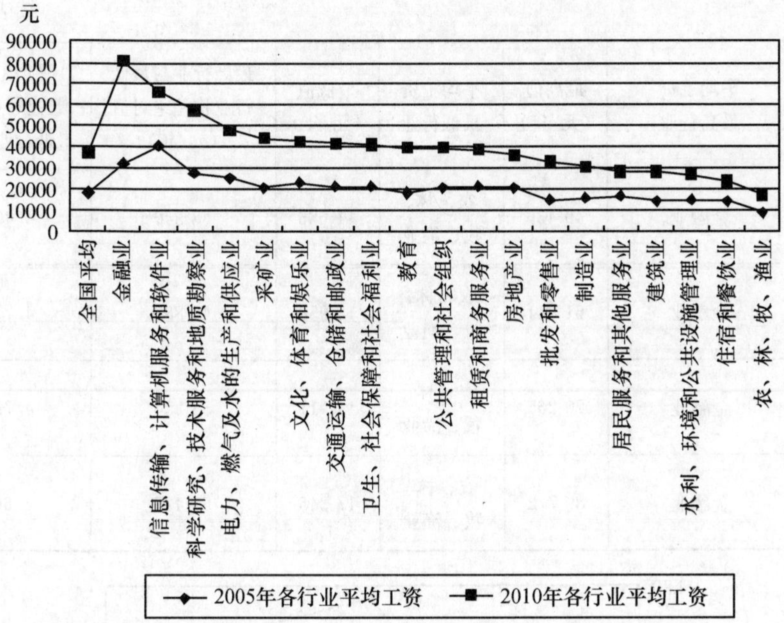

图 1—1　行业工资收入水平对比图

水平的 2.17 倍、1.79 倍和 1.54 倍。职工平均工资最高行业让位金融业。金融业年工资平均水平比信息传输、计算机服务和软件业高出 14 174 元。农、林、牧、渔业（17 345 元），住宿和餐饮业（23 812 元），水利、环境和公共设施管理业（27 229 元）3 个行业平均工资水平最低，分别是全国平均水平的 47%、64%、73%。金融业平均工资是农、林、牧、渔业的 4.66 倍（见图 1—2）。"十一五"末期相比"十五"末期，行业工资差距缩小了 0.22 倍。最高行业与最低行业工资水平之间的绝对差距继续扩大，由 2005 年的 32 249 元扩大到 2010 年的 63 427 元（见表 1—8）。

表 1—8　　　　　行业工资收入差距一览表

年份	平均工资最高行业	最高值（元/年）	平均工资最低行业	最低值（元/年）	最高行业与最低行业相差绝对值（元/年）	平均工资最高行业为最低行业倍数
2005	信息传输、计算机服务和软件业	40 558	农、林、牧、渔业	8 309	32 249	4.88
2006	信息传输、计算机服务和软件业	44 763	农、林、牧、渔业	9 430	35 333	4.75

续表

年份	平均工资最高行业	最高值（元/年）	平均工资最低行业	最低值（元/年）	最高行业与最低行业相差绝对值（元/年）	平均工资最高行业为最低行业倍数
2007	金融业	49 435	农、林、牧、渔业	11 086	38 349	4.46
2008	金融业	61 841	农、林、牧、渔业	12 958	48 883	4.77
2009	金融业	70 265	农、林、牧、渔业	14 911	55 354	4.71
2010	金融业	80 772	农、林、牧、渔业	17 345	63 427	4.66

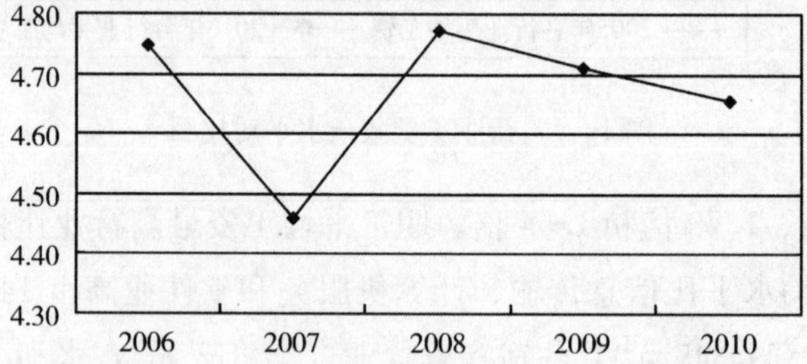

图1—2 “十一五”期间行业工资收入差距变化图

从19个行业的平均工资增长速度看，“十一五”期间，各行业在岗职工平均工资水平增长速度最快的是金融业，平均递增速度达到20.2%，由2005年的平均32 228元，提升到了80 772元，一跃成为各行业工资水平的领头羊。其次是批发和零售业、采矿业，增长速度分别为17.1%和16.6%。“十一五”期间，增长速度最慢的行业是信息传输、计算机服务和软件业，年递增速度仅为10.4%，增速比最高的金融业低了近10个百分点。其次是住宿和餐饮业、居民服务和其他服务业这两个行业增速较慢，年递增速度分别为11.4%和11.5%。

由于各行业工资增长速度差别较大，使行业间的位次关系发生了变化。“十一五”期间，各行业排序中位次提升最多的是采矿业，工资水平由2005年的第9位上升到2010年的第5位，上升了4个位次。其次是教育行业以及批发和零售业，2010 年相比 2005 年，分别上升 3 个位次和 2 个位次。金融业、公共管理和社会组织、建筑业 3 个行业均前移了 1 个位次（见表 1—9）。

表 1—9　　　　　行业平均工资水平排序位次提升情况一览表

2005 年排序位次	2010 年排序位次	行业	2005 年在岗职工平均工资（元）	2010 年在岗职工平均工资（元）	排序位次提升个数
9	5	采矿业	20 626	44 496	4
12	9	教育	18 470	39 624	3
15	13	批发和零售业	15 241	33 520	2
2	1	金融业	32 228	80 772	1
11	10	公共管理和社会组织	20 505	39 329	1
17	16	建筑业	14 338	28 127	1

排序位次下降最多的是租赁和商务服务业，“十一五”期间下降了 3 个位次，平均工资排序由 2005 年的第 8 位，下降为 2010 年第 11 位。其次是居民服务和其他服务业、房地产业，这两个行业均后移 2 个位次。水利、环境和公共设施管理业，卫生、社会保障和社会福利业，交通运输、仓储和邮政业，文化、体育和娱乐业，信息传输、计算机服务和软件业这 5 个行业均后移 1 个位次（见表 1—10）。

表 1—10　　　　　行业平均工资水平排序位次提升情况一览表

2005 年排序位次	2010 年排序位次	行业	2005 年在岗职工平均工资（元）	2010 年在岗职工平均工资（元）	排序位次下降个数
8	11	租赁和商务服务业	20 992	38 502	—3
10	12	房地产业	20 581	36 392	—2
13	15	居民服务和其他服务业	16 642	28 665	—2
1	2	信息传输、计算机服务和软件业	40 558	66 598	—1
5	6	文化、体育和娱乐业	22 885	42 245	—1
6	7	交通运输、仓储和邮政业	21 352	41 536	—1
7	8	卫生、社会保障和社会福利业	21 048	41 132	—1
16	17	水利、环境和公共设施管理业	14 753	27 229	—1

城镇单位分行业在岗职工平均工资情况，基本上反映了体制内职工的行业工资收入差距。除了体制内人员，我国还有 6 000 多万名私营单位从业人员[①]，这部分人员的工资市场化程度更高，其行业工资收入差距具有一定的代表性。虽然国家统计局从 2008 年开始发布私营单位行业工资收入调查数据，“十一五”期间私营单位行业工资关系缺乏完整的代表性数据，但通过对近三年的私营单位行业工资数据分析，仍可看出一个基本轮廓。2010 年，私营单位平均工资最高的 3 个行业分别是信息传输、计算机服务和软件业（31 226 元），金融业（主要是各种保险代理、典当行和投资咨询公司，30 513 元），科学研究、技术服务和地质勘察业（28 886 元），这 3 个行业分别是全国平均水平的 1.50 倍、1.47 倍和 1.39 倍。年平均工资最低的 3 个行业分别是公共管理和社会组织（主要是一些小的区域性行业协会，就业人员多以兼职为主，8 900 元）；农、林、牧、渔业（16 370 元）；住宿和餐饮业（17 531 元）分别为全国平均水平的 43%、79%、84%。最高行业与最低行业年平均工资之比为 3.5∶1。私营单位最高行业工资收入与最低行业间的差距比城镇单位在岗职工行业间的差距要小一些。

从增长速度看，2009—2010 年两年间，私营单位各行业就业人员平均工资水平增长速度最快的是金融业，平均递增速度达到 16.2%，由 2008 年的平均 22 593 元，提升到了 30 513 元。其次是农、林、牧、渔业以及卫生、社会保障和社会福利业，增长速度分别为 14.5%和 12.7%。由于公共管理和社会组织主要为兼职人员，因此，2009—2010 年两年间，公共管理和社会组织行业平均工资增长速度最慢，年递增速度仅为 2.7%，增速比最高的金融业低了 13.5 个百分点，平均工资水平由 2005 年的平均 8 439 元增加到 2010 年的 8 900 元，两年间仅增加 461 元。其次是教育以及居民服务和其他服务业这两个行业增速较慢，年递增速度分别为 6.0%和 8.2%。总的看，私营单位各行业间的平均工资水平差距要小于城镇单位在岗职工，但增长速度差距要大于城镇单位在岗职工（见图 1—3）。

（四）各登记注册类型单位职工工资情况

从单位登记注册类型看，“十一五”前三年，工资水平最高的一直是外商

---

① 私营单位 2008 年平均工资 17 071 元，http://www.cnnsr.com.cn/jtym/cszx/20091028/2009102809021655794.shtml。

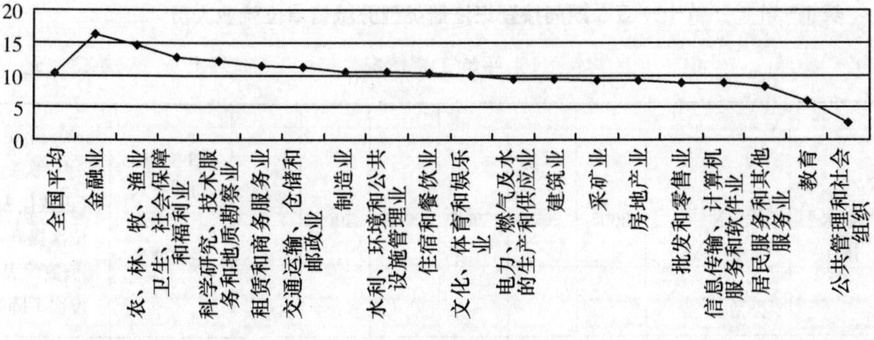

图 1—3　2009—2010 年私营单位就业人员各行业年平均工资增长率对比图

投资单位，从 2009 年开始，股份有限公司开始超过外商投资单位，成为各种登记注册类型中，就业人员平均工资最高的单位。2010 年，股份有限公司就业人员平均工资最高的是 44 118 元，为全国平均水平的 1.21 倍，其次是外商投资单位和国有单位，分别为 41 739 元和 38 359 元，是全国平均水平的 1.14 倍和 1.05 倍。“十一五”期间，国有单位与外商投资单位间的差距逐步缩小。2005 年，外商投资单位就业人员平均工资是国有单位的 1.24 倍，2010 年降为 1.09 倍，表明随着改革力度的加大以及经济效益的好转，国有企业对人才的吸引能力在加强。

在各种登记注册类型中，就业人员平均工资最低的一直是城镇集体单位，2010 年平均为 24 010 元，为全国平均水平的 66%。其次是其他内资和股份合作单位，2010 年平均工资分别为 25 253 元和 30 271 元，是全国平均水平的 69%和 83%。

从增长速度看，“十一五”期间，各种登记注册类型单位的工资增长均比较快，均在 12%以上。其中，其他内资增长速度最快，达到 17.6%，其次是股份合作单位和股份有限公司，增速分别为 17.0%和 16.8%。国有单位年递增速度为 15.1%，比全国平均水平仅高 0.1 个百分点，基本持平。增速最低的是外商投资单位，年均递增速度为 12.1%，其次是港、澳、台商投资单位，年均递增速度为 12.4%（见表 1—11）。总的看，工资水平越高的单位工资增长速度越慢。这种趋势有助于缓解不同登记注册类型单位间工资收入差距。从表 1—12 可以看出，“十一五”期间，各登记注册类型单位最高与最低工资收入差距由 2005 年的 2.11 倍下降为 1.84 倍。

表 1—11　“十一五”期间按登记注册类型分城镇单位就业人员平均工资情况

单位：元

按2010年工资水平排序	类型＼年份	2005	2006	2007	2008	2009	2010	“十一五”期间名义工资平均年递增率（%）	与005年相比排序位次变化（正数代表位次提升，负数代表位次下降）
	全国平均	18 200	20 856	24 721	28 898	32 244	36 539	15.0	
1	股份有限公司	20 272	24 383	28 587	34 026	38 417	44 118	16.8	1
2	外商投资单位	23 625	26 552	29 594	34 250	37 101	41 739	12.1	−1
3	国有单位	18 978	21 706	26 100	30 287	34 130	38 359	15.1	0
4	联营单位	17 476	19 883	23 746	27 576	29 474	33 939	14.2	1
5	有限责任公司	17 010	19 366	22 343	26 198	28 692	32 799	14.0	1
6	港、澳、台商投资单位	17 833	19 678	22 593	26 083	28 090	31 983	12.4	−2
7	股份合作单位	13 808	15 190	17 613	21 497	25 020	30 271	17.0	0
8	其他内资	11 230	13 262	16 280	19 591	21 633	25 253	17.6	0
9	城镇集体单位	11 176	12 866	15 444	18 103	20 607	24 010	16.5	0

表 1—12　各种登记注册类型单位间的工资差距

年份	各登记类型中工资水平最高值（元）	单位类型	各登记类型中工资水平最低值（元）	单位类型	最高是最低的倍数	水平差距（元）
2005	33 635	外商投资单位	11 170	城镇集体单位	2.11	12 449
2006	26 552	外商投资单位	12 866	城镇集体单位	2.06	13 686
2007	29 594	外商投资单位	15 444	城镇集体单位	1.92	14 150
2008	34 250	外商投资单位	18 103	城镇集体单位	1.89	16 147
2009	38 417	股份有限公司	20 607	城镇集体单位	1.86	17 810
2010	44 118	股份有限公司	24 010	城镇集体单位	1.84	20 108

（五）企业与机关工资水平差距有所缩小

“十一五”期间机关、事业和企业工资水平均保持了较高增长速度，相比较而言，机关工资水平增长要慢于企业和事业单位工资水平增长。“十一五”期间，事业和企业工资增长均超过了全国平均15.1%的增长速度，机关工资水平年均递增速度为14.2%，低于全国平均工资增长0.9个百分点，比企业平均工资增长低1个百分点。由于增长速度不同，“十一五”期末，企业、事业与机关的工资水平关系也发生了改变。2005年，企业、事业和机关工资水平之比为1∶1.05∶1.17，到2010年，企业、事业和机关工资水平之比调整为1∶1.06∶1.12。企业与机关间的工资水平差距有所缩小，与事业单位的工资水平差距基本不变（见表1—13和图1—4）。

表1—13　　“十一五”期间企业和机关、事业单位在岗职工工资增长对比表

年份	全国平均（元/年）	比上年增长率（%）	企业（元/年）	比上年增长率（%）	事业（元/年）	比上年增长率（%）	机关（元/年）	比上年增长率（%）	企业、事业、机关三者比例关系（以企业为1）
2005	18 364		17 853		18 720		20 828		1∶1.05∶1.17
2006	21 001	14.4	20 555	15.1	21 259	13.6	23 360	12.2	1∶1.03∶1.14
2007	24 932	18.7	24 046	17.0	25 805	21.4	28 763	23.1	1∶1.07∶1.20
2008	29 229	17.2	28 359	17.9	29 758	15.3	33 869	17.8	1∶1.05∶1.19
2009	32 736	12.0	31 622	11.5	34 053	14.4	37 397	10.4	1∶1.08∶1.18
2010	37 147	13.5	36 256	14.7	38 411	12.8	40 512	8.3	1∶1.06∶1.12
“十一五”期间名义工资平均年递增率%		15.1		15.2		15.5		14.2	

注：以前年度民间非营利组织和其他单位按照登记注册情况并入了机关、事业和企业单位，从2009年起新增列民间非营利组织和其他两个分类。

数据来源：《中国劳动和社会保障年鉴》。

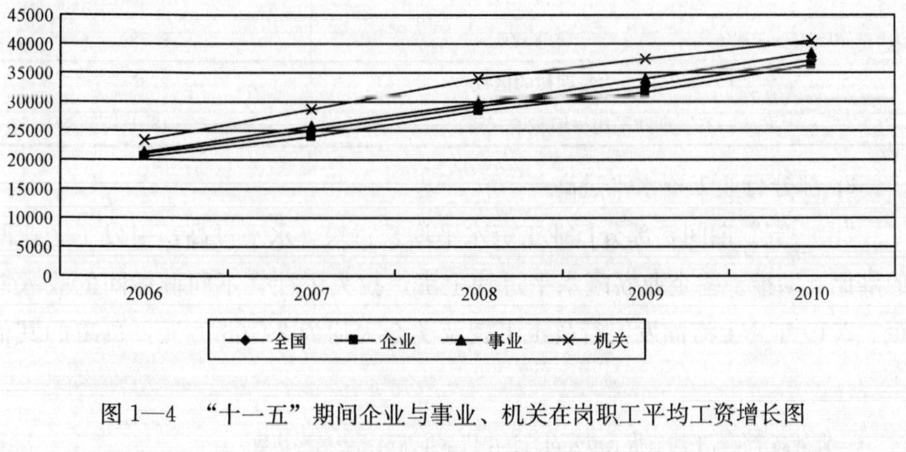

图1—4　“十一五”期间企业与事业、机关在岗职工平均工资增长图

二、“十一五”时期企业工资收入分配主要问题

“十一五”时期，在我国企业职工工资水平快速增长，人民生活水平不断提高的同时，工资分配也存在着一些不容忽视的问题，主要表现在以下几个方面：

（一）企业工资分配的结构性问题突出

1. 企业高管收入增长偏快，部分高管水平过高

“十一五”期间，公司高管人员年薪水平继续保持较快的增长速度。据相关机构统计，上市公司高管年薪平均值①由2005年的29.1万元增加到2010年的66.8万元，平均每年递增18.1%（见表1—14），虽然相比“十五”期间28.1%增长速度明显放缓，但每年比全国企业在岗职工平均工资增长仍然快3个百分点。其中，2007年高管年薪年均递增速度达到57.19 %，使企业高管人员的薪酬问题凸显起来。此外，部分行业企业高管年薪已经上千万元，2007年平安公司总经理年薪为6 616万元，是当年全国企业在岗职工平均工资的2 751倍，相当于农民工平均工资的4 553倍。

表1—14　“十一五”期间上市公司高管年薪增长情况

年度	上市公司高管最高年薪平均值（元）	与上年相比增长率（%）
2005	290 800	
2006	348 800	19.94
2007	548 285	57.19
2008	556 524	1.50
2009	614 069	10.34
2010	668 000	8.78
“十一五”期末为是期初的倍数		2.30
“十一五”期间平均每年递增（%）		18.1

2. 部分行业工资水平过高

“十一五”期间，部分行业工资水平增长过快，水平过高，引发了企业间的攀比，助推一些企业薪酬水平过快上涨，拉大了社会不同群体间的收入差距。2010年，上海浦发银行员工工资及奖金人均为29.66万元，员工的其他

① 此处高管年薪平均值指上市公司高管中所拿年薪最高者的平均数。

福利人均6.08万元，两者合计人均35.75万元[①]，是当年城镇单位企业在岗职工平均工资的10倍。

3. 部分农民工工资水平仍然比较低

“十一五”期间，尽管农民工、私营单位就业人员工资增长速度比较快，但由于原有水平比较低，仍有一部分人的绝对工资水平比较低。2010年，城镇私营单位中的住宿和餐饮业，农、林、牧、渔业，公共管理和社会组织3个行业中就业人员每月工资收入在1 461元以下，均不到城镇单位企业在岗职工的一半。电力、燃气及水的生产和供应业，居民服务和其他服务业就业人员工资月收入在1 600元以下。调查结果显示，在农民工集中的几个主要行业，制造业农民工平均每周工作时间58.2小时、建筑业59.4小时、服务业58.5小时、住宿和餐饮业61.3小时、批发和零售业59.6小时。平均劳动时间最长的是住宿和餐饮业的农民工，他们每周的工作时间超过60小时[②]。因此，如果与城镇单位企业在岗职工按照劳动时间进行同口径比较，则农民工群体工资收入与城镇单位在岗职工间的收入差距会更大。

（二）地区之间、行业之间工资增长不平衡

由于各地区、各行业GDP增长速度不同，工资增长有一定的差距也是正常现象。值得注意的是，到2010年，我国31个省、自治区和直辖市中，企业在岗职工平均工资在全国平均水平之上的仅有7个省份，有24个地区企业工资水平低于全国平均水平。也就是说，地区间的工资水平分布呈现陡坡型分布，少数地区在坡顶和坡腰部，大部分地区则在坡底（见图1—5）。这一现象从另外一个角度说明我国地区间企业工资水平差距还存在着不合理性。少数地区工资水平的“一枝独秀”与多数地区工资水平的“掉队”，是我国地区工资增长失衡的结果。

行业工资水平存在同样的问题，19个行业中，“十一五”期间仅有6个行业在岗职工平均工资增长速度超过全国平均水平，尚有13个行业工资增长低于全国平均增长速度，没有能够同步分享经济发展成果，从另一个侧面说明

① 浦发银行2010年人均薪酬35.7万，一季度又涨50%，http：//money.163.com/11/0530/14/75AE5BKG00252H36.html。

② 国家统计局农村司，2009年农民工监测调查报告，http：//www.stats.gov.cn/tjfx/fxbg/t20100319_402628281.htm。

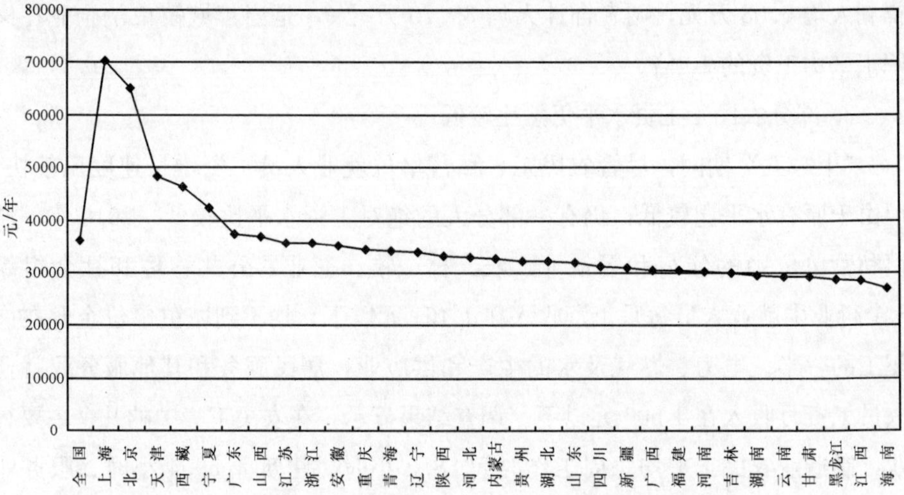

图 1—5　2010 年各地区企业在岗职工平均工资水平对比图

我国行业工资分配中存在着不合理之处。

（三）房价、教育费用支出等增长过快使企业职工工资收入严重缩水

“十一五”时期，我国房价、教育支出等增长过快。据社科院课题组统计，“十一五”期间，商品房销售均价由 2006 年的 3 367 元/平方米上涨到 2010 年的 5 029 元/平方米，涨幅 49.36%，年均增长达 9.7%[①]。而大中城市居民住房价格涨幅更为迅猛，如北京市 2005 年商品住宅期房预售均价为 6 725 元/平方米[②]，到 2010 年达到 22 535 平方米[③]，为 2005 年价格的 3.4 倍，年平均递增达到 27.4%。同样，在城镇居民人均义务教育学杂费支出减少的同时，学前、校外教育的支出增长迅速。据统计，2010 年，贵阳市城镇居民给子女报的补习班、兴趣班等培训班支出人均为 204.67 元，是 2005 年的 2.11 倍[④]，年均递增 16.1%。房价以及子女教育支出的快速上涨稀释了企业工资收入增长，形成对职工收入的严重透支，甚至使部分城镇就业的工薪

① 于华鹏，社科院：全国商品房价格 5 年来上涨 49%，http://roll.sohu.com/20110506/n318313988.shtml。

② 2005 年北京市房地产市场与房价，http://www.china.com.cn/chinese/zhuanti/fdcbg/1263857.htm。

③ 中国百城房价排行榜，http://blog.sina.com.cn/s/blog_4efe65c30101827k.html。

④ 梁子，“十一五”期间贵阳城镇居民校外教育支出人均长两倍，http://comment.chinanews.com/thread-2728488-1-1.html。

劳动者的实际工资收入为负增长或零增长。正是由于家庭支出压力加大，使得一些人感觉不到工资快速增长带来的实惠，总是觉得“工资涨得像眉毛一样慢，物价涨得像头发一样快”。

三、企业工资收入分配改革对策建议

针对“十一五”时期工资收入分配的基本情况和存在的主要问题，建议在“十二五”期间围绕十七大报告提出的全面建设小康社会的奋斗目标，调整收入分配关系，加大企业工资收入分配改革力度，进一步规范分配秩序，促进收入分配关系更加合理，使工资增长与经济发展更为协调。

（一）对工资收入分配制度改革进行系统设计

当前我国企业工资收入分配中的问题是多年积累形成的，其中既有改革尚未到位的问题，也有向市场经济转变过程中新出现的问题；既有总量分配问题，也有分配结构失衡问题；既有国内问题，也有国际化过程中所产生的问题；既有工资分配本身的问题，也有许多与经济发展相关联的问题。理顺企业工资收入分配关系，单纯通过某一个方面的改革很难起到作用，需要从根本入手进行系统设计。建议尽早成立全国收入分配改革委员会或领导小组，由国务院领导任组长，相关部门参加，从顶层对企业工资收入分配改革的指导思想、总体目标、实施步骤、政策措施等进行统筹规划。

（二）加强基础性制度建设

重点加强企业工资收入分配统计制度建设。目前，企业工资统计区分为城镇单位就业人员、在岗职工、私营单位就业人员等多个群体，没有统一科学的分类指标。而相对应的企业效益统计又是按产业、按行业等，两类指标互不对应，由于缺乏同口径的经济效益数据，难以判断工资增长的合理性。建议加强劳动工资统计调查研究，建立更为合理的指标分类和调查体系。对各种类型企业效益变动情况、职工收入水平情况等数据进行科学采集，为科学决策及建立劳动生产率与工资增长间预警体系等提供支持。此外还应加强工会或职工代表大会组织建设，进一步加大工资集体协商力度。市场经济要按市场经济规律办事，尽可能利用市场经济的游戏规则促进职工工资增长。通过大力推进区域性、行业性工资集体协商，支持工会组织开展“要约行动”等措施，培育协商主体，规范协商程序，确保职工收入随经济效益稳定增长。

（三）加强对行业、地区工资关系的调控

行业、地区工资关系中的主要问题是部分地区、行业工资水平还比较低，工资增长速度偏慢。因此，要对收入水平低的地区、行业逐个进行分析，了解工资水平低、增长慢的原因，确保在效益增长前提下，逐步提高劳动者的工资收入。

（四）进一步规范企业工资分配秩序

首先要进一步规范高管人员薪酬，重点是问题比较突出的金融、房地产行业企业。坚持公平与效率相兼顾，激励与约束相统一原则，充分考虑我国现阶段经济发展的特性，防止收入分配差距过分扩大。其次要加强对国有及国有控股企业的工资管理，完善工资总量管理制度，继续以国有大企业特别是中央企业、垄断行业企业为重点，探索适合我国国情和企业特点的多种形式的工资总量决定机制，抑制部分行业企业工资水平过高、增长过快的趋势。第三是加强对高收入行业企业的监督检查。加强个人所得税征管，了解相关政策执行情况。

（五）将政府促进职工工资增长责任纳入政绩考核

经济社会科学发展的内涵既包括社会新创造价值的快速增长，也包括如何合理分配。既要把“蛋糕”做大，又要把“蛋糕”分好。各级政府在坚持抓经济增长的同时，也要把搞好收入分配摆上重要议事日程。“十一五”工资增长比较快的地区，多是政府高度重视的结果。山西省在“十五”期间年均递增达到18.8%，位居全国各省份增长率之首。2008年又以省政府名义出台文件，从企业工资集体协商、工资指导线、一线职工工资增长等几个方面提出了促进企业职工工资增长的措施，使“十一五”时期工资年递增速度达到17.8%，连续10年保持高工资增长率，扭转了企业平均工资水平在全国排序落后的局面。这其中除了有企业效益增长比较快等因素外，也与政府高度重视，不断出台相关政策措施密不可分。其他如河北、山东等省也出台了相关政府文件，提出具体要求，促进了低收入群体工资水平的提高。因此，要统筹推进，特别是要将政府促进职工工资增长的责任纳入政绩考核的范围，努力使低收入群体的工资水平得到增长，共享经济发展成果。

第二章
机关、事业单位工资分配

“十一五”时期，我国机关、事业单位进行了第四次工资制度改革，通过改革，建立了更加符合机关、事业单位特点的工资制度。同时，职工工资收入水平的显著提高，对调动广大机关、事业单位工作人员工作积极性、主动性和创造性，促进我国公共管理和公用事业发展起到了积极作用。本章简要回顾“十一五”时期机关、事业单位工资制度改革实施情况，对相关政策进行分析，并对今后机关和事业单位工资制度改革提出建议。

一、“十一五”时期机关、事业单位工资制度改革情况

随着市场经济的不断深入，我国经济社会发展取得了巨大成就，总体经济实力显著提升。与此同时，收入分配领域的问题逐渐凸显，城乡差距、区域差距、居民内部差距、劳动收入与非劳动收入差距逐渐拉大。为逐步理顺我国社会收入分配关系，建立科学合理、公正公平的社会收入分配体系，在收入分配制度改革的大背景下，党中央、国务院决定改革机关工资制度，规范机关，特别是公务员收入分配秩序。同时，改革事业单位工作人员收入分配制度，适当提高相关人员特别是社会保障对象的待遇和生活补助水平。

（一）机关工资制度改革实施情况

根据党中央、国务院批准的《公务员工资制度改革方案》，财政部、人事部联合制定了《公务员工资制度改革实施办法》。2006年机关工资制度改革的实施范围为按照公务员制度管理和经批准参照公务员制度管理的单位中，2006年7月1日所有在册正式工作人员。

这一次机关工资制度改革，重在建立科学合理的工资收入分配制度和增长机制，形成适应经济体制和干部人事管理体制要求的工资收入分配管理体

制，通过改革制度和建立新机制，使分配纪律更加严肃、秩序更加规范。

1. 建立科学合理的公务员工资制度

这次改革公务员工资制度，建立了国家统一的职务与级别相结合的公务员工资制度。通过适当增设级别（由15个级别增加到27个级别），加大上下职务对应级别的交叉，实行级别与工资等生活待遇适当挂钩。期间，主管部门组织力量就工资政策进一步向基层倾斜、稳定基层干部队伍等问题，到部分地方调研，广泛听取意见，进一步修改完善了公务员级别与工资等待遇适当挂钩和向县乡党政主要领导实行工资政策倾斜的具体办法。增强了级别在工资分配中的激励作用，体现向基层倾斜。通过合理设计工资标准，在保证低职务人员工资水平的同时，适当拉开不同职务、不同级别的工资差距，将基本工资最高最低的比例由原来的6.6∶1调整为12∶1，有利于合理体现职责和贡献的大小，较好地解决了“制度内平均主义”的问题。

2. 规范公务员收入分配秩序

“十五”期间，各地区、各部门自行出台了各种津贴、补贴政策，由于各地区、各部门资源、财政状况不同，津贴、补贴发放额度各不相同，总体来看，各地发放的津贴、补贴已经远高于国家规定的基本工资部分，部分地区甚至达到了总工资收入的80％以上。为此，人力资源社会保障部配合财政部做好规范公务员津贴补贴工作，研究推进规范津贴补贴工作的政策考虑，对部分地方规范津贴补贴实施情况进行专项检查，就检查发现的问题督促进行整改。结合规范津贴补贴工作进展，组织多方力量抓紧研究实施地区附加津贴制度问题，并到多地进行调研、测算。“十一五”期间，通过严肃纪律，全面清理公务员的津贴补贴，基本摸清了津贴补贴发放情况，有效遏制了地方、部门和单位乱发津贴补贴的现象。通过规范公务员的津贴补贴，采取“限高、稳中、托低”等措施，逐步使同一地区不同部门的津贴补贴水平大体相当。采取设立津贴补贴调控线、征收调节基金和将一部分津贴补贴纳入基本工资等办法，一定程度地缩小了不同地区间的收入差距。

在规范特殊岗位津贴和完善特殊人才激励机制方面，经党中央、国务院批准，人事部会同财政部下发《关于调整政府特殊津贴标准的通知》（国人部发［2005］188号）和《关于调整院士津贴标准的通知》（国人部发［2008］89号），提高了按月发放的政府特殊津贴和院士津贴标准。经国务院批准，调整了第29届奥运会和第13届残奥会运动员、教练员奖金标准，完善了运动员、教练员的奖励办法，进一步加大了奖励力度。

3. 完善艰苦边远地区津贴制度

通过总结实践经验和进行专项研究，建立了科学合理的实施范围和类别评估指标体系，作为评价艰苦边远程度、确定实施范围和类别的基本依据，减少了决策中的人为因素。根据实际情况，考虑财力可能，适当扩大了实施范围，增设了类别，提高了津贴标准，加大了对艰苦边远地区的倾斜力度。完善艰苦边远地区津贴制度实施方案的出充分体现了党中央、国务院对艰苦边远地区干部职工的关心和重视，全国共有19个省（自治区、直辖市）的984个县（市、区）列入实施范围，占全国2 862个县（市、区）的34%，受益人数达到827万人，津贴水平由月人均约92元提高到月人均约150元，提高幅度达63%。这项措施对扶持艰苦边远地区合理提高工资收入水平，逐步缩小地区工资收入差距，稳定艰苦边远地区机关、事业单位职工队伍，起到了积极作用。

4. 改革机关中工勤人员工资制度

根据工勤人员工作特点，本次机关工资制度改革还进一步完善了技术和普通工人的工资制度，改革原有工资结构。其中，技术工人工资由技术等级（职务）工资、岗位工资、奖金三项改为技术等级（职务）工资和岗位工资两项，取消了奖金单元；普通工人工资由岗位工资、奖金两项简化为岗位工资一项。

（二）事业单位工资制度改革实施情况

2006年，根据人事部、财政部《关于印发事业单位工作人员收入分配制度改革方案的通知》（国人部发［2006］56号）、《关于印发〈事业单位工作人员收入分配制度改革实施办法〉的通知》（国人部发［2006］59号）和《关于印发〈关于公务员工资制度改革和事业单位工作人员收入分配制度改革实施中有关问题的意见〉的通知》（国人部发［2006］88号）3个文件的规定，实施事业单位工资制度改革。

1. 建立符合事业单位特点的工资分配制度。通过建立岗位绩效工资制度，适应事业单位由身份管理向岗位管理转变的要求，使工作人员的收入与岗位职责、工作业绩、实际贡献相联系，初步形成灵活多样的收入分配激励约束机制，进一步实现了在制度形式和运行机制上与公务员工资制度脱钩。通过实行分类分级管理，适当赋予地方和部门一定的分配自主权，适应了事业单位体制改革的要求，有利于进一步搞活内部分配。通过完善高层次人才激励机制，加大了对高层次人才的倾斜力度，体现尊重知识、尊重人才和鼓励创新，有利于吸引和稳定人才。通过建立事业单位主要领导收入分配激励约束机制，有利于加强引导和调控事业单位的收入分配。

2. 进一步健全工资正常调整机制。事业单位在收入分配制度改革的基础上，逐步建立适应事业单位整体改革要求的工资正常调整机制，在运行机制上体现了事业单位的特点；建立基本工资标准和津贴补贴标准的动态调整机制，使事业单位工作人员收入水平与国民经济社会发展相协调。

3. 完善高层次人才分配激励约束机制。在继续执行政府特殊津贴的同时，采取一次性奖励、建立特殊津贴、建立重要人才国家投保制度等措施，对部分急需人才实行协议工资、项目工资等灵活多样的分配办法，实现一流人才、一流业绩、一流报酬，充分调动高层次人才的积极性、主动性和创造性。

4. 实施分级管理体制，健全工资分配宏观调控机制。这次改革进一步明确了中央、地方和部门的管理权限，分级管理、分级调控，完善收入分配调控政策，加强工资分配支付管理，进一步理顺分配关系，规范分配秩序，充分发挥地方和部门在调控管理和监督检查等方面的作用，逐步形成统分结合、权责清晰、运转协调、监督有力的宏观调控体系。

按照国务院统一部署，事业单位结合清理规范津贴补贴实施绩效工资分三步走：第一步，从 2009 年 1 月 1 日起，在全国义务教育学校实施绩效工资，确保义务教育学校教师平均工资水平不低于当地公务员平均工资水平，同时对义务教育学校离退休人员发放生活补贴。第二步，从 2009 年 10 月 1 日起，配合医药卫生体制改革，特别是实行基本药物制度，在疾病预防控制、健康教育、妇幼保健、精神卫生、应急救治、采供血、卫生监督等专业公共卫生机构和乡镇卫生院、城市社区卫生服务机构等基层医疗卫生事业单位实施绩效工资改革。第三步，从 2010 年 1 月 1 日起，在其他事业单位实施。

2008 年，人力资源社会保障部会同财政部、教育部下发《关于进一步做好义务教育学校教师工资待遇保障工作的通知》（国人部发［2008］19 号），明确要求各地在规范公务员收入分配秩序时，统筹考虑义务教育教师特别是农村义务教育教师待遇问题。在深入调研论证、广泛听取意见和反复修改完善的基础上，拟定了《关于义务教育学校实施绩效工资的指导意见》，截至2009年年底，义务教育学校教师绩效工资基本兑现，实施工作总体比较平稳，成效明显，得到了广大义务教育教师特别是农村教师的拥护和欢迎，社会反响较好。通过实施绩效工资，落实了义务教育法关于教师平均工资水平不低于当地公务员平均工资水平的规定，建立了确保教师待遇的长效机制，促进了义务教育教师资源均衡配置和教育人事制度改革，加强了教师队伍建设。

2009年，人力资源社会保障部、财政部、卫生部印发《关于公共卫生与基层医疗卫生事业单位实施绩效工资的指导意见》（人社部发［2009］182号）。文件下发后，各地区按照国务院通知要求，配合医药卫生体制改革，特别是实行基本药物制度，全面开展清理、测算、实施工作。“十一五”时期，义务教育学校和公共卫生与基层医疗卫生事业单位的绩效工资部分省份已兑现到位。其他事业单位实施绩效工资，按照“分类指导、分步实施、因地制宜、稳慎推进”的原则有序推进。

事业单位收入分配制度改革是事业单位整体改革的重要组成部分，与事业单位分类管理、人事制度、财务制度、养老保险制度等改革密切相关。这次事业单位收入分配制度改革，在内容和方法步骤上，都充分考虑了相关配套改革的要求和进程，既有利于深化收入分配制度改革，也有利于推动事业单位其他各项改革。同年，人事部、卫生部联合印发了《事业单位岗位设置管理试行办法》（国人部发［2006］70号）和《人事部〈事业单位岗位设置管理试行办法〉（实施意见）》（国人部发［2006］87号），对事业单位岗位设置进行了规定。

2008年，国务院印发了《事业单位工作人员养老保险制度改革试点方案》（国发［2008］10号），并在山西省、上海市、浙江省、广东省、重庆市进行试点，同时，《事业单位职业年金试行办法》也适用于上述5个试点省（市）。

2011年，为推动公益事业更好更快发展，做好分类推进事业单位改革工作，中共中央、国务院印发了《关于分类推进事业单位改革的指导意见》（中发［2011］5号）文件，同时印发的还有《关于事业单位分类的意见》《关于承担行政职能事业单位改革的意见》《关于创新事业单位机构编制管理的意见》《关于建立和完善事业单位法人治理结构的意见》《关于分类推进事业单位改革中财政有关政策的意见》《关于分类推进事业单位改革中从事生产经营活动事业单位转制为企业的若干规定》《关于分类推进事业单位改革中加强国有资产管理的意见》《关于深化事业单位工作人员收入分配制度改革的意见》和《事业单位职业年金试行办法》9个配套文件。2011年6月2日，全国分类推进事业单位改革工作座谈会在北京召开。国务委员兼国务院秘书长马凯在会上强调，要充分认识分类推进事业单位改革的重大意义，坚持分类指导、分业推进、分级组织、分步实施的工作方针，积极稳妥推进事业单位改革，促进公益事业更好更快发展。

在党中央、国务院的直接领导下，我国事业单位改革正在稳步推进，人事管理制度、养老保险制度等方面的改革已取得一定进展。2010年，我国继续扩大事业单位聘用制推行面，全国聘用合同签订率达到90%。同时，事业单位岗位设置管理工作在31个省区市和新疆生产建设兵团全面推开，11个省份已经基本完成，中央单位完成80.2%。

（三）进一步完善机关、事业单位退休人员政策

在这次改革中，对机关、事业单位离退休人员的待遇问题，保持了政策的连续性。2006年，人事部印发了《关于机关事业单位离退休人员计发离退休费等问题的实施办法》（国人部发［2006］60号），适当提高离退休人员的待遇。增加了离退休人员的离退休费，完善了离退休费增长办法，明确要逐步建立与在职人员增资机制脱钩的退休费正常增长机制。通过调整离退休人员的待遇，对改善机关、事业单位广大离退休人员的生活待遇，保证分享改革发展的成果，起到了积极作用。

总之，通过机关、事业单位工资改革，在建立制度、完善机制、规范分配秩序和缩小工资收入差距等方面取得较大进展。

二、“十一五”时期机关、事业单位工资增长情况

“十一五”时期，我国机关、事业单位在工资制度改革的推动作用下，工作人员工资水平有了较快增长。

2006年，我国机关、事业单位平均工资分别是23 360元和21 259元，2010年年末增长到40 512元和38 411元，名义工资年均递增14.9%和

15.9%，扣除城市居民消费物价影响后，实际工资年均递增 11.2% 和 12.4%，自 1991 年以来，这一增长速度仅次于我国经济高速发展的“十五”时期，分别比“八五”时期快 4.9 和 6.3 个百分点，比“九五”时期快 0.8 和 2.7 个百分点。

机关工作人员工资在“八五”至“十五”时期的 15 年里，一直保持着高于事业单位和企业的增长速度，但在这一时期，由于规范津贴补贴政策和地区附加津贴未落实到位等因素影响，机关工资反而落后于事业单位和企业的工资增长速度（见表 2—1）。

表 2—1　　1991 年以来我国各个五年规划时期机关、事业单位、企业工作人员平均工资实际增长速度对比表

序号	时期	机关平均工资年实际增长率（%）	事业单位平均工资年实际增长率（%）	企业平均工资年实际增长率（%）
1	“八五”时期	6.3	6.1	5.2
2	“九五”时期	10.4	9.7	9.2
3	“十五”时期	14.5	13.0	13.0
4	“十一五”时期	11.2	12.4	12.1

数据来源：根据国家统计局编《中国统计年鉴》199—2006 年、《中国劳动和社会保障年鉴》2006—2008 年、《中国人力资源和社会保障年鉴》2009—2011 年有关数据整理。下同。

“十一五”时期，机关实际工资增长速度超过全国水平的有 17 个省份，其中增长较快的是天津市、陕西省、内蒙古自治区、贵州省和上海市，增长率分别为 17.9%、16.2%、14.4%、14.1%和 13.8%；机关实际工资增长速度低于全国水平的有 14 个省份，其中增长较慢的是北京市、宁夏回族自治区、浙江省、广东省和黑龙江省，增长率分别为 4.6%、5.3%、6.5%、7.6%和 8.7%（见图 2—1）。

“十一五”时期，事业单位实际工资增长速度超过全国水平的也有 17 个省份，其中增长较快的是天津市、陕西省、内蒙古自治区、河北省和上海市，增长率分别为 17.5%、17.3%、14.8%、14.1%和 14.1%；事业单位实际工资增长速度低于全国水平的有 14 个省份，其中增长较慢的是浙江省、广东省、甘肃省、西藏自治区和山西省，增长率分别为 9.0%、9.5%、9.6%、10.2%和 10.4%（见图 2—2）。

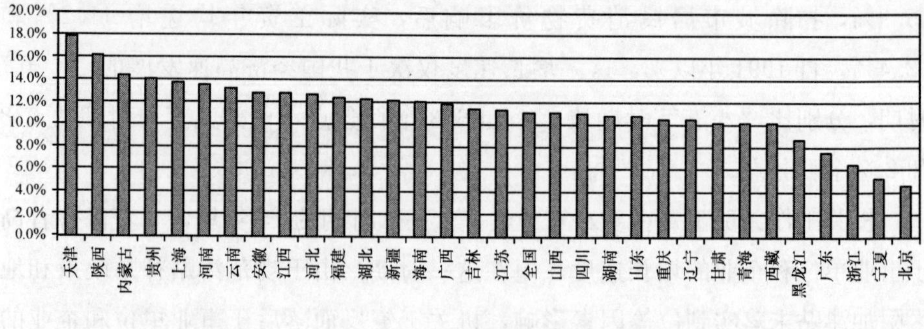

图 2—1 “十一五”时期各地机关实际工资增长率

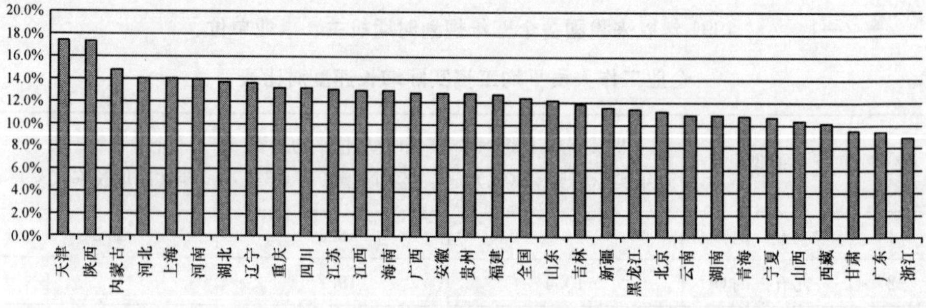

图 2—2 “十一五”时期各地事业单位实际工资增长率

按年份看，2006 年机关工资改革政策出台以后，其工资增长速度较快，名义工资增长率达到了 23.1%；同时，实际工资增长率也达到了 17.8%（见表 2—2）。其后，伴随着机关规范津补贴政策的实施，机关工资增长速度逐渐趋缓，到 2010 年，机关实际工资增长率更是降到了 5.0%（见图 2—3）。

表 2—2 “十一五”时期机关工资增长情况

年份	机关工作人员平均工资（元）	比上一年名义增长率	比上一年实际增长率
2006	23 360	12.2%	10.5%
2007	28 763	23.1%	17.8%
2008	33 869	17.8%	11.5%
2009	37 397	10.4%	11.4%
2010	40 512	8.3%	5.0%

事业单位工资水平在“十一五”时期增长速度较为平稳，仍然是受 2006 年工资改革政策的影响，2007 年事业单位工资水平有较快增长，名义工资增长率达到了 21.4%，实际工资增长率也达到了 16.2%（见表 2—3）。其后，

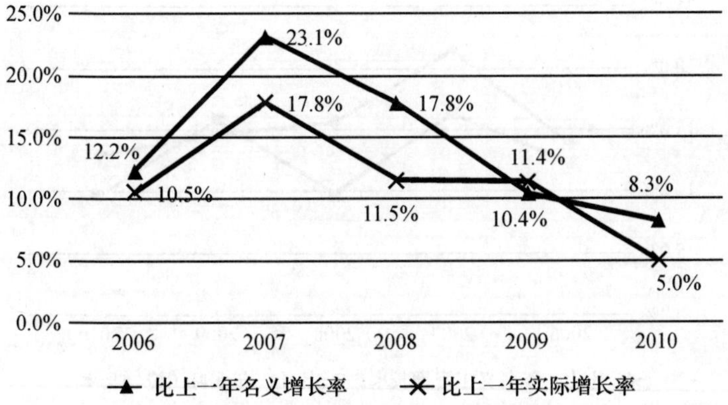

图 2—3 “十一五”时期机关工资增长情况

事业单位工资增长速度趋缓，但伴随着义务教育学校与公共卫生和基层医疗卫生事业单位绩效工资政策的实施，2009 年事业单位实际工资增长速度一度达到了 15.5%（见图 2—4）。

表 2—3 “十一五”时期事业单位工资增长情况

年份	事业单位工作人员平均工资（元）	比上一年名义增长率	比上一年实际增长率
2006	21 259	13.6%	11.9%
2007	25 805	21.4%	16.2%
2008	29 758	15.3%	9.2%
2009	34 053	14.4%	15.5%
2010	38 411	12.8%	9.3%

分地区看，2005 年机关工资最高的省（区、市）依次是北京市、浙江省、上海市、广东省和江苏省，最低的省（区、市）依次是河南省、陕西省、贵州省、江西省和山西省，最高与最低之比为 3.6∶1。2010 年，机关工资最高的省（区、市）依次是上海市、天津市、浙江省、北京市和江苏省，最低的省（区、市）依次是山西省、河南省、吉林省、江西省和河北省，最高与最低之比缩小为 3∶1（见表 2—4）。由此可见，2006 年工资改革对缩小公务员工资差距起到了一定的积极作用。

2005 年，事业单位工资最高的省（区、市）依次是北京市、浙江省、上海市、西藏自治区和广东省，最低的省（区、市）依次是河南省、贵州省、吉林省、陕西省和江西省，最高与最低之比为 2.9∶1。2010 年，事业单位工

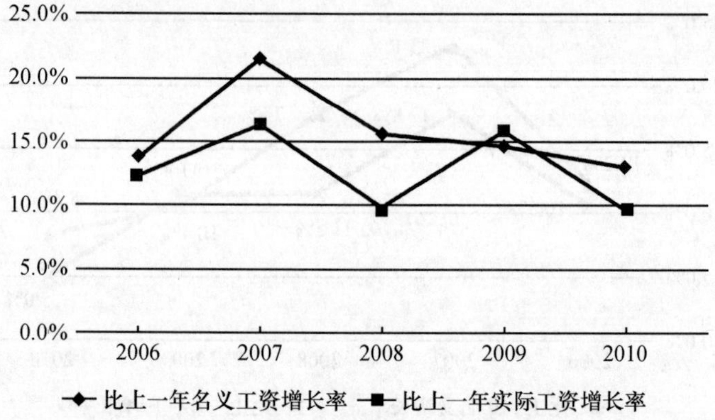

图 2—4 “十一五”时期事业单位工资增长情况

表 2—4 2005 年与 2010 年机关工资对比

2005 年机关工资				2010 年机关工资			
工资水平较高省份	工资（元）	工资水平较低省份	工资（元）	工资水平较高省份	工资（元）	工资水平较低省份	工资（元）
北京	48 480	河南	13 609	上海	81 815	山西	29 408
浙江	45 770	陕西	13 685	天津	74 716	河南	29 778
上海	37 773	贵州	14 373	浙江	70 893	吉林	30 439
广东	33 457	江西	14 617	北京	66 499	江西	30 494
江苏	32 633	山西	14 984	江苏	64 054	河北	30 940

资最高的省（区、市）依次是上海市、北京市、天津市、浙江省和西藏自治区，最低的省（区、市）依次是山西省、吉林省、甘肃省、江西省和贵州省，最高与最低之比为 2.8：1（见表 2—5）。

表 2—5 2005 年与 2010 年事业单位工资对比

2005 年事业单位工资				2010 年事业单位工资			
工资水平较高省份	工资（元）	工资水平较低省份	工资（元）	工资水平较高省份	工资（元）	工资水平较低省份	工资（元）
北京	39 822	河南	13 868	上海	76 773	山西	27 527
浙江	36 726	贵州	14 002	北京	74 170	吉林	28 200
上海	35 057	吉林	14 020	天津	64 996	甘肃	29 204
西藏	29 282	陕西	14 025	浙江	63 762	江西	29 673
广东	26 166	江西	14 064	西藏	54 708	贵州	29 922

与企业工资增长情况比较看，天津市、云南省、陕西省等地机关、事业单位工资增长速度明显高于企业；宁夏回族自治区、北京市等地机关、事业单位工资的增长速度明显低于企业；新疆维吾尔自治区、西藏自治区等地机关、事业单位工资的增长速度与企业相当（见图 2—5）。

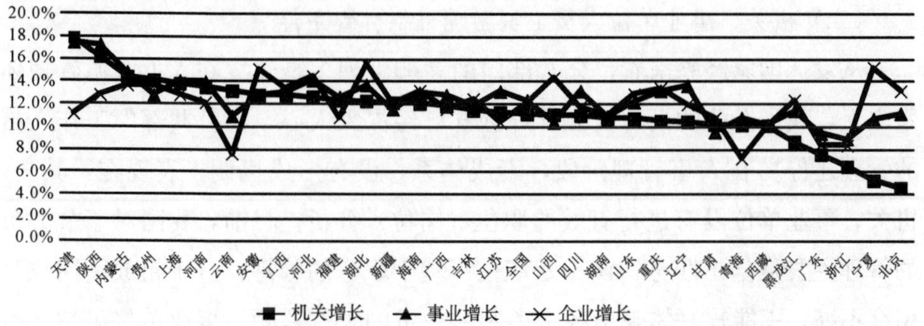

图 2—5 “十一五”时期各地机关、事业单位与企业工资增长情况

三、机关、事业单位工资分配主要问题

2006 年的工资制度改革，使机关、事业单位工资制度向专业化、规范化、公平化的方向发展，广大机关、事业单位干部职工分享到经济社会改革发展成果，一定程度上起到了吸引人才、留住人才、激励人才的作用。但由于机关、事业单位工资的敏感性和实际情况的复杂性，社会经济环境的不均衡性以及相关配套措施未及时跟进等因素的制约，机关、事业单位工资分配中仍存在一些问题，主要是：

（一）不同地区、不同部门机关、事业单位工资差距不尽合理

机关和财政拨款事业单位工资属于国民收入二次分配领域，目前，其工资水平主要通过财政预算分配确定，公务员地区间差距过大现象依然存在。主要表现为不同省份之间和同一省份内的公务员收入差距过大，同一省份内收入差距甚至超出了不同省份之间差距。由于公务员基本工资标准全国统一，公务员地区收入差距过大主要是津补贴差距过大，而津补贴差距大的主要原因是由于各地财政收入水平和支出能力的不同而造成的。

同时，部分地方财力不足，在推行义务教育学校绩效工资改革时捉襟见肘，随着公共卫生与基层医疗事业单位和其他事业单位实施绩效工资，财政压力进一步扩大。加之不同事业单位创收能力的不同，出现了同城不同待遇

的问题，如有些城市重点小学与非重点小学教师收入差距一倍以上。如2010年网上热炒的深圳市某处级事业单位自2009年10月1日起实施绩效工资以来，主任层级（处级）、科级及普通员工年薪分别为63.53万元、35.87万元和27.27万元，员工平均工资高达30万元，远高于当地社平工资。

（二）机关、事业单位人员工资激励机制有待完善

从发达国家经验来看，公共部门的薪酬管理多是建立在人力资源管理体系之上，我国企业的人力资源管理理念已经深入人心，但公共部门工作人员的管理还停留在人事管理阶段，不成体系，没有形成机制。表现在：其一，机关、事业单位没有进行有效的职位（岗位）分析。目前，我国对于公务员的管理主要是基于职务，而不是职位。基于职务的管理，过于粗放，岗位辨识度不高，不能较好体现出各个类别公务员的工作差距。事业单位虽然实行了岗位管理，将工作人员分为了管理序列和技术序列，但管理序列依然是基于职务，技术序列则主要依据职称，仍然不是严格的岗位管理。其二，机关、事业单位没有建立系统的绩效管理制度。机关和事业单位工作人员绝大多数为管理和技术人员，对于其工作的难度、数量和质量等难以进行量化测定。工作人员的业绩和贡献不好评价，导致与工作业绩相关的绩效工资在实施过程中受挫。公务员的主要激励手段是职务晋升，但我国公务员一半以上在县级以下基层，受到机构层级限制，职务难以晋升，工资待遇偏低。事业单位收入水平过多依赖于经济收入，与实际公益服务质量脱节现象严重。同时，对高层次人才缺乏激励机制，事业单位技术人员兼职兼薪现象比较严重。其三，机关、事业单位尚未建立起参照市场部门确定工资的机制。由于机关、事业单位工资分配属于二次分配领域，其工作人员提供的管理、服务不易用货币进行衡量，因此，市场经济国家的通行做法是参照私营部门劳动力价格水平，确定其基本工资收入。然后根据个人在制造、提供公共产品中所起作用和所做贡献相应确定个人实发薪酬。而在我国，这种工资决定机制尚未形成。

（三）机关、事业单位工资分配秩序有待规范

由于各地区财政收入差异，各地政府机关、事业单位制度外发放的各种收入情况比较复杂，名目繁杂，渠道混乱。据调查，部分省份公务员津补贴占其总收入的70%～80%，省与省之间最高和最低津补贴在3～4倍之间。同

一省内不同地区也存在很大差距，各地津补贴水平的标准多样化、特别是县市标准不一样，差距较大。有些省份公务员津贴补贴标准多达32个，1个市内就有6个标准，最高和最低相差1.5万元/年左右。如《珠海公务用车制度改革方案（试行）》中规定，正处级领导职务每月补贴3 000元，而按照工资套改标准，正处级公务员基本工资仅为2 000～3 000元，基本工资外收入比重过大，引起社会较大反响。

同时，由于制度内拨款比例过低，事业单位依托自身服务对象和创收能力，制度外收入比例过高，行业间、单位间、个人间收入悬殊，激化矛盾，也给规范机关、事业单位津补贴带来很大难度。

四、机关、事业单位工资分配改革建议

工资分配是一个重要的经济、政治和社会问题。实现工资分配的公平合理，是建立全社会公平正义体系的重要内容，也是构建社会主义和谐社会的客观要求。2006年，机关、事业单位工资改革正是在调整社会整体收入分配格局的大背景下推出的，因此，规范机关、事业单位工资制度，需要从以下几个方面进行统筹考虑。

（一）继续完善机关工资制度

1. 在规范津贴补贴的基础上尽快实施地区附加津贴制度，缩小地区间公务员收入差距

2006年，工资制度改革再次提出建立地区附加津贴制度，合理调控公务员地区收入差距，实质上是调控地方津补贴。这是国家妥善处理地区间公务员工资收入差距的重要措施，也是公务员工资制度的一项重要内容。收入分配中的公平性问题包括3个方面，即外部公平、内部公平和个体公平的问题。外部公平主要体现在如何处理好公务员与社会其他职业的收入分配关系。内部公平主要体现在如何处理好不同地区、不同部门、不同职务的公务员之间的收入分配关系。个体公平主要体现不同类型的公务员的工资报酬是否合理。

2006年工资改革方案明确提出，在规范津贴补贴的基础上，经过一段时间的实践并总结经验后，再实施地区附加津贴制度，地区附加津贴主要反映各地经济发展水平、物价消费水平等方面差异。实施地区附加津贴主要考虑：

一是按照“下管一级”的原则，在国家统一制度和政策的前提下，赋予

地方一定的权限。各地区根据国家制订的地区附加津贴制度总体方案，结合本地实际，研究提出本地的具体实施方案。各地区内部的地区附加津贴水平差距，由省级人民政府进行调控。

二是根据各地的经济发展水平、物价消费水平和企业相当人员工资收入水平等指标，合理确定地区附加津贴调控线，防止地区附加津贴水平差距过大。经济发展水平、市场工资水平、物价因素是公务员地区收入差距中的合理因素，因而国家调控地区收入差距，要重点考虑这3个指标。

三是国家综合运用经济手段和必要的行政手段，加强监督检查。建议中央财政部门要求各地方财政部门将地区附加津贴发放情况单独设立科目，以便对实际执行情况进行监察和审计，控制地区附加津贴水平过快增长。

2. 尽快出台向基层倾斜、级别与工资等待遇适当挂钩政策，逐步消除“千军万马挤独木桥”现象

为了调动公务员积极性，鼓励公务员向更艰苦和更需要的地方合理流动，应尽快出台级别与工资等待遇挂钩政策，并采取其他措施，向基层公务员倾斜。

一是尽快出台级别与工资等生活待遇适当挂钩政策，进一步增强级别在工资分配中的激励作用，更好地体现向基层倾斜。级别工资的职能是体现工作人员的资历和能力，一方面级别工资可以体现同一职务层次的公务员工作年限、资历和能力的差别；另一方面，设置级别工资，可以使公务员不提升职务也能通过晋升级别提高待遇。同时，对科长以下的职务增多对应的级别数不仅可以提高其待遇，一定程度上解决基层公务员工资待遇问题。对厅局级副职及以下职务层次的公务员，任职时间和级别达到规定条件后，经考核合格，可以考虑享受上一职务层次非领导职务的工资等待遇。

二是在现有基础上，适当增加县以下基层公务员基本工资，即根据其职责大小，设定一定系数，提高工资待遇。同一职务层次的公务员，在地方上工作尤其是在县、乡工作的公务员，其所承担的职责和国家机关公务员是有所区别的，因而，为了鼓励公务员安心基层工作，并增强其责任感和荣誉感，可以视不同情况，在基础工资上，增加一定系数，提高工资待遇。

三是以公务员分类改革为契机，加快专业技术类和行政执法类公务员薪酬制度配套改革，缓解专业技术和行政执法类公务员晋升通道狭窄的问题。

《公务员法》将公务员分为综合管理类、专业技术类和行政执法三大类，从政府部门的角度看，鼓励公务员选择更为丰富的生涯发展通道无疑是必要的。为了缓解职位设置的压力、稳定公务员队伍，政府部门应为专业技术类、执法类公务员提供一种不同于综合类公务员的工资报酬方式，使技术等级的薪酬水平与行政序列保持平行。在这种双阶梯生涯通道下，鼓励他们最大程度发挥自己的特长，使各个专业技术岗位上和行政执法岗位上的公务员有更多的发展机会，从而大大激发他们的工作积极性。既促进他们充分发挥自己的专业特长，避免大家同挤职务晋升的独木桥，又实现了分配公平。

3. 建立工资调查制度，科学合理地确定和调整机关工资收入水平

从世界各国的公务员工资管理的实践来看，多数国家选择了将市场工资水平（即企业相当人员的工资水平）作为参照标准。我国公务员工资水平正常增长机制和地区附加津贴制度一直未能建立起来，一个很重要的原因就是基础工作缺失，即工资调查制度尚未建立。国外进行公务员工资调整一个很重要的依据就是根据薪酬调查结果进行调整和决策。按照《公务员法》的规定，国家实行工资调查制度，定期进行公务员和企业相当人员工资水平的调查比较，并将工资调查比较结果作为调整公务员工资水平的依据，建立工资调查制度需要建立起3个子系统。

一是薪酬水平调查系统。在深入研究和科学论证的基础上，尽快建立工资调查制度，定期进行薪酬水平调查，国家组织权威机构统一实施，确保调查结果的准确度和公信力。通常每隔几年进行一次，以专业手段收集企业的薪酬数据，用以确定与公务员从事相当职位人员的实际薪酬水平。

二是薪酬水平比较系统。利用薪酬水平调查收集到的薪酬数据，客观分析公务员和企业相当人员工资收入构成，合理确定工资调查比较的内容，在按照统计标准进行整理与评价之后，将公务员的薪酬与其他相当人员进行比较，并评价两者"基本平衡"的程度，确保调查结果的可比性。

三是薪酬趋势评估系统。薪酬趋势评估，作为薪酬水平比较的一个辅助手段，通过两次薪酬水平调查之间的年份调整公务员薪酬的分析，为公务员薪酬提供参考。随着经济社会发展和企业工资收入水平的变化，定期进行调查比较，相应完善公务员工资收入水平的正常调整机制，确保公务员工资收入水平与国民经济发展相协调，与社会进步相适应。

（二）继续完善事业单位岗位绩效工资制度

事业单位的工资制度改革涉及面广、难度大，需要系统地通盘考虑，既要从事业单位本身的日常管理入手，又要多部门相互配合，既要从制度本身入手，又要从相关配套改革上下工夫。

1. 规范事业单位人力资源基础管理

岗位绩效工资是事业单位体现员工自身价值，搞活内部工资分配，合理拉开差距，激励员工的重要手段。要使岗位绩效工资落到实处，需要适当下放管理权限，发挥事业单位自主管理的能动性，主管部门应主抓事业单位的总体社会公益效益的实施效果，事业单位内部自主管理其日常事务。

在事业单内部，要建立岗位管理和绩效管理体系。在岗位设置上，要以科学的岗位分析、岗位评价体系、合理定岗定编，辅之公开招聘招考制度，把住人才的入口关。同时，合理用人，加强培训，做到人岗匹配。绩效管理上设置部门、岗位两级考核体系。在对单位的绩效评价指标的设置上，可以按照事业单位创收程度不同，设置公益性指标、统计指标、财务指标等进行考核。在事业单位内部对人员绩效评价指标的设置上，也要考虑事业单位的社会公益性特点，注重事业单位服务对象的满意度评价指标。

2. 做好事业单位岗位绩效工资配套改革

我国事业单位规模庞大，纷繁复杂，几乎涉及社会各个领域，其社会功能和活动方式各异。加快推进事业单位的分类改革，是进行事业单位工资改革、人事制度改革、养老保险改革，乃至事业单位整体改革的前提。在此前提下确定哪些单位需要财政定额补助，哪些单位财政定项补贴，逐步调整经费供给渠道，变“以钱养人”为“以钱养事”，合理确定事业单位绩效工资总量，提高财政投入的使用效率。同时，变“身份管理”为“岗位管理”，实行双层养老保险制度，在全国统一的城镇职工养老保险之外，建立事业单位补充养老保险，有效保证事业单位退休人员养老保险待遇不降低。

3. 进一步完善岗位绩效工资制度

在实施岗位绩效工资制度过程中，事业单位主要领导人激励约束机制、事业单位高层次人才激励机制、事业单位人员兼职兼薪问题也要同步加以解决。

事业单位主要领导人是事业单位的核心和关键力量，其管理的成功与否往往对事业的发展和兴衰起着非常重要作用。要结合事业单位领导人的岗位特点和工作性质，建立长期和短期相结合、责任与风险相结合的激励约束机制，使事业单位主要领导的收入与其业绩、贡献以及单位的长远发展相联系。

国家应尽快出台对兼职兼薪人员的管理规定，明确具体操作实施规范，同时把事业单位内部的考评体系的构建与技术人员兼职兼薪管理结合起来，以免发生舍本逐末、忽略本职工作的问题。

第三章
劳动报酬占初次分配比重变化情况

党的"十七大"报告中提出，在深化收入分配改革的过程中，要"逐步提高居民收入在国民收入分配中的比重，提高劳动报酬在初次分配中的比重"。本章主要介绍劳动报酬分配比重的相关概念，通过翔实的统计数据[①]反映1992年以来劳动报酬占初次分配比重的变动情况，并提出一些政策建议。

一、近年来国民收入初次分配情况

（一）基本概念

按照统计定义，一国的常住单位[②]在一定时期内通过生产活动[③]获得的初次收入形成了国民收入。通俗地讲，国民收入是指本国各种组织和本国居民在一定时期内通过各种生产活动，从境内外所获得的初次收入。国民收入的分配是在政府部门、企业部门及居民（即住户部门）三大主体之间进行的。其中，政府部门包括各种行政单位和非营利性事业单位，企业部门包括非金融企业和金融机构。

国民收入分配分为初次分配和再分配两个阶段：国民收入初次分配是将

---

① 2004年国家统计机构根据第一次全国经济普查资料对2004年及以前年度的GDP历史数据进行了修订。本报告中2004年及以前的数据即出自根据这些修订于2008年出版的《中国资金流量表历史数据（1992—2004）》。该书中的数据经过了全面调整，其中一些数据不同于之前出版的相关年鉴中相应的内容，本数据更加翔实准确，口径一致。

② 常住单位一般是指在我国经济领土上从事经济活动在一年以上的单位，包括在我国经济领土上的所有企业、事业、行政单位和居民户。不包括我国在境外投资的单位。在计算国民收入时，我国中资单位在境外投资单位中应得的要素收入计入该中资单位，同时将在我国常住单位中的外资单位和外国居民在我国获得的要素收入计入该单位或居民所隶属国家的国民收入，不计入我国的国民收入。

③ 生产活动包括各种经济组织制造各种产品、提供各种劳务和公共部门提供公共服务等活动，下同。

生产活动形成的净成果（即增加值）在参与生产、服务活动的生产要素所有者及政府之间进行的分配。在初次分配中，收入的主要形式为：劳动力所有者因提供劳动而获得劳动报酬，资本所有者因资本的形态不同而获得不同形式的收入，借贷资本所有者获得利息收入，股权所有者获得红利或未分配利润，土地所有者因出租土地而获得地租（利息、红利、地租等合称为财产收入）；政府因直接或间接介入生产过程而获得生产税①。

国民收入的再分配是指在国民收入初次分配的基础上，通过经常转移②来实现整个社会范围内的再次分配。经常转移的收入和支付主要通过财政和社会保障体系进行，包括收入税（含企业所得税、个人所得税及财产税等）、财政经常性拨款、社会保险付款、社会补助（含退休金、抚恤金、困难补助），等等。再分配的结果体现为政府、企业和居民分别拥有的对社会最终产品有支付能力的收入。

（二）反映国民收入的指标

反映国民收入的统计指标有两个，其中反映初次分配收入总和的指标是国民总收入，反映再分配后国民收入的指标是国民可支配总收入。

1. 国民总收入

国民总收入（GNI），原称国民生产总值（GNP）③，是指一个国家所有常住单位在一定时期内获得的原始收入的总和。国民总收入分配的主体是本国的政府部门、企业部门和所有具有本国国籍的居民。

国民总收入与国内生产总值（GDP）既有联系又有区别，其联系是前者以后者为基础加减一些因素来计算；其区别是二者计算对象、角度及办法不同。前者是一个收入概念，是计算本国各种组织和本国居民所获得的初次收入，后者是一个生产概念，是按市场价格计算一个国家所有常住单位（包括本国和外国单位）的最终生产成果。创造国内生产总值的主体是在本国领土

① 政府的实际收入为生产税净额。即生产税减去生产补贴。生产税指政府对生产单位从事生产、销售和经营活动以及因从事生产活动使用某些生产要素（如固定资产、土地、劳动力）所征收的各种税、附加费和规费，在我国如营业税、增值税、教育费附加等。生产补贴与生产税相反，指政府对生产单位的单方面转移支出，因此视为负生产税，包括政府亏损补贴、价格补贴。

② 转移是一个机构单位向另一个机构单位提供货物、服务或资产，而同时并没有从后一机构单位获得任何货物、服务或资产作为回报的一种交易。经常转移包括扣除资本转移外的所有转移。

③ 联合国 1993 年 SNA 将国民生产总值（GNP）改称为国民总收入（GNI）。我国从 2002 年起也相应改称为国民总收入。

范围内的政府部门、企业部门（含外国企业）和所有本国及非本国居民。国内生产总值是资金的初始流量，但它并不是当年的全部收入，也不是可以用于消费和积累的全部收入。这是因为在世界各国经济交往日益增加特别是当今经济全球化的条件下，一个经济组织或地区乃至国家在经济上都不是孤立的，它们与其他经济组织或地区、国家都有多种经济联系。以一个国家为例，它的生产成果可能因利用国外资金，而须支付利息或分出红利（这属于要素支出），同时也有可能因向国外投资而取得投资回报（这属于要素收入）；另外还有诸如各类劳动者报酬收支以及转移收支等往来关系。所以一个国家或地区的国内生产总值，须经过多渠道分配才形成当年可用于消费和积累的全部自有资金。

国民总收入与国内生产总值这两个指标在数值上差别并不大，从我国过去 20 年的情况看，维持在 0.5%～1.5%之间。1993—2004 年，我国的国民总收入低于国民生产总值（那时我国对国外投资少，收益也少，外资对我国投资多，收益也多）。但是 2005 年之后情况发生了改变，国民总收入高出同期国内生产总值 0.5%以上，且呈上升趋势，国外净要素收入明显增加，反映我国居民和企业从国外取得的劳动者报酬、利息和红利等高于我国向国外居民和企业支付的要素收益。

2. 国民可支配总收入

国民收入在初次分配的基础上通过财政和社会保障体系等转移支付手段再分配，实现各部门的可支配总收入。

国民可支配总收入在政府、企业和居民三者间分配的实现形式分别是：

（1）政府的可支配总收入

＝政府初次分配总收入＋收入税＋劳动者社会保险缴款－社会保险福利－社会补助－其他经常转移

（2）企业的可支配总收入

＝企业的初次分配总收入－收入税±其他经常转移

（3）居民的可支配总收入

＝居民初次分配总收入－收入税－劳动者社会保险缴款＋社会保险福利＋社会补助±其他经常转移

其中，其他经常转移是指保险赔款、单位之间及居民之间的无偿转让等。

在选择使用指标时，国民总收入用来反映原始收入总额及初次分配关系，而国民可支配总收入用来反映国民收入再分配结果并作为分析消费与储蓄关系的基础。

（三）1992—2008 年间初次分配格局

图 3—1 提供了 1992—2007 年间国民总收入在政府、企业和居民三者之间的分配关系变动情况。从中可以看出，16 年间居民收入在国民收入初次分配中的比重从 1992 年的 66.1%下降到 2007 年的 57.9%，下降超过 8 个百分点，其中 2004 年达到最低点①。同期企业的分配份额变动不大，近期有所增长；政府的分配份额在 2000 年以前保持在 18%以下，之后多数年份都高于 18.5%，2007 年达到最高水平 19.5%。详细数据见表 3—1②。

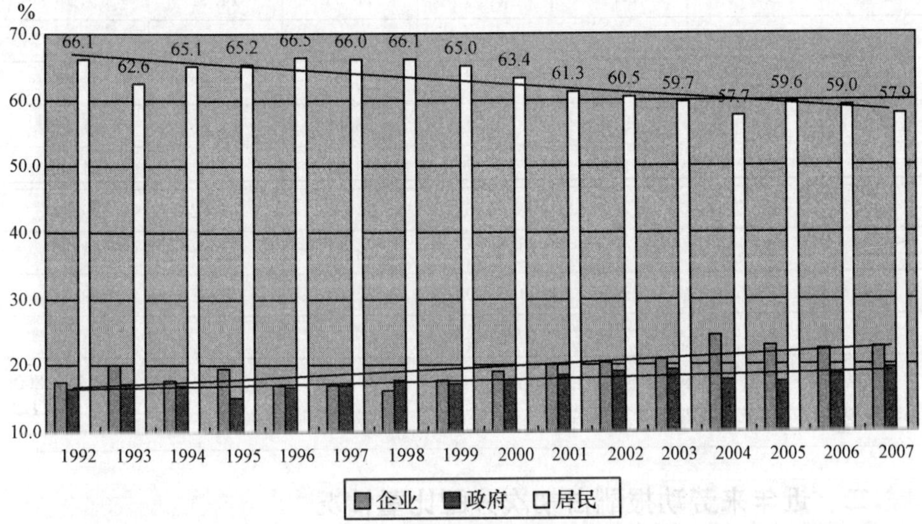

图 3—1 政府、企业和居民初次分配格局

数据来源：根据《中国资金流量表历史数据（1992—2004）》相关数据及 2007 年、2008 年、2009 年《中国统计年鉴》计算得出。

从各部门初次分配总收入的增长速度看，居民收入增长持续低于国民总收入的增长幅度，企业部门和政府部门近五年来加速增长趋势明显。

---

① 由于 2004 年在第一次经济普查后对国民经济核算相关数据进行了修订，可能存在 2004 年数据异常变化的技术性问题，待二经普再次修订国民经济数据后，2004 年的情况可能会有变动。下同。

② 初次分配格局及再分配格局等相关数据根据相关年份统计年鉴的《资金流量表（实物部分）》计算，其中 2004 年及之前的数据按照《中国资金流量表历史数据（1999—2004）》计算。

表 3—1　　1992—2008 年初次分配格局

年份	初次分配格局（%）			环比增速（%）		
	企业	政府	居民	企业	政府	居民
1992	17.4	16.6	66.1	—	—	—
1993	20.1	17.3	62.6	51.44	36.66	24.05
1994	17.8	17.1	65.1	20.66	34.75	41.97
1995	19.5	15.2	65.2	36.63	10.79	24.52
1996	16.9	16.6	66.5	1.47	28.09	19.49
1997	16.9	17.1	66.0	11.26	14.36	10.53
1998	16.2	17.7	66.1	1.95	10.46	6.43
1999	17.8	17.1	65.0	17.18	3.00	4.93
2000	19.0	17.7	63.4	17.91	14.02	7.95
2001	20.2	18.5	61.3	17.47	15.59	6.64
2002	20.3	19.1	60.5	10.89	14.03	8.83
2003	20.9	19.4	59.7	16.92	14.85	11.92
2004	24.5	17.8	57.7	38.12	8.71	14.06
2005	22.9	17.5	59.6	8.04	13.02	19.18
2006	22.4	18.6	59.0	13.03	23.14	14.67
2007	22.6	19.5	57.9	22.61	27.72	19.36
2008	25.3	17.5	57.2			

数据来源：根据《中国资金流量表历史数据（1992—2004）》相关数据及 2007 年、2008 年、2009 年、2010 年《中国统计年鉴》计算得出。

二、近年来劳动报酬占初次分配比重情况

（一）劳动报酬[①]基本概念

国民收入的初次分配，是参与生产活动的生产要素所有者及政府之间进行的收入分配。劳动者作为劳动力这一生产要素的所有者，在提供劳动后获得劳动报酬，而支付劳动报酬的主体主要是各类企业和各级政府（包括各种行政单位和非营利性事业单位）；从事个体经营或自营等活动的居民自行获得劳动报酬。

具体讲，劳动报酬是指城乡劳动者因从事生产活动所获得的全部报酬，

① 这里指《中国统计年鉴》中的劳动者报酬。

包括：(1) 城镇居民的工薪收入（含各种实物形式的报酬，上下班交通补贴、公费医疗和医药卫生费等）；(2) 农村居民受雇于单位或个人，靠劳动获得的工资性收入以及农户从事农、林、牧、渔业生产经营所获得的收益；(3) 个体经营者的劳动报酬和经营利润；(4) 用人单位为劳动者支付的社会保险费和住房公积金。

劳动报酬既是国民收入初次分配的主要内容，也是居民家庭收入中的组成部分。按照现行统计体系，城镇居民家庭的总收入由4项构成：工薪收入、经营性净收入、财产性收入与转移性收入。工薪收入和一部分经营性净收入属于劳动报酬；而工资性收入、家庭经营收入、财产性收入与转移性收入4项共同构成了农村居民家庭的总收入，其中工资性收入和家庭经营收入属于劳动报酬的范畴。

需要重点说明的是，劳动报酬不同于在劳动统计报表制度中核算的有关劳动收入指标："城镇单位就业人员劳动报酬总额"与"城镇在岗职工工资总额"。这两个指标只限于城镇单位及其从业人员，其范围属于劳动报酬中"城镇居民的工薪收入"中的一部分。

（二）劳动报酬在初次分配中的比重

1. 总体情况

根据最新统计数据，1992—2008年期间，劳动报酬在国民收入初次分配总额中的比重明显下降。其中，1992—1999年劳动报酬比重保持在51.5%～54.6%之间，2000年以后持续下降，2008年仅为47.6%（见图3—2）。

其他研究中多数使用年度"支出法国内生产总值结构"整理计算①。其数值一般低于本研究的结果，具体为2005年41.4%、2006年40.6%和2007年39.7%。本研究使用《资金流量表（实物部分）》核算，2004年及此前的数据使用了修订后的数据，其数值更为可靠、客观，可比性强。

对照来看，根据美国经济分析局（BEA）的相关数据测算，2006年、2007年美国雇员获得的薪酬总收入占当年美国GDP的比重分别为56.4%和56.7%②。

① 如，金碚、李钢《中国企业盈利能力提升与企业竞争力》（《中国工业经济》，2007年第11期）中计算的1990—2005年数据。

② 劳动工资研究所《美国人工成本薪酬管理考察报告》，2008。

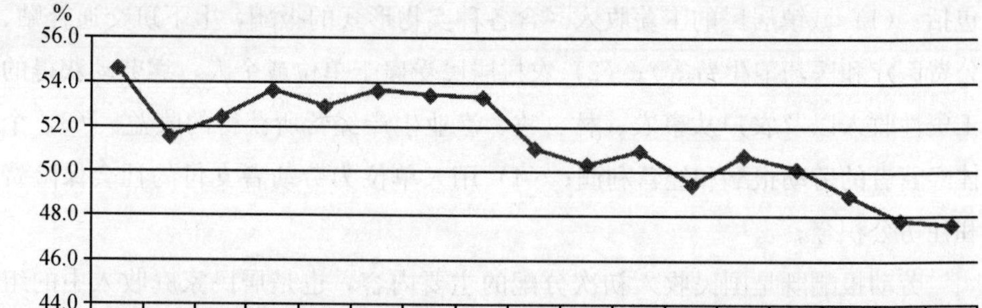

	1992	1993	1994	1995	1996	1997	1998	1999	2000	2001	2002	2003	2004	2005	2006	2007	2008
系列1	54.6	51.5	52.4	53.6	52.9	53.6	53.4	53.3	51.0	50.3	50.9	49.4	50.7	50.1	48.9	47.8	47.6

图 3—2　劳动者报酬在国民收入初次分配中的比重

数据来源：根据《中国资金流量表历史数据（1992—2004）》及 2007 年、2008 年、2009 年、2010 年《中国统计年鉴》相关数据计算得出。

进一步分析看，劳动报酬份额的降低并非就业人口减少的原因。相反，由于同期城乡劳动力总量仍在增长，16 年间增长近 30%，所以居民的平均劳动报酬实际上是下降的。

2. 分地区劳动者报酬在 GDP 中的比重

按收入法核算的国内生产总值构成项目包括劳动者报酬、固定资产折旧、生产税净额和营业盈余①。通过对其中劳动报酬占 GDP 的比重进行分析也可以看出劳动报酬变动的趋势。虽然这里的劳动者报酬和上述国民总收入中的劳动者报酬口径不完全一致（差别在于加减从境内外收支的劳动报酬），国内生产总值和国民总收入在数量上有微小差别，但是其趋势是相同的。

表 3—2 反映了 1995 年、2004 年、2007 年全国 31 个省、自治区、直辖市中劳动者报酬占本地区生产总值的比重分布的情况。

从表 3—2 可以看出，1995 年，有 26 个（占 84%以上）的省、自治区和直辖市，劳动者报酬的比重在 45%以上，其中比重在 60%以上的省、自治区和直辖市达到近 20%；2004 年，有近一半的曾经高于 55%地区（14 个）全部降到 55%以下；到 2007 年，高比重省份继续减少，低比重省份继续增加。分区域看，中西部省份降幅较大，降幅在 10 个百分点左右，其中内蒙古自治区、海南省、新疆维吾尔自治区近期下降明显；而东部地区降幅较小。

① 营业盈余指常住单位创造的增加值扣除劳动者报酬、生产税净额和资产折旧后的余额。它相当于企业的营业利润加上生产补贴，但要扣除从利润中开支的工资和福利等。

表 3—2　　全国各省（区、市）劳动者报酬占 GDP 的比重分布情况

比重区间	1995 年		2004 年		2007 年	
	频数	比例	频数	比例	频数	比例
0.30～0.35			2	6%	5	16%
0.35～0.40	1	3%	4	13%	6	19%
0.40～0.45	4	13%	12	39%	11	35%
0.45～0.50	8	26%	11	35%	8	26%
0.50～0.55	4	13%	2	6%	1	3%
0.55～0.60	8	26%				
0.60 以上	6	19%				
总计	31	100%	31	99%①	31	99%②

数据来源：根据《中国资金流量表历史数据（1992—2004）》及 2009 年《中国统计年鉴》相关数据计算得出。

3. 分三次产业劳动者报酬在 GDP 中的比重

由于资料所限，分析分产业的劳动者报酬占本产业生产总值的比重只能到 2004 年（见表 3—3）。第一产业比重较高，一般在 85%以上，而第二、第三产业水平接近，大多数年份在 40%～45%之间。但是除 2004 年之外，各产业的劳动者报酬比重都呈现平稳下降的趋势，第二、第三产业在 2004 年下降幅度更为突出，达到了最低水平。其中，第三产业降幅较大。不仅如此，第二、第三产业劳动者报酬的份额降低是伴随着其劳动生产率的匀速提高而出现的，反映了劳动要素对产业发展的贡献在分配过程中并没有得到充分的体现。

4. 劳动报酬比重降低的原因分析

如果仅用劳动统计中使用的在岗职工工资的指标进行分析，不难发现所得到的结论会与前述劳动报酬份额逐年降低的结论产生矛盾：20 世纪 90 年代末期之后，职工工资总额与职工平均工资的增长速度分别高于同期 GDP 的增幅和人均 GDP 的增长速度。依据这个趋势判断，劳动报酬在经济发展过程中的份额应当是不断增加的。

产生不同判断的原因来自于未纳入劳动工资统计范围的劳动就业人员的劳动所得。这一劳动群体包括：（1）农村居民受雇于单位或个人，靠劳动获

①②　因分项四舍五入的原因，分项合计为 99%。

表3—3　　分三次产业劳动者报酬占生产总值的比重

	第一产业	第二产业	第三产业	全部产业
1995	0.861	0.415	0.438	0.514
1996	0.865	0.414	0.434	0.512
1997	0.864	0.420	0.437	0.510
1998	0.866	0.424	0.437	0.508
1999	0.865	0.419	0.437	0.500
2000	0.857	0.406	0.439	0.487
2001	0.854	0.403	0.439	0.482
2002	0.845	0.399	0.443	0.478
2003	0.834	0.388	0.434	0.462
2004	0.906	0.333	0.363	0.416

数据来源：根据《中国国内生产总值核算历史资料（1952—2004）》相关数据计算得出。

得的工资性收入以及农户从事农、林、牧、渔业生产经营所获得的收益；（2）城乡个体经营者的劳动报酬和经营利润；（3）乡镇企业就业人员；（4）私营企业就业人员。这个群体可以被认为是过去体制外的就业人员，其中除农民外的3类人员基本可以称为非正规就业群体。据推算，农民和非正规就业劳动者的劳动报酬占到居民获得的全部劳动报酬的3/4～4/5，而纳入在岗职工工资统计范围的部分仅相当于劳动报酬实际总量的1/5～1/4。

乡镇企业就业人员、私营企业就业人员和城镇个体劳动者，以及分散、独立从事农业生产的农业居民，这一群体工资水平低、工资增长缓慢导致了国民收入大分配格局中居民劳动报酬水平整体下降。随着这个队伍日益发展壮大，其对宏观分配格局的影响越来越大，远远超过工资在居民收入增长中的影响。

（三）基本判断

通过上述分析，20世纪90年代末期以来我国劳动报酬的变动趋势为：

1. 劳动报酬在初次分配中的比重显著下降，16年下降了5～6个百分点。

2. 非正规就业群体的劳动报酬水平低、增长慢是劳动报酬比重整体降低的主要原因。

3. 全国各省（区、市）都存在劳动者报酬占地区生产总值比重下降的趋势。其中，中、西部地区降幅较大，东部地区降幅较小。

4. 第二、第三产业劳动者报酬占增加值的比重稳中有降，近几年都达到了最低水平，其中第三产业的降幅超过整体降幅。

三、政策建议

通过对“两个比重”发展变动趋势的分析和判断，就当前调整收入分配格局、完善收入分配政策提出以下几点政策建议。

（一）有重点地推进工资集体协商机制建设

建立工资集体协商机制是市场经济条件下保证工资增长的根本途径。第一，目前尤其要对企业规模小、分散，企业内劳资双方组织建设难以到位的行业，如服装制造、制鞋、零售业等行业，促进建立区域性、行业性雇主组织和工会组织，开展区域性、行业性工资集体协商。第二，对于切实开展工资集体协商、建立了工资决定机制的企业，进行适当激励，给予一定税收优惠。第三，通过协商形式，在有条件的中小企业推行劳动股权制，实现盈利的企业可将一部分利润，采用按劳分红的办法进行分配，使劳动者有更多途径分享企业收益。

（二）更加关注和保障低端劳动者的合理报酬权益

我国劳动力市场上劳动者群体的分化已经形成。以技术、管理为核心竞争力的高端劳动力是各类企业竞争的重点，其总量短缺，相对而言，这个群体的工资有增长、福利有保障。而技能低、供给充分、流动性大的低端劳动者，其总量供过于求，在劳动力市场上处于弱势地位，工资由用人单位单方决定，员工自身的诉求不被重视。当区域性劳动力成本整体上升时，企业甚至可以通过生产外包、生产基地外移等方式减少或替代这个层面的劳动需求，使低端劳动者的就业权益面临更大挑战。

因此，政府应当重点关注和保障低端劳动者的劳动报酬权益。一方面，建立工资支付保障的长效机制。政府各有关部门应该密切协作，采取多种措施，标本兼治，逐步形成长效机制。加强制度建设和日常监管，采取有针对性的措施保证有关法律政策落到实处，包括进一步建立健全工资保证金制度、工资支付监控制度、劳动保障诚信制度等，形成一整套制约机制来促进和保证工资的及时足额发放；另一方面，要进一步完善最低工资制度，健全最低工资标准体系，建立最低工资评估机制，更好地发挥最低工资制度“保低”

的作用，同时要通过有效手段培养和提升其就业能力，促进他们中的大部分人逐步进入中端劳动力市场。

（三）完善再分配环节，加大向居民分配的力度

继续深化个人所得税改革，由分项与综合征收相结合改为实行单一的综合征收个人所得税，合理提高征税起点，探索实行以家庭为单位计征个人所得税的办法，继续减轻中低端劳动力的个人所得税负。特别是要继续完善财政转移支付制度，加大转移支付力度，持续提高社会保障水平，确保并提高低收入群体收入水平，促进消费的增长。

（四）着力促进第三产业的快速发展

落实有关加快第三产业发展的决定，加大发展第三产业，促进各类劳动密集、技术密集、知识密集行业的发展，吸纳更多和不同层次的各类人员就业。

（五）继续切实加大对中、西部地区的支持

培育和形成有特色的经济增长模式，通过宏观调控和市场调节相结合，加快中、西部的经济发展，促进经济繁荣和人民生活水平的提高。

（六）协调推进，增加农民收入

加大农村基础设施建设资金投入，努力发展特色优势产业，推进乡镇服务业等农村劳动密集型产业，拓宽农民就业渠道；大力发展农村各项社会事业，坚持公共财政更多向农村倾斜，公共服务向农村延伸，努力促进城乡公共服务的均等化；深化农村教育和社会保障等制度改革。

第四章
2011年工资分配回顾及2012年展望

2011年是我国“十二五”规划的开局之年，也是深化我国各领域改革的关键之年。党和政府高度重视我国收入分配问题。无论是在“十二五”规划建议，还是在2011年中央经济工作会议，抑或在2011年“两会”上，收入分配制度改革始终是备受各方关注和议论的焦点。温家宝总理在2011年政府工作报告中明确指出，“大力整顿和规范收入分配秩序”是本年度的重点工作之一，“这既是一项长期任务，也是当前的紧迫工作”。而在收入分配改革问题中，工资分配改革又是重中之重。

一、2011年工资分配的主要成绩

2011年，在全球通胀预期不断增强，国际市场大宗商品价格高位波动，国内要素成本明显上升，部分农产品供给偏紧的严峻形势下，我国实施积极的财政政策和稳健的货币政策，正确处理保持经济平稳较快发展、调整经济结构和管理通胀预期的关系，实现了“十二五”时期良好开局：国内生产总值47.2万亿元，比上年增长9.2%；公共财政收入10.37万亿元，增长24.8%，粮食产量1.14万亿斤，再创历史新高，城镇新增就业1 221万人，城镇居民人均可支配收入和农村居民人均纯收入分别实际增长8.4%和11.4%。

由此可见，2011年，我国宏观经济形势良好，呈现增长较快、价格趋稳、效益较好、民生改善的良好态势，为我国城镇职工工资分配乃至居民收入的增长提供了坚实的物质基础。

（一）2011年城镇非私营单位在岗职工平均工资

1.2011年城镇非私营单位在岗职工年平均工资实际增长8.5%。2011年我国城镇非私营单位在岗职工年平均工资为 42 452 元，与 2010 年的 37 147 元相比，增加了 5 305 元，同比名义增长 14.3%，增幅提高 0.8 个百分点。扣除物价因素，2011 年我国城镇非私营单位在岗职工年平均工资实际增长 8.5%（见图 4—1）。

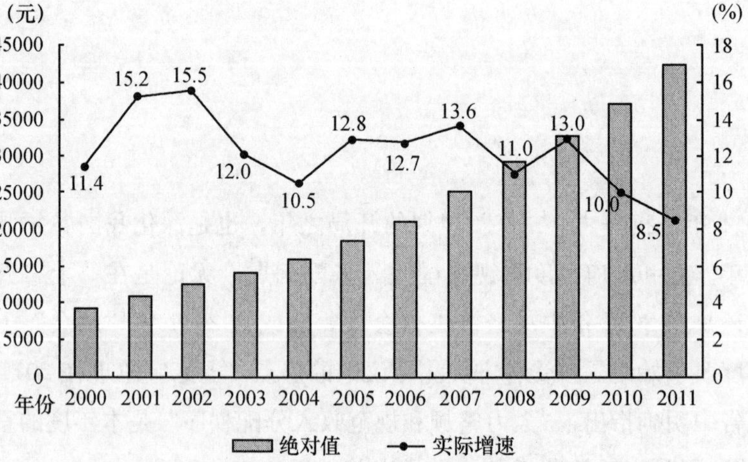

图 4—1　2000—2011 年城镇非私营单位在岗职工年平均工资及实际增长速度

2. 中、西部地区城镇非私营单位在岗职工年平均工资增速高于全国平均水平。分四大区域看，2011 年城镇非私营单位在岗职工年平均工资由高到低排列是东部、西部、中部和东北，分别为 48 493 元、37 923 元、36 558 元和 36 000 元；同比名义增长率从高到低依次为中部 15.7%、西部 14.5%、东部 13.3%和东北 12.9%（见表 4—1）。

表 4—1　2010 年、2011 年城镇非私营单位分地区在岗职工年平均工资

单位：元

地区	2010 年	2011 年	名义增长率
全国平均	37 147	42 452	14.3%
东部	42 810	48 493	13.3%
中部	31 594	36 558	15.7%
西部	33 130	37 923	14.5%
东北	31 882	36 000	12.9%

3. 城镇非私营单位在岗职工年平均工资行业差距有所缩小。2011 年，分行业门类看，年平均工资最高的 3 个行业分别是金融业 91 364 元，是全国平

均水平的2.15倍；信息传输、计算机服务和软件业70 619元，是全国平均水平的1.66倍；科学研究、技术服务和地质勘查业65 238元，是全国平均水平的1.54倍。年平均工资最低的3个行业分别是农、林、牧、渔业20 393元，是全国平均水平的48%；住宿和餐饮业27 847元，是全国平均水平的66%；水利、环境和公共设施管理业30 750元，是全国平均水平的72%。

分行业门类平均工资名义增长率看，增长率最高的3个行业是批发和零售业20.2%；租赁和商务服务业19.2%；房地产业19.1%。增长率最低的3个行业是信息传输、计算机服务和软件业6.0%；公共管理和社会组织9.9%；教育10.8%。此外，平均工资前3位的行业增长率均低于全国平均水平，反映出高工资行业高增长，低工资行业低增长的局面有所改变。

年平均工资最高行业（金融业）与最低行业（农、林、牧、渔业）之比为4.48∶1，比2010年的4.66∶1略有下降。占全部就业人数40.5%的制造业和建筑业人员年平均工资水平均低于全国平均水平，2011年制造业年平均工资为36 494元，建筑业年平均工资为32 657元（见表4—2）。

表4—2　　2011年城镇非私营单位在岗职工分行业年平均工资　　单位：元

行　业	2010年	2011年	名义增长率
全国平均	37 147	42 452	14.3%
农、林、牧、渔业	17 345	20 393	17.6%
采矿业	44 496	52 569	18.1%
制造业	30 700	36 494	18.9%
电力、燃气及水的生产和供应业	48 323	53 723	11.2%
建筑业	28 127	32 657	16.1%
交通运输、仓储和邮政业	41 536	47 646	14.7%
信息传输、计算机服务和软件业	66 598	70 619	6.0%
批发和零售业	33 520	40 295	20.2%
住宿和餐饮业	23 812	27 847	16.9%
金融业	80 772	91 364	13.1%
房地产业	36 392	43 345	19.1%
租赁和商务服务业	38 502	45 900	19.2%
科学研究、技术服务和地质勘查业	57 316	65 238	13.8%
水利、环境和公共设施管理业	27 229	30 750	12.9%
居民服务和其他服务业	28 665	33 713	17.6%

续表

行　业	2010年	2011年	名义增长率
教育	39 624	43 907	10.8%
卫生、社会保障和社会福利业	41 132	47 258	14.9%
文化、体育和娱乐业	42 245	48 711	15.3%
公共管理和社会组织	39 329	43 214	9.9%

4. 股份有限公司在岗职工年平均工资超过5万元。从登记注册类型看，股份有限公司的年平均工资最高，为51 778元，是全国平均水平的1.22倍；其次为外商投资企业，为46 987元，是全国平均水平的1.11倍；第3位是国有单位，为44 695元，是全国平均水平的1.05倍。年平均工资最低的为集体单位，为29 261元，是全国平均水平的69%（见表4—3）。

表4—3　2011年城镇非私营单位分登记注册类型在岗职工年平均工资

单位：元

登记注册类型	2010年	2011年	名义增长率
全国平均	37 147	42 452	14.3%
国有	39 471	44 695	13.2%
集体	24 430	29 261	19.8%
股份合作	30 603	37 332	22.0%
联营	34 404	36 822	7.0%
有限责任公司	33 141	38 123	15.0%
股份有限公司	45 991	51 778	12.6%
其他内资	25 371	30 186	19.0%
港澳台商投资	31 416	37 757	20.2%
外商投资	40 180	46 987	16.9%

（二）2011年城镇私营单位就业人员年平均工资

1. 2011年城镇私营单位就业人员年平均工资实际增长12.3%。2011年我国城镇私营单位就业人员年平均工资为24 556元，与2010年的20 759元相比，增加了3 797元，同比名义增长18.3%，增幅提高4.2个百分点。扣除物价因素，2011年全国城镇私营单位就业人员年平均工资实际增长12.3%。

2. 城镇私营单位就业人员年平均工资东部地区最高。分四大区域看，城镇私营单位就业人员年平均工资由高到低依次是东部、西部、东北和中部，分别为 26 800 元、22 313 元、220 20 元和 20 677 元；同比名义增长率从高到低依次为中部 19.9%、西部 19.7%、东北 18.8%和东部 18.0%（见表 4—4）。

表 4—4　2011 年城镇私营单位分地区就业人员年平均工资　单位：元

地区	2010 年	2011 年	名义增长率
全国平均	20 759	24 556	18.3%
东部	22 708	26 800	18.0%
中部	17 252	20 677	19.9%
西部	18 640	22 313	19.7%
东北	18 532	22 020	18.8%

3. 城镇私营单位信息传输、计算机服务和软件业就业人员年平均工资最高。分行业门类看，年平均工资最高的 3 个行业分别是信息传输、计算机服务和软件业 35 562 元，是全国平均水平的 1.45 倍；科学研究、技术服务和地质勘察业 31 320 元，是全国平均水平的 1.28 倍；金融业（主要是各种保险代理、典当行和投资咨询公司）28 664 元，是全国平均水平的 1.17 倍。年平均工资最低的 3 个行业分别是公共管理和社会组织（主要是一些小的区域性行业协会）11 738 元，是全国平均水平的 48%；农、林、牧、渔业 19 223 元，是全国平均水平的 78%；居民服务和其他服务业 20 543 元（见表 4—5），是全国平均水平的 84%。年平均工资最高行业与最低行业之比由 2010 年的 3.50∶1 下降到 3.03∶1。

表 4—5　2011 年城镇私营单位分行业就业人员年平均工资　单位：元

行　业	2010 年	2011 年	名义增长率
全国平均	20 759	24 556	18.3%
农、林、牧、渔业	16 370	19 223	17.4%
采矿业	20 981	25 519	21.6%
制造业	20 090	24 138	20.1%
电力、燃气及水的生产和供应业	18 834	22 091	17.3%
建筑业	22 228	26 108	17.5%
交通运输、仓储和邮政业	21 989	25 949	18.0%
信息传输、计算机服务和软件业	31 226	35 562	13.9%
批发和零售业	19 928	22 791	14.4%

续表

行业	2010年	2011年	名义增长率
住宿和餐饮业	17 531	20 882	19.1%
金融业	30 513	28 664	−6.1%
房地产业	23 228	27 017	16.3%
租赁和商务服务业	23 879	27 115	13.6%
科学研究、技术服务和地质勘察业	28 886	31 320	8.4%
水利、环境和公共设施管理业	19 607	22 958	17.1%
居民服务和其他服务业	18 350	20 543	12.0%
教育	21 862	23 636	8.1%
卫生、社会保障和社会福利业	21 571	25 590	18.6%
文化、体育和娱乐业	20 012	22 666	13.3%
公共管理和社会组织	8 900	11 738	31.9%

二、2011年工资分配的主要特点

（一）及时出台工资分配政策法规

国家工资分配政策法规不仅引导着合理收入分配关系的形成，也对合理收入分配关系起到应有的监督制约作用。2011年，我国政府致力于解决工资分配领域存在的一系列问题，先后出台了一系列政策法规，不仅对我国2011年的工资分配具有十分重要的现实意义，也将对我国今后相当长一段时间内的工资分配产生十分重要的影响。

1．“十二五”规划明确了我国今后五年工资分配改革方向。2011年3月14日，我国第十一届全国人民代表大会第四次会议批准了《中华人民共和国国民经济和社会发展第十二个五年规划纲要》（以下简称《纲要》）。《纲要》针对我国现行收入分配存在的问题，从合理调整收入分配关系的整体要求出发，明确提出了“加快形成合理有序的收入分配格局，努力提高居民收入在国民收入分配中的比重，提高劳动报酬在初次分配中的比重，尽快扭转收入差距扩大趋势”的改革目标。在深化工资制度改革方面，《纲要》提出要按照市场机制调节、企业自主分配、平等协商确定、政府监督指导的原则，建立反映劳动力市场供求关系和企业经济效益的工资决定机制和增长机制。健全工资支付保障机制。完善最低工资和工资指导线制度，逐步提高最低工资标准，建立企业薪酬调查和信息发布制度，积极稳妥扩大工资集体协商覆盖范围。改革国有企业工资总额管理办法，加强对部分行业工资总额和工资水平的双重调控，缩小行业间工资水平差距。完善公务员工资制度。完善符合事业单位特点、体现岗位绩效和分级分类管理的事业单位收入分配制度。《纲要》同时提出要建立健全根据经营管理绩效、风险和责任确定薪酬的制度，严格规范国有企业、国有控股金融机构经营管理人员特别是高层管理人员的收入。《纲要》还就完善再分配调节机制、整顿和规范收入分配秩序提出一系列政策措施。“十二五”规划是我国国民经济和社会发展中长期战略规划，它所明确的工资分配改革的原则、目标和措施，无疑将对我国今后五年内继续深化工资分配制度改革起到导向性、方向性作用。

2. 惩处“恶意欠薪”的《刑法修正案（八）》出台。近些年来，恶意欠薪已经成为我国社会的一大顽疾，我国政府从维护社会稳定出发，加大了对它的打击力度，耗费了大量的管理成本，但是这种现象不仅没有得以根除，反而愈演愈烈，呈扩大蔓延之势。2011 年 2 月 25 日，第十一届全国人民代表大会常务委员会第十九次会议通过《中华人民共和国刑法修正案（八）》，首次提出了“恶意欠薪罪”。按照《刑法修正案（八）》，以转移财产、逃匿等方法逃避支付劳动者的劳动报酬或者有能力支付而不支付劳动者的劳动报酬，数额较大，经政府有关部门责令支付仍不支付的，处 3 年以下有期徒刑或者拘役，并处或者单处罚金；造成严重后果的，处 3 年以上 7 年以下有期徒刑，并处罚金。

恶意拖欠劳动者工资的行为是对劳动者合法权益的侵犯，严重破坏了诚实信用的市场原则，也是造成社会不稳定因素之一。如果这种行为得不到有效的惩罚，那么法律的权威和社会公众对稳定生活的向往将会受到巨大影响。而我国目前实行的《劳动法》《劳动合同法》《劳动保障监察条例》《工资支付暂行规定》及相关部委、地方出台的各类法规，均强调“劳有所酬”，但对恶意欠薪的行为尚缺乏明确的处罚规定，亦缺乏相应的惩治力度。比如，《劳动合同法》中明确规定，未按照劳动合同的约定或者国家规定及时足额支付劳动者劳动报酬的用人单位，由劳动行政部门责令限期支付劳动报酬。但劳动行政部门仅仅能“责令”，对于“违令”的用人单位既无权查账、冻结资金、查封资产，也不能寻找、扣留“黑心老板”，劳动报酬终难讨回。因此，在刑法中增设“恶意欠薪罪”，对有效惩处恶意拖欠劳动报酬的行为，保障劳动者的合法权益，解决市场经济条件下，司法部门、政府部门依据民法、行政法都束手无策的“讨薪难”问题，规范劳资关系、稳定社会公共秩序和增强社会公众的安全感无疑将起到十分重要的作用。

3.《个人所得税法》第六次修正获得通过。2011年出台的政策法规中，对我国工资分配产生重大影响的政策法规还有《个人所得税法》第六次修正案。2011年6月30日，第十一届全国人大常委会第二十一次会议表决通过了《全国人民代表大会常务委员会关于修改〈中华人民共和国个人所得税法〉的决定》，这是我国《个人所得税法》自1980年9月10日第五届全国人民代表大会第三次会议通过以来的第六次修正。新修改的《个人所得税法》于2011年9月1日起施行。根据新修改的《个人所得税法》，工资、薪金所得的个税起征点调整为3 500元。新修改的《个人所得税法》将此前的9级超额累进税率调整为7级，取消了15%和40%两档税率，将最低的一档税率由5%降为3%。调整了个体工商户生产经营所得和承包承租经营所得税率级距。同时将纳税期限由7天改为15天。

修改个人所得税法，提高个税起征点。降低税率，一方面可以降低低收入者或者中低收入者的税收负担，提高他们的实际可支配收入；另一方面当中低收入者实际可支配收入提高后，可以增加消费，拉动内需，促进经济发展。因此本次个税改革是合理调整收入分配关系的重大举措，对于调节收入分配、缩小贫富差距、实现社会公平具有重要意义。第一，提高起征点后，纳税人由8 400万人减至约2 400万人，减少6 000万人；第二，由于税率的调整，在2 400万名纳税人中，绝大多数税负比以前降低；第三，对于月工资38 600元以上的群体，个税税负有所增加，更好地发挥个税调节高收入的作用。据有关统计分析，2011年9—12月因实施新个税法相应增加居民可支配收入约600多亿元。另有900多万个体工商户（含个人独资、合伙企业投资者）税负下降，平均降幅达到40%。

4.《中华人民共和国社会保险法》施行。发生在2011年对我国工资分配产生深远影响的政策法规事件，还有《社会保险法》的施行。从2011年7月1日起，我国第一部社保领域的综合性大法《社会保险法》开始实行。为贯彻落实《社会保险法》，人力资源社会保障部制定了《实施〈中华人民共和国社会保险法〉若干规定》《社会保险个人权益记录管理办法》《社会保险基金先行支付暂行办法》等配套规章，各地政府也陆续出台了一系列与《社会保险法》配套的政策法规。《社会保险法》规定，国家建立基本养老保险、基本医疗保险、工伤保险、失业保险、生育保险等社会保险制度，保障公民在年老、疾病、工伤、失业、生育等情况下依法从国家和社会获得物质帮助的权利。《社会保险法》确立了广覆盖、可转移、可衔接的社会保险制度，从法律上破除了各类人才自由流动阻碍、劳动者在地区之间和城乡之间流动就业的制度性障碍，有利于形成和发展统一规范的人力资源市场；《社会保险法》进一步规范和明确了劳动者和用人单位的社会保险权利义务关系，有利于促进劳动关系的稳定与和谐。《社会保险法》的出台，与以前颁布实施的《劳动法》《公务员法》《劳动合同法》《就业促进法》《劳动争议调解仲裁法》一起，构成了我国人力资源社会保障法律体系完整的顶层架构，对推进人力资源社会保障事业在法制轨道上实现科学发展具有重要意义。

《社会保险法》尽管不是直接规范工资分配的法规政策，但是社会保险的缴纳与工资分配密切相关，比如，《社会保险法》第十二条规定："用人单位应当按照国家规定的本单位职工工资总额的比例缴纳基本养老保险费，记入基本养老保险统筹基金。职工应当按照国家规定的本人工资的比例缴纳基本养老保险费，记入个人账户。"正是由于社会保险费的缴纳与工资分配存在上述挂钩关系，使得《社会保险法》及配套法规政策的颁布和实施，大大强化了用人单位对用工成本的控制力度，从而间接对整个社会的工资分配产生十分重要的影响。

5. 我国 21 个地区上调最低工资标准，平均增幅 20%以上。除了上述政策法规出台以外，我国最低工资标准的调整政策对我国 2011 年度工资分配也产生了十分重要的直接影响。2011 年，我国有 21 个地区上调了最低工资，月最低工资标准平均涨幅 20%以上。我国政府上至中央政府主管部门，下至地方各级政府部门，都在探索建立最低工资标准正常增长机制，月最低工资标准调整将参考当地就业者及其赡养人口的最低生活费用、消费者物价指数等因素，进一步建立健全以工资指导线、人力资源市场工资指导价位、行业人工成本信息为主要内容的企业工资分配宏观指导调节制度。在 2011 年各地政府部门颁布的最低工资标准中，深圳市的月最低工资标准最高，达到 1 320 元。在最低工资标准平均增幅上，重庆市最高，为 32.8%。在 22 个调整了最低工资标准的地区中，至少有 4 个地区明确提到将最低工资与消费者物价指数 CPI 联动。广东省政府于 2011 年 12 月公布的《广东省人力资源和社会保障事业发展“十二五”规划》提出，最低工资标准年均提高 13%以上，4 年内超 2 000 元。

随着社会主义市场经济体制的逐步建立和完善，最低工资标准的地位和作用日益凸显，逐步成为国家对社会工资分配实施宏观调控的重要手段。最低工资标准的调整和颁布，不仅有效保护了低收入群体的工资权益，促进了社会的和谐稳定，而且很多地方政府，利用最低工资标准的杠杆作用，通过不断调整最低工资标准，促进当地产业结构的调整和劳动力的合理流动。

（二）继续深化工资分配理论研究

2011 年，工资分配问题作为社会舆论关注的焦点话题更加突出地体现出来，在一定程度上促进了我国工资分配理论研究的进一步深化和发展，集中体现在工资分配不公及差距问题现状、影响、成因及治理对策的理论探讨中。

1. 工资分配差距问题研究。专家们普遍认为，近年来，我国国民的工资水平有了明显的提高，但是伴随而来的是行业、群体间的工资分配差距有所加大，分配格局失衡，由此带来的诸多问题应引起高度重视。有的专家指出，目前，电力、电信、金融、保险、烟草等行业平均工资是其他行业平均工资的 2～3 倍，如果加上工资外收入和福利待遇，实际收入差距可能在 5 倍以上。有的专家指出，从过去 30 年来看，我国收入差距一直在不断扩大，并且是全方位扩大。无论是在城市内部、农村内部，还是城乡之间，其基本都处于不断扩大中。在不同职业、行业，不同文化程度的人群之间，收入差距也在不断扩大。收入最高 10%人群和收入最低 10%人群的收入差距，已从 1988 年的 7.3 倍上升到 2007 年的 23 倍。

2. 工资分配差距影响研究。专家们普遍认为，工资分配差距的扩大，在其发展的初期发挥了一定的积极作用，其突出表现是打破了平均主义的思想，调动了微观主体的积极性，促进了产业结构升级，推动经济的发展。但是随着经济进一步发展，差距扩大趋势所带来的消极影响逐渐凸显出来，主要表现在经济、社会两方面。有学者指出，工资分配不公带来的工资分配差距过大和贫富悬殊，已成为社会矛盾的主要根源，阻碍经济社会又好又快发展。收入分配差距的扩大，在一定程度上削弱了居民的购买力，这使得低收入人群的消费需求因为缺乏购买力得不到满足，而高收入人群的资本因为消费需求不足而无法转化为投资，从而在长期上不利于社会需求的增加、影响经济增长的潜力。此外还会制约财政等宏观政策的调控效果，进一步加剧中国社会的二元结构，恶化经济的运行环境。另外，工资分配差距过大也在一定程度上影响到社会的和谐稳定，引发一些社会矛盾和冲突，并且容易影响社会风气，造成人们价值观的扭曲，使"一切向钱看""金钱万能"的拜金主义思想抬头。因此专家们认为，收入分配差距过大给经济社会带来的负面影响日益突出，深化收入分配改革、解决社会不公平问题变得日益必要而紧迫。

3. 工资分配差距成因研究。一是认为收入分配体系不健全，劳动报酬在初次分配中的占比偏低。有学者指出，我国居民劳动报酬占 GDP 的比重，在 1983 年达到 56.5%的峰值后持续下降，2005 年已降到 36.7%。居民收入在国民收入分配中所占比重不断下降，政府部门和企业部门比重逐步上升，收入分配出现向政府和企业倾斜的趋势。清华大学教授孙立平认为，工资占 GDP 的比例过低，劳动报酬分配所占比重过小，工薪阶层难以分享经济增长的成果。有的专家认为，分配体系不健全是造成收入分配问题突出的直接原因。在一次分配中，没有明确合理的国家、企业、居民三者的分配比例关系，没有建立劳动报酬的正常增长机制，劳动报酬偏低；在二次分配中，没有以制度形式明确各级财政用于社会保障以及转移支付的支出比例，难保二次分配的公平性、合理性；三次分配规模小，慈善捐赠有待健全机制，调节功能有限。二是认为少数行业、部门和群体依靠资源垄断和特殊身份获取不公平、不合理的利益。有的专家提出，大概只有 1/3 的收入差距是可以用合理因素来解释的，比如，垄断企业员工的素质比一般竞争性企业要高一些，也就是说是人力资本的差异导致的，而 70%的收入差距是由于垄断企业的垄断地位以及其相应的垄断利润带来的行业之间的收入差距。

4. 工资分配问题治理对策研究。专家们认为，解决工资分配差距问题，必须坚持标本兼治、综合治理、多管齐下、各方配合的原则，积极稳妥推进工资分配制度改革，逐步实现社会公平的总体目标。一是调整国民收入分配格局，完善收入分配的调节机制，使全民真正享受到社会发展的成果。苏海南提出，要进一步健全收入分配宏观调控体系，如城乡居民最低生活保障制度、最低工资制度、失业保险制度、工资指导线制度、薪酬信息调查发布制度、垄断行业薪酬水平调控制度、个人所得税征管制度等。有的专家认为，在初次分配环节，可减少企业营业盈余和政府生产税净额，相应增加劳动者报酬和居民财产性收入。在二次分配环节，可调整非生产税税制，扩展社会保障范围，增加向居民的经常转移。在政府支出调整环节，增加政府消费中的实物转移，增加公共服务供给。二是强化税收对收入分配的调节作用，设计更加合理的税制结构，通过多元化、多层次税收缩小收入差距。谢旭人提出，要研究完善个人所得税制度，积极推进综合与分类相结合的个人所得税征管改革，加强税源监控和税收征管，降低中低收入者的税收负担，加大对高收入的调节力度。有的专家提出，应加大对所得和财产的课税力度。比如，适时开征遗产税；再比如，实行综合和分类相结合的个人所得税模式，对劳动所得、经营所得和财产所得实行综合课税，对资本所得和偶然所得实行分类课税。三是建立健全收入分配的体制机制和法律法规体系，从根本上确立公平合理的分配制度。有的专家指出，分配制度改革需要广泛、持续、有力的公众参与，要由人民代表大会制定有关市场经济、工会、最低工资、社会保障、社会保险等方面的法律制度。注重发挥协商民主的功效，广泛征求社会各界的意见和建议，凝聚共识，制订出拥有坚实民意基础、比较公正合理的改革方案。有的专家提出，工资集体协商是市场经济条件下完善企业工资管理制度、理顺企业内部分配关系、保障劳动关系双方合法权益、解决劳资关系矛盾和冲突的有效手段。加强立法和政策保障，提高工资集体协商相关法律法规的完整性，是推进和完善工资集体协商的首要前提。有的专家建议，要对现在世界范围内可供选择的收入分配政策做一番细致的梳理和分析，寻求适合中国国情的、能够在中国的环境下加以实施的政策。四是深化垄断行业收入分配制度改革，理顺生产要素价格，缩小部门之间、行业之间的收入差距。有的建议，要下决心破除特权既得利益和传统意识形态的阻碍，继续推进国有经济的改革，把被少数人和少数企业占用的社会资源从垄断部门的行政垄断下解放出来，通过企业之间的平等竞争实现有效配置，为社会大众创造财富。有的专家认为，需完善国有资本收益收取政策，适当提高收取比例。国企上缴的收益纳入公共财政并用于社会公共福利性支出，以提高社会保障水平。有的认为，国有企业应成为收入分配改革的排头兵，应搞好企业内部分配，建立薪酬分配激励约束机制，正确安排企业高管、中层、一般职员和一线工人的薪酬分配关系。有的认为，要尽快出台《反垄断法》实施细则，降低垄断领域门槛、引入竞争，规范国有企业的投资领域；理顺资源性产品的分配格局，改变少数企业享受资源红利的状况；推行"职工持股计划"，使职工真正享受到企业增值红利。五是规范收入分配秩序，全面推行同工同酬和阳光工资制度，逐步缩小不同群体之间的收入差距。有学者认为，推动政府改革，从制度上减少寻租和非法收入的空间，清理和减少行政审批、许可，降低"三公"费用，减少社会制度的运行成本，通过做"减法"的方式提升居民的收入，无疑是弱化分配不公的一个重要手段。有的提出，可将财政预算公开化和明细化，各项消费中的公私界线就比较容易划分，预算外开支、"三公消费"问题能较容易解决，从而真正实现收入货币化的改革目标。有专家指出，薪资收入尤其需要体现公平，需彻底打破员工身份界限，全面树立同工同酬理念。苏海南认为，公务员应实行职务与级别并行的制度，事业单位要进一步落实绩效工资制度。同时进一步建立法律手段、经济手段、信息手段和行政手段等一揽子的调控体系，更好地打击非法收入，保护合法收入，规范灰色收入。

（三）积极应对工资分配热点问题

2011 年，各级政府密切关注且高度重视我国工资分配领域出现的热点问题，及时出台应对措施。不仅有效地推动了我国工资分配改革深化的进程，而且对维护我国社会和谐稳定，促进我国经济发展发挥了重要作用。

1. 武汉市餐饮业通过集体协商助推职工涨薪。2011 年 4 月 23 日，武汉市商贸金融烟草工会联合会代表职工方与代表企业方的武汉市餐饮业协会正式签订《武汉市餐饮行业工资专项集体合同》。根据合同，武汉市餐饮业最低工资标准为武汉市最低工资标准的 130%。工作地点在 10 个中心城区的职工，最低工资标准为每月 1 170 元；工作地点在 7 个新城区的职工，为每月 975 元。合同还对厨师长、餐厅服务员、餐具清洗员等 10 类岗位的最低工资给出标准。在工资增幅上，合同还规定，2011 年餐饮业职工工资增长不低于 9%。合同还规定了一些确保餐饮行业员工特殊权益的条款。如企业职工患病或者非因工负伤医疗期间，当月实发工资在扣除个人应缴纳的各项社会保险后，不得低于本合同规定行业最低工资标准的 80%。试用期职工工资不得低于同岗位最低档工资或者劳动合同约定工资的 80%。工人加班，一般每日不得超过1小时；因特殊原因需要延长工作时间的，在保障劳动者身体健康的条件下，延长工作时间每日不得超过3小时，每月不得超过36小时，且要保证职工每周至少休息1天。这是迄今为止国内最为齐全、保护职工权益最具体的集体合同范本。《武汉市餐饮行业工资专项集体合同》的签订不仅为武汉市餐饮业职工工资增长和一系列劳动标准的建立提供了依据，也为全国餐饮行业乃至其他行业中小企业开展行业性工资集体协商提供了一个示范，对于推动我国工资集体协商立法也具有重要的参考作用和借鉴意义。我国99%以上的企业为中小企业，提供了70%以上的就业岗位。中小企业由于管理基础薄弱，专业人员缺乏，常常无法单独建立起规范的职工工资正常增长机制，导致员工队伍不稳定、员工流动频繁，这是长期困扰中小企业主的一大顽疾，也严重制约着中小企业的发展壮大。由行业协会出面与代表职工利益的行业工会通过工资集体协商，提出工资增长幅度和劳动标准，不仅可以规范行业工资和劳动标准，避免行业恶性竞争，而且可以促进中小企业规范内部管理，降低管理成本，同时也达到调动员工积极性、稳定员工队伍、实现企业和员工双方互利共赢的目的。

2. 加大对欠薪逃逸的打击力度。据报道，受宏观调控、资金链断裂等影响，2011年1—9月浙江省共发生228起企业主逃逸事件，这些企业共拖欠14 644名员工7 593万元薪酬，欠薪人数和欠薪数额均为历史之最。欠薪数额最多的为温州瑞安恒茂鞋业，共欠上千名员工薪酬600万元。2011年9月21日，温州市1天跑了8家企业的老板。9月，温州奥米流体设备科技有限公司组织员工外出旅游。两天后返回时，员工发现老板和设备都“蒸发”了。9月27日，浙江省绍兴市一家私营公司的负责人张建国逃逸，共拖欠144名职工共计56万余元的工资未付。12月9日，张建国因涉嫌拒不支付劳动报酬罪被检察机关批准逮捕。截至2011年10月底，佛山市因老板逃匿而拖欠员工工资的企业有102家，涉及欠薪员工数4 746人，涉案拖欠工资总金额约2 424万元。2011年5—12月，深圳市警方经侦部门联合劳动部门打击恶意欠薪，共破案9宗，9名“跑路”老板落网，涉案金额近800万元，涉及务工人员780余名。10年27日，石狮一家服装加工厂老板“跑路”，共拖欠工人工资11万元。11月17日，欠薪逃匿的“同甘同味”餐厅老板谢某华被珠海市香洲区公安分局专案组民警从福建省带回珠海市，谢某华共拖欠61名员工2个月工资27万余元。12月12日，东莞意志高纸品有限公司与东莞利强纸品有限公司共同的法人代表冯广发（香港人）“跑路”，共拖欠500名员工160万元工资。

近些年来，我国各级政府加大了对欠薪逃逸的打击力度，并从刑法角度规定了欠薪逃逸罪，但为什么仍有那么多企业主以身试法，欠薪跑路，除了一部分企业社会责任意识淡薄、我国现行欠薪惩处机制不健全、惩处力度小、威慑力不够等原因外，还有一个造成我国企业现阶段欠薪的重要原因是受美国次贷危机影响而导致的全球金融危机的冲击，企业生产经营管理环境恶化，企业订单减少，资金链中断，企业生产经营陷入困境，企业破产或者面临破产。这是我国企业现阶段欠薪与以往企业欠薪不同的地方，以往企业欠薪更多的是由于追求更高利润的资本属性使然。

3. 正确看待“大学生工资不如农民工”热议。2011年2月，《重庆晚报》“第一眼”网站上一个名为“回家后，我无颜面对的事情：怎么大学生不如农民工呢?”的帖子，引发了众多网友激烈讨论。发帖者在帖子中说，自己是国家重点本科院校的一名大四学生，在校表现并不差，从大三暑假开始，就开始不停地找工作。直到2010年年底，她找到最好的一份工作，月薪也不到2 000元。可让她没想到的是，过年回老家走亲访友时，她发现很多在外地当农民工的亲戚，月薪都拿到3 000元以上，且包吃包住，一年能存下好几万元钱，有的甚至还在城里买了房。发帖者说，农民工只要肯做工，就能有工作，砌砖的普遍三四千，搬运也有两千块；自己虽是大学生，可工作至今仍没有着落。2011年12月8日，面对导演的镜头，韩培印也感叹：大学毕业的儿子还不如当农民工的自己赚钱多！2002年，陕西农民韩培印卖掉家里所有值钱的东西，送儿子韩胜利到省城西安上大学学通讯工程。为了帮儿子凑学费，韩培印在西安当起了农民工。2006年，韩胜利大学毕业后找了一份去青海的工作，试用期每个月拿600元的工资，在野外帮当地的单位铺通信光缆。工作了3年之后，韩胜利辞职，在西安重新找了份工作，工资也涨到了1 500元。韩培印没有上大学的女儿在深圳打工，每月工资三四千元，足足相当于韩胜利的2倍。

工资是劳动力价值在市场上的体现。在当前的劳动力市场上，给没有工作经验的大学毕业生提供的岗位相对有限，而每年毕业的学生数量却很庞大。

供大于求，工资上不去是正常的；而农民工，特别是从事重体力劳动的、掌握了熟练技术的，在局部地区用工缺口大，供不应求，那就值钱。不要说起薪，甚至在就业难易程度上，很多大学生也比熟练农民工难。但是如果由此就得出结论，大学生工资不如农民工，就未免有点过于草率。首先，我们要对工资做广义的理解，除了货币化的报偿之外，工资还应包括“发展机会”“后赋潜能”等非货币化的报偿，在获得非货币化的报偿方面，农民工是无法与大学生相比的，这也决定了大学生有相对更好的未来预期。其次，从获取社会发展机会讲，大学教育仍然是进入咨询、医疗、法律和学术这些能够提供较稳定工作和收入较高行业的必要条件。再次，从我国产业结构升级趋势讲，当前我国的产业结构仍是劳动密集型占较大比重的低层次产业结构，低层次劳动力仍有更多就业机会；当我国产业结构转向知识密集型占较大比重的高层次产业结构，我国在国际产业分工中的角色得以改变时，市场上需要的人才结构就会发生大幅度的变化，大学生在劳动力市场的地位就会提高，工资也会随之提高。

三、2011 年工资分配的主要问题

尽管我国在工资分配领域取得很大成绩，但是仍未能根本扭转我国收入分配方面存在的一些问题：

1. 居民收入增长与 GDP 增长不同步。2011 年，我国居民收入增长未能全面跑赢 GDP，“十二五”规划开局之年即未能实现规划中提出的“实现居民收入增长和经济发展同步、劳动报酬增长和劳动生产率提高同步”的“两同步”目标。2011 年，我国全年城镇居民人均总收入 23 979 元，其中城镇居民人均可支配收入 21 810 元，比上年名义增长 14.1%，扣除价格因素，实际增长 8.4%，低于 GDP 增长率 0.8 个百分点。

2. 居民收入增长低于财政收入和企业收入增长。2011 年，我国居民收入增长远远低于财政收入和企业收入增长，使得居民收入占国民收入的相对比重不升反降，未能实现“十二五”规划中提出的“提高居民收入在国民收入分配中的比重，提高劳动报酬在初次分配中的比重”的“两提高”目标。2011 年，我国公共财政收入 10.37 万亿元，增长 24.8%，增幅分别是城镇居民人均可支配收入名义增幅的 1.76 倍，农村居民人均纯收入名义增幅的 1.39

倍。2011年，我国企业收入增长幅度为20%左右，也远高于城乡居民收入增长幅度。对于国民收入这块蛋糕，政府正切得越来越大，使得居民收入份额相对缩小，阻碍了内需的扩张，进而阻碍经济的“稳增长”。2011年，在金融危机和欧债危机的冲击下，作为我国最大贸易伙伴的欧美经济前景惨淡，对中国商品的需求开始回落。在外需不振的情况下，我国经济更需要通过扩大内需来实现经济增长。收入是消费的决定因素，居民收入份额的相对减少意味着走内涵式发展的步伐更加艰难。

3. 收入差距较大不利于进一步扩大内需。据有关部门提供的数据，我国整体基尼系数已超0.45的国际警戒线，进入较不公平的国家行列。从社会阶层来看，据有关研究显示，中国收入最高的10%家庭与收入最低的10%家庭的人均收入相差65倍。从城乡收入差距来看，虽然2010年，农民人均纯收入增长10.9%，比城镇居民人均可支配收入增长速度快3.1个百分点；2011年，农民人均纯收入增长11.4%，比城镇居民人均可支配收入增长速度快3个百分点，城乡居民收入比连续两年缩小，但城乡收入的绝对值差额仍比较大，2011年城乡居民收入比仍高达3.13∶1。同时，还要看到，导致农村人均纯收入增长的因素中具有某些特殊的、不可持续的因素，更不能盲目乐观。比如，近两年农村劳动力转移就业数量增加、平均工资水平提高这两个因素使得农民人均工资性收入增加较多。2010年和2011年，全国农民工人数分别比上年增加1 245万人和1 055万人，其中外出农民工月人均工资分别比上年增长19.3%和21.2%，农民年人均工资性收入分别比上年增长17.9%和21.9%。相反，近两年城镇职工特别是公务员工资增加不多，城镇居民年人均工资性收入仅分别比上年增长10.7%和12.4%，比农民年人均工资性收入增长速度分别低8.6和8.8个百分点。但是，城镇职工特别是公务员也存在工资上涨压力，一旦得到释放，农民工工资的相对增长速度就会下降，城乡居民工资性收入差距缩小的势头有可能发生逆转。在一个社会中，中低收入阶层的消费倾向往往要大于富裕阶层。商务部的调查显示，占全国人口10%的最高收入群体消费倾向只有0.66，而10%的最低收入群体消费倾向高达0.99。显然，低收入群体的比例过高，将大大拉低整个社会的消费水平。

可见，2011年我国经济发展宏观形势良好，收入分配制度改革继续深化，并取得一定成效，但收入分配不合理、不均衡状况并没有根本扭转，在一定程度上已成为制约我国经济社会发展的瓶颈，如果不加以解决，势必影响到我国经济的进一步升级和社会转型。因此加快工资制度改革甚至整个收入分配制度改革，不仅关系和谐社会的构建和社会稳定，并且已逐步提升到为促进我国经济社会发展的重要议事日程。

四、2012年工资分配的展望

当前，在拉动经济增长的三驾马车中，以消费拉动GDP持续增长才是最合理的。因为目前，世界经济形式并不乐观。美国、欧洲等地区都出现了债务危机，国际上出现了世界经济二次探底的声音。商务部指出，2012年中国外贸形势不容乐观。2012年第一季度的数据也显示中国外贸增速明显放缓，进出口增速回落较快，贸易基本平衡，而且中国对欧出口呈现负增长。因此，2012年，出口对经济增长的贡献是很小的，甚至是负的。而依靠投资拉动经济增长显然只是短期行为，不可能长期持续。只有让老百姓花钱，以消费拉动GDP持续增长才是最合理的。

用增消费来促进经济增长，除了有上述的必要性以外，还有巨大的可行性。当前我国消费率偏低。据有关部门提供的数据，近20多年来，世界平均消费率约为77%，而2007年我国消费率只有48.8%，低于世界平均水平28.2个百分点。我国消费率偏低的根本原因是居民收入不够，尤其是普通劳动者的收入没有得到应有增长，导致劳动报酬占初次分配比重、居民收入占国民收入比重持续下降。促进消费的根本办法就是增加广大消费者的有效收入，特别是增加中低收入群体这一消费倾向最高的群体的收入。因此，要实现我国经济的“稳增长”，必须进行收入分配改革，特别是工资分配改革。根据目前经济形式以及有关政策可预计，2012年我国工资分配领域将出现以下变化：

1. 收入分配改革方案或将出台。“制订收入分配体制改革总体方案”，是温家宝总理在2012年“两会”上提出的“一定要做，努力做好”的当年5项工作之首。国务院常务会议将政府工作报告确定的重点工作分解落实，在需要努力完成的7项主要任务之中，“制订收入分配体制改革的总体方案”同样居首。此外，在国务院批准的国家发展改革委员会《关于2012年深化经济体制改革重点工作的意见》中，“抓紧制订收入分配制度改革总体方案”被列入规划，并明确责任单位为：发展改革委、人力资源社会保障部、财政部、国资委等。这表明，此次“收入分配改革方案将出台”的消息是值得期待的。

2. 居民收入在国民收入分配中的比重小幅提高。近些年来，在政府、企业、居民三方利益分配中，财政收入比重逐年上升，而居民收入占国民总收入的比重却在持续下降，这严重影响了我国国民的消费水平。2012 年政府工作报告提出，我国将努力提高居民收入在国民收入分配中的比重，提高劳动报酬在初次分配中的比重，调整初次分配格局已被确定为未来收入分配改革的重点。但是，调整初次分配的比重，不仅要动政府本身的奶酪，还牵涉很多既得利益主体利益的重新分配与调整。“由于初次分配涉及问题复杂，所以在一定时期内，调整初次分配只会以小步渐进的方案逐步推进”。

3. 企业工资制度改革将进一步深化。2012 年，国家将启动企业薪酬第二次试调查，推进企业薪酬调查和信息发布制度加快建立。基于建立工资正常增长机制的需要，工资指导线和工资集体协商制度将有望进一步得以完善，成为指导和监控企业做好工资分配的重要措施和主要方向。以统筹考虑经济增长、企业劳动生产率提高、职工收入和物价水平为前提，进一步调整提高最低工资标准，最低工资标准整体增长将超过 13%。2012 年将全面改革传统国有企业工资总额管理办法，对部分收入过高行业，实行工资总额和工资水平的双重调控。中央企业负责人薪酬分配将继续进一步得到规范，地方企业负责人薪酬分配将以此为示范逐步走向制度化、规范化。2012 年国家将加紧制定《工资支付保障条例》，在建设领域建立工资保证金、在拖欠农民工工资的多发地建立欠薪应急周转金，实行一级建筑承包企业解决分包企业欠薪制度、行政司法联动打击欠薪逃匿制度和地方政府负总责制度等“两金三制”制度将有望在全国普遍推行，农民工工资拖欠问题将有望得以根治。

4. 深入探索公务员工资改革途径。2012 年，国家将继续探索公务员工资制度改革途径，深化公务员工资制度改革。一是研究建立公务员工资调查制度，促进公务员工资水平正常调整机制的健全完善。二是继续探索健全职务和职级并行晋升的工资制度，拉大职级的晋升空间，拉大职级之间的薪酬差距，充分发挥职级晋升对公务员工资提高的功能，使基层公务员摒除“单纯以官衔职务定薪酬”的僵化模式。三是继续探索工资分配向基层倾斜的制度，在保证与 GDP 相匹配的原则上，逐步提高基层公务员的收入水平，缩小系统内收入差距。四是继续探索向艰苦边远地区倾斜的政策措施，推进地区附加津贴。

5. 继续推进事业单位工资改革，完善工资分配激励约束机制。2012 年，事业单位分类改革将提速，一些涉及国家安全，对政策和经济管理工作有明确辅助作用，以及明显以社会公益性为属性的事业单位，将继续得到财政保障，工资分配将继续以“参照公务员”和“全额拨款”的形式获得；一些以业务突出、主要以行业或专业业务为主的事业单位，将继续获得财政扶持，其工资分配将以财政补贴形式获得；一些主要面对市场，并已经开展经营活动的事业单位，工资收入将全面“自收自支”。2012 年，绩效工资制度将在其他事业单位全面推行，在合理确定绩效工资总量和水平的基础上，进一步制定、完善一系列职称评审管理办法，规范绩效工资的分配，形成有效的分配激励机制。对事业单位主要领导，通过完善考核制度来确定其绩效工资分配办法和收入水平；对高层次人才，除了继续实行政府特殊津贴制度之外，将采取一次性奖励以及实行协议工资等灵活多样的分配形式、分配办法；而对普通专业技术人员，将明确专业技术人员资格考试工作规程，研究建立职业资格制度。作为事业单位工资收入另一重要收入来源的津补贴，以其隐蔽性和巨大差异性引起社会广泛关注，因此进一步规范其发放仍是 2012 年事业单位改革重点。2012 年，事业单位社会保险制度改革将启动，完善事业单位及其工作人员参加基本养老、基本医疗、失业、工伤等社会保险政策，逐步建立起独立于单位之外、资金来源多渠道、保障方式多层次、管理服务社会化的社会保险体系，将成为推进事业单位改革的重要趋势。

评 估 篇

第五章
地区工资[①]

本章主要对2011年26个省、自治区、直辖市工资水平变化情况进行分析，并与2010年各地区工资水平进行比较。同时，对“十一五”期间地区工资发展情况进行简要分析。

一、2011年地区平均工资现状

（一）北京市、上海市、浙江省平均工资水平位列前三，甘肃省、四川省垫底

通过数据比较（见表5—1）可以看出，在26省、自治区、直辖市中，北京市职工平均工资最高，为56 061元，其次是上海市，为51 968元，第3是浙江省，为46 660元；而排名后3位的是四川省、甘肃省和黑龙江省，平均工资分别为31 489元、32 906元和33 503元。

（二）有7个省、自治区、直辖市平均工资水平高于全国平均水平，有19个省、自治区、直辖市平均工资水平低于全国平均水平

据国家统计局公布的数据显示，2011年全国城镇非私营单位在岗职工年平均工资为42 452元，与2010年的37 147元相比，增加了5 305元，增长14.3%，增幅提高0.8个百分点。扣除物价因素，2011年全国城镇非私营单位在岗职工年平均工资实际增长8.5%。

同全国年平均工资水平42 452元相比，北京市、上海市、浙江省、江苏省、广东省、宁夏回族自治区、青海省7个省（区、市）平均工资水平超过了全国平均水平。其中，北京市和上海市突破了5万元大关。

---

① 需要说明的是，2011年北京市、天津市、上海市等地公布的城镇单位在岗职工平均工资数据含私营单位，与2010年在岗职工平均工资统计口径不同。

表5—1　　2011年各地区在岗职工平均工资

省　份	2011年（元）	2010年（元）	2011年比2010年增长（%）
全国平均	42 452	37 147	14.3
北京	56 061*	50 415	11.2
天津	42 240*	37 547	12.5
河北	36 166	32 306	11.9
山西	39 903	33 544	19.0
内蒙古		35 507	
辽宁	38 154	35 057	8.8
吉林	34 197	29 399	16.3
黑龙江	33 503	29 603	15.3
上海	51 968*	46 776	11.1
江苏	45 987	40 505	13.5
浙江	46 660	41 505	12.4
安徽	40 640	36 318	11.9
福建	38 989	32 647	19.4
江西	34 055	29 092	17.1
山东	36 737	33 729	8.9
河南	34 203	30 303	12.9
湖北		32 588	
湖南	35 520	30 483	16.5
广东	45 152	40 358	11.9
广西	34 178	31 842	7.3
海南	36 716	31 025	18.3
重庆	40 042	37 214	7.6
四川	31 489	26 960	16.8
贵州		31 458	
云南	35 387	30 177	17.3
西藏		54 397	
陕西	39 043	34 299	13.8
甘肃	32 906	29 588	10.7
青海	42 493	37 182	14.3
宁夏	44 574	39 144	13.9
新疆		32 361	

注：*表示城镇单位在岗职工平均工资含私营单位。

数据来源：根据国家统计局公布的数据以及有关地区相关部门公开的数据计算整理。

（三）有8个省、自治区、直辖市平均工资水平增幅高于全国工资增幅

同全国平均工资增长14.3%相比，有福建省（19.4%）、山西省（19.0%）、海南省（18.3%）、云南省（17.3%）、江西省（17.1%）、四川省（16.8%）、湖南省（16.5%）、吉林省（16.3%）、黑龙江省（15.3%）9个省高于全国增幅。而平均工资增幅较低的有山东省（8.9%）、辽宁省（8.8%）、重庆市（7.6%）、广西壮族自治区（7.3%）4个省（区、市），其余省（区、市）增幅均在10%以上。

二、2011年分大区工资水平变化

根据国家统计局最新数据统计，与2011年全国城镇非私营单位在岗职工年平均工资为42 452元相比，中、西部地区城镇非私营单位在岗职工年平均工资增速高于全国平均水平。分4大区域看，2011年城镇非私营单位在岗职工年平均工资由高到低排列是东部、西部、中部和东北，分别为48 493元、37 923元、36 558元和36 000元；同比名义工资增长率从高到低依次为中部15.7%、西部14.5%、东部13.3%和东北部12.9%（详见表5—2）。

表5—2　　　　2011年4大地区在岗职工年平均工资

地　区	2011年（元）	2010年（元）	2011年比2010年增长（%）
全国平均	42 452	37 147	14.3
东部	48 493	42 810	13.3
中部	36 558	31 594	15.7
西部	37 923	33 130	14.5
东北	36 000	31 882	12.9

三、2010年各地区工资水平分析

（一）总体情况描述

根据国家统计局《2011年劳动统计年鉴》数据显示，2010年全国非私营单位员工平均工资为37 147元，比2009年的32 736元增加了4 411元，同比增长13.5%，增幅提高1.5个百分点；私营单位人员年平均工资为20 759元，与2009年18 199元相比增加了2 560元，同比增长14.1%，增幅提高

7.5个百分点。从区域来看，不论私营或非私营单位，① 东部地区的收入都是最高的。

（二）2010年各地区在岗职工平均工资分析

根据《2011年劳动统计年鉴》，2010年各地区在城镇单位在岗职工平均工资（不含私营企业）水平排在前5位的省（区、市）依次为上海市、北京市、西藏自治区、天津市、浙江省，其平均工资分别为71 874元、65 683元、54 397元、52 963元、41 505元，分别是全国平均工资水平的1.93倍、1.77倍、1.46倍、1.43倍和1.12倍，与上年相比增长率依次为13.1%、13.0%、11.6%、17.7%和11.0%。相对于2009年平均工资增长最快的省是海南省，平均工资为31 025元，比上年增长了6 091元，增长率为24.4%。2010年平均工资水平排在后5位的省按工资从低到高的顺序依次是江西省、吉林省、甘肃省、黑龙江省和云南省。其平均工资为29 092元、29 399元、29 588元、29 603元和30 177元，分别相当于全国水平的78.3%、79.1%、79.7%、79.7%和81.2%。相对于2009年平均工资增长最慢的省是甘肃省，增长率是8.9%。从地区城镇非私营单位在岗职工年平均工资的增长率看，只有甘肃省低于全国平均10%的增长幅度，其他30个省（区、市）都高于全国平均10%的增长幅度。从表5—3中可以发现，2010年在岗职工年平均工资高于全国水平的有9个省（区、市）按照由高到低的顺序分别是上海市、北京市、西藏自治区、天津市、浙江省、江苏省、广东省、宁夏回族自治区、青海省。

表5—3　　2010年各地区在岗职工平均工资

省　份	2010年（元）	2009年（元）	2010年比2009年增长（%）
全国平均	37 147	32 736	13.5
北京	65 683	58 140	13.0
天津	52 963	44 992	17.7
河北	32 306	28 383	13.8
山西	33 544	28 469	17.8

① 东、中、西部和东北地区划分方法为东部包括：北京市、天津市、河北省、上海市、江苏省、浙江省、福建省、山东省、广东省和海南省。中部包括：山西省、安徽省、江西省、河南省、湖北省和湖南省。西部包括：内蒙古自治区、广西壮族自治区、重庆市、四川省、贵州省、云南省、西藏自治区、陕西省、甘肃省、青海省、宁夏回族自治区和新疆维吾尔自治区。东北包括：辽宁省、吉林省和黑龙江省。

续表

省　份	2010年（元）	2009年（元）	2010年比2009年增长（%）
内蒙古	35 507	30 699	15.7
辽宁	35 057	31 104	12.7
吉林	29 399	26 230	12.1
黑龙江	29 603	26 535	11.6
上海	71 874	63 549	13.1
江苏	40 505	35 890	12.9
浙江	41 505	37 395	11.0
安徽	34 341	29 658	15.8
福建	32 647	28 666	13.9
江西	29 092	24 696	17.8
山东	33 729	29 688	13.6
河南	30 303	27 357	10.8
湖北	32 588	27 127	20.1
湖南	30 483	27 284	11.7
广东	40 358	36 355	11.0
广西	31 842	28 302	12.5
海南	31 025	24 934	24.4
重庆	35 326	30 965	14.1
四川	33 112	28 563	15.9
贵州	31 458	28 245	11.4
云南	30 177	26 992	11.8
西藏	54 397	48 750	11.6
陕西	34 299	30 185	13.6
甘肃	29 588	27 177	8.9
青海	37 182	33 561	10.8
宁夏	39 144	34 082	14.9
新疆	32 361	27 753	16.6

数据来源：根据国家统计局编《2011年劳动统计年鉴》计算整理。

（三）2010年私营企业平均工资的地区差异

根据国家统计局数据显示，2010年全国城镇私营企业就业人员的年平均工资为20 753元，与2009年的18 199元相比增加了2 554元，增长了14%（见表5—4）。其中增幅高于全国平均水平的省（区、市，不含西藏）有15个，低于全国水平的有15个省。从4大区域看，2010年全国城镇私营企业就业人员年平均工资增长从高到低依次为西部、东部、东北、中部地区，其增长率分别为14.6%、14.5%、12.9%和12.0%。相对于2009年，有15个省的增长率超过了全国平均增速。其中增速最快的5个省（区、市）是重庆市、湖北省、云南省、河北省和青海省，相比2009年其增长率分别为19.4%、19.3%、18.7%、18.6%和17.9%。

表5—4　　2009—2010年各地区城镇私营企业就业人员平均工资

省　份	2010年（元）	2009年（元）	2010年比2009年增长（%）
全国平均	20 753	18 199	14.0
北京		24 929	
天津	24 023	20 756	15.7
河北	17 914	15 111	18.6
山西	15 640	14 522	7.7
内蒙古	21 732	19 300	12.6
辽宁	19 280	17 085	12.9
吉林	16 929	14 750	14.8
黑龙江	16 924	15 367	10.1
上海	23 305	21 497	8.4
江苏	23 402	20 129	16.3
浙江	23 409	20 629	13.5
安徽	18 493	17 380	6.4
福建	21 039	18 187	15.7
江西	18 002	15 508	16.1
山东	20 747	18 152	14.3
河南	15 915	14 041	13.4
湖北	18 626	15 615	19.3
湖南	17 229	16 012	7.6
广东	22 633	19 340	17.0
广西	17 931	15 494	15.7
海南	18 058	15 949	13.2
重庆	20 790	17 414	19.4
四川	18 316	16 085	13.9
贵州	19 667	19 779	−0.6
云南	18 562	15 637	18.7

续表

省　份	2010年（元）	2009年（元）	2010年比2009年增长（%）
陕西	16 052	14 092	13.9
甘肃	14 318	12 975	10.4
青海	17 444	14 798	17.9
宁夏	19 775	17 264	14.5
新疆	20 017	17 215	16.3

数据来源：根据国家统计局编《2011年劳动统计年鉴》计算整理。

四、“十一五”期间地区工资水平

（一）“十一五”期间各地区工资水平概述

“十一五”期间，全国工资平均水平由2006年的21 001元提高到了2010年的37 147元，增加了16 146元，增长了77%，年均增长15.25%。全国各省（区、市）的工资平均水平也普遍有较大幅度的增长，具体情况见表5—5。

表5—5　　5年间各地区平均工资及增幅

地区	2006年（元）	2007年（元）	2008年（元）	2009年（元）	2010年（元）	2010年比2006年增幅（%）
全国平均工资水平	21 001	24 932	29 229	31 622	37 147	77
北京	40 117	46 507	56 328	58 140	65 683	64
天津	28 682	34 938	41 748	44 992	52 963	85
河北	16 590	19 911	24 756	28 383	32 306	95
山西	18 300	21 525	25 828	28 469	33 544	83
内蒙古	18 469	21 884	26 114	30 699	35 507	92
辽宁	19 624	23 202	27 729	31 104	35 057	79
吉林	16 583	20 513	23 486	26 230	29 399	77
黑龙江	16 505	19 386	23 046	26 535	29 603	79
上海	41 188	49 310	56 565	63 549	71 874	75
江苏	23 782	27 374	31 667	35 890	40 505	70
浙江	27 820	31 086	34 146	37 395	41 505	49
安徽	17 949	22 180	26 363	29 658	34 341	91
福建	19 318	22 283	25 702	28 666	32 647	69

续表

地区	2006年（元）	2007年（元）	2008年（元）	2009年（元）	2010年（元）	2010年比2006年增幅（%）
江西	15 590	18 400	21 000	24 696	29 092	87
山东	19 228	22 844	26 404	29 688	33 729	75
河南	16 981	20 935	24 816	27 357	30 303	78
湖北	16 048	19 818	22 739	27 127	32 588	103
湖南	17 850	21 534	24 870	27 284	30 483	71
广东	26 186	29 443	33 110	36 355	40 358	54
广西	18 064	21 898	25 660	28 302	31 842	76
海南	15 890	19 357	21 864	24 934	31 025	95
重庆	19 215	23 098	26 985	30 965	35 326	84
四川	17 852	21 312	25 038	28 563	33 112	85
贵州	16 815	20 668	24 602	28 245	31 458	87
云南	18 711	20 481	24 030	26 992	30 177	61
西藏	31 518	46 098	47 280	48 750	54 397	73
陕西	16 918	21 296	25 942	30 185	34 299	103
甘肃	17 246	20 987	24 017	27 177	29 588	72
青海	22 679	26 166	30 983	33 561	37 182	64
宁夏	21 239	26 210	30 719	34 082	39 144	84
新疆	17 819	21 434	24 687	27 753	32 361	82

（二）“十一五”期间各地区工资水平位次变化

1.“十一五”期间全国各地区工资水平排位变化不大，内蒙古自治区进入前10位。2006年，平均工资工资水平排在前10位的分别是上海市、北京市、西藏自治区、天津市、浙江省、广东省、江苏省、青海省、宁夏回族自治区和辽宁省。到2010年，工资水平排在全国前10位的分别是上海市、北京市、西藏自治区、天津市、浙江省、江苏省、广东省、宁夏回族自治区、青海省和内蒙古自治区（见表5—6）。其中前5名保持不变，广东省从第6位下降到第7位，与江苏省互换了位置；青海省从第8位下降到第9位，与宁夏回族自治区互换位置；内蒙古自治区从2006年的第15位替代了辽宁省的第10位。从位次变化和统计数据显示，内蒙古自治区在“十一五”期间工资水平稳步提高与其经济发展逐步增强息息相关，截至2009年年底，内蒙古自治区在国家西部大开发的前10年中，从2002年开始连续8年经济增长速度居全国第1。经济总量由1999年的居全国第25位越升到第15位；人均生产总值升至全国第7位。2006年，全区人均生产总值突破2万元，2008年又突破3.5万元，2009年达到40 282元，按年平均汇率折算为5 897美元。全区财政总收入由1949年的739万元增加到2009年的1 378.1亿元，增长近1.5万倍，是1999年的13.67倍，占全国的4.2%。

表5—6　　　　“十一五”期间各地区工资水平位次变化表

位次	地区	2006年职工平均工资（元）	位次	地区	2010年职工平均工资（元）
1	上海	41 188	1	上海	71 874
2	北京	40 117	2	北京	65 683
3	西藏	31 518	3	西藏	54 397
4	天津	28 682	4	天津	52 963
5	浙江	27 820	5	浙江	41 505
6	广东	26 186	6	江苏	40 505
7	江苏	23 782	7	广东	40 358
8	青海	22 679	8	宁夏	39 144
9	宁夏	21 239	9	青海	37 182
10	辽宁	19 624	10	内蒙古	35 507
11	福建	19 318	11	重庆	35 326
12	山东	19 228	12	辽宁	35 057
13	重庆	19 215	13	安徽	34 341
14	云南	18 711	14	陕西	34 299
15	内蒙古	18 469	15	山东	33 729
16	山西	18 300	16	山西	33 544
17	广西	18 064	17	四川	33 112
18	安徽	17 949	18	福建	32 647
19	四川	17 852	19	湖北	32 588
20	湖南	17 850	20	新疆	32 361
21	新疆	17 819	21	河北	32 306
22	甘肃	17 246	22	广西	31 842
23	河南	16 981	23	贵州	31 458
24	陕西	16 918	24	海南	31 025
25	贵州	16 815	25	湖南	30 483

续表

位次	地区	2006年职工平均工资（元）	位次	地区	2010年职工平均工资（元）
26	河北	16 590	26	河南	30 303
27	吉林	16 583	27	云南	30 177
28	黑龙江	16 505	28	黑龙江	29 603
29	湖北	16 048	29	甘肃	29 588
30	海南	15 890	30	吉林	29 399
31	江西	15 590	31	江西	29 092

2. “十一五”期间工资水平最高地区与最低地区间的绝对差距增大相对差距逐步缩小。2006年，职工平均工资水平排在第1位的是上海市，为41 188元；最低的是江西省，为15 590元。上海市比排在末位的江西省高出25 598元，是江西省的2.64倍；到了2010年，职工平均工资水平排在首位的仍然是上海市，达到了71 874元，比仍排末位的江西省29 092元高出42 782元，两地区职工平均工资水平相差2.46倍（见表5—7）。从地区工资水平差距来看，全国各地区工资水平差绝对数在继续扩大，但相对差距有所缩小。同时，虽然2010年江西省的工资水平排行依然是最末位，但是其职工工资水平增长与地区经济发展水平在陆续缩小。“十一五”期间，江西省职工工资增速和江西省生产总值增长幅度相同，根据江西省统计数据计算，2006—2010年江西省职工工资总额由417.1亿元增加到了836.7亿元，年均递增19%，而同期地区生产总值由4 820亿元增加到了9 451亿元，年平均增长率为19%。由此可见江西省工资增长和其地区生产总值增长幅度相同。但是同期，江西省城镇职工工资总额占生产总值的比重仅为8.8%，从2006—2010年的占比变化来看，5年间一直都维持该水平。

表5—7　“十一五”期间各地区工资水平最高与最低差距表

年份	平均工资最高地区	最高地区平均工资（元）	平均工资最低地区	最低地区平均工资（元）	年平均工资最高与最低地区倍比	年平均工资最高与最低地区水平绝对差距（元）
2006	上海	41 188	江西	15 590	2.64	25 598
2007	上海	49 310	江西	18 400	2.67	30 910
2008	上海	56 565	江西	21 000	2.69	35 565

续表

年份	平均工资最高地区	最高地区平均工资（元）	平均工资最低地区	最低地区平均工资（元）	年平均工资最高与最低地区倍比	年平均工资最高与最低地区水平绝对差距（元）
2009	上海	63 549	江西	24 696	2.57	38 853
2010	上海	71 874	江西	29 092	2.46	42 782

（三）“十一五”期间分大区工资水平

1. “十一五”期间东部地区工资水平仍然高于其他地区

从分区域来看，2006—2010年东部地区平均工资水平一直高于其他地区。2006年，工资水平由高到低分别是东部、西部、东北和中部，平均工资水平分别为25 057元、18 141元、17 758元和16 895元，其中平均工资最低的中部地区与最高的东部地区相差8 162元。到了2010年工资水平由高到低仍然是东部、西部、东北和中部地区分别是42 810元、33 130元、31 882元和31 594元（见表5—8），是2010年全国平均工资水平的1.15倍、0.89倍、0.86倍和0.85倍，其中平均工资最低的中部地区与最高的东部地区相差11 216元。这主要是东部地区改革开放比较早，经济发展速度较快，其工资水平一直高于其他地区。

2. 中、西部地区工资水平增速逐步加快

2010年相对于2006年增长速度较快的是中部地区，其平均工资增长率为87%。其次是西部地区，在2006—2010年间平均工资增长率为83%。东部地区增速较慢，其增长率为71%（见表5—8）。这主要得益于我国在“十一五”期间区域发展总体战略，即“坚持实施推进西部大开发，振兴东北地区等老工业基地，促进中部地区崛起，鼓励东部地区率先发展的区域发展总体战略，健全区域协调互动机制，形成合理的区域发展格局”。随着中、西部地区投资条件的逐渐改善，不少劳动密集型企业逐步向内陆转移，使得中、西部地区用工需求明显增长。东部城市的工资也不再具有优势。随着全国产业结构调整，能源需求的不断开发，中、西部地区经济水平也在不断提高，工资性收入持续增长。

（四）“十一五”期间各地区工资总额增长与各地区GDP增速相关性分析

劳动者的报酬水平与GDP和国家经济发展水平存在正相关系，从微观层面看，GDP对于工资收入的影响程度非常大；从更加直观的角度分析，工资

表5—8　“十一五”期间东部、中部、西部、东北地区平均工资提高幅度

	2006年（元）	2007年（元）	2008年（元）	2009年（元）	2010年（元）	2010年比2006年平均工资提高幅度（%）
全国平均工资水平	21 001	24 932	29 229	32 736	37 147	
东部地区	25 057	29 761	34 316	38 002	42 810	71
中部地区	16 895	20 482	24 390	27 478	31 594	87
西部地区	18 141	22 024	25 602	29 120	33 130	83
东北地区	17 758	21 118	25 101	28 383	31 882	80

数据来源：根据国家统计局编《2011年劳动统计年鉴》计算整理。

占GDP的比重（以下简称工资占比）决定着劳动者在多大程度上直接参与分享国家经济发展成果的程度。因此接下来我们将从工资占GDP比重的角度来分析一下各地区工资水平的变化。

1. 通过表5—9的数据可以看出，总体来讲，2010年各地区在岗职工工资占GDP比重从高到低排在前5位的是：北京市、西藏自治区、新疆维吾尔自治区、上海市和贵州省，比重分别为29.31%、21.47%、15.65%、15.21%和14.54%；排名后5位的是：江西省8.85%、山东省8.08%、河北省7.99%、内蒙古自治区7.61%和江苏省7.24%。而2006年各地区在岗职工工资占GDP比重从高到低排在前5位的是：北京市、西藏自治区、宁夏回族自治区、贵州省和新疆维吾尔自治区，比重分别为22.24%、18.19%、16.75%、14.97%和14.55%；排名后5位的是：湖南省8.94%、江西省8.65%、山东省7.60%、河北省7.06%和江苏省6.99%。

这其中反映的关系比较复杂，西部一些省区如西藏自治区、宁夏回族自治区、新疆维吾尔自治区和贵州省在岗职工工资占GDP比重一直稳定在高位，一方面是因为历史上就缘于艰苦地区工资类别较高，导致工资水平相对比较高，另一方面是经济欠发达造成GDP总量相对低，两种因素叠加就形成了居于高位的结果。而北京市一直稳居第一，是由于首都的政治、文化中心地位决定，大的机关、社团多，企业集团总部多，高素质人才多的三多局面必然造成工资水平高，同时由于不是经济中心，创造GDP并非首都的主要职能，因而GDP的相对水平并不高，这两种因素必然形成北京市独特的在岗职工工资占GDP比重居高不下的结果。与之形成鲜明对比的是，无论在2006

表5—9 “十一五”期间各地区工资总额占GDP比重的变化情况表

	2006年GDP（亿元）	2006年工资总额（亿元）	2006年工资占比（%）	2010年GDP（亿元）	2010年工资总额（亿元）	2010年工资占比（%）	工资占比变化（%）
北京	8 117.78	1 805.5	22.24	14 113.58	4 136.1	29.31	7.06
天津	4 462.74	487.5	10.92	9 224.46	1 051.2	11.40	0.47
河北	11 467.60	809.6	7.06	20 394.26	1 629.6	7.99	0.93
山西	4 878.61	646.5	13.25	9 200.86	1 286.5	13.98	0.73
内蒙古	4 944.25	446.9	9.04	11 672.00	888.2	7.61	—1.43
辽宁	9 304.52	935.9	10.06	18 457.27	1 787.2	9.68	—0.38
吉林	4 275.12	431.1	10.08	8 667.58	776.3	8.96	—1.13
黑龙江	6 211.80	753.1	12.12	10 368.60	1 277.6	12.32	0.20
上海	10 572.24	1 092.4	10.33	17 165.98	2 611.2	15.21	4.88
江苏	21 742.05	1 520.4	6.99	41 425.48	2 998.8	7.24	0.25
浙江	15 718.47	1 578.5	10.04	27 722.31	3 517.5	12.69	2.65
安徽	6 112.50	571.0	9.34	12 359.33	1 225.1	9.91	0.57
福建	7 583.85	783.4	10.33	14 737.12	1 602.3	10.87	0.54
江西	4 820.53	417.1	8.65	9 451.26	836.7	8.85	0.20
山东	21 900.19	1 664.5	7.60	39 169.92	3 166.7	8.08	0.48
河南	12 362.79	1 152.1	9.32	23 092.36	2 213.6	9.59	0.27
湖北	7 617.47	793.9	10.42	15 967.61	1 601.3	10.03	—0.39
湖南	7 688.67	687.6	8.94	16 037.96	1 479.9	9.23	0.28
广东	26 587.76	2 413.6	9.08	46 013.06	4 484.3	9.75	0.67
广西	4 746.16	477.5	10.06	9 569.85	952.7	9.96	—0.11
海南	1 044.91	116.8	11.18	2 064.50	250.0	12.11	0.93
重庆	3 907.23	403.4	10.32	7 925.58	897.7	11.33	1.00
四川	8 690.24	885.4	10.19	17 185.48	1 840.5	10.71	0.52
贵州	2 338.98	350.2	14.97	4 602.16	669.1	14.54	—0.43
云南	3 988.14	458.6	11.50	7 224.18	930.5	12.88	1.38
西藏	290.76	52.9	18.19	507.46	108.9	21.47	3.28
陕西	4 743.61	546.9	11.53	10 123.48	1 215.0	12.00	0.47
甘肃	2 276.70	325.9	14.32	4 120.75	568.9	13.81	—0.51
青海	648.50	93.1	14.35	1 350.43	189.6	14.04	—0.31
宁夏	725.90	121.6	16.75	1 689.65	225.9	13.37	—3.38
新疆	3 045.26	443.0	14.55	5 437.47	850.8	15.65	1.10

年还是在2010年，江苏省一直排在末位，主要是该省GDP总量一直名列前茅，但工资总量并没有因GDP创造多而过多分配；2006年的上海市也属于这种情况。

2. 从在岗职工工资占GDP比重变化来看，2010年在岗职工工资占GDP比重比2006年增加的有22个，减少的有9个。其中增加较多的有北京市、上海市、西藏自治区和浙江省，分别净增加7.06、4.88、3.28和2.65个百分点。而2010年在岗职工工资占GDP比重比2006年下降较多的有宁夏回族自治区、内蒙古自治区和吉林省，分别净减少3.38、1.43和1.13个百分点。

应该指出，在岗职工工资占GDP比重下降，在一定程度上反映出经济发展比较好同时工资增长控制比较适度，如内蒙古自治区就属于典型的例子，这样的省（区、市）一般竞争力和发展后劲都比较强，应不断总结以促进经济更快更好发展。反之，在岗职工工资占GDP比重比增加较多的省（区、市），则应查找具体原因，要防止竞争力的下降和经济发展后劲的不足。

3. 从在岗职工工资占GDP比重具体水平来看，我国总体情况是好的，并且在发展过程中呈现总体良好趋势。2006年31个省（区、市）中，在岗职工工资占GDP比重低于10%的有9个，到2010年在岗职工工资占GDP比重低于10%的达到了12个，说明在整体经济快速发展过程中对工资总额的控制状态是不错的，结合在岗职工工资占GDP比重有9个省（区、市）2010年比2006年有所下降的情况，说明对工资总额的控制是有成效的。

五、地区工资水平的展望

（一）通过地区经济结构调整的实施与落实，不断缩小地区工资差距

随着我国政府不断改善内需、投资、外贸三者相协调的经济发展结构，正在改变外贸度依存过高的格局。通过引导劳动密集型产业向我国的中、西部地区合理转移的成效正逐步显现。政府通过加大对中、西部地区的投资，增强扶持力度，经过近几年的实施，正在促进形成合理的经济布局，这些必将不断缩小地区间的工资差距。

不同地区间经济发展的差异，既有历史原因也有地理位置、资源等因素的影响。可喜的是，我们已经越来越重视教育投入，近来也已出现西部人才回流迹象。这必将在有力促进西部经济发展的同时，提高西部偏低的工资

待遇。

（二）通过地区提高最低工资水平，促进低工资地区工资水平的全面提高

从2010年下半年以来，全国各地区都普遍提高了当地的最低工资水平，加上经济落后地区产业结构的不断调整和升级，这些地区的劳动生产力的水平将不断不提高，工资水平也将全面随之提高。

（三）通过地区工资的宏观调控更加科学合理，各地区间工资水平将不断从非均衡性向均衡性方向发展

目前，我国政府正在制定工资总额宏观调控办法，本届政府也将出台收入分配制度改革方案，“十二五”期间各地区都已根据自身特点开始实施新的发展战略。以上这些措施和地区发展战略的实施，都将对地区工资水平提高和工资结构调整起到有效的作用，因此，可以预见，我国各地区间工资水平会不断从非均衡性向均衡性方向发展。

第六章
行业工资

行业工资关系主要体现在工资水平及差距问题上，历来都为社会各界所关注。2011 年是我国经济增长较快的一年，这一年各行业的工资收入水平都有较大增长，各行业间工资收入差距也发生了新的变化。但是，行业间长期存在的收入差距扩大的趋势并未得到扭转，由此引起的各种社会矛盾并未得到有效缓解。

本章根据国家统计局 2012 年 5 月 29 日发布的 2011 年统计资料和《2011 年统计年鉴》公布的 2010 年统计数据，对全国各大行业工资水平的现状及差距进行分析，并对行业工资水平及差距发展趋势进行预测和展望。

一、2011 年 19 个行业的平均工资状况

根据国家统计局发布的 2011 年统计资料，2011 年全国城镇非私营单位在岗职工年平均工资 42 452 元，比 2010 年 37 147 元增加 5 305 元，增长 14.3%。其中按登记注册类型分，国有单位平均工资 44 695 元，比 2010 年 39 471 元增加 5 224 元，增长 13.2%；城镇集体单位平均工资 29 261 元，比 2010 年 24 430 元增加 4 831 元，增长 19.8%；股份合作制单位平均工资 37 332 元，比 2010 年 30 603 元增加 6 729 元，增长 22.0%；联营单位平均工资 36 822 元，比 2010 年 34 404 元增加 2 478 元，增长 7.0%；有限责任公司平均工资 38 123 元，比 2010 年 33 141 元增加 4 982 元，增长 15.0%；股份有限公司平均工资 51 778 元，比 2010 年 45 991 元增加 5 787 元，增长 12.6%；其他内资单位平均工资 30 186 元，比 2010 年 25 371 元增加 4 515 元，增长 19.0%；港澳台商投资单位平均工资 37 757 元，比 2010 年 31 416 元增加 6 341 元，增长 20.2%；外商投资企业平均工资 46 987 元，比 2010 年 40 180

元增加 6 807 元，增长 16.9%。各行业平均工资见表 6—1。

表 6—1　　2011 年城镇非私营单位在岗职工分行业年平均工资

行　业	2010 年（元）	2011 年（元）	名义增长率（%）
全国平均	37 147	42 452	14.3
农、林、牧、渔业	17 345	20 393	17.6
采矿业	44 496	52 569	18.1
制造业	30 700	36 494	18.9
电力、燃气及水的生产和供应业	48 323	53 723	11.2
建筑业	28 127	32 657	16.1
交通运输、仓储和邮政业	41 536	47 646	14.7
信息传输、计算机服务和软件业	66 598	70 619	6.0
批发和零售业	33 520	40 295	20.2
住宿和餐饮业	23 812	27 847	16.9
金融业	80 772	91 364	13.1
房地产业	36 392	43 345	19.1
租赁和商务服务业	38 502	45 900	19.2
科学研究、技术服务和地质勘查业	57 316	65 238	13.8
水利、环境和公共设施管理业	27 229	30 750	12.9
居民服务和其他服务业	28 665	33 713	17.6
教育	39 624	43 907	10.8
卫生、社会保障和社会福利业	41 132	47 258	14.9
文化、体育和娱乐业	42 245	48 711	15.3
公共管理和社会组织	39 329	43 214	9.9

通过上述统计数据，我们可以看出：2011 年平均工资水平排在前 3 位的行业分别是金融业（91 364 元），信息传输、计算机服务和软件业（70 619 元），科学研究、技术服务和地质勘察业（65 238 元），分别是全国平均工资水平的 2.15 倍、1.66 倍和 1.54 倍。排在后 3 位的行业分别是水利、环境和公共设施管理业（30 750 元），住宿和餐饮业（27 847 元），农、林、牧、渔业（20 393 元），分别相当于全国平均工资的 72.4%、65.6%和 48.0%。其中，最高是最低的 4.48 倍。回顾 2009 年的同一指标，行业最高平均工资是最低的 4.21 倍，两年间净增加 0.27 倍，呈现出继续扩大的趋势。

从年度平均增长率来看，2011 年平均工资增长排在前 3 位的行业分别是批发和零售业（20.2%）、租赁和商务服务业（19.2%）和房地产业（19.1%）。工资增长排在后3位的行业分别是教育（10.8%）、公共管理和社会组织（9.9%）以及信息传输、计算机服务和软件业（6.0%）。其中增幅最大的行业增长比增幅最小行业增长高出2倍多，尤其是增幅最小的信息传输、计算机服务和软件业平均工资水平排在前3位，居第2位，多少反映出行业之间工资水平差距缩小的迹象。

二、2011年19个行业平均工资水平分析

（一）行业工资增长情况分析

根据2011年统计年鉴，2010年全国城镇单位就业人员平均工资36 539元，比上年的32 244元增长了13.3%，增幅比上年11.6%增加了1.7个百分点。扣除通货膨胀因素（城市居民消费价格指数103.2%），实际增长9.8%。但是从全国各行业平均工资看，发展很不平衡，表6—2具体给出2010年19个大的行业平均工资及其增长情况。

表6—2　　2010年19个行业平均工资增长情况

	行　业	2010年平均工资（元）	2009年平均工资（元）	增加额（元）	增长率（%）
	全国平均	36 539	32 244	4 295	13.3
1	农、林、牧、渔业	16 717	14 356	2 361	16.4
2	采矿业	44 196	38 038	6 158	16.2
3	制造业	30 916	26 810	4 106	15.3
4	电力、燃气及水的生产和供应业	47 309	41 869	5 440	13.0
5	建筑业	27 529	24 161	3 368	13.9
6	交通运输、仓储和邮政业	40 466	35 315	5 151	14.6
7	信息传输、计算机服务和软件业	64 436	58 154	6 282	10.8
8	批发和零售业	33 635	29 139	4 496	15.4
9	住宿和餐饮业	23 382	20 860	2 522	12.1
10	金融业	70 146	60 398	9 748	16.1
11	房地产业	35 870	32 242	3 628	11.3
12	租赁和商务服务业	39 566	35 494	4 072	11.5
13	科学研究、技术服务和地质勘察业	56 376	50 143	6 233	12.4
14	水利、环境和公共设施管理业	25 544	23 159	2 385	10.3

续表

	行　业	2010 年平均工资（元）	2009 年平均工资（元）	增加额（元）	增长率（%）
15	居民服务和其他服务业	28 206	25 172	3 034	12.1
16	教育	38 968	34 543	4 425	12.8
17	卫生、社会保障和社会福利业	40 232	35 662	4 570	12.8
18	文化、体育和娱乐业	41 428	37 755	3 673	9.7
19	公共管理和社会组织	38 242	35 326	2 916	8.3

从表 6—2 中可以看出，2010 年金融业不仅平均工资水平最高，达到 70 146 元，而且工资年增长率排第 3 位，达到 16.1%，虽然增长率排第 1 位的农、林、牧、渔业年增长达到了 16.4%使平均工资增加到了 16 717 元（排名行业工资末位），但金融业与农、林、牧、渔业平均工资与之比仍然是 4.19∶1。此外，采矿业以平均工资增长率 16.2%排名第 2 位，其平均工资 44 196 元处于中等偏上位置，在 19 个行业中排第 5 位。

2010 年行业平均工资最低的农、林、牧、渔业年增长速度最快，虽然与金融业差距未见有多大缩小，但与行业平均工资排在第 2 位的信息传输、计算机服务和软件业的 64 436 元相比，因后者年增长速度仅为 10.8 %，结合 2009 年其增长率 5.9%的最低增长，让我们看到了行业平均工资在向均值回归，如果这一趋势能长期发展下去，行业间平均工资的差距将会进一步缓解。

（二）国有单位工资增长情况分析

2010 年国有单位平均工资 38 359 元，比 2009 年国有单位平均工资 34 130 元增长 12.4%。表 6—3 具体给出 2010 年国有单位 19 个大的行业平均工资及其增长情况。

表 6—3　　2010 年国有单位 19 个行业平均工资及其增长情况

	行　业	2010 年平均工资（元）	2009 年平均工资（元）	本年增长率（%）	上年增长率（%）
1	农、林、牧、渔业	16 522	14 160	16.7	10.6
2	采矿业	44 904	38 626	16.3	7.8
3	制造业	36 386	31 142	16.8	12.0
4	电力、燃气及水的生产和供应业	47 724	42 160	13.2	7.0
5	建筑业	31 777	27 750	14.5	16.3

续表

	行　业	2010 年平均工资（元）	2009 年平均工资（元）	本年增长率（%）	上年增长率（%）
6	交通运输、仓储和邮政业	40 097	34 976	14.6	8.7
7	信息传输、计算机服务和软件业	46 402	42 379	9.5	3.6
8	批发和零售业	35 814	30 908	15.9	16.6
9	住宿和餐饮业	23 864	21 177	12.7	10.2
10	金融业	66 014	56 719	16.4	0.1
11	房地产业	33 967	30 800	10.3	8.2
12	租赁和商务服务业	33 680	30 431	10.7	6.4
13	科学研究、技术服务和地质勘察业	53 235	47 277	12.6	9.3
14	水利、环境和公共设施管理业	25 478	23 161	10.0	4.7
15	居民服务和其他服务业	32 417	28 874	12.3	1.0
16	教育	39 166	34 678	12.9	14.4
17	卫生、社会保障和社会福利业	41 112	36 575	12.4	8.7
18	文化、体育和娱乐业	42 367	38 749	9.3	9.5
19	公共管理和社会组织	38 387	32 999	16.3	7.6

从表 6—3 可以看出，国有单位 2010 年制造业的平均工资增长率最高，达到 16.8%；农、林、牧、渔业以平均工资增长 16.7%排第 2 位；金融业排第 3 位，达到 16.4%。

文化、体育和娱乐业，信息传输、计算机服务和软件业分别以 9.3%和 9.5%的增速排在倒数第 1 位和倒数第 2 位。不过 9%以上的工资增长速度表明，国有单位各行业平均工资在 2010 年都有较大幅度增长。

相比上一年度各行业工资增长率在 0.1%～16.6%之间，2010 年各行业增长差距在缩小，说明行业间增资更趋理性化。

（三）城镇集体单位行业工资情况分析

2010 年城镇集体单位平均工资 24 010 元，比 2009 年城镇集体单位平均工资 20 607 元增长 16.5%。表 6—4 具体给出 2010 年城镇集体单位 19 个大的行业平均工资及其增长情况。

从表 6—4 中可以看出，城镇集体单位 2010 年 19 个行业中增幅在 18%以上的有信息传输、计算机服务和软件业等 5 个，增幅 10%以上的达到 15 个，仅水利、环境和公共设施管理业等 4 个行业增幅低于 10%。公共管理和社会

表 6—4　　2010 年城镇集体单位 19 个行业平均工资及其增长情况

	行业	2010 年平均工资（元）	2009 年平均工资（元）	本年增长率（%）	上年增长率（%）
1	农、林、牧、渔业	18 156	15 392	18.0	12.7
2	采矿业	23 791	20 075	18.5	1.1
3	制造业	20 841	17 620	18.3	13.3
4	电力、燃气及水的生产和供应业	33 851	29 369	15.3	5.6
5	建筑业	20 210	17 565	15.1	11.0
6	交通运输、仓储和邮政业	19 882	17 538	13.4	15.6
7	信息传输、计算机服务和软件业	37 576	30 904	21.6	6.7
8	批发和零售业	16 816	14 777	13.8	14.3
9	住宿和餐饮业	18 808	16 569	13.5	8.6
10	金融业	44 154	37 453	17.9	17.1
11	房地产业	24 617	22 516	9.3	5.3
12	租赁和商务服务业	20 981	19 276	8.8	8.1
13	科学研究、技术服务和地质勘察业	37 538	33 025	13.7	7.6
14	水利、环境和公共设施管理业	18 551	16 891	9.8	4.5
15	居民服务和其他服务业	20 818	18 509	12.5	11.4
16	教育	31 486	27 515	14.4	20.4
17	卫生、社会保障和社会福利业	32 645	27 618	18.2	14.0
18	文化、体育和娱乐业	24 796	22 177	11.8	11.5
19	公共管理和社会组织	26 957	26 039	3.5	26.0

组织年度增幅仅为 3.5%，可能是由于 2009 年增幅曾高达 26%的一种矫枉过正。

城镇集体单位金融业增长 17.9%，虽排名未进入前 5 位，但仍不影响其以平均工资水平 44 154 元排在城镇集体单位各行业之首。尽管其与国有单位金融业 66 014 元及其他单位金融业的 77 445 元存在较大差距，仍能在城镇集体单位各行业之中保持领先地位。

（四）其他单位行业工资情况分析

2010 年其他单位平均工资 35 801 元，比 2009 年其他单位平均工资 31 350 元增长 14.2%。表 6—5 具体给出 2010 年其他单位 19 个大的行业平均工资及其增长情况。

表6—5　　2010年其他单位19个行业平均工资及其增长情况

	行业	2010年平均工资（元）	2009年平均工资（元）	本年增长率（%）	上年增长率（%）
1	农、林、牧、渔业	21 359	19 456	9.8	13.6
2	采矿业	44 907	38 640	16.2	12.4
3	制造业	30 609	26 617	15.0	10.6
4	电力、燃气及水的生产和供应业	47 164	41 931	12.5	6.4
5	建筑业	27 522	24 325	13.1	10.4
6	交通运输、仓储和邮政业	43 176	37 883	14.0	3.6
7	信息传输、计算机服务和软件业	74 178	68 067	9.0	1.0
8	批发和零售业	35 109	30 717	14.3	11.3
9	住宿和餐饮业	23 505	21 064	11.6	5.3
10	金融业	77 445	67 574	14.6	−5.9
11	房地产业	37 102	33 311	11.4	5.6
12	租赁和商务服务业	50 179	45 078	11.3	13.5
13	科学研究、技术服务和地质勘察业	67 716	61 697	9.8	4.9
14	水利、环境和公共设施管理业	30 217	27 154	11.3	−1.1
15	居民服务和其他服务业	25 536	22 877	11.6	9.9
16	教育	35 282	32 663	8.0	10.9
17	卫生、社会保障和社会福利业	34 672	30 579	13.4	9.1
18	文化、体育和娱乐业	37 107	32 898	12.8	12.0
19	公共管理和社会组织	21 392	17 849	19.8	−1.8

从表6—5中可以看出，其他单位2010年19个行业中平均工资水平排列前3位的分别是金融业，信息传输、计算机服务和软件业以及科学研究、技术服务和地质勘察业，其平均工资水平分别为77 445元、74 178元和67 716元；平均工资水平排列后3位的分别是住宿和餐饮业，公共管理和社会组织以及农、林、牧、渔业，其平均工资水平分别是23 505元、21 392元和21 359元。

其他单位2010年19个行业中工资增长率排列前3位的分别是公共管理和社会组织、采矿业以及制造业，其年度工资增幅分别为19.8%、16.2%和15.0%；工资增长率排列后3位的分别是农、林、牧、渔业，信息传输、计算机服务和软件业以及教育，其平均工资水平分别为9.8%、9.0%和8.0%。

最低8%以上的工资增长率一方面说明其他单位性质各行业平均工资在

2010年都有较大幅度增长，另一方面说明其他单位性质各行业企业效益发展不错。特别是结合2009年在其他单位的金融业行业工资增速为－5.9%，公共管理和社会组织工资增速－1.8%以及水利、环境和公共设施管理业工资增速－1.1%，在这类企业中关于工资增长的制约、制衡机制相对完善，多数情况下工资增长与否会更多取决于企业经济效益，因此工资增长相对比较合理。

（五）2005—2010年行业平均工资增长情况分析

分析5年间各行业平均工资发展情况，既有助于我们了解各行业工资增速情况，也能看到我国各行业平均工资差距是如何拉大的。经过计算，2005—2010年5年间，我国总体平均工资增长了1.01倍，平均每年增长15.0%。表6—6给出各行业平均工资在2010年相当于2005年的倍数以及年均增长情况。

表6—6　　2005—2010年19个行业平均工资年均增长情况

行　业	2010年（元）	2005年（元）	倍数	年平均增长（%）
全国平均	36 539	18 200	2.01	15.0
农、林、牧、渔业	16 717	7 497	2.23	17.4
采矿业	44 196	20 449	2.16	16.7
制造业	30 916	15 934	1.94	14.2
电力、燃气及水的生产和供应业	47 309	24 750	1.91	13.8
建筑业	27 529	14 112	1.95	14.3
交通运输、仓储和邮政业	40 466	20 911	1.94	14.1
信息传输、计算机服务和软件业	64 436	38 799	1.66	10.7
批发和零售业	33 635	15 256	2.21	17.1
住宿和餐饮业	23 382	13 876	1.69	11.0
金融业	70 146	29 229	2.40	19.1
房地产业	35 870	20 253	1.77	12.1
租赁和商务服务业	39 566	21 233	1.86	13.3
科学研究、技术服务和地质勘察业	56 376	27 155	2.08	15.7
水利、环境和公共设施管理业	25 544	14 322	1.78	12.3
居民服务和其他服务业	28 206	15 747	1.79	12.4
教育	38 968	18 259	2.13	16.4
卫生、社会保障和社会福利业	40 232	20 808	1.93	14.1
文化、体育和娱乐业	41 428	22 670	1.83	12.8
公共管理和社会组织	38 242	20 234	1.89	13.6

在“十一五”期间，平均工资年均增长最快的3个行业是金融业，农、林、牧、渔业以及批发和零售业，年平均增长分别达到19.1%、17.4%和17.1%；平均工资年均增长最慢的3个行业是房地产业，住宿和餐饮业以及信息传输、计算机服务和软件业，年平均增长分别是12.1%、11.0%和10.7%。其中居民服务和其他服务业、住宿和餐饮业在我国历来都是劳动密集型的微利行业，由于门槛准入低、科技含量不高，市场竞争激烈，一直在工资收入上增长不快；而信息传输、计算机服务和软件业则由于早在2006年以前就经过快速发展，造成行业工资收入长期雄霸前3名位置。随着近几年市场竞争加剧，工资作为成本达到一定程度以后必然进入相对稳定期有很大关系。虽然农、林、牧、渔业也是具有门槛准入低、科技含量不高，市场竞争激烈等特点，但由于前些年这些行业工资水平过低，如同股市中的超低估值，必然会出现超跌反弹。

金融业平均工资的快速增长一方面受益于我国经济快速发展，另一方面则受益于改革开放的不断深入，与国际接轨过程中，金融业是龙头，反应最迅速，工资收入增长最快，已从2006年的35 495元提高到2010年的70 146元，2011年行业平均工资更是达到91 364元。

在这5年间，教育以及科学研究、技术服务和地质勘察业这两个行业平均工资也有较大增长，5年中年均增长16.4%和15.7%，反映出近年来，国家在教育以及科学研究、技术服务领域加大了资金投入力度，以及实行了较强的政策倾斜力度。

三、19个行业平均工资预测与展望

（一）当前行业平均工资的特点

通过前面的分析，当前行业平均工资的特点可以概括为：一是“差距依然较大”；二是“格局基本稳定”。

一方面，行业工资高低比仍居高位。2011年，城镇单位在岗职工工资最高的行业与最低的行业年平均工资之比为4.48∶1，其中最高的金融业年平均工资为91 364元，工资最低的农、林、牧、渔业年平均工资仅为20 393元，绝对工资差距达到70 971元。也就是说，一个金融行业职工单个季度的工资比一个农、林、牧、渔行业职工全年的工资都要高，这样大的行业差距在国际上也是比较少的。金融业相对工资水平的变化，是造成工资差距拉大的重要因素之一。2007年金融业以0.4个百分点（210元）的微弱优势，超过信息传输、计算机服务和软件业，首次成为工资水平最高的行业。而到2011年，金融业比第2位的信息传输、计算机服务和软件业的工资水平高20 745元，超出近30%。

另一方面，行业工资关系形成了稳定的格局。2010年、2011年各行业工资水平排位与2005年相对照，相关度高达99.8%和96.7%。2007年以来，金融业第1，信息传输、计算机服务和软件业第2，农、林、牧、渔业，住宿和餐饮业分列倒数第1、第2的格局没有发生过变动。“十一五”期间，各年度工资水平最高和最低的5个行业（大类），与“十五”末期相比，没有发生大的调整变动（见表6—7、表6—8和表6—9）。行业工资排位座次稳定，高工资和低工资行业变动较小。

表6—7　　　　工资最高与最低的行业（大类）

工资最高5行业					
2005	2006	2007	2008	2009	2010
证券业	证券业	证券业	证券业	证券业	证券业
软件业	计算机服务业	航空运输业	航空运输业	软件业	航空运输业
计算机服务业	航空运输业	软件业	软件业	航空运输业	软件业
航空运输业	软件业	计算机服务业	计算机服务业	计算机服务业	银行业
烟草制品业	烟草制品业	烟草制品业	烟草制品业	银行业	烟草制品业
工资最低5行业					
林业	林业	畜牧业	畜牧业	林业	畜牧业
农业	农业	农业	农业	农业	农业
畜牧业	畜牧业	林业	林业	畜牧业	林业
木材加工及木、竹、藤、棕、草制品业	木材加工及木、竹、藤、棕、草制品业	木材加工及木、竹、藤、棕、草制品业	木材加工及木、竹、藤、棕、草制品业	其他采矿业	木材加工及木、竹、藤、棕、草制品业
纺织业	纺织业	纺织业	纺织业	木材加工及木、竹、藤、棕、草制品业	渔业

续表

非农最低5行业					
木材加工及木、竹、藤、棕、草制品业	木材加工及木、竹、藤、棕、草制品业	木材加工及木、竹、藤、棕、草制品业	木材加工及木、竹、藤、棕、草制品业	其他采矿业	木材加工及木、竹、藤、棕、草制品业
纺织业	纺织业	纺织业	纺织业	木材加工及木、竹、藤、棕、草制品业	环境管理业
农副食品加工业	农副食品加工业	农副食品加工业	农副食品加工业	纺织业	餐饮业
非金属矿物制品业	非金属矿物制品业	非金属矿物制品业	文教体育用品制造业	皮革、毛皮、羽毛（绒）及其制品业	纺织业
零售业	非金属矿物采选业	餐饮业	皮革、毛皮、羽毛（绒）及其制品业	餐饮业	其他采矿业

说明：(1) 由于数据原因，无法计算2011年情况；

(2) 2009年、2010年使用城镇非私营单位就业人员平均工资计算，该数据与在岗职工平均工资略有差异，但一般不影响行业工资排序；

(3) 高工资行业中，"其他金融活动"行业在个别年份排名也在前5位，但整理时将其剔除。

表6—8　　　分行业门类平均工资的高低比

年份	城镇非私营单位在岗职工		城镇私营单位就业人员
	差距倍数（含农业）	差距倍数（不含农业）	差距倍数（含农业）
2003	4.63	2.95	
2004	4.60	2.79	
2005	4.88	2.93	
2006	4.17	2.58	
2007	4.46	2.90	
2008	4.77	3.17	3.12
2009	4.71	3.31	3.72
2010	4.65	3.38	3.51
2011	4.48	3.28	3.03

表6—9　　　　分行业大类平均工资的高低比

年份	差距倍数（含农业）	差距倍数（不含农业）
2003	6.94	
2004	7.52	
2005	7.78	5.68
2006	10.36	7.63
2007	15.02	10.91
2008	15.93	10.99
2009	12.93	11.72
2010	11.86	8.19
2011	4.48	3.28

说明：2003年、2004年因数据口径不一，无法计算非农工资差距倍数。

（二）行业平均工资的发展动向

尽管在“十一五”期间行业工资分配的总体格局没有发生根本变化，但是近年来行业工资差距已经呈现出明显的收敛、缩小的动向。

动向之一：近年来行业工资高低比连续降低。

从行业门类看，各行业城镇非私营单位在岗职工平均工资的高低差距在2005年时达到峰值4.88倍。在“十一五”前期先降后升，后期小幅收缩，但总体上都低于“十五”期末水平。行业工资高低比已连续3年下降，到2011年缩小到4.48倍（见图6—1）。

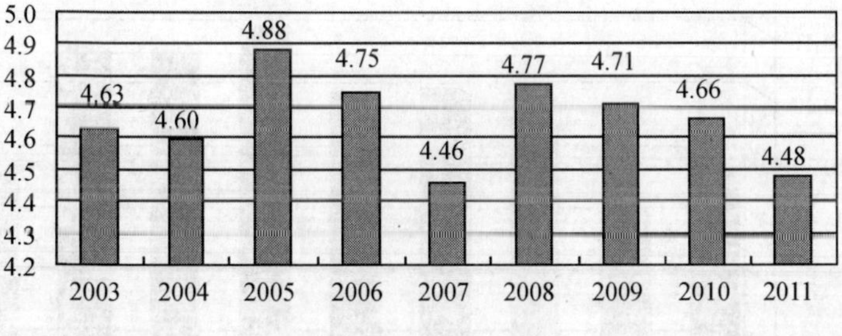

图6—1　城镇非私营单位在岗职工平均工资——分行业门类高低比

行业大类工资高低比的趋势也与之近似。“十一五”中期，行业大类之间的工资差距远远超过“十五”时期。2008年达到峰值15.93倍，比2005年的7.78倍扩大1倍有余，但此后呈收缩走势，到2010年，行业高低比回调到11.86倍，接近“十一五”期初的水平（见图6—2）。

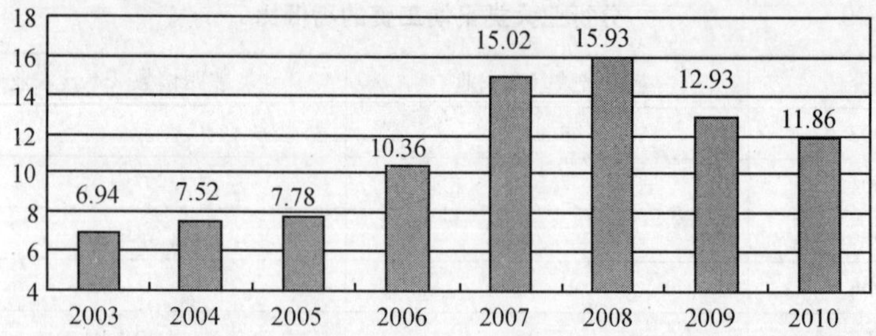

图 6—2　城镇非私营单位在岗职工平均工资——分行业大类高低比

说明：（1）由于数据原因，无法计算 2011 年情况；

（2）2009 年、2010 年使用城镇非私营单位就业人员平均工资计算，分行业工资水平与在岗职工平均工资在口径、范围和数额上略有差异。

动向之二：19 个行业之间的工资差距持续缩小。

高低比只是反映出最高和最低 2 个行业之间平均工资的变动情况，而不能反映其他行业相互间工资关系的变化。而变异系数①则能够反映各行业工资与全部行业平均工资的差异，是衡量工资差距的重要指标之一。从图 6—3 可以看出，由行业工资变异系数表示的行业工资差距自 2005 年起开始明显扩大，在经历了 2008—2010 年连续 3 年的较高状态后，2011 年回落到较低水平，与 2003 年和 2004 年的情况接近。

动向之三：私营单位的行业工资差距在缩小。

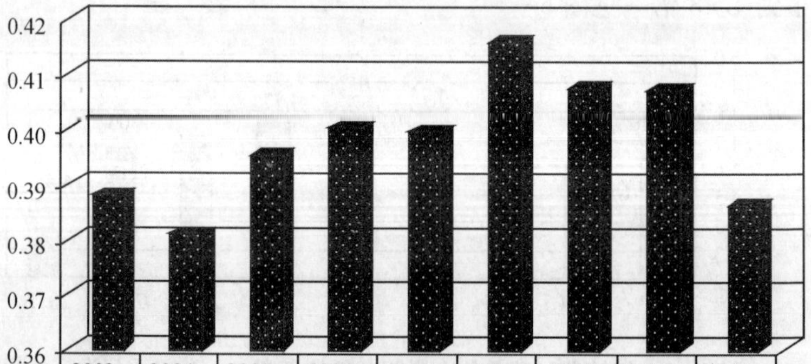

	2003	2004	2005	2006	2007	2008	2009	2010	2011
■ 系列 1	0.39	0.38	0.40	0.40	0.40	0.42	0.41	0.41	0.39

图 6—3　城镇非私营单位在岗职工平均工资——行业工资的变异系数

① 变异系数由一个数列的标准差除以该数列的平均数得到，能够反映一个数列的离散程度。

私营单位就业人员平均工资的行业差距不仅低于非私营单位，而且也经历了由扩大向收缩的变化过程。2008—2011年，行业（门类）工资高低比分别为3.12、3.72、3.51和3.03，由变异系数反映的行业工资差距分别为0.23、0.28、0.25和0.20。

私营单位行业工资关系与非私营单位相比有明显的不同。一是行业工资位次差别较大。一些行业在非私营单位中的工资排位较高，但在私营单位中排位却靠后。或者反之。用皮尔逊相关系数分析，2008—2011年19个行业门类平均工资高低排位的相关度分别为0.51、0.64、0.61和0.59。二是同行业工资差别较大。除农、林、牧、渔业外，其他各行业私营单位的工资水平大大低于同行业非私营单位的工资水平。以金融业、制造业、建筑业2011年的情况为例，私营单位就业人员的工资水平仅相当于同行业非私营单位在岗职工平均工资的31%、66%和80%。

动向之四：高水平高增长、低水平低增长的态势发生改变。

2011年非私营单位金融业工资增长率为13.2%，6年来首次低于全国的平均增幅（14.3%）。与此同时，工资水平较低的农、林、牧、渔业，制造业以及建筑业工资增长已经连续3年高于全国平均增速，批发和零售业更是连续4年工资增长超过平均水平，2011年工资增速达到20.2%，是各行业中唯一一个工资增长超过20%的行业。在私营单位中，2011年制造业以及住宿和餐饮业的工资增长率也分别达到20%和19%，超过全部行业18.3%的平均增速。一段时期以来，行业工资分配中“高水平高增长，低水平低增长”的态势得到扭转，低工资行业的工资增长明显开始加快。

总结上述几个动向，可以看出，我国的行业工资差距在经历了2004—2005年和2007—2008年两次“上台阶”的过程之后，在2009—2010年已经开始呈现收敛、缩小的迹象。在2011年，这种趋势更加明显。

（三）未来行业工资关系预测与展望

从未来行业工资差距来看，近两年乃至“十二五”期间将仍以小幅回调为主，行业分配格局将不会有大的变动。

行业工资关系主要是初次分配结果的反映。过去几年，国家和许多地区出台了“提低、扩中、控高”的具体举措，如加快调整最低工资标准、规范国有企业负责人薪酬、普遍推进工资集体协商以及个别地方实施的税收减免政策，等等。这些举措对于扭转行业工资差距扩大发挥了重要的作用。

未来行业工资差距的变动趋势取决于宏观经济形势、产业政策、行业竞争、劳动力供需结构和国家收入分配政策等因素的共同作用。在促进社会公平正义、强调初次分配领域也要处理好公平与效率的关系的总基调和分配原则的指引下，可以预期，更大力度的、旨在缩小收入分配差距的政策措施还会出台，由此行业工资差距不会再大幅度扩大，但形成稳定、巩固的下行趋势还有赖于相关政策措施的针对性、有效性和持续性。

行业工资高低排序中的“第一梯队”主要由人力资本投入较高，人才流动国际化程度较高的行业组成。而排在末位的，主要是农林、木材加工业、纺织业、低端服务等劳动密集型行业，人力资本投入较低，劳动供给总量总体充裕。这种格局符合市场经济的一般规律。一些垄断行业因非市场因素取得的过高工资报酬，会是下一步工资调控政策的一个重点，但是由于工资的刚性，其工资水平排位短期不会发生大的变化。行业工资差距的总体格局未来仍将保持相对稳定。

需要说明的是，2003—2011 年的行业工资数据中，行业分类是统一可比的。而由于行业分类标准的调整，2012 年之后的数据中，行业的名称和所涵盖行业的范围会有所变化。此外，2011 年的数据中就业人员的统计范围要求扩大到企业使用的劳务派遣人员。这些技术上的原因会干扰行业工资水平的直接比较，是进一步分析中应当注意的。

第七章
工资集体协商

工资集体协商是指企业员工代表与企业代表，依照国家法律、法规，就工资分配制度、工资分配形式、工资收入水平等事项进行平等协商，在协商一致的基础上签订工资集体合同（工资协议）的行为。开展工资集体协商，对于合理确定劳动者劳动报酬、保护其合法权益、完善劳动力市场机制、促进建立和谐劳动关系和改进政府工资宏观调控机制具有重要意义。本章将简要回顾2011年我国工资集体协商进展总体情况，对2011年发生的工资集体协商典型案例进行重点介绍，并对今后我国工资集体协商的发展和进一步完善提出建议和展望。

一、2011年工资集体协商概况

我国自20世纪90年代中期开始建立工资集体协商制度，经过十余年的努力，工资集体协商取得了明显的进展。在国家立法层面，目前，以《中华人民共和国工会法》《中华人民共和国劳动法》《中华人民共和国劳动合同法》《劳动争议调解仲裁法》《集体合同规定》《工资集体协商试行办法》《关于开展区域性行业性集体协商工作的意见》等为基础的法律法规体系初步形成，使工资集体协商工作有了制度保证。在地方立法层面，2011年全国共有25个省（自治区、直辖市）制定颁布了集体协商和集体合同法规或规章，为各地开展工资集体协商提供了配套性政策法规。

2011年，在各方面的共同推动下，工资集体协商取得积极效果。截至2011年年底，工资集体合同覆盖企业174.2万家，同比增长56.1%，是2010年增长率的2.36倍；覆盖职工10 389.2万人，同比增长37.3%，是2010年增长率的1.66倍。

（一）2011年工资集体协商法规政策情况

2011年1月18日，全国总工会下发《2011—2013年深入推进工资集体协商工作规划》（以下简称《规划》）。根据《规划》提出的目标，全国总工会将从2011年起，用3年时间，全面推进企业建立工资集体协商制度，努力实现2011年年底全国已建工会组织的企业工资集体协商建制率达到60%，2012年年底实现已建工会组织的企业工资集体协商建制率达到70%，2013年年底已建工会组织的企业工资集体协商建制率达到80%，其中世界500强在华企业全部建立工资集体协商制度的目标。《规划》强调，将着重抓好区域性、行业性工资集体协商、非公有制企业工资集体协商建制、世界500强在华企业建制工作。特别是要在产业集群、中小企业、劳动密集型企业相对集中的地区和行业，重点推行区域性、行业性工资集体协商，着力解决一线职工劳动报酬偏低的问题，促进劳动关系和谐发展。

同时，全国总工会出台的《中华全国总工会关于推动世界500强在华企业建立工资集体协商制度的意见》提出，要建立总部工资集体协商制度，签订覆盖全部在华企业的总部工资集体合同。其下属各子公司结合实际，在总部工资集体合同基础上进行二次工资集体协商，签订本企业工资集体合同，但标准不得低于总部工资集体合同确定的标准。

2011年，全国总工会还启动了《全国工会集体协商指导员培训实施计划》。计划用3年时间，由全国各级工会分层分批培训15万名从事工资集体协商工作的指导员或工会干部。

2011年，行业集体协商全面铺开。截至年底，全国31个省（区、市）均不同程度地开展了行业集体协商。行业集体协商当前主要集中在餐饮服务业、煤矿开采业、五金建材业等行业，同时也在向机械制造业、高端服务业等行业延伸，比如大连机械行业、海南注册会计师行业等。

2012年2月27日，交通运输部、人力资源社会保障部、全国总工会联合召开电视电话会议，宣布从2012年3月起开展为期两年的“出租汽车行业和谐劳动关系创建活动”。要求全国各地逐步推行出租汽车企业员工制经营模式，并普遍开展以车辆承包费用（即“份儿钱”）、社会保险、劳动收入、休息休假等为主要内容的工资集体协商。工资集体协商制度在最难攻克的领域开始了新的探索和尝试。

（二）2011年地方开展工资集体协商基本情况

截至2011年年底，全国已有25个省（区、市）出台了集体合同地方法规或行政规章，并将推进工资集体协商写入当地“十二五”规划纲要。其中北京、河北、山西等23个省（区、市）人大颁布了集体合同条例，辽宁、宁夏以省、自治区人民政府令的形式颁布了集体合同规定。2011年1—7月，全国有15个省（区、市）将工资集体协商纳入政府目标考核体系，将工资集体协商工作制度化。

各地着重对用人单位拒绝或者拖延答复职工方平等协商要求、拒绝提供或者未如实提供有关平等协商所需情况和资料、拒绝依法签订集体合同、阻挠上级工会指导职工协商订立集体合同、不按照规定报送集体合同进行审查、拒不履行生效的集体合同6种情形进行规范。其中用人单位拒绝或者拖延答复职工方平等协商要求的，福建、重庆、四川等省（市）对用人单位法定代表人或者负责人罚金最高，为10 000元；黑龙江、四川和陕西等省对用人单位罚金最高，为50 000元。

各地在工资集体协商创新中不断提升工资集体协商的实效性。北京市将工资集体协商工作重点放在了保安、家政、环卫、护工、农民工、劳务派遣工等特殊群体上；武汉市以行业性工资集体协商为突破口，推动餐饮行业最低工资标准达到武汉市最低工资标准的130%；沈阳市探索乡镇、街道、村屯、社区、园区式集体合同运作模式，解决小型非公企业签订难问题。

各地工会组织通过推进工资集体协商维护了职工权益，赢得了广大职工的信任和拥护，也得到了企业的认可，增强了工会的影响力和凝聚力。吉林、辽宁、河南、山西、湖北、安徽、宁夏等省（区）开展工资集体协商的行业和企业中，职工对协商结果的满意率均超过90%。河北省唐山市工资集体合同履约兑现率和职工满意率更达到了100%。

在各级政府的努力下，工资集体协商工作真正成为职工经济权益的“守护神”，促进了职工工资收入的提高。四川省2010年职工平均工资较上年增长16.2%，增幅超过了全省当年的GDP增幅；江苏省南京市320家签订工资专项集体合同的企业2011年工资涨了15%以上；甘肃省白银市建立工资集体协商制度的企业中，在岗职工人均工资较上年同期增长5%～25%，有的企业达到了60%。

各地调查表明，工资集体协商明显促进了企业职工收入增长。河北省签订的工资集体合同中，工资增长5%～14%的企业有31 007家，工资增长15%～20%的10 100家，工资增长20%以上的4 127家。黑龙江省通过工资集体协商增加工资的企业29 178家，受惠职工104万人，平均工资增幅为14.3%。河南省签订工资集体协议的有8万多家企业，70%的企业工资增长10%以上，个别高达40%以上。

二、2011年工资集体协商典型案例

经过十几年的发展，工资集体协商在我国有了长足的进步，特别是在政府、工会和企业家协会三方机制建立后，改变了企业和职工不愿协商、不敢协商、不会协商的局面。刚刚过去的2011年，全国各地方政府不断创新工资集体协商机制和办法，企业也不断探索工资集体协商制度，呈现出许多具有典型意义的工资集体协商案例。深入剖析这些案例的经验、特点以及存在的不足之处，对于丰富工资集体协商理论，指导我们更好地开展工资集体协商工作具有积极作用。

(一) 青岛市不断探索工资集体协商新形式

青岛市以建立集体协商和工资共决机制为目标，大力推行工资集体协商，不断探索工资集体协商形式、途径和方法，使集体合同和工资集体协商成为协调劳动关系的重要手段。截至目前，全市签订工资集体协议4 505份，覆盖企业9 018家，覆盖职工101万余人，其中区域性工资集体协议288份，覆盖企业5 472家，行业性工资集体协议25份，覆盖企业321家。其具体做法是：

1. 源头参与政策制定，强力保障工资集体协商

青岛市出台了《青岛市人民政府关于加强企业工资分配调控指导完善职工工资正常增长机制的意见》(以下简称《意见》)，明确加强企业工资分配调控，引导企业建立工资正常增长机制。《意见》规定要建立企业经济效益与职工工资最低增长比例挂钩制度，改进企业工资决定方式，建立劳动关系双方共决机制，强化企业工资分配监管，为企业工资正常增长营造良好环境。

为配合工资集体协商制度顺利实施，青岛市根据工业、商贸等单位的不同情况和特点，建立多层次、广覆盖的企业职位（工种）基础价位体系。规定企业通过工资集体协商建立职工年度平均工资增长机制。劳动密集型企业

实行计件工资的必须经过工资集体协商，经协商确定计件劳动报酬应当高于本市最低工资标准的30%。在保证机制上，明确规定了劳动、税务、国资委等会签部门按照各自职责监督检查，敦促企业履行社会责任。对无正当理由拒绝签订工资集体协议的，人力资源社会保障部门要责令改正，拒不改正的录入《不良信誉单位》档案，向社会公开。

2. 推行不同形式的工资集体协商，首创事业编制外职工工资集体协商

长期以来，随着事业单位编制体制改革的深入，事业编制外职工队伍不断壮大，他们以合同制职工或劳务派遣工的形式，活跃在各类事业单位中。2011年8月3日，首份事业单位编制外职工工资集体协议破茧而出。在上级工会和市卫生局党委的指导下，青岛市精神卫生中心召开首次编制外合同制职工工资集体协商会议。通过集体协商，该中心编制外合同职工的薪酬得到大幅度提高，最大涨幅可达52%。这份事业编制外合同职工工资集体协议是工资集体协商领域的首创和重大突破，具有一定的里程碑意义。

在青岛市精神卫生中心等6家局属事业单位成功试点之后，青岛市卫生系统全面推广编制外合同制职工工资集体协议。与事业编制外职工签订工资集体协议，有利于建立公平合理、规范有序的薪酬分配机制，能够有效地维护编制外合同制职工的合法权益，提高职工的集体归属感，调动职工的工作积极性；同时也有利于建立合理分配、合法用工的和谐稳定的劳动关系，为事业单位科学发展注入新活力，实现单位和职工的双赢发展。

3. 加强指导检查，切实提高工资集体协议履约率

青岛市积极发挥协调劳动关系三方会议作用，为平等协商进行宏观指导。具体做法是：推动地方立法，选树先进典型，交流工作经验，加强监督检查，及时处理热点和难点问题。

一是培训工资协商代表。对参训人员进行劳动力市场工资指导价及企业人工成本投入产出效益等方面培训，掌握食品、纺织、服装、化工、机械、电气、电子、土木建筑、公路运输等20余个制造业工资指数分析，研究工资结构和调整幅度。同时，进行工资集体协商模拟培训，提高业务技能和谈判技巧。目前，青岛市共培训市级工资集体协商指导员793名。

二是公布主要企业行业工资增长的上线和下线，为工资集体协商提供指导。通过测定上年度各类企业生产经营状况，划分出优势骨干企业、较快增

长行业和低水平增长行业，分别确定企业工资指导线，使各级工会同企业协商调整职工工资时做到有依据、有尺度、有准则。

三是公布劳动力市场即时交易工资价位，为工资集体协商提供工种价位分析。目前，青岛市公布了市内四区企业457个职位（工种）工资水平的高价位、中价位、低价位、平均价位等2 300多个价位指数。公布外商投资企业职位（工种）工资水平50多个平均价位。公布即墨市和经济技术开发区等五市三区企业773个职位（工种）工资水平的平均价位。使各类企业在确定职位（工种）工资，找到相对位的参考依据，为工资集体协商提供了具体指导。

四是指导基层工会同企业方平等协商。高新技术开发区工会派员帮助该区市政建设公司筹划工资集体协商工作，参照本市发布的劳动力市场工资指导价位，把该企业职位（工种）工资水平设置为三档13级。其中一档设6个等级，二档设4个等级，三档设3个等级，工资收入向生产一线职工倾斜。在此基准线上，每年举行一次工资集体协商，根据2010年企业效益情况，酌情递增工资10%～15%或降低工资3%～8%。签订工资集体协议后，该公司80余名职工定期超额完成生产任务，2010年实现利税200万元，职工年均工资收入达到3万元以上。

（二）吉林省吉林市首创工资集体协商代理制

为全面深入开展企业工资集体协商，解决工资集体协商中存在的无法协商、无力协商、不会协商、不敢协商等问题，吉林省吉林市总工会、市人社局、市企业联合会及市企业家协会共同下发《关于实行企业工资集体协商代理制的意见》（以下简称《意见》），首创企业工资集体协商“代理制”。

企业工资集体协商“代理制”，是指由于企业或企业工会的主观原因，使工资集体协商难以进行，上级工会接受企业工会委托或经县（市）区以上总工会指定，为企业工会提供代理服务行为的制度。“代理制”具体分为委托代理、指定代理和特别代理3种形式。

按照《意见》要求，当企业工会发出协商要约，而企业方在20日内不予答复，且书面催告无果时，企业工会可向上级工会申请委托代理。上级行业工会、区域工会联合会、产业工会、开发区工会、县（市）区以上总工会，可逐级接受企业工会委托。受委托的上级工会，应以企业工会名义书面告知企业方受委托事宜、权限、协商日期等，并派员协助企业工会及职工代表与企业方协商。

指定代理是指，当企业工会不敢要约、不能协商；或不要约、消极怠责；或企业无故不回应要约、拖延或拒绝开展协商时，县（市）区（含本级）以上工会可在报市总工会审批后，指定下级工会代理，向企业发出协商要约，并派员协助企业工会及职工代表与企业方协商。

不能委托代理、指定代理，而法律法规、政策等规定上级工会可以代表企业工会的，上级工会可在报市总审批后，实行特别代理，会同企业工会、职工代表组成协商组，或直接代表企业工会与企业方协商。

《意见》还明确规定，在实行“代理制”过程中，当企业或企业工会无正当理由拒不回应要约，或拖延、拒绝开展工资集体协商时，企业工会或上级工会可采取如下措施进行责任追究：通过媒体在一定范围内进行通报；在职责范围内或建议有关部门，取消责任单位及责任人相关荣誉称号及评先选优资格；提出处理意见，由县级以上人民政府责令其改正或依法追究法律责任。

（三）江苏省扬中市建立工资集体协商预审指导制度

自2011年7月起，江苏省扬中市的企业在将集体合同草案、工资集体协议草案提交职工代表大会讨论通过前，都需提请上级工会对签约主体、文本内容、协商程序等内容进行预审指导，凡未经预审同意的合同文本，人力资源社会保障部门不予审查通过。为提升集体合同和工资集体协商质效而专门建立预审指导制度，在江苏省尚属首家。

之所以建立工资集体协商预审指导制度，是因为有些单位的集体合同内容不够全面，职工工资标准没有量化，休息休假、加班工资、补贴等内容也不具体，存在表层化、简单化、模式化等问题。建立集体合同预审制度，就是对基层单位工资协议和集体合同的签约主体、协商内容、程序合法性、审议规范性等关键问题进行预先审查，通过上级工会的指导前移和服务前置，提高集体合同、工资集体协商的质量和水平。

扬中市工资集体协商预审指导制度的内容主要包括4个方面：双方协商代表资格是否合法，权利和义务是否对等；合同双方约定的劳动标准、工作时间、休息休假、劳动安全卫生、职业培训、保险福利等事项是否符合国家规定；职工工资分配制度、分配形式是否科学合理，职工工资增长幅度是否明确，一线职工收入增长是否得到切实保证；合同草案是否经集体协商，拟提交职工代表大会（职工大会）审议的程序是否规范等。

建立预审指导制度，上级工会事先对集体合同草案、工资集体协商草案预审把关，既能有效促进工会指导前移、督查前置，又可以从第三方公正公平的角度对集体协商工作“把脉问诊”，提出修改意见，真正做到分级负责、下审一级，以集体协商工作质量的提升，来有效维护广大职工的合法权益。

（四）天津市万隆大胡同工资集体协商

天津市大胡同商贸区是华北地区最大的小商品批发集散地，行业特性突出，个体工商户、小微企业多，从业人员复杂。作为小商品批发行业的主办单位，万隆大胡同置业有限公司在市、区两级人力资源社会保障部门和工会组织的指导下，积极推进本区域内不同行业的集体协商。先后有 2 800 余家企业和商户建立了集体协商机制，覆盖从业人员 16 000 余名。其主要做法是：

1. 把握教育培训环节，夯实行业性工资集体协商群众基础

各级工会采取多种形式进行多层面人员教育培训。一是集中学。由区总工会和区人力资源社会保障部门专业人员授课，加强对有关人员工资集体协商知识和技能培训。二是专题学。组织全体经营者和从业人员学习市、区人力资源社会保障局联合下发的《协商要约》《工资集体协商指导手册》和《工资集体协商指导信息》。三是答疑解惑学。以《天津市企业工资集体协商条例》为蓝本，编写《行业性工资集体协商 30 问》让大家学习，增强大家知法守法意识。四是观摩交流学。为了发挥典型示范作用，公司组织了宣传月活动，安排市场管理人员 1 300 余人次分片包干进行宣传指导，总结经验，现场观摩，使大家直观了解到协商的全过程。

2. 把握协商代表甄选环节，培育协商主体队伍

一是着力抓好基层工会组织建设。结合商业中心特点，取得区总工会的支持，先后建立了基层工会和工会联合会，确保每一个商城都有一个基层工会，商贸中心有工会联合会。

二是着力抓好协商主体甄选。在市、区人力资源社会保障局的帮助指导下，公司在不同业态的经营者中甄选出具有影响力的商户，组织企业推荐作为行业协商代表。同时还以工会工作者为基础，采取多种渠道选拔职工方协商代表，共推选出企业方和职工方代表各 72 人。同时实行集体协商代表公示制度，让从业人员知道代表的身份和作用，能够充分反映从业人员的想法和

建议，使协商主体更贴近广大从业人员，更符合从业人员意愿。

三是发挥协商指导员和协商代表作用。通过采取上下结合、开放交流的方式，选拔综合素质高、工作能力强的员工参加工资集体协商指导员定向专业培训，帮助他们具备指导开展工资集体协商的能力和素质，让他们在集体协商中担当“教练”，保证协商质量。每个商城的协商指导员定期组织座谈会、观摩会，在谈体会、谈经验中相互提高。通过协商指导员的传、帮、带，逐渐培育起一批懂政策、敢谈判、会协商、有能力的工资集体协商主体队伍。

3. 把握协商内容环节，确定行业协商重点

合理确定协商内容，是搞好协商工作的重要环节，而工资报酬正是协商双方关注的热点、重点，也是协商的难点，只有把握住重点，协商才能有作用、才能出效果。为了克服行业企业容易出现的行业集体协商内容单一、针对性不强的问题，在市、区人力资源社会保障局每年发布的工作指导意见基础上，公司结合小百货批发行业实际，考虑本行业经营状况、承受能力，兼顾周边商城总体工资发放水平，协商确定本行业最低工资标准、工作时间、劳动定额、工资发放日期等劳动标准，逐步形成职工参与管理的协商共决机制，使薪酬标准等协商内容更加符合行业实际，实现了职工维权、企业发展互利双赢，保证了劳动关系的和谐稳定。

4. 把握协商流程环节，认真履行协商程序

严格工资集体协商程序是提高协商质量的重要环节。在协商初期，公司发现有的商城存在协商图形式、走过场、“例行公事”的现象，主要表现在程序简单化、内容格式化。程序上的缺失，必然导致质量的下降。为解决这一问题，公司要求协商必须严格按照《天津市企业工资集体协商条例》规定操作，在协商过程中要结合行业实际，不搞“一刀切”“一锅烩”。公司在协商流程上重点把握了 9 个关口，即：代表产生关、提出要约关、资料准备关、实际协商关、职代会表决关、双方代表签约关、审查备案关、公布公示关、履约落实关，保证哪一关也不能敷衍了事，落到实处。

（五）江苏省邳州板材行业工资集体协商

地处江苏省最北部的邳州市，是全国四大板材生产基地之一，现有板材企业 2 000 多家，直接从业职工达 20 万多人。2010 年邳州板材行业实现产值 300 多亿元，占全市 GDP 的 30%以上。其工资集体协商的主要特点是：

1. 真协商，面对面恳谈不走过场

邳州板材行业的工资集体协商真正落到实处，他们开展的工资协商内容共有多个方面，其中最敏感的还是涉及职工切身利益的工资待遇问题，如非计件制职工技术等级工资和企业二次分配等。特别是在企业二次分配方面，职工方代表要求企业每年拿出10%的利润来奖励职工；企业方代表认为比例太高，且不应写入协商协议。双方互不相让，协商一度进入僵持状态。后来职工方将比例调整为5%～10%，“奖金可多可少，但是不能没有”。

针对这种情况，邳州市总工会采取不同形式做工作。对老板，他们反复宣传工资集体协商的好处，发挥省市劳模、人大代表、政协委员中企业家的典型示范作用；对职工，他们反复进行培训宣传，消除不敢谈、谈不好的顾虑；对领导，他们多次汇报，使其看到工资集体协商的成果，从而得到党政领导的支持。

经过工会组织和有关部门的大力工作，邳州板材行业工资集体协商有了明显进步。职工有了话语权，心态也不一样，乐意为企业付出。

2. 敢协商，为合法权益据理力争

在协商行业最低工资标准时，职工方代表提出将标准提高至每月1 800元，而企业方代表认为此标准太高。职工方代表认为，2011年最低工资标准提高到1 800元是有理由的。第一，各行业工资水平都在涨。板材行业是邳州市四大支柱产业，也是劳动密集型产业，外出打工的有70%在板材厂打工，有30%当泥水工。当年泥水工工资提高得快，板材行业也应该涨。第二，物价水平涨得快，网络语言“蒜你狠”“豆你玩”“油你涨”足以说明。板材行业职工最低工资涨幅不应低于物价涨幅。第三，不少板材企业的最低工资不止1 800元，现在制定行业标准，有利于避免不正当竞争。自2010年以来，邳州板材行业每次开展工资集体协商的准备期都在3个月左右。

3. 会协商，平等协商目的是共赢

企业方代表认为，在行业不景气时，支付1 800元的最低工资对企业来说压力大。工资集体协商每年都在谈，都是涨工资，但不能忽略了一种情况：在整体经济滑坡的时候，也可以谈降工资。但是有一个前提，是整个行业效益滑坡。单个企业经营效益不好，应该更新产品，提高技术含量，增加自动化生产设备。只有把企业做大做强，才有生产后劲，才能给职工一定的待遇。

工资集体协商是一项政策性、业务性很强的工作，要求职工协商代表必须了解政策、熟悉法律、精通业务、善于协商。邳州市总工会和板材行业工会联合会重视加强对行业工资集体协商职工方代表的业务培训，先后共举办过8期职工协商代表培训班，培训协商代表210人次。

（六）东风公司建立工资集体协商四项制度

为更好地进行工资集体协商工作，东风汽车公司创建了“四项制度”，即公司总裁与工会主席定期会晤制度、公司总裁定期向职工代表通报情况制度、工会与劳动管理部门通报协商制度和工会与相关行政部门通报协商制度。相对于传统意义上以职代会为基本形式的企业民主管理，“四项制度”畅通了沟通管道，实现了工会组织、职工群众与企业不同管理层之间的面对面交流，确保了职工与企业行政的“参与无障碍、沟通零距离”。再加上“四项制度”本身就是企业管理制度的组成部分，使得民主管理真正融入企业管理流程，成为企业和职工合作共赢的有效机制。

与此同时，“四项制度”搭建的劳资双方平等对话平台，确保了职工在工资增长、劳动保护等切身利益问题上的话语权，以及双方谈判地位的平等，为工资集体协商高效高质开展奠定了基础。

东风汽车公司经验另一亮点是，在工资集体协商中始终注意平衡劳资双方的利益，既通过“有理、有利、有节”的谈判，争取劳动报酬的最优化，又充分激发职工的劳动热情和创造活力，促进企业发展，实现投资利益的最大化。互利共赢，令企业行政对工资集体协商非但不排斥，反而视之为“对企业发展很重要”。

企业和职工之间的利益分配不合理，利润侵蚀工资现象，是我国收入分配中存在的最大问题。但是，在市场经济条件下，要改变这一局面，不能再指望政府通过一纸行政命令来强行要求企业为职工涨工资，只能通过集体谈判建立起企业工资共决机制，使职工共享企业发展成果。

在这个意义上，东风汽车公司“基于平等和平衡的协商共决”经验，对于依法推进企业普遍开展工资集体协商有着十分重要的现实意义，因为无论是创新民主管理还是平衡劳资双方利益，都切合企业实际，可学可用可行。

（七）武汉市首推餐饮行业工资集体协商

作为2011年度工资集体协商重大事件，武汉市餐饮行业工资集体协商，入选中央电视台“中国年鉴·2011‘十大事件’”，成为关系民生的大事件之一。

2011年4月23日，经过3轮谈判、5轮协商、大大小小100多场会议，《武汉市餐饮行业工资专项集体合同》（以下简称《合同》）正式出炉。《合同》对武汉市45万名餐饮从业者最关心的问题给出答案：最低工资标准为全市最低工资标准的130%，中心城区最低工资1 170元/月，新城区最低975元/月；工资年度增幅不低于9%，每天加班不得超过3小时，每周至少休息1天。5月1日，《合同》正式实施。这是全国迄今涉及企业、人数最多的一份行业集体合同。武汉模式引发全国轰动，也为工资集体协商制度提供了一个可供探讨的范本。这份合同在全国引起热议，《人民日报》、中央电视台、《经济参考报》、中国新闻网、腾讯、网易等国内百余家媒体和门户网站报道了工资企业协商的“武汉样本”。中共中央政治局常委、全国人大常委会委员长吴邦国，中共中央政治局委员、全国人大常委会副委员长、中华全国总工会主席王兆国先后作出批示，要求“认真总结武汉样本经验，提高集体协商的能力、效果和水平”。5月20日，全总在武汉市召开会议，推介武汉市工资集体协商做法，全国各省市工会纷至沓来“取经”。

2011年9月，美国第二大工会——变革谋胜利工会来访时，武汉市总工会作为唯一地方工会受邀赴京，介绍武汉市餐饮行业工资集体协商做法。美方代表称赞，在维护职工权益方面，“中国工会真正在发挥作用”。

《合同》呈现出4个特点。一是对推动工资集体协商工作起到了积极的促进作用。《合同》的签订使武汉市工资集体协商制度从更高层次、更大范围、更广领域彰显了协商共谋、机制共建、效益共创、利益共享的效应，从而将关注民生、改善民生的大政方针具体落到实处。二是对中小型、微型非公有制企业，劳动密集型企业开展工资协商起到了积极的促进作用。《合同》的签订是贯彻全总“两个普遍”工作要求，适应非公有制中小企业快速发展和劳动关系深刻变化的需要，加快建立行业内劳动关系协调机制、实现工会主动依法科学维权的一项重大成果，也是迅速扩大武汉市中小型非公有制企业和劳动密集型企业工资集体协商覆盖面、增强工资专项集体合同实效性的一次成功探索。三是相关部门相互配合，为探索建立武汉市餐饮行业工资集体协商机制发挥了举足轻重的关键作用。在指导以“上代下”形式由餐饮业协会与商贸工会开展协商的过程中，市总工会发挥了主导、组织、协调的牵头作用。相关协会、商会发挥了积极宣传、协调和助推作用。市人力资源社会保障局、市商务局以及行业主管部门发挥了提供法律法规依据、主持相关协商会议、完备协商程序和监控协议落实的全程把关作用。四是为工资集体协商的实用性全面性提供了典范。《合同》的签订经历了非常复杂和艰难的过程。从 2010 年开展的全市职工收入状况的调查到协商过程中展开的一系列问卷调查，充分了解了职工和企业关心签订这个合同的必要性和重要性。《合同》条款共计 15 条，条条都是“干货”，都是针对职工最核心、最直接、最现实的利益问题所作出的规定和规范。《合同》不仅仅是简单地解决职工“加工资”的问题，而是全方位地关心企业的发展和职工的收入状况，同时还涉及职工的工作时间、休息休假、劳动安全卫生、保险福利以及女职工的特殊保护等问题。

《合同》执行后取得的主要成效体现在 4 个方面。一是职工的利益得到了实实在在的维护和提高。《合同》签订后，面向 71 家餐饮企业和 5 600 多名职工开展的“百日调查”显示，餐饮企业职工的工资水平整体上有了提高。餐饮企业对职工的加薪，高的达到 350 元/月，低的也有 50 元/月；2011 年 9 月，湖南大学谢玉华教授带领专项课题组在武汉市针对餐饮企业作的一次 3 000 人问卷调查显示：94%的职工工资达到或高于最低工资标准；社保缴纳由“百日调查”前的 21%提高到 62%；从随处可见的餐饮企业招工广告看，基本上消灭了“地板”工资。二是有效地促进了餐饮行业的发展。工资集体合同的签订在一定程度上解决了行业“用工荒”问题。从全市几个大的餐饮企业看，近几年受“用工荒”困扰，疲于应付，不敢扩张。2011 年，武汉市规模以上餐饮企业纷纷“开疆拓土”，开辟新店。外地业主也在武汉市“安营扎寨”，推动餐饮业迅猛发展。随着媒体对《合同》的大量宣传报道，武汉市餐饮企业的民营企业家勇于承担社会责任的形象也逐渐为社会广泛认同。三是增强了行业的就业吸引力。餐饮行业工资水平提高以后，吸引了更加广泛的群体前来就业。许多大学毕业生选择到餐饮行业发展，吸引了人才，也留住了人才。四是推动了全市行业性工资集体协商的整体发展。全市餐饮行业工资集体协商机制的建立，迅速带动了其他行业工资集体协商工作的开展。江岸区的有色金属、江汉区的 IT 行业、洪山区的物业管理、汉阳区的建筑安装等行业都签订了工资专项集体合同。2011 年，全市工资专项集体合同已覆盖 23 个行业，签订工资专项集体合同的企业达 4.78 万家，覆盖职工 172 万多人，占全市职工人数的 66%，占建会企业的 87%。

当然，任何一项制度都不是完美无缺的。《合同》执行中也存在着一些不足之处，主要反映在合同的执行层面上：一是小型、微型企业执行情况还不太理想；二是一些机关、企业、学校的食堂，超市里的餐饮企业等还存有一些空白；三是部分企业对签订工资集体协商的认识还有待提高。

三、工资集体协商主要问题

工资集体协商作为国际上普遍实行的维护职工基本经济利益的重要手段和有效形式，得到了各级工会和有关部门的广泛关注，各地加大了推行工资集体协商的力度，通过出台各种法规和政策，保证工资集体协商工作的落实，取得了一定的成效。但从目前推行的具体情况看，无论在理论上或是实践中，工资集体协商仍然存在许多亟待解决的问题。

（一）企业工会或职工代表与经营者协商过程中实际地位的不平等，使平等协商缺乏基本基础

从法律上看，工会或职工代表与企业在工资协商中是完全平等的两个协商主体，但实际操作中，由于工会的法律地位与实际地位差距很大，从组织体系和管理机制上看，则是具有隶属关系的上下级关系。工会组织的活动，政治、经济利益的落实，甚至工会干部个人的前途都紧紧掌握在企业经营者手中，他必须服从于企业的整体利益的需要，更直白地说，必须服从于企业经营者的需要，虽然目前出台的一些法律法规也注意到了现实中存在的这些问题，制定了一些保护措施，但在机制或体制不做根本改革的情况下，这种约束是无法落实到位的。

在国有企业，工会主席必须经会员代表大会选举产生，但在我国实行民主集中制的现有体制下，工会主席候选人实际由企业党组织提名产生，体现了企业党组织的意志，是实际上的委派制；在非公企业，工会主席一般多为企业管理者指定的人选。这样的关系，决定了工资集体协商缺乏基本的前提，一些企业的工会组织连协商要约都不敢提出，一些企业的协商行为则是依靠企业经营者的民主意识，这样的协商结果也就可想而知。这一问题严重影响

了工资集体协商制度的实效性，成为抑制工资集体协商向深层次延伸的主要症结。

（二）企业工会与经营者在信息掌握上的不平等，使协商缺乏公平性

工资集体协商是一项十分复杂的系统工程，从协商要约的发出到协商条件的酝酿以及协商过程的进行是一项艰苦细致的过程，它要求双方对涉及协商内容诸如当地、行业、企业的人工成本水平，职工平均工资水平，企业劳动生产率和经济效益等相关信息进行全面的掌握以及深入细致的调查。但是，工会目前所处的内外部环境，根本无法保证做到这一点。一方面，参与协商的代表绝大多数是兼职，在当前繁重的劳动条件下，根本没有时间去开展调查研究，企业经营者也不可能给协商代表提供开展调查研究的时间和条件。二是协商代表缺乏对企业内外部经营状况的了解，如财务状况、营销状况等，信息不对称致使在协商过程中，企业经营者拿企业经营状况说事，协商代表处于弱势，十分被动。

（三）协商程序不规范，普通职工参与率低，使协商结果得不到职工的拥护和支持

工会是职工权益的代表者，工会的谈判权利由职工授予，谈判活动要向职工负责。工会有义务对谈判中的重大问题向职工报告，职工享有投票决定的权利。工会谈判所形成的协议，要经过职工批准后才能生效，最终对全体职工产生约束力。然而，工资集体协商中职工参与度很低，常常只是企业工会与企业行政方的谈判，没有真正代表职工的意愿，许多职工对于这一制度并不知情，更谈不上参与。目前，从一些企业协商的结果来看，个别企业协商结果偏低，把不低于当地最低工资标准作为协商条件，引发职工的强烈不满。个别企业协商条件的提出，事先不征求职工的意见，未经过职工的充分讨论，因此协商结果得不到职工的认可，职工不满意或相当部分职工不满意，引发职工队伍新的不稳定因素。

（四）个人劳动合同与工资集体协商在法律上缺乏有效的衔接，使协商难于进一步推进

目前，企业中普遍开展的工资集体协商，均是在职工个人劳动合同已经订立的情况下进行，这就从法律上带来如何衔接劳动合同与工资集体协商的问题。一些企业均以改变“劳动合同”的法律条件并未出现为由予以拒绝。

《劳动合同法》第十一条规定：用人单位未在用工的同时订立书面劳动合同，与劳动者约定的劳动报酬不明确的，新招用的劳动者的劳动报酬按照集体合同规定的标准执行。这就带来一系列问题，如是否可以理解已经签订劳动合同的仍然执行劳动合同的标准，而可以不去执行工资集体协商或集体合同的规定呢。

此外，《劳动合同法》第十八条规定：劳动合同对劳动报酬和劳动条件等标准约定不明确，引发争议的，用人单位与劳动者可以重新协商；协商不成的，适用集体合同规定。这是否再一次说明劳动合同一经签订，而且改变劳动合同条款的法律条件没有出现的情况下，就不必就劳动合同中所规定的劳动报酬问题进行协商，如果单方就劳动报酬问题提出修改，这是否属于违法，或缺乏对劳动合同法律严肃性的尊重。

目前，我国还未正式出台有关工资协商的法律法规。《劳动合同法》第五章第一节对集体合同作了专项规定，并在第五十五条中提出：用人单位与劳动者订立的劳动合同中劳动报酬和劳动条件等标准不得低于集体合同规定的标准。《工资集体协商试行办法》第五条也提出：职工个人与企业订立的劳动合同中关于工资报酬的标准，不得低于工资协议规定的最低标准。但目前关键的问题是，在个人劳动合同已经签订的情况下，基于前言所述条款的规定，企业完全有理由拒绝进行所谓的工资集体协商。因为，改变劳动合同具体条款的法律条件并没有出现。

四、完善工资集体协商制度建议与展望

在构建和谐社会、全面建设小康社会的背景下，加大收入分配调节力度，重视解决部分社会成员收入差距过分扩大问题是完善社会主义市场经济体制的重要内容，是建立新型劳资关系、实现劳资双赢的需要，也是广大工薪阶层的劳动者共享改革发展的成果的现实体现。

建立工资集体协商制度是维护劳动者自身利益的一种有效途径，一方面能够维护广大职工的权益，使工资增长与企业效益提高相适应，确保每个职工分享企业发展的成果。另一方面，有利于建立和谐稳定的企业劳资关系，增强企业凝聚力，调动所有职工的积极性。

国家对工资集体协商制度建设高度重视，随着我国经济体制改革不断深

化，工资集体协商制度也将进一步规范和完善。对今后工资集体协商的发展我们提出如下建议。

（一）加强宣传，全面提高对推进工资集体协商的重要性、必要性和紧迫性的认识。有关部门应通过报纸、网络等各种媒介，广泛宣传工资集体协商的重大意义，使企业工会干部、职工和经营者都认识到协商对自己有直接的利益关系，从而自觉自愿地开展协商。在推进工资集体协商过程中，选择一批典型，通过召开现场观摩会、经验交流会和成果展示会，加强示范引导，推广先进典型经验，推动整体跟进。要从政策上将工资集体协商工作纳入本地党政、工会工作目标考核内容，纳入企业评先评优的考评内容，努力营造推进工资集体协商的良好社会氛围，推动形成职工工资不能由经营者单方决定、必须集体协商的共识。

（二）加强法制建设，完善法规体系。法律是市场经济国家实现其收入分配决定与调控意志的主要途径。政府通过工资集体协商立法、工资支付和工资保障立法、最低工资立法等法律确立工资决定和调控的机制，奠定工资支付的法律基础；同时通过执法监督和执行司法程序，维护法制环境，保证公正公平分配。为更好地推进工资集体协商制度，国家应加快修改《劳动法》《劳动合同法》的进程，尽快制定《集体合同法》和《工资支付条例》，把建立集体协商、集体合同制度，工资的协商和支付，由选择性的规定变为强制性的规定，对工资集体协商的推进给予强有力的法律支持。在法律责任追究上，应设立多种法律责任形式，现有立法有民事责任、行政责任的追究，缺乏刑事责任追究构架。对恶意欠薪者增加刑事责任追究的条款，以多样化手段实现劳动报酬权的救济。

（二）加强协作，不断增强协商的针对性，努力破解“不敢谈”的难题。要针对“资强劳弱”的问题，积极探索“上代下”协商机制，建立健全工资集体协商要约制度，对协商和要约有困难的基层工会特别是外商投资、港澳台资企业工会，上级工会可代行协商和要约，督促企业履行社会责任；对拒绝要约或不按期响应要约的企业，由上一级工会依法下达“整改建议书”，对拒不整改的提请劳动行政部门依法仲裁，对逾期不改的依法进行查处。同时，要加强工会干部职业化建设，逐步克服非公有制企业工会干部工资福利、职务升迁由企业决定、受制于企业而不敢充分发挥作用的体制性弊端，使企业工会干部放心大胆、理直气壮地代表职工去协商谈判，从根本上解决“不敢谈”的问题。

（四）健全机制、规范程序，不断增强协商的实效性，努力让职工和企业都满意。在宏观方面，要推动健全完善劳动关系三方协商机制，健全和完善工会与同级政府（行政）的联席（联系）会议制度，推动各级党政成立推进工资集体协商工作领导小组，形成党政主导、三方指导、工会力推、各方配合、企业和职工参与的工资集体协商工作格局。在微观方面，要推动企业特别是外商投资、港澳台资等企业建立健全职工工资集体协商共决机制、正常增长机制和支付保障机制。要以非公有制企业、中小企业为重点，以劳动定额、工时工价的制定为突破口，着力提高普通职工特别是农民工、劳务派遣工以及困难企业职工的工资收入，综合考虑当地最低工资标准、平均工资线、工资指导线、人力资源市场工资指导价位和行业人工成本信息等因素，科学合理确定工资标准，开展对协商机制、协商成效、职工满意度的专项监督检查，加大对拒不开展协商工作企业的处罚力度，确保职工工资随着企业效益的增长而相应提高。

第八章
工资指导线

工资指导线是在市场经济条件下，政府指导工资分配的一种宏观调控形式，其目的是通过定期发布各类企业工资增长的指导线水平，促使企业工资微观分配与国家宏观政策相协调，引导企业在生产发展、经济效益提高的基础上，合理确定工资标准和工资水平。

“十一五”开局以来，受世界经济复苏乏力、欧债危机愈演愈烈、国内内需不足和物价连续上涨等因素的影响，我国经济下行风险继续加大。2011 年和 2012 年我国各地工资指导线政策出现了一些新变化。本章通过汇总、整理工资指导线的新情况，发现工资指导线实施中的新亮点，分析存在的新问题，为工资指导线制度发挥指导和调控作用，促进实现合理的分配格局提供趋势预测与对策建议。

一、2011 年各地工资指导线发布情况

2011 年，除黑龙江、湖北、四川和西藏四省（区）外，各地均发布了工资指导线。截至 2012 年上半年，已经有上海、山西、宁夏等 12 个省、自治区、直辖市发布了 2012 年工资指导线。表 8—1 汇总整理了自 2008 年以来全国 31 个省、自治区、直辖市的工资指导线基准线排名情况。通过数据对比分析，我们发现“十一五”开局以来，各地工资指导线出现了新的趋势和特点。

（一）2011 年各地工资指导线主要特点

1.2011 年各地工资指导线普遍有所提高

与“十五”期间相比，特别是与受国际金融危机冲击较大的 2008 年、2009 年相比，2011 年各地普遍上调工资指导线。

表 8—1　　最近 5 年各地工资指导线基准线情况

2008 年工资指导线基准线排名情况		2009 年工资指导线基准线排名		2010 年工资指导线基准线排名		2011 年工资指导线基准线排名		2012 年工资指导线基准线排名	
省份	2008 年基准线	省份	2009 年基准线	省份	2010 年基准线	省份	2011 年基准线	省份	2012 年基准线
福建	9.5%	黑龙江	7%	福建	9%	北京	10.5%	北京	11.50%
黑龙江	11.0%	广东	7%	青海	10%	福建	10.5%	上海	12%
上海	11.0%	湖南	8%	江苏	10%～12%	辽宁	12.0%	青海	12%
广西	11.0%	云南	8%	北京	11%	重庆	12.0%	陕西	13%
北京	11.5%	浙江	9%	上海	11%	上海	13.0%	四川	13%
内蒙古	12.0%	福建	9%	浙江	12%	安徽	13.0%	江西	13%
辽宁	12.0%	山东	9%	安徽	12%	广西	13.0%	宁夏	14%
江苏	12.0%	湖北	9%	江西	12%	云南	13.0%	山东	15%
浙江	12.0%	青海	9%	广东	12%	青海	13.0%	山西	15%
安徽	12.0%	辽宁	10%	广西	12%	江苏	13%～15%	河北	15%
江西	12.0%	陕西	10%	云南	12%	浙江	14.0%	新疆	16%
海南	12.0%	吉林	11%	宁夏	12%	江西	14.0%	天津	16%
云南	12.0%	河南	11%	吉林	13%	甘肃	14.0%		
湖北	13.0%	广西	11%	湖北	13%	宁夏	14.0%		
宁夏	14.0%	甘肃	11%	湖南	13%	吉林	15.0%		
山西	14.0%	山西	12%	四川	14%	山东	15.0%		
吉林	14.0%	内蒙古	13%	甘肃	14%	湖南	15.0%		
湖南	14.0%	贵州	13%	天津	15%	广东	15.0%		
广东	14.0%	四川	13%	河北	15%	陕西	15.0%		
青海	14.0%	河北	14%	山西	15%	天津	16.0%		
天津	15.0%	天津	15%	内蒙古	15%	山西	16.0%		
山东	15.0%	北京	—	辽宁	15%	内蒙古	16.0%		
重庆	15.0%	江苏	无	山东	15%	河南	16.0%		
四川	15.0%	上海		河南	15%	新疆	16.0%		
陕西	15.0%	安徽		陕西	15%	贵州	17.0%		
新疆	15.0%	江西		黑龙江		河北	18.0%		

续表

2008 年工资指导线基准线排名情况		2009 年工资指导线基准线排名		2010 年工资指导线基准线排名		2011 年工资指导线基准线排名		2012 年工资指导线基准线排名	
省份	2008 年基准线	省份	2009 年基准线	省份	2010 年基准线	省份	2011 年基准线	省份	2012 年基准线
贵州	16.0%	海南		海南		海南	18.0%		
甘肃	17.0%	重庆		重庆		黑龙江			
河南	18.0%	宁夏		贵州		湖北			
河北	20.0%	新疆		新疆		四川			
西藏		西藏		西藏		西藏			

从工资指导线的基准线水平看，2011 年颁布工资指导线的 27 个地区中，只有北京市和辽宁省工资指导线基准线比 2010 年分别下调 0.5 和 3 个百分点，甘肃省、山东省和陕西省与上年持平，其余 22 个省份均不同程度提高了工资指导线基准线。其中提高幅度最大的是广东省、青海省和河北省，均为 3 个百分点；浙江省、江西省、宁夏回族自治区、上海市、湖南省工资指导线基准线比上年提高 2 个百分点；其余地区比上年提高 1 个百分点。

从警戒线水平看，除了黑龙江省、海南省、重庆市、贵州省、新疆维吾尔自治区、西藏自治区、四川省、湖北省 8 个缺少数据的地区，其余 23 个省（区、市）中有 9 个省（区、市）2011 年的工资指导线警戒线与上年持平或略有下调。河北省从 28%下调为 25%；11 个地区警戒线上调，上调幅度最大的包括辽宁省上调 4 个百分点，广东省和青海省均上调 3 个百分点。另外，除江苏省和浙江省延续以往做法外，2011 年河南省也取消了工资指导线的警戒线。

从下线水平看，2011 年，广西壮族自治区、海南省、宁夏回族自治区是零增长或者负增长。除吉林、江西、福建和山东四省，其余省（区、市）都不同程度提高了工资增长线的下线水平。大部分地区工资指导线下线比 2010 年提高 1～2 个百分点。比较突出的青海省，2010 年工资增长指导线的下线为“零增长”，2011 年一跃提高到 5%。

从下线到警戒线的浮动空间看，剔除不可比因素，上海市、山东省、云南省和宁夏回族自治区虽然调整了下线或警戒线水平，但浮动空间保持不变；10 个省（区、市）缩小了下线到警戒线的浮动空间，河北省的浮动空间压缩了 3 个百分点。同时，山西、福建等 7 个省（区、市）的浮动空间有所扩大，山西省扩大了3个百分点，浮动最大。

总体看来，“上涨”还是2011年工资指导线政策的主基调，大部分地区上调了基准线和下线水平。各地工资指导线政策所允许的工资增长浮动空间，则出现了扩大和缩小两种趋势。

2. 农民工流入大省，工资指导线普遍提高

广东、江苏、浙江三省是典型的出口导向型经济，劳动密集型行业企业集中，是农民工流入大省。在经历了国际金融危机时期工资滞涨后，农民工劳动力市场价位水平出现了大幅上涨。与此相适应，2011年这三个省份的工资指导线基准线均比上年有2～3个百分点的较大提高，这从一个侧面反映了我国劳动力市场供求关系的变化。

3. 少数地区指导线持续高增长

表现最为突出的是河北省。2008—2011年，按工资指导线基准线从高到低排名，河北省均排在第1名。2008年，河北省工资指导线基准线甚至高达20%，比部分地区的警戒线还高。2012年在已经发布了工资指导线的12个省（区、市）中，河北省依然排名靠前。

其次是天津、山西、内蒙古、河南、山东等省（区、市），连续2～3年工资指导线基准线排名均保持靠前，且水平相对稳定。

4. 部分地区工资指导线出现补偿性上调

2008年，突如其来的国际金融危机，加上各地对工资调控的不同安排，导致部分省（区、市）在2009年、2010年或2011年没有公布工资指导线。尤其是2009年受国际金融危机影响，全国有1/3的地区没有公布工资指导线，如新疆维吾尔自治区、海南省、重庆市在2009年、2010年连续两年没有公布工资指导线，黑龙江省在2010年、2011年两年没有公布。从2011年基准线从高到低排名看，排在前3位的海南、贵州和新疆3个省（区），在2010年都没有公布工资指导线。2011年这些地区安排较高的增资幅度，不排除有对过去1～2年进行补偿的因素。

5. 部分地区工资指导线保持相对稳定

各地工资指导线普遍上调的同时，也有部分地区工资指导线保持相对稳定。如甘肃省在2010年、2011年基准线均为14%；北京市在2010年、2011年、2012年基准线均为11%左右，上海市在2010—2012年维持在11%～

13%之间，福建省2011年基准线为10.5%，比2010年和经济最困难的2009年（9%）也只略提高了1.5个百分点。

（二）2012年工资指导线略有回落

截至2012年上半年，北京、上海、天津、河北、山西、山东、四川、陕西、宁夏、新疆、青海、江西12个省（区、市）公布了2012年工资指导线。除北京市2012年工资指导线基准线由10.5%上调到11.5%外，其余11个省（区、市）工资增长基准线都与上年持平或下降。其中山东省、宁夏回族自治区和新疆维吾尔自治区的工资指导线基准线、警戒线和下线都与2011年持平。其余8个省（区、市）均主动下调了工资指导线，其中山西省的工资指导线警戒线从2011年的28%下调到22%，下调6个百分点。

二、2011年工资指导线比较分析

（一）工资指导线与职工货币工资增长情况

工资指导线是政府调节工资分配的宏观调控手段之一，对企业确定增资方案发挥重要的政策引导作用。按目前的管理体制，除部分地区要求按照工资指导线对国有企业工资总额进行管理外，工资指导线对其他企业并不具备强制性和约束力。工资指导线要作为指导当年企业工资增长的政策导向，必须充分考虑职工工资上年增长情况。表8—2和图8—1对2010年、2011年各地工资指导线与职工工资增长情况进行了比较。

表8—2　　2010年、2011年工资指导线与货币工资增长情况比较

	2010年工资指导线		2011年工资指导线	2010年在岗职工货币工资增长率
	2010年基准线	2010年警戒线		
北京	11%	16%	10.5%	12.80%
天津	15%	22%	16%	17.20%
河北	15%	28%	18%	13.20%
山西	15%	25%	16%	17.80%
内蒙古	15%	20%	16%	15.50%
辽宁	12%	15%	12%	12.80%
吉林	13%	18%	15%	11.80%
上海	11%	16%	13%	13.30%
江苏	11%	取消上线	14%	12.90%

续表

	2010年工资指导线		2011年工资指导线	2010年在岗职工货币工资增长率
	2010年基准线	2010年警戒线		
浙江	12%	不设上线	14%	11.20%
安徽	12%	18%	13%	16.10%
福建	9%	13%	10.5%	14.00%
江西	12%	17%	14%	17.40%
山东	15%	23%	15%	13.30%
河南	15%	20%	16%	10.80%
湖北	13%	21%	15%	19.80%
湖南	13%	20%	15%	11.80%
广东	12%	17%	15%	10.90%
广西	12%	22%	13%	12.30%
四川	14%	21%		15.70%
云南	12%	19%	13%	11.60%
陕西	15%	20%	15%	12.90%
甘肃	14%	18%	14%	8.80%
青海	10%	17%	13%	11.20%
宁夏	12%	17%	14%	12.90%
海南	未公布	未公布	18%	24.10%
重庆	未公布	未公布	12%	13.90%
贵州	未公布	未公布	17%	10.90%
西藏	未公布	未公布		10.00%
新疆	未公布	未公布	16%	15.90%

注：江苏省在2010年和2011年的工资指导线基准线为区间数，这里取其中间值。

1. 部分地区工资指导线与职工工资增长水平接近

如图8—1所示，北京、内蒙古、辽宁、云南、江苏、广西、青海、宁夏等省（区、市）2010年的工资指导线基准线与当年在岗职工货币工资增长指数契合度较高，前者略低于后者不到2个百分点。2011年，这些地区在参考上年职工工资增长幅度的基础上，适当调高了工资指导线的基准线。

2. 部分地区工资指导线明显低于职工工资增长

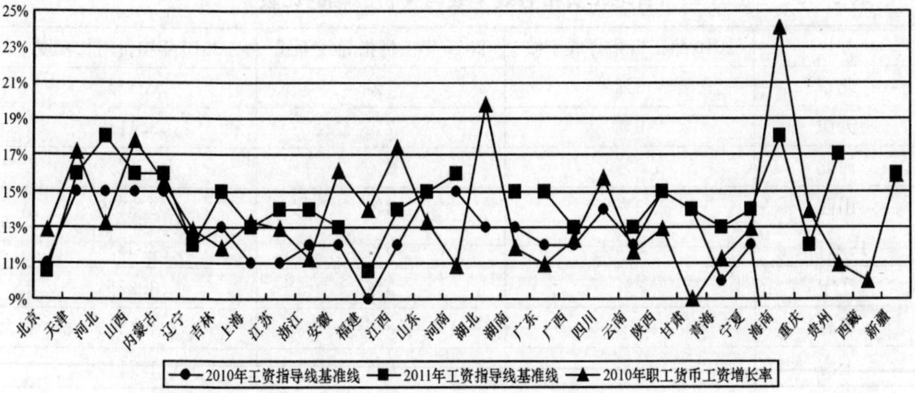

图 8—1　2010 年、2011 年工资指导线基准线与 2010 年职工工资增长的比较

安徽省 2010 年工资指导线基准线为 12%，低于同年在岗职工货币工资涨幅（16.1%）4 个百分点左右。福建省工资指导线一直保持较低水平，2010 年基准线为 9%，低于同年在岗职工货币工资涨幅（14%）5 个百分点。江西省 2010 年工资指导线基准线为 12%，低于同年在岗职工货币工资涨幅（17.4%）5 个百分点左右。湖北省 2010 年工资指导线基准线为 13%，同年在岗职工货币工资增长高达 19.8%，高于工资指导线基准线近 7 个百分点，已经逼近当年 21%的警戒线水平。2011 年，上述四省中除湖北省未公布工资指导线外，安徽、福建、江西三省均上调工资指导线 1～2 个百分点。

3. 少数地区工资指导线明显高于职工工资增长

少数地区制定的工资指导线明显高于本地区在岗职工工资上年增长幅度。如河北省 2010 年职工货币工资增长为 13.2%，低于当年工资指导线基准线（15%），2011 年该省工资指导线又进一步提高到 18%。吉林省 2010 年职工货币工资增长为 11.8%，低于当年工资指导线基准线（13%），2011 年该省工资指导线仍然提高到 15%。

（二）工资指导线与物价比较分析

政府公布的工资指导线应当充分考虑地区物价变动对劳动者基本生活的影响。在实际操作中，各地在制定当年工资指导线时都要依据上年已经公布的物价指数以及对下年物价上涨的预判。表 8—3 将 2010 年、2011 年工资指导线与 2010 年各地物价指数进行了比较。

表 8—3　　各地工资指导线下线与物价涨幅的比较

	2010 年工资指导线下线	2011 年工资指导线下线	2010 年物价增长幅度
北京	3%	5%	0.42%
天津	6%	7%	3.41%
河北	8%	8%	3.11%
山西	3%	4%	2.32%
内蒙古	3%	5%	3.03%
辽宁	3%	5%	3.22%
吉林	8%	8%	4.13%
上海	4%	6%	1.71%
江苏	5%	7%	3.19%
浙江	4%	5%	3.90%
安徽	3%	4%	3.25%
福建	0	0	3.36%
江西	4%	4%	2.72%
山东	6.60%	6.5%	2.71%
河南	3%	4%	3.73%
湖北	6%	未公布	3.15%
湖南	5%	6%	3.08%
广东	4%	5%	3.31%
广西	0	0	3.01%
海南	未公布	零增长或负增长	4.64%
重庆	未公布	0%～5%	1.74%
四川	5%		3.04%
贵州	未公布	3%	2.97%
云南	3%	4%	3.63%
西藏	未公布		1.02%
陕西	5%	7%	3.57%
甘肃	5%	6%	4.58%
青海	0	5%	4.29%
宁夏	0	零增长或负增长	3.19%
新疆	未公布	6%	4.63%

注：江苏省 2010 年、2011 年工资指导线采取区间表示，此处取其中间值。

1.2011 年工资指导线下线普遍高于上年物价涨幅

表 8—3 数据显示，2010 年多数地区的下线水平都能够弥补当年物价上涨因素，吉林省、上海市、山东省等地工资指导线下线甚至是在物价指数基础

上增加了 2～4 个百分点。

2011 年，基于对 2011 年物价上涨压力的普遍预期，各地工资指导线下线普遍在上年基础上有所提高，一般提高 1～2 个百分点。

2. 少数地区下线按零增长或负增长确定

2010 年，福建省、广西壮族自治区、青海省、宁夏回族自治区等部分地区以“零增长”作为工资指导线的下线。到 2011 年，除青海省将下线调整为 5%以外，福建、广西、宁夏三省（区）仍然以“零增长或负增长”作为下线。2010 年未公布工资指导线的海南省也将其 2011 年下线确定为“零增长或负增长”。

（三）工资指导线与地区劳动生产率

政府制定并公布工资指导线的目的就是指导企业根据企业效益、物价、劳动生产率变动等情况确定合理的工资增长幅度，实现劳动要素与资本要素之间合理的分配关系。“十二五”规划明确提出了“劳动报酬增长和劳动生产率提高同步”原则，取代一直以来占据主导地位的“两低于”分配原则。表 8—4 和图 8—2 将 2010 年、2011 年各地工资指导线与名义劳动生产率的增长情况进行对比。

表 8—4　2010 年、2011 年工资指导线与名义劳动生产率增长的比较

	2010 年工资指导线		2011 年工资指导线		2010 年劳产率名义增长率（就业总人口人均 GDP 增长率）
	基准线	警戒线	基准线	警戒线	
北京	11%	16%	10.5%	15.5%	10.62%
天津	15%	22%	16%	22%	19.46%
河北	15%	28%	18%	25%	21.75%
山西	15%	25%	16%	28%	20.12%
内蒙古	15%	20%	16%	21%	15.56%
辽宁	15%	12%	12%	19%	18.72%
吉林	13%	18%	15%	20%	12.98%
上海	11%	16%	13%	18%	14.64%
安徽	12%	18%	13%	18%	17.81%
福建	9%	13%	10.5%	15%	19.75%
江西	12%	17%	14%	19%	20.14%
山东	15%	23%	15%	23%	11.37%
湖南	13%	20%	15%	20%	19.74%

续表

	2010年工资指导线		2011年工资指导线		2010年劳产率名义增长率（就业总人口人均GDP增长率）
	基准线	警戒线	基准线	警戒线	
广东	12%	17%	15%	20%	13.85%
广西	12%	22%	13%	23%	19.87%
云南	12%	19%	13%	20%	13.60%
陕西	15%	20%	15%	20%	21.85%
甘肃	14%	18%	14%	18%	19.49%
青海	10%	17%	13%	20%	21.24%
宁夏	12%	17%	14%	17%	25.81%
江苏	11%	取消上线	14%	不设上线	15.25%
浙江	12%	不设上线	14%	不设上线	15.63%
四川	14%	21%		未公布	20.17%
新疆		未公布	16%	20%	23.64%
黑龙江		未公布		未公布	16.88%
河南	15%	20%	16%	未设上线	16.72%
湖北	13%	21%		未公布	19.56%
海南		未公布	18%	20%	20.80%
重庆		未公布	12%	暂不设定	19.24%
贵州		未公布	17%	22%	14.63%
西藏		未公布		未公布	11.10%

注：江苏省2010年、2011年工资指导线采取区间表示，此处取其中间值。

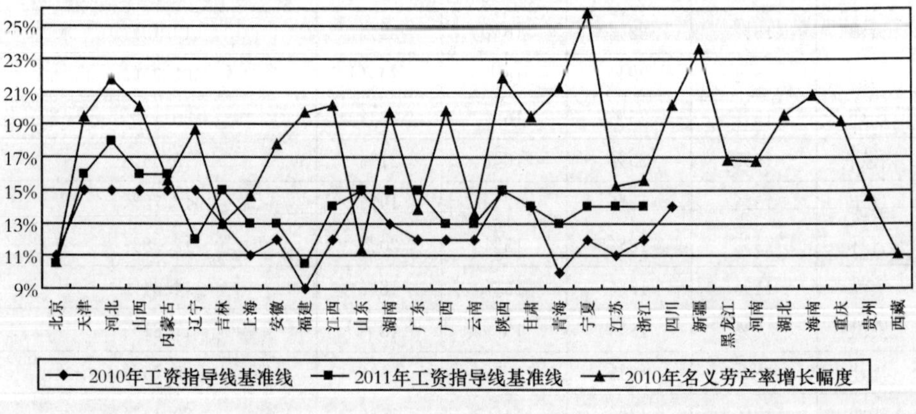

图8—2 2010年、2011年工资指导线与名义劳动生产率增长情况的比较

1. 2010年大部分地区名义劳动生产率大幅上升，半数以上出现20%甚至以上的高增长

2010年，除北京市、吉林省、上海市、山东省、广东省、云南省、贵州省、西藏自治区等少数地区名义劳动生产率增长幅度在10%～15%之间外，全国其他地区名义劳动生产率增幅达到15%以上，其中17个地区增幅接近或超过了20%，最高的宁夏回族自治区、新疆维吾尔自治区等地甚至高达25.81%和23.64%。事实上，北京市、上海市、广东省、江苏省、浙江省等发达地区名义社会劳动生产率保持相对稳定，天津市、内蒙古自治区等地在"十一五"期间取得长足发展，河北省、贵州省、西藏自治区、海南省、新疆维吾尔自治区、青海省、甘肃省等中西部欠发达地区2010年货币GDP和名义劳动生产率都出现了高速增长。

GDP和名义劳动生产率的快速增长也成为各地进一步提高2011年工资指导线的重要依据之一。

2. 部分地区工资指导线基准线接近劳动生产率增长

从数据上看，北京市、内蒙古自治区、上海市、河南省、江苏省、浙江省、广东省、海南省、云南省2011年工资指导线基准线与2010年名义劳动生产率的增长幅度契合度较高。如江苏省2010年名义劳动生产率增长15.25%，2011年工资指导线基准线比2010年提高3个百分点，为14%，接近上年劳动生产率。内蒙古自治区2010年名义劳动生产率比上年增长15.56%，2011年公布的工资指导线基准线为16%，契合度非常高。2011年，海南省工资指导线基准线为18%，排在全国首位。这一方面是由于其2009年和2010年都没有发布指导线，有补偿性增长因素；另一方面也要归因于国家特殊优惠政策对海南省经济和劳动生产率（20.8%）的拉动作用。

3. 部分地区工资指导线低于劳动生产率

数据显示，大部分地区2011年工资指导线低于2010年劳动生产率的增幅。如天津市2011年工资指导线基准线16%，低于2010年劳动生产率（19.46%）3个多百分点；河北省2011年工资指导线基准线高达18%，但依然低于2010年名义劳动生产率（21.75%）3个多百分点；新疆、宁夏两区2010年名义劳动生产率增长分别达到23.64%和25.81%，但其公布的2011年工资指导线基准线分别为16%和14%，大大低于上年劳动生产率增幅。这

里又分成两种情况，第一种情况是，2011年工资指导线警戒线高于2010年劳动生产率增幅，辽宁、安徽、湖南三省2011年工资指导线警戒线非常接近上年劳动生产率增幅。第二种情况是，工资指导线警戒线也低于上年劳动生产率增幅。宁夏回族自治区2011年工资指导线警戒线17%，低于本地区上年劳动生产率增幅（25.81%）8个多百分点；新疆维吾尔自治区2011年工资指导线警戒线20%，低于上年劳动生产率增幅（23.64%）近4个百分点。

工资指导线低于上年劳动生产率增幅的情况，主要是由于对本地区经济高速增长不可持续的判断所致。

4. 少数地区基准线明显高于劳动生产率增长幅度

山东省、贵州省等少数地区2011年工资指导线基准线水平明显高于上年名义劳动生产率的增幅。山东省2010年名义劳动生产率增长幅度为11.37%，2011年工资指导线基准线依然维持2010年的15%不变。贵州省2010年名义劳动生产率增长幅度为14.63%，2011年工资指导线基准线确定为17%，当然这其中包括了贵州省对上年未颁布工资指导线的补偿性因素。

三、2011年工资指导线相关政策

（一）少数地区明确将“同步增长”作为指导工资增长的原则

河北省在《关于发布河北省2011年企业工资指导线的通知》（冀人社发[2011] 24号）文中，明确将“以实现居民收入增长与经济发展同步，劳动报酬增长与劳动生产率增长同步为目标”作为促进企业职工工资增长的主要思路。

山西省则将“劳动报酬增长与劳动生产率提高同步”原则进一步细化。在《关于发布山西省2011年企业工资指导线的通知》（晋人社厅发[2011] 53号）和《关于发布山西省2012年企业工资指导线的通知》（晋人社厅发[2012] 41号）中都提出，“根据我省今年的企业工资调控目标，指导各类企业结合本单位生产经营和经济效益状况，通过工资集体协商，制订工资指导线实施方案，合理安排职工工资增长，努力实现企业工资总额与实现利税同步增长，职工实际平均工资与劳动生产率（依据不变价增加值计算）同步提高”。山西省还允许“在不突破当年企业工资指导线上线的基础上，工资支付能力较强的竞争性企业工资增长可高于经济效益的增长”。

（二）行业工资指导线范围继续扩大

北京市2011年继续公布14个细分行业的工资指导线。内蒙古自治区2011年发布了13个大行业工资指导线，比2010年的12大行业增加了农、林、牧、渔业，而农、林、牧、渔业在其经济中占有重要地位。

2011年，天津市、广东省两地首次发布了行业工资指导线。2011年，天津市规定企业工资指导线的基准线为16%、下线为7%、上线为22%；同时发布居民服务业企业工资指导线基准线为13%、住宿和餐饮业企业工资增长基准线11%、租赁和商务服务业企业基准线18%。2011年，广东省首次针对劳动密集型行业以及工资水平较高、增长过快的金融行业发布行业工资指导线，即“建筑业：工资增长基准线为17%，上线为20%，下线为8%。住宿和餐饮业：工资增长基准线为18%，上线为20%，下线为10%。金融业：工资增长基准线为6%，上线为11%，下线为0”。

2012年，河北省选择了冶金、煤炭、建材、港口4个主导行业测算了行业工资指导线，作为非正式发布数据，供企业参考。其中，“冶金行业工资增长上线15%、中线9.5%、下线5.5%，煤炭行业工资增长上线25%、中线17%、下线8%，建材行业上线20%、中线15%、下线6%，港口行业工资增长上线18%、中线12%、下线6%”。

各地区公布行业工资指导线时，一般都是从选择本地区代表性较强或工资增长急需规范的行业试行，成熟后再逐步推广。

（三）采取多种措施限制高收入企业工资增长

多数地区对于垄断企业或工资水平偏高、增长过快企业的增资幅度进行了明确限定，但具体做法存在很大差异。主要体现在判定工资偏高的标准不同和工资增幅的天花板不同。

对于工资水平是否偏高的标准，多数地方都采用按所在地区职工工资的一定倍数进行划分的方法。其中大部分地区（如福建省、广东省、河北省等）以“3倍”作为偏高的标准，少数地区（如贵州省）采用“2倍”的标准，也有部分地区没有提出明确的标准，仅作定性描述（如青海省、内蒙古自治区和山西省等）。

对于工资增长上线的规定差异性则更大。第一种做法，即严格限定“零增长”。如福建省规定“国有企业和国有控股企业职工实际工资水平已超过上年度当地城镇单位在岗职工平均工资3倍的，原则上不再增加工资”。广东省2011年规定“对于依靠国家特殊政策获取超额垄断利润的垄断性行业和企业，工资水平已达到本地区上年度在岗职工平均工资3倍以上的，原则上不应再增加工资”。第二种做法，是将天花板设定为工资指导线下线。如江西省、河北省2011年规定“企业职工工资水平高于全省平均工资3倍以上的”，“应参照工资指导线下线安排工资增长”。又如浙江省2011年规定“国有和国有控股企业2010年企业职工平均工资高于全省社会平均工资3倍的，2011年企业职工工资增长严格按5%的下线进行控制，不得突破”。第三种做法，是按基准线控制。如2011年陕西省规定“企业上年度人均工资在全省企业平均水平3倍及以上的，人均工资增幅不得突破工资增长指导线基准线”。天津市2011年、2012年都规定“在全市企业平均水平3倍及以上的，人均劳动报酬增幅原则上不得突破工资指导线基准线”。相对福建省、广东省、天津市等地的做法，贵州省则相对比较缓和。贵州省2011年规定“其上年度经济效益较好的，但工资水平已在全省职工平均工资2倍以上的企业，应按低于基准线确定工资增长幅度”。当然贵州省在抬高增资上线的同时也相应降低了判定偏高工资的标准。第四种做法，是将工资指导线的警戒线作为工资增长过快企业增资的天花板。如新疆维吾尔自治区2011年规定“对当年经济效益增长较快，工资水平偏低以及现有工资水平已超过所在地在岗职工平均工资3倍的企业，可在下线和上线区间内协商确定工资增长幅度”。内蒙古自治区（2011年）和青海省（2011年、2012年）则简单规定“对部分工资水平过高、增长过快的企业，其工资增长幅度原则上不高于预警线（上线）”。第五种做法，是将增长区间规定得更细，即针对工资水平处于不同区间的企业分别设定工资增长上线。如河南省在2011年工资指导线政策中规定，“在岗职工平均工资相当于本省上年全部职工平均工资150%～200%的，确定工资增长幅度时不得突破基准线；在岗职工平均工资超过本省上年全部职工平均工资200%的，确定工资增长幅度时不得突破基准线的80%；在岗职工工资水平高于本省上年全部职工平均工资300%的，可低于工资指导线下线安排工资增长”。

另外，有些地区不是根据工资水平，而是按企业性质直接限定工资上线。如2011年北京市规定，“市属垄断行业的企业及国家财政补贴的国有及国有控股企业，职工平均工资增长幅度一般不突破10.5%的基准线”；2012年则调整为“国有及国有控股企业职工工资增长幅度一般不得突破上线（预警线），其中公共服务类的市属国有企业职工平均工资增长幅度一般不得突破基准线”。只有企业平均工资低于社平工资60%且经济效益取得明显增长的企业，在履行相应程序后才能突破基准线。如广西壮族自治区（2011年）规定“工资水平偏高、工资增长过快的国有企业工资增长一般不得超过基准线”。又如山西省（2011年、2012年）要求“垄断企业工资增长幅度原则上不得突破基准线”。

（四）切实保护低收入者权益

第一种做法，要求平均工资水平较低的企业按较高幅度安排增资。如天津市（2011年、2012年）、陕西省（2011年、2012年）都规定，“企业上年度人均劳动报酬在本地企业平均水平及以下的，要结合企业经济效益状况在工资指导线基准线到上线的区间内确定人均劳动报酬增幅”。

第二种做法，对于效益较差、不能按工资指导线下线安排职工增资或者零增长的，必须经过民主程序协商确定或向职工说明情况，如北京市、上海市、天津市等。

第三种做法，规定对于提供了正常劳动的劳动者支付的工资不得低于最低工资标准。

事实上，后两种做法是各地普遍采取的保护低收入劳动者权益的通常做法。

（五）加强企业内部分配关系的调节功能

调节内部分配关系的方式，主要是要求企业安排内部增资方案的时候向一线职工倾斜。如北京市（2011年、2012年）规定，“各类企业在确定本企业工资增长时，应当着力提高工资水平偏低的生产一线及技术工人岗位人员工资水平。对工资水平低于上年全市职工平均工资60%或两年未增资的上述岗位人员要予以倾斜，其工资增幅应当高于本企业中层以上管理人员平均工资增长幅度。生产一线及技术工人岗位人员平均工资水平不增长的企业，经营者和管理层工资不得增长”。上海市（2012年）规定，“企业在确定工资增长时，应当着力提高工资水平偏低的生产服务一线岗位人员工资水平，一线职工工资增长幅度应当不低于本企业职工工资的平均增长幅度。应当妥善处理好经营者与普通职工的工资分配关系，普通职工工资不增长的，企业经营者和中高层管理人员的工资也不宜增长”。陕西省（2011年、2012年）规定“企业在制订内部工资分配方案时要向一线职工倾斜，一线职工工资未增长的，经营者工资不能增加；企业在岗职工人均工资水平未达到所在市在岗职工平均工资水平的，经营者收入的增长幅度不得高于企业在岗职工工资的增长幅度”。四川省（2012年）规定，“国有企业要进一步完善职工工资增长与负责人薪酬增长相联系的机制，使职工工资与负责人薪酬保持合理的比例；企业一线职工工资未增长的，负责人薪酬不能增加”。

（六）加强工资指导线的执行效果

一种做法是要求在工资集体协商中贯彻工资指导线。北京市、上海市、天津市、福建省、新疆维吾尔自治区、四川省、江西省等在发布工资指导线的同时，要求建立健全企业工资集体协商制度，在工资集体协商中按照工资增长指导线的建议意见，合理确定工资增长幅度。

另一种做法是要求企业增资方案备案，进行劳动监察。山西省规定，“企业制订的年度工资指导线实施方案，应报县级以上人民政府人力资源和社会保障部门备案。2012年企业工资指导线实施方案备案已列入各级劳动保障监察年审及检查范围”。

还有一种做法，是建立工资指导线的预警通报制度。如河北省要求“各地和省直有关部门要研究建立企业落实工资指导线预警通报制度，对有效益故意不增加职工工资或工资水平偏高增长过快的两类企业定期予以预警通报”。

四、2011年工资指导线主要问题及原因分析

随着市场经济条件下政府职能转变和国家分配原则调整，各地对工资指导线政策都进行了调整和完善，使之更加符合宏观经济走势，在解决分配差距过大、一线职工工资增长缓慢等问题中发挥了重要的引导作用。但深入分析，不难发现，我国的工资指导线制度依然存在一些突出问题。

（一）工资指导线普遍呈上升态势，部分地区增长势头过快

工资指导线作为政府指导企业确定调整工资分配方案的指导性政策，具有明显的导向作用，尤其是与国有企业工资总额调控和工资集体协商制度相结合后，强制性作用有所加强。自2010年以来，我国各地区、各类行业企业

工资都出现了加速上涨趋势，尤其是私营单位和农民工群体上涨速度已经超过了非私营单位。除了经济向好、物价上涨和劳动力市场供求关系变化等原因外，包括工资指导线、最低工资标准等在内的工资分配宏观调控政策也发挥了重要的推动作用。

2010—2011年，各地工资指导线普遍上调。其中广东、江苏、浙江3个农民工流入大省工资指导线基准线普遍比上年高2～3个百分点。河北省、山西省、内蒙古自治区、天津市等地区工资指导线持续2～3年保持较快增长。河北省、吉林省等地区工资指导线明显高于上年在岗职工工资增长，个别地区如山东省，工资指导线基准线甚至高于上年劳动生产率的增长幅度。各地工资指导线和最低工资标准“涨”声一片，固然符合GDP和名义劳动生产率快速增长的大背景，但不分析增长的原因、不考虑增长的可持续性、甚至脱离现实情况的攀比性调高工资指导线，可能会造成工资增长过快、企业人工成本压力迅速加大的负面影响。

（二）工资指导线的科学性、指导性依然不足

从文件上看，只有新疆维吾尔自治区（2012年）、山西省（2011年）、湖南省（2011年）、北京市[①]等少数地区在公布工资指导线同时还公布地区GDP、劳动生产率、职工工资、物价等相关经济指标，大部分地区工资指导线文件都没有就数据基础和计算方法进行说明，导致企业和劳动者无法判断工资指导线的科学性、合理性，甚至产生质疑，从而影响其效力。

从数据上看，个别地区职工货币工资的增长明显低于同年的工资指导线基准线，个别地区劳动生产率增幅既低于当年工资指导线，又明显低于下年工资指导线。数据已经显示，这些地区的经济增长和企业支付能力可能不足以支持职工工资连续快速增长，但其工资指导线水平依然连续上扬。数据基础与工资指导线相脱节，影响了企业和劳动者对工资指导线的认同。

从时间上看，大部分地区工资指导线公布时间依然存在相对滞后问题，很难真正发挥指导企业，尤其是私营企业调整工资水平的作用。在2011年6月30日以前公布工资指导线的有14个省份，在第四季度才公布工资指导线的只有广东省、广西壮族自治区和重庆市三地。从公布时间看，2011年普遍

① 主要是行业工资指导线使用公式计算。

比2010年有所提前。截至2012年6月30日，已有12个地区发布了当年工资指导线，也比2010年有所提前。其中山东省、新疆维吾尔自治区和江西省2012年公布时间分别比2011年提前了1.5～3个月时间（见表8—5）。工资指导线公布时间提前，有利于提高工资指导线对企业安排调资的指导作用，但如果是提前公布且上调工资指导线，也可能会造成连续推高工资水平的影响。

表8—5　　2011—2012年各地工资指导线公布时间一览

地区	2011年公布时间	2012年公布时间
北京	6月29日	6月5日
天津	3月17日	4月6日
河北	4月11日	5月23日
山西	4月13日	4月13日
内蒙古	9月27日	
辽宁	5月11日	
吉林	5月9日	
黑龙江	—	
浙江	8月1日	
福建	5月25日	
山东	6月9日	2月29日
河南	8月30日	
湖北	—	
湖南	9月23日	
广东	10月12日	
广西	10月9日	
海南	8月1日	
四川	—	4月11日
贵州	7月13日	
云南	5月12日	
陕西	5月27日	6月4日
甘肃	8月9日	
宁夏	3月31日	4月10日
青海	7月5日	6月18日
新疆	5月12日	3月31日

续表

地区	2011年公布时间	2012年公布时间
上海	6月3日	5月21日
江西	8月29日	6月26日
安徽	8月10日	
江苏	6月27日	
重庆	11月25日	

（三）缺乏国家统一评估与指导，各地政策差异性较大

我国工资指导线制度是从部分地方政府试点逐步推开的。截至目前，各地区在确定工资指导线的各项因素中，主要着眼于当地的人均GDP增长、物价指数以及原有工资水平高低等因素，缺乏国家层面的综合平衡，也未将全国在岗职工工资增长因素作为地区工资指导线的决定因素进行考虑。单纯从各地区角度而言，这种制度安排有一定合理性，但是，从全国工资分配宏观调控的角度而言，仅考虑地区因素则难以对地区之间的工资增长、工资差距以及劳动报酬占比差距较大等情况产生积极影响。

由于缺乏国家统一指导和综合评估，各地的工资指导线在原则、功能定位以及具体政策规定都表现出较大差异性。主要表现在：

一是出台时间有早有晚，差别很大。事实上多数私营企业，尤其是使用外来劳动力较多的企业安排调资都是在春节前后，而政府工资指导线公布时间滞后，很难对企业发挥引导作用。

二是增资浮动区间差异性较大。以2011年为例，增资浮动空间最大的是山西省，下线4%到上线28%，浮动空间达到24个百分点；而浮动空间最小的是北京市，下线5%到上线10.5%，浮动空间仅为5个多百分点。增资浮动空间在一定程度上反映了政府对于工资差距的看法。由于缺乏国家层面统一指导，各地区对于工资分配差距看法不统一，导致了各地工资指导线政策浮动空间的差异。

三是对于工资偏高企业的限高措施做法差别很大。如前所述，首先是判定工资偏高、增长过快的标准不统一。其次是限定增长的“天花板”有高有低。最严格的是“零增长”，其次是不超过下线、基准线，甚至是不超过警戒线，各种规定都有。此类企业多属于效益较好的国有企业或垄断企业，限高

措施则反映了政府对于此类企业的工资过快增长的态度。应当在国家层面对工资水平偏高、增长过快的垄断企业确立统一的调控目标定位，包括工资分配差距、工资增长速度，等等，各地区根据实际情况予以细化，落实在本地区工资指导线文件当中。

四是对低收入劳动者的工资保障在定位和手段上都有差异。对于效益较差、增资困难的企业，为保障其职工的基本工资权益，各地普遍要求，企业应经过与职工民主程序协商确定增资幅度或向职工说明情况；同时对提供正常劳动的劳动者工资不得低于最低工资标准。但是也有个别地区为缩小工资差距，要求平均工资水平较低企业按基准线到上线的区间内安排增资。如何应用工资指导线制度，保障低收入劳动者的工资权益，需要国家层面的统一定位。

五、展望及建议

2012 年下半年甚至到 2013 年，我国经济下行风险依然较大，同时原材料、人工成本压力很难短时期内消化，欧债危机还可能进一步加深，外贸出口压力依然存在，扩大内需并非一蹴而就。基于对宏观经济的判断，结合 2012 年已经发布的工资指导线文件，我们预计 2012 年其余未发布地区的工资指导线都是稳中略有下调，但降幅不会太大。2013 年工资指导线的主题依然会是稳定为主，原来增幅过快地区会有所回调。同时，由于行业工资指导线的科学性和针对性受到更多的重视与认可，开展行业工资指导线试点的地区还会进一步扩大。各地的行业工资指导线首先会选择三类行业，一是就业比较集中的劳动密集型行业，二是工资问题比较突出的垄断行业和低收入行业，三是本地区支柱行业。

"十二五"期间应如何贯彻党和国家确定的收入分配调控目标与原则，如何理解和实现"劳动报酬增长与劳动生产率提高同步"，"提高劳动报酬占初次分配的比重"，如何实现"提低、扩中和限高"？在经济下行和通货膨胀的双重压力下，如何确立现阶段工资调控的目标？如何将收入分配的根本原则与当前现实有效结合？工资指导线应当在其中发挥以及如何发挥作用？这些既是深刻的理论问题，也是涉及工资调控政策方向的具体问题。不仅需要各地政府对这些问题进行反思、体现在工资指导线政策调整当中，更重要的是在国家层面确立中长期和当期工资调控目标，确定工资调控职能的统一定位，建立工资指导线政策的评估与指导机制，才能从全局角度和国家层面有效发挥工资指导线对于工资分配格局的重要作用。

第九章
最低工资

2011年，我国国民经济实现了平稳较快发展，国内生产总值比上年增长9.2%；城镇居民人均可支配收入和农村居民人均纯收入实际增长8.4%和11.4%；全年规模以上工业企业实现利润比上年增长25.4%；就业需求比国际金融危机的2009年明显增长。与此同时，国内物价涨幅较大，全年居民消费价格上涨5.4%。在上述多种因素的共同作用下，各地顺应经济快速发展的需要以及劳动力市场的变化，先后调整了最低工资标准，对保障低收入群体的生活水平和普通劳动者权益发挥了积极作用。

一、2011年最低工资标准调整状况及特征

2011年，全国共有25个省（区、市）调整了最低工资标准。月最低工资标准最高值为深圳市1 320元，小时最低工资标准最高的是北京市的13元/小时，月最低值为甘肃省，其月最低工资标准最高档为760元（见表9—1、表9—2）。相比较2011年全国城镇非私营单位在岗职工年平均工资同比增长14.3%①，私营单位同比增长18.3%②的增幅来看，2011年平均调增幅度达到22%。

表9—1　　2011年全国各地区月最低工资标准情况　　单位：元

地区	标准实行日期	月最低工资标准						
		第一档	第二档	第三档	第四档	第五档	第六档	第七档
北京	2011.01.01	1 160						

① 2011年城镇非私营单位在岗职工平均工资为42 452元，与2010年的37 147元相比，增加了5 305元。

② 2011年私营单位就业人员年平均工资为24 556元，与2010年的20 759元相比，增加了3 797元。

续表

地区	标准实行日期	月最低工资标准						
		第一档	第二档	第三档	第四档	第五档	第六档	第七档
天津	2011.04.01	1 160						
河北	2011.07.01	1 100	1 040	960	860			
山西	2011.04.01	980	900	820	740			
内蒙古	2011.11.01	1 050	980	900	820			
辽宁	2011.07.01	1 100	900	780				
吉林	2011.05.01	1 000	950	890	830			
黑龙江	2010.07.01	880	840	720	700	670	620	600
上海	2011.04.01	1 280						
江苏	2011.02.01	1 140	930	800				
浙江	2011.04.01	1 310	1 160	1 060	950			
安徽	2011.07.01	1 010	900	800	750	720	680	
福建	2011.03.01	1 100	950	850	750			
江西	2010.07.01	720	660	600	550	500		
山东	2011.03.01	1 100	950	800				
河南	2011.10.01	1 080	950	820				
湖北	2011.12.01	1 100	900	750				
湖南	2011.07.01	1 020	930	840	770			
广东	2011.03.01	1 300	1 100	950	850			
其中：深圳	2011.04.01	1 320						
广西	2010.09.01	820	710	635	565			
海南	2010.07.01	830	730	680				
重庆	2011.01.01	870	750	710				
四川	2010.08.01	850	780	710	650			
贵州	2011.09.01	930	830	740				
云南	2011.09.01	950	845	720				
西藏	2010.08.01	950	900	850				
陕西	2011.01.01	860	780	730	680			
甘肃	2010.10.01	760	710	670	630			
青海	2011.12.01	920	910	900				
宁夏	2011.04.01	900	820	750				
新疆	2011.06.01	1 160	960	880	800			

表 9—2　　2011 年全国各地区小时最低工资标准情况　　单位：元

地区	标准实行日期	小时最低工资标准					
		第一档	第二档	第三档	第四档	第五档	第六档
北京	2011.01.01	13					
天津	2011.04.01	11.6					
河北	2011.07.01	11	10.4	9.6	8.6		
山西	2011.04.01	10.8	9.9	9	8.1		
内蒙古	2011.11.01	8.9	8.3	7.6	6.9		
辽宁	2011.07.01	11	8.5	7.5			
吉林	2011.05.01	7.7	7.3	6.8	6.3		
黑龙江	2010.07.01	7.5	6.5	6	5.8	5.5	
上海	2011.04.01	11					
江苏	2011.02.01	9.2	7.5	6.5			
浙江	2011.04.01	10.7	9.5	8.6	7.7		
安徽	2011.07.01	10.6	9.4	8.4	7.8	7.5	7.1
福建	2011.03.01	11.6	10	9	7.9		
江西	2010.07.01	6.8	6.2	5.7	5.2	4.7	
山东	2011.03.01	11.5	9.8	8.7			
河南	2011.10.01	10.2	8.9	7.7			
湖北	2011.12.01	10	8.5	7			
湖南	2011.07.01	10	9	8.5	8		
广东	2011.03.01	12.5	10.5	9.3	8.3		
其中：深圳	2011.04.01	11.7					
广西	2010.09.01	6	5.5	5	4.5		
海南	2010.07.01	7.2	6.3	5.9			
重庆	2011.01.01	8.7	7.5	7.1			
四川	2010.08.01	8.9	8.2	7.5	6.8		
贵州	2011.09.01	10	9	8			
云南	2011.09.01	9	8	7			
西藏	2010.08.01	8.5	8	7.5			
陕西	2011.01.01	8.6	7.8	7.3	6.8		
甘肃	2010.10.01	7.9	7.5	7.1	6.6		
青海	2011.12.01	9.3	9.2	9.1			
宁夏	2011.04.01	9	8.5	8			
新疆	2011.06.01	11.6	9.6	8.8	8		

单从最低工资标准的角度来看，2011 年最低工资标准调整体现出以下几个特征：

一是调整范围较广。2011 年，全国共有 24 个省（区、市）调整了最低工资标准，31 个省（区、市）中，仅有黑龙江、江西、广西、海南、四川、西藏、甘肃 7 个省（区）未进行调整。自 1994 年中国建立最低工资制度以来，24 个省（区、市）的调整范围是调整地区数量较多的一年[①]。

二是调整频率较快。1994—2004 年 3 月，全国 31 个省（区、市）累计调整最低工资标准 117 次，10 年左右时间段内，每个省（区、市）平均调整 3.8 次左右，年均调整仅 0.38 次左右。2004 年 4 月新的《最低工资规定》颁布实施，其中对于调整频次明确规定“每两年至少调整一次”。新规定颁布之后的“十一五”时期，5 年时间内全国各地平均调整最低工资标准 3.2 次，年均调整达到 0.64 次。2011 年，全国 31 个省（区、市）中有 24 个调整了最低工资标准，各省（区、市）当年平均调整 0.77 次，2011 年最低工资标准调整频率明显较快。

三是调整幅度较大。2011 年全国 24 个省（区、市）调整最低工资标准，平均调增幅度达到 22%。1995—2004 年全国最低工资标准[②]年均增加 26.5 元，年均增长 8.7%；2004—2010 年，各省会城市最低工资标准年均增加 68.7 元，年均增幅 11.5%；2006—2010 年，全国最低工资标准年均调增 12.9%。相比于最低工资制度建立以来的调整幅度而言，2011 年全国最低工资标准调整幅度相对较大。

二、最低工资标准较快增长原因分析

包括 2011 年在内的近几年，我国最低工资标准实现了较快增长。总体而言，这一增长是与经济社会发展、劳动力市场变化、企业劳动生产率提升、居民消费价格上涨、劳动者诉求转变、“以人为本”执政理念贯彻等方面密不可分，具有一定的必然性和合理性。

（一）劳动力市场变化是最低工资较快增长的根本原因

① 由于 2009 年全国暂缓调整最低工资标准，2010 年全国 30 个省（区、市）进行了最低工资标准调整。

② 由于缺少所适用劳动力人数，采用最低工资标准各个档次的平均值。

目前，在我国就业总量矛盾依然很大的背景下，招工难这一结构性矛盾更加突出。我国现在正处于逐渐由劳动力的无限供给向有限供给的转变过程，不仅技术工人短缺，普通工人也出现短缺，并且招工难现象逐渐趋于常态化。随着我国社会主义市场经济体制的建立和逐步完善，市场在工资决定当中发挥了基础性的作用。普通工人短缺这一劳动力市场的变化，普通劳动者对工资的议价能力正在逐步提升，是最低工资较快增长的根本原因。

同时，劳动力市场中劳动者这一主体的诉求也发生了较大变化。当前劳动力供给结构已发生较大变化，文化素质较高的新生代劳动力数量和比重不断增加。随着经济的持续发展，普通劳动者所在家庭的生活水平也稳步提升，新生代劳动者的诉求更加多元化。他们要“生存”更要“生活”，要“钱途”更要“前途”，要“暂住”更要“常住”，他们对个人尊严、个人发展均提出了新的需求，期望值较高。这些较高的期望值，在物价上涨的背景下，很大程度上转变为对工资待遇的较高要求，当工资收入较低时，宁愿选择不工作也不“将就”。

（二）通货膨胀压力持续是最低工资较快增长的现实原因

居民消费价格指数（CPI）是用来衡量居民日常消费商品和服务的价格变动程度的指标。近几年，我国居民消费价格指数增速较快，2006年、2007年、2008年、2009年、2010年、2011年全国居民消费价格指数分别上涨1.5%、4.8%、5.9%、－0.7%、3.3%、5.4%，同时房价及房租等上涨幅度较大，城市生活成本明显提高。而最低工资标准首要目的即是保障劳动者的基本生活，通货膨胀压力持续加大，普通劳动者生活成本上升较快，是推动近年来最低工资较快增长的现实原因。

（三）普通劳动者工资偏低是最低工资较快增长的历史原因

在我国经济三十多年快速增长的背景下，劳动报酬增长赶不上劳动生产率的增长，更低于劳动生产率与物价增长速度之和的理论增长线，导致劳动报酬占GDP比重不断下降。这说明长期以来劳动者工资水平整体较低，增长较慢。特别是一线职工，其工资收入水平更低、增长更慢。以农民工为例，2006—2009年平均工资年均增长12.8%，低于同期在岗职工年均15.5%的增长幅度2.7个百分点，相当于城镇单位在岗职工平均工资的比重也由2005年的57.2%下降为51.9%。在此背景下，2009年、2010年、2011年这3年农民工年均工资分别达到17 004元、20 280元、24 588元，同期城镇单位就业人员（在岗职工）工资分别为32 736元、37 147元、42 452元，农民工工资增幅大于城镇单位职工工资增幅，尽管如此农民工工资也仅相当于城镇职工工资的51.94%、54.59%、57.92%。从最低工资标准变动情况来看，2010年各省会城市最低工资标准在2004年的基础上年均增加68.7元，年均增幅11.5%，而最低工资标准在1995—2004年年均仅增加26.5元，年均增幅仅为8.7%，这都说明近几年最低工资标准的较快增长，是与前期普通劳动者工资收入长期偏低和增长较慢相关联的，最低工资标准的增长带有补偿性、恢复性特征。

（四）政府积极引导是最低工资较快增长的宏观原因

“十二五”规划纲要提出，要努力提高居民收入在国民收入分配中的比重，提高劳动报酬在初次分配中的比重；努力实现居民收入增长和经济发展同步、劳动报酬增长和劳动生产率提高同步。同时，“十二五”规划纲要明确规定：“十二五”期间最低工资标准年均增长13%以上，绝大多数地区最低工资标准达到当地城镇从业人员平均工资的40%以上。同时，各地制定的“十二五”规划也提出相应的目标和要求。在此背景下，近几年各级政府高度重视保障和改善民生，围绕改革工资制度、合理调整收入分配关系采取了一系列措施，其中最低工资标准即是一个重要抓手。在此背景下，2010年，最低工资标准全国共有30个省（区、市）进行了24%左右的调整；2011年，全国共有24个省（区、市）进行了22%左右的调整。相关规划及政策引导为近年工资较快增长提供了宏观政策依据和制度保障。

三、最低工资标准调整影响分析

（一）理论分析

对最低工资标准持消极观点的，主要来源于标准经济学理论。比如，斯蒂格勒认为实施最低工资制度将导致劳动供给增加，同时导致用人单位需求减少，进而导致失业增加。国内部分经济学家也认为，最低工资制度是政府对劳动力市场的强制管制，扭曲了市场对于资源的配置作用，当最低工资标准超过市场自动形成的均衡工资水平时，必然导致失业[①]，进而从根本上影响普通劳动者的权益[②]；如果最低工资标准低于市场形成的均衡工资水平时，那么最低工资标准的管制就失去了意义。

对最低工资政策持积极观点的，以劳动力市场买方垄断为假设条件。该观点认为人力资源市场买方垄断情况下，工资很难达到劳动者的边际收益，难以满足劳动者本人的生产与再生产，因而有必要设置最低工资标准，以降低企业对劳动者的剥削。并且，一些政策实践研究也证明，实施最低工资政策也没有导致失业。英国最低工资委员会2008年发布报告称："10年前，人们担心最低工资会造成更多失业。因此英国最低工资委员会一直在致力于最低工资影响经济或就业的数据，但是到目前为止我们没有发现任何明显的负面影响"[③]。

（二）途径分析

从不同的角度，可以对最低工资标准提升带来的影响做出不同的分析。这里主要从与最低工资标准相关的国家宏观工资收入分配、用人单位、劳动者3个角度简要分析其影响。

1. 对宏观工资收入分配的影响

"十一五"以来，尽管我国职工工资收入增长超出预期，但是当前收入分配领域仍然存在着突出问题，其中一个重要问题即是企业普通职工工资水平偏低。面对工资收入分配的问题，国家已经明确要通过深化收入分配制度改革，努力使广大职工共享经济社会发展的成果。在市场经济条件下，工资收入分配的宏观调控措施主要是以工资集体协商为主要形式的企业工资决定机制和正常增长机制，工资指导线、人力资源市场工资指导价位和行业人工成本信息发布制度3项宏观指导制度，最低工资正常调整机制等。

在各项制度措施中，最低工资制度是政府调节企业工资分配，保障劳动者特别是低收入劳动者取得劳动报酬权益的重要手段，是"提低、扩中、调

① 这些失业包括要求工人更多付出才可以获取相应工资，进而导致就业人数减少；或者用人单位以技术手段更新代替雇佣工人等。

② 这种观点还认为，最低工资标准高于市场形成均衡价格，但是又不影响失业，那一定是最低工资制度没有得到真正良好贯彻执行。

③ 来源于国际劳工组织专家李相宪"最低工资对工资、劳动成本和就业的影响"，2011年7月"中国最低工资政策专家圆桌谈论"。

高”收入分配制度改革思路实现的重要“抓手”。相比其他各项制度手段而言，最低工资标准调整对普通劳动者群体的影响最为直接，对其他群体工资收入分配的示范性和导向性作用最强，是深化收入分配制度改革的重要组成部分。

2. 对用人单位的影响

最低工资标准提高通过影响用人单位人工成本支出对企业经营发展产生影响。总体来看，对于职工工资在当地最低工资标准附近的企业和行业影响较大，对于工资收入水平远远高于当地最低工资标准、效益较好的行业和企业影响较小。

最低工资标准提升对于劳动密集型行业，对于小型企业影响较大。纺织业、服装鞋帽制造业、建筑业等大多数劳动密集型行业和小型企业，由于资本有机构成的差异，工资和人工成本占总成本的比重相对偏高，利润水平较低①，在这些企业，其薪酬结构大多为固定工资或固定岗位工资外加一部分奖金或加班费，而相当部分企业的固定工资即为最低工资标准，这就决定了最低工资标准调升对其影响较大。

3. 对劳动者的影响

最低工资标准调整对普通劳动者群体的影响最为直接，强制性最强，通过其提升，可以直接提升工资收入低于或者相当于最低工资标准人员的工资收入水平。

另一角度，按照前述理论分析，最低工资标准对于就业可能会产生影响，而就业的变化，失业的增加将会带来贫困。同时，最低工资标准的调整，将可能间接影响到产业结构，进而影响到就业的性别结构②、年龄结构③等，影响到低工资群体的工资收入水平。

（三）实证分析

① 我国劳动密集型行业和小型企业的经济发展方式较为粗放，主要依靠过度的低价竞争，一味拼价格、拼人力、拼环境，市场竞争激烈，利润水平较低。以小企业与大中型企业人均主要经济指标的绝对值比较为例，2009 年大型企业人均工业总产值为 86 万元，中型企业为 57 万元，而纳入统计范围的规模以上小型企业仅为 53 万元；大型企业人均主营业务收入为 88 万元，中型企业为 55 万元，小型企业仅为 51 万元；大型企业人均利润为 5.3 万元左右，中型企业为 4.1 万元左右，小型企业仅为 3.1 万元左右，如全面计算未纳入统计范围的小企业，则人均利润水平更低。

② 如导致女性就业参与率的降低等。

③ 如影响到新进入劳动力市场的年轻人和即将退出的年龄较大劳动力的选择等。

在实证分析中，为了保证横向数据之间的可比性，同时考虑到操作方便[①]，对于涉及的北京市、上海市等在现有最低工资标准的基础上，增加了需个人缴纳的社保费用[②]。并且对于有多个档次最低工资标准的省（区、市），由于数据获取方面的原因，采用了算术平均的方式计算其标准[③]；对于各省会城市，以本省（区）最低工资标准最高档作为其最低工资标准。同时，低工资行业选取了农、林、牧、渔业，建筑业，批发和零售业，住宿和餐饮业，居民服务和其他服务业 5 大行业。

1. 对工资较低行业工资收入的影响

选择职工平均工资、最低工资标准、人均 GDP、CPI、人均消费性支出 5 个指标作为自变量，以农、林、牧、渔业，建筑业，批发和零售业，住宿和餐饮业，居民服务和其他服务业等分地区分行业的职工平均工资作为因变量，尝试性量化分析最低工资标准调整对于这些行业工资提升的影响程度。

之所以选择上述几项指标作为自变量，主要是考虑到某一地区某一行业工资水平一般受到当地外部劳动力市场价位（职工平均工资指标作为代表[④]）、行业内部劳动生产率（人均 GDP 指标作为代表[⑤]）、社会物价变动（居民消费价格指数和人均消费性支出指标[⑥]作为代表）、政府工资分配宏观调控手段（最低工资标准[⑦]）等影响。

由于篇幅原因，具体相关回归分析过程及图表略，相关回归分析结果如下：

---

① 不包含本人缴纳社保的省（区、市）相对较少。

② 需个人缴纳的社保费用，按照相关社保规定，以社会平均工资的 60%为基数，个人缴纳部分按照 10%计（养老 8%，医疗 2%左右，其他个人缴纳较少，忽略不计），当然各省（区、市）对于农民工、灵活就业人员等特殊人群还有一些特殊规定，但总体水平大体相当。

③ 更细致的计算方法可以依据各个档次最低工资标准所适用的就业人员来计算其加权平均值作为代表。

④ 职工平均工资高低不一定是真实的社会工资收入水平高低，但是考虑到数据的易得性和连续性（私营单位就业人员平均工资发布时间距今较短），同时考虑到总体的变化具有一定的同向性，选择其作为代表指标。

⑤ 分地区分行业劳动生产率相关数据较为欠缺，此处采用人均 GDP 作为代表，它与行业劳动生产率变化具有一定同向性。

⑥ 由于 CPI 是居民消费价格指数，不是绝对值，导致各个省（区、市）之间不可比，为此引入人均消费性支出这一绝对数作为代表，在一定程度上弥补物价指数的不足。

⑦ 政府工资分配宏观调控手段还有国有企业工资总额管控、工资指导线、工资指导价位等，但是本文以最低工资作为自变量，此处将其引入。

不同行业平均工资变化的影响因素有所不同。对于住宿和餐饮业，其职工工资变化主要受到职工平均工资和人均 GDP 变化的影响，两者合计可以解释住宿和餐饮业职工平均工资变化的 68.3%（调整 R^2）。农、林、牧、渔业职工平均工资与所在省（区、市）职工平均工资关系较大，单单这一自变量可以解释农、林、牧、渔业职工平均工资变化的 81.7%（调整 R^2），所在省（区、市）职工平均工资每变化 1 个单位，相应农、林、牧、渔业职工平均工资变化 0.576 个单位。建筑业职工平均工资与所在省（区、市）职工平均工资、所在省（区、市）人均 GDP 之间的关系较大，这两个自变量可以解释建筑业职工平均工资变化的 91.2%（调整 R^2），所在省（区、市）职工平均工资每变化 1 个单位，相应建筑业职工平均工资变化 0.599 个单位；所在省（区、市）人均 GDP 每变化 1 个单位，相应建筑业职工平均工资变化 0.246 个单位。批发和零售业职工平均工资与所在省（区、市）人均消费性支出、所在省（区、市）人均 GDP 之间的关系较大，这两个自变量可以解释批发和零售业职工平均工资变化的 76.7%（调整 R^2），所在省（区、市）人均消费支出每变化 1 个单位，相应批发和零售业职工平均工资变化 1.137 个单位；所在省（区、市）人均 GDP 每变化 1 个单位，相应批发和零售业职工平均工资变化 0.201 个单位。居民服务和其他服务业职工平均工资与所在省（区、市）人均消费性支出之间的关系较大，单单这一自变量可以解释居民消费业职工平均工资变化的 58.2%（调整 R^2），所在省（区、市）人均消费支出每变化 1 个单位，相应批发和零售业职工平均工资变化 1.404 个单位。

相关及回归分析结果还显示，最低工资标准与几个行业平均工资之间具有较明显的相关性，但是在控制其他变量的情况下，最低工资标准对于行业职工平均工资的变化均不显著，也就是说，没有因为最低工资标准的调整而导致行业平均工资的显著变动。当然，这种不显著至少可能是以下几方面原因造成的：一是可能的确不显著，说明当前各省（区、市）的最低工资标准对于其适用人员影响比较直接，但是影响人数相对较少，而因变量选择的是行业平均工资，而不是行业最低收入组的平均工资，尚不足以对某一行业的工资分配带来显著性影响①；二是可能为现有统计带来的误差，分行业职工平

① 某种程度上讲，这也是我们希望看到的结果，说明近些年的最低工资标准调整尚在合理适度范围内，既发挥了保障作用，又没有对市场化收入分配产生过大冲击。

均工资作为因变量，其统计值与实际行业工资分配水平有着较大差异，对于职工平均工资变化没有显著影响，不代表对于实际行业工资分配水平没有影响；三是可能为变量操作化过程出现的误差，比如以平均档次最低工资作为最低工资代表，没有计算包括适用人群下的加权最低工资等；四是也可能存在最低工资标准执行情况松紧程度不同，导致最低工资标准作为解释变量失去意义等。

2. 对企业承受力及竞争力的影响

总体来看，工资及人工成本占主营业务成本比重较小，提高最低工资标准对企业承受力有影响但不是决定因素，同时近两年人工成本占总成本比重有所上升这一状况需引起关注。

以对最低工资标准调整和人工成本上升最敏感的劳动密集型行业中私营企业为例，总体来看，大多数制造业细分行业企业人工成本占主营业务成本的比重都在 3%～10%之间（见表 9—3），相对于其他成本所占比重而言，其占比较小。但是相比 2009 年，几乎所有行业的人工成本占主营业务成本比重都有所上升，这就说明，2010 年相比 2009 年人工成本增速较快，这一变化需要引起关注。

表 9—3　　2009—2010 年制造业部分细分行业劳动密集型私营工业企业人工成本占比对照表

行业	2010 年		2009 年	
	人工成本①占主营业务成本比重	行业主营业务成本利润率	人工成本占主营业务成本比重	行业主营业务成本利润率
农副食品加工业	2.92%	7.96%	2.87%	6.72%
纺织业	5.21%	6.73%	4.92%	5.68%
纺织服装、鞋、帽制造业	9.16%	7.29%	9.08%	6.26%
皮革、毛皮、羽毛（绒）及其制品业	7.57%	9.29%	6.99%	7.53%

① 考虑到私营企业没有细分行业的相关数据，为了保持比较的一致性，将“城镇单位就业人员平均工资”按照细分行业折算为私营单位就业人员平均工资，2010 年上述细分行业所属的制造业城镇单位就业人员平均工资为 30 609 元，制造业私营单位就业人员工资为 20 090 元，私营单位就业人员平均工资仅相当于城镇单位就业人员平均工资的 65.6%，按照其比例相应测算私营单位细分行业就业人员平均工资；人工成本包括企业为聘用员工而支付的五险一金、劳动保护、教育培训、福利、住房、招聘解聘等全部费用，私营工业企业人工成本总额按照其工资总额的 1.5 倍测算。

续表

行业	2010年		2009年	
	人工成本占主营业务成本比重	行业主营业务成本利润率	人工成本占主营业务成本比重	行业主营业务成本利润率
木材加工及木、竹、藤、棕、草制品业	4.56%	8.51%	4.49%	7.65%
家具制造业	6.80%	8.19%	6.21%	7.06%
造纸及纸制品业	5.05%	7.92%	5.17%	7.20%
文教体育用品制造业	7.99%	7.63%	7.72%	5.85%
橡胶制品业	5.68%	8.73%	5.78%	8.32%
塑料制品业	5.54%	7.66%	5.42%	6.39%
非金属矿物制品业	4.90%	10.28%	4.94%	8.87%
通信设备、计算机及其他	10.04%	8.64%	10.22%	7.33%
工艺品及其他制造业	6.21%	7.49%	6.27%	6.74%

同时，第二、第三产业对工资和人工成本上升的承受能力有所不同，工资和人工成本增幅超过15%时，将会对第二产业企业的整体承受能力产生负面影响。在“十一五”期间，第二产业劳动生产率年均递增12.1%，第三产业年均递增15.8%。第二产业由于就业人数增加速度较快，尽管增加值规模增长较快，但其劳动生产率的上升速度相对较慢，其对人工成本水平上升的消化吸收能力相对较弱。按照“十一五”期间的劳动生产率增幅，如果今后一段时期工资及人工成本水平年递增速度超过12%，第二、第三产业有可能将人工成本绝对水平的上升因素全部加以消化吸收，整体上不会对企业的生存发展能力和竞争力水平带来影响。但如果工资及人工成本水平年递增速度达到15%，同时劳动生产率仍然维持原有增速，甚至类似2011年及2012年第一季度有所下降，则会对第二产业部分企业带来较大的人工成本和总成本上升压力。

此外，名义工资及人工成本增长幅度整体超过制造业劳动生产率提高幅度，工资调整对细分行业之间影响程度差异较大。数据分析结果显示，2004—2008年，制造业全部工业企业名义人工成本增长幅度超过劳动生产率增长幅度，相对人工成本以年均1.7%的速度递增，同时细分行业之间差异明显。2004—2008年，制造业全部细分行业人工成本年均递增18.74%，代表劳动生产率的人均工业总产值指标年均递增仅有16.80%，总体上相对人工成本处于上升状态。

制造业内部30个细分行业之间的相对人工成本水平变动情况也存在明显差异。其中，烟草制品业等8个行业企业的相对人工成本水平处于逐年下降状态，农副食品加工业等22个行业企业的相对人工成本水平却处于逐年上升状态。因此，近几年我国多数制造业企业已经感受到了比较明显的相对人工成本水平逐年上升压力，并对其生产经营造成不同程度的负面影响。其中，相对人工成本上升幅度较大的行业有通信设备、计算机及其他电子设备制造业，农副食品加工业，塑料制品业，家具制造业，皮革、毛皮、羽毛（绒）及其制品业等，年递增速度均超过4%，另有纺织、服装等许多行业企业也在2%～4%之间（见表9—4）。

表9—4　2004—2008年工业企业人工成本与劳动生产率增长状况表①

行　业	人工成本②年递增	人均工业总产值③年递增	相对人工成本年递增
制造业	18.74%	16.80%	1.7%
农副食品加工业	21.01%	15.02%	5.2%
食品制造业	17.83%	17.07%	0.7%
饮料制造业	18.97%	16.47%	2.1%
烟草制品业	11.96%	14.97%	−2.6%
纺织业	19.61%	16.77%	2.4%
纺织服装、鞋、帽制造业	17.66%	14.93%	2.4%
皮革、毛皮、羽毛（绒）及其制品业	18.47%	13.70%	4.2%
木材加工及木、竹、藤、棕、草制品业	19.28%	18.41%	0.7%
家具制造业	18.54%	13.58%	4.4%
造纸及纸制品业	18.88%	18.77%	0.1%
印刷业和记录媒介的复制	14.33%	13.73%	0.5%
文教体育用品制造业	16.88%	14.20%	2.3%
石油加工、炼焦及核燃料加工业	15.98%	20.03%	−3.4%
化学原料及化学制品制造业	20.08%	18.84%	1.0%

① 本表根据《中国经济普查年鉴（2004）》和《中国经济普查年鉴（2008）》整理。

② 本表中人工成本包括从业人员工资及部分保险福利费用。

③ 本表中以人均工业总产值代表劳动生产率，衡量人均产出，未剔除价格变动因素。

续表

行　业	人工成本年递增	人均工业总产值年递增	相对人工成本年递增
医药制造业	18.28%	16.92%	1.2%
化学纤维制造业	16.23%	15.30%	0.8%
橡胶制品业	18.56%	17.37%	1.0%
塑料制品业	18.37%	13.04%	4.7%
非金属矿物制品业	18.94%	22.56%	−3.0%
黑色金属冶炼及压延加工业	17.03%	24.53%	−6.0%
有色金属冶炼及压延加工业	19.74%	24.23%	−3.6%
金属制品业	18.81%	16.86%	1.7%
通用设备制造业	17.46%	18.19%	−0.6%
专用设备制造业	17.68%	18.35%	−0.6%
交通运输设备制造业	17.16%	15.13%	1.8%
电气机械及器材制造业	19.60%	15.93%	3.2%
通信设备、计算机及其他电子设备制造业	19.89%	3.37%	16.0%
仪器仪表及文化、办公用机械制造业	17.35%	13.45%	3.4%
工艺品及其他制造业	16.85%	19.53%	−2.2%
废弃资源和废旧材料回收加工业	19.29%	15.31%	3.5%

数据分析结果还显示，2009—2010 年，规模以上制造业 30 个细分行业中，名义工资增幅超过人均工业总产值增幅的达到 12 个行业，2 个行业名义工资增幅超过人均净产出增幅；并且细分行业之间差异较大；全部 30 个细分行业中有 12 个行业名义工资增幅高于人均工业总产值增幅，家具制造业等个别行业两者相差幅度还较大。同时，总体上以人均税费、利润为代表的净产出增速大多高于名义工资增幅，但烟草制品业和橡胶制品业 2 个行业人均工资增幅超过了人均净产出增幅（见表 9—5）。

这就说明，近两年制造业内部部分行业企业工资增长和劳动生产率增长不相适应。农副食品加工业，食品制造业，饮料制造业，烟草制品业，纺织业，木材加工及木、竹、藤、棕、草制品业，家具制造业，文教体育用品制造业，通信设备、计算机及其他电子设备制造业等行业人工成本增长压力相对较大。

表 9—5　2010 年相比 2009 年制造业细分行业规模以上企业劳动生产率与人均工资增速比较

行　业	2010 年相比 2009 年增速		
	人均工业总产值	人均净产出	平均工资
农副食品加工业	14.30%	34.88%	14.52%
食品制造业	13.89%	23.58%	16.96%
饮料制造业	12.23%	15.89%	15.17%
烟草制品业	12.61%	15.00%	17.15%
纺织业	18.30%	36.02%	19.15%
纺织服装、鞋、帽制造业	18.67%	33.14%	15.21%
皮革、毛皮、羽毛（绒）及其制品业	14.55%	30.09%	18.54%
木材加工及木、竹、藤、棕、草制品业	17.88%	24.40%	16.28%
家具制造业	13.50%	25.97%	22.30%
造纸及纸制品业	22.04%	29.41%	16.44%
印刷业和记录媒介的复制	15.72%	20.58%	13.92%
文教体育用品制造业	13.86%	23.35%	18.53%
石油加工、炼焦及核燃料加工业	25.41%	13.33%	13.11%
化学原料及化学制品制造业	20.62%	39.61%	13.90%
医药制造业	15.22%	19.43%	14.37%
化学纤维制造业	22.10%	79.83%	16.18%
橡胶制品业	17.92%	14.20%	16.63%
塑料制品业	15.98%	29.42%	17.35%
非金属矿物制品业	20.58%	32.62%	16.95%
黑色金属冶炼及压延加工业	13.62%	23.02%	12.36%
有色金属冶炼及压延加工业	26.76%	46.20%	11.48%
金属制品业	15.99%	34.38%	16.96%
通用设备制造业	15.82%	29.42%	14.83%
专用设备制造业	18.86%	36.55%	14.87%
交通运输设备制造业	15.42%	30.32%	16.59%
电气机械及器材制造业	13.67%	20.86%	12.09%
通信设备、计算机及其他电子设备制造业	5.94%	37.79%	12.16%
仪器仪表及文化、办公用机械制造业	13.53%	25.33%	14.42%
工艺品及其他制造业	23.56%	34.82%	15.45%
废弃资源和废旧材料回收加工业	56.62%	79.11%	4.28%

四、展望及建议

（一）2012年展望

相比2011年、2010年最低工资标准的补偿性调整特征而言，2012年我国最低工资标准将会进入正常调整节奏，调整幅度将会有所减缓，调整范围将会有所缩小，但总体调整速度仍会相对较快，稳中有进。

之所以做出以上展望，是与影响最低工资标准调整的相关因素的变化紧密相关的。一是经济增速下降，不确定因素较多，企业效益提升困难，从根本上限制了最低工资标准的快速提升。2012年，我国经济仍运行在适度较快增长区间，但是国际形势不确定性继续增加，外需不足的矛盾比较突出；国内房地产等宏观调控措施还在继续实施，内需有所趋缓；2012年1—5月份，全国规模以上工业企业实现利润18 434亿元，同比下降2.4%。二是物价增速趋缓，通货膨胀对最低工资快速增长的压力有所减缓。2012年上半年全国居民消费价格指数CPI增长3.3%，相比2011年5.4%的增幅明显回落。由于最低工资标准的首要目的是保证普通劳动者的基本生活，CPI的增幅下降，减缓了物价给最低工资标准调整带来的被动压力。三是经过2010年全国30个省（区、市）24%、2011年全国24个省（区、市）22%的最低工资标准调整，最低工资标准已经基本实现了恢复性增长，结合“十二五”规划年均13%的增长幅度，2012年不大可能出现20%以上的增长幅度。当然，由于劳动力市场的转变还在持续进行，普通劳动者共享经济社会发展成果的诉求仍很强烈，所以2012年最低工资标准的调整速度仍会相对较快。

（二）相关建议

1. 在提高最低工资标准立法层次的同时，要进一步增强最低工资制度的适应性

目前，随着最低工资制度发挥作用日益增大，最低工资的立法层次需要进一步提高。特别是在当前企业工资立法障碍较多，共识难以形成的背景下，更有必要加快提升最低工资制度立法层次的步伐。

无论是在制定还是落实环节，均需首先提高最低工资标准的立法层次。在制定环节，要提高科学性要求；在落实环节，要强化用人单位违反最低工资规定的法律责任。

此外，最低工资立法层次的提高，可研究改变简单统一的地区性最低工资标准确定模式，按照强制程度差别不同分别构建地区性、行业性、工种性[①]最低工资标准制度，丰富最低工资标准的体系构成。同时，可进一步明确最低工资标准的内涵。

在提升立法层次的同时，要进一步增强最低工资制度的适应性，兼顾解决其实施以来存在的一些问题。比如对包食宿、季节性生产等如何适用最低工资标准；比如对计件工资制、提成工资制等特殊工资形式的最低工资保障制度；比如对“劳动者在法定时间内提供了正常劳动前提下”，这一最低工资标准的“正常劳动”前提应给予操作性解释，等等。这样将使得最低工资制度既容易实施，又能兼顾各方的利益。

2. 在加快最低工资标准调整幅度的同时，要把握其节奏和适度性

由于各地的实际状况有所不同，最低工资标准年均增长13%以上，最低工资标准达到当地城镇单位从业人员平均工资的40%以上，这一“十二五”目标在各地实现的难度也就有所不同。有些地区“十一五”期间最低工资标准的调整相对较慢，水平较低，则其在“十二五”期间达到年均13%以上的增长幅度相对容易，有些地区则不然；有些地区由于人力资源结构、产业结构等原因，导致其最低工资标准占从业人员平均工资的比例与“十二五”规划目标差距较大，实现起来较为困难，有些地区则不然。总而言之，要预先评判各地区最低工资标准的承受能力，把握劳动者和企业之间的平衡，以便合理把握最低工资标准的调整节奏，避免将目标集中在“十二五”的后两年突击完成，既达不到切实维护劳动者权益的目的，也可能使得用人单位难以承受。

同时，各地调整最低工资标准要顺势而为。随着我国社会主义市场经济体制的建立和逐步完善，我国已经形成了以市场为基础的工资决定机制，这是决定工资水平及工资增长状况的一条根本原则。尽管最低工资标准属于国家宏观调控范畴，但是这种宏观调控也需要顺应劳动力市场供求关系和企业劳动生产率的提高程度。

3. 牢牢把握最低工资标准保障低工资群体生产与再生产这一首要目的，

---

① 行业性、工种性可以作为推荐性标准，推动相关集体协商以其为基础展开谈判。

统筹兼顾好相关方面

当前，最低工资制度具有承载内容较多的倾向。由于收入分配问题的复杂性和敏感性，最低工资的强制性和明确性，最低工资制度成为缓解收入差距拉大，构建普通职工共享经济社会发展成果的重要举措，承载内容较多。从某种程度上来讲，最低工资标准对于提高劳动者的报酬，特别是企业一线工人的工资，有非常重要的作用。但是另一方面，最低工资标准应该根据经济的发展、物价的上涨情况、企业劳动生产率的提高等情况来适时调整，而不应该作为缓解收入分配差距扩大，建立普通职工工资正常增长机制的最重要甚至唯一途径。

4. 建立国家层面的最低工资制度评估机制，加强对各省（区、市）最低工资制定和实施的指导

现有最低工资制度在实践中存在着较多问题，弹性较大。要通过开展最低工资标准评估，进一步发挥人力资源社会保障部对于最低工资标准调整的指导作用，带动各地进一步完善最低工资标准制定程序，促使各地保持最低工资标准的适度增长。在起步阶段，建议以明确数据来源的一致性为先导，逐步开展最低工资标准评估；以宏观综合指导性评估起步，最终转为对每一省（区、市）最低工资标准影响的具体评估；以规范性起步，逐步加大对各省（区、市）最低工资标准调整的适度性评估；以新的最低工资标准调整与前次调整之间的评估为主，逐步增加对各省（区、市）自身纵向时间维度和横向省（区、市）之间协调性维度的评估。

第十章
企业人工成本

根据国家统计局发布数据，2009 年全国货币平均工资增长速度为 11.6%，2010 年为 13.3%，2011 年为 14.3%。工资增长速度明显加快，是国民经济继续保持良好发展状态的结果，也是国家积极促进职工工资增长的政策效果的显现。工资加快增长不仅有利于提高劳动者的生活水平和质量，也有利于逐步提高劳动报酬占初次分配的比重，进一步扩大国内消费需求，从而不断增强国民经济发展的内生动力。但从另一方面分析，工资是企业人工成本的主要构成部分，工资增长与企业其他人工成本项目增长都有不同程度的直接或间接关系，工资快速增长必然带动企业人工成本整体水平加快上升，企业人工成本支出压力也会相应增大。人工成本是企业成本费用总额的重要构成部分，对于劳动密集型企业，人工成本占企业成本费用的比重非常高，人工成本的快速增长对企业利润及生存发展都会带来更大压力。因此，工资及人工成本水平就像是一把“双刃剑”，经济增长、社会进步、职工生活、企业发展，都要求工资及人工成本水平逐步提高，但又必须与国民经济的发展程度和企业的承受能力相适应，如此才能发挥工资及人工成本水平上升的积极作用，削弱其负面影响，形成经济发展、企业效益提高和劳动者收入增长的良性循环。

一、部分省（区、市）人工成本变动分析

（一）2009—2010 年我国部分省（区、市）人工成本变动情况

经过十多年的实践探索，我国部分省、自治区和直辖市在一些中心城市建立了行业人工成本调查统计和数据发布制度，但尚未建立覆盖全国各个地区的行业人工成本调查统计和数据发布制度。尽管各地区在统计调查范围、

统计发布方式等方面存在一些区别，在数据质量上还存在一些问题，但从比较有代表性的地区最新统计发布的基本数据中，仍然可以观察我国人工成本水平及指标变动方面的总体状况及基本特征。表 10—1 选择了我国较有代表性的 6 个省（区、市），分别处于我国东部、中部和西部地区，其工资和人工成本水平的变动情况基本可以反映我国的总体情况。

表 10—1　2009—2010 年部分地区职工工资及人工成本水平增长情况

城市	职工平均工资（元）		人均人工成本（元）		工资增长率		人工成本增长率	
	2009	2010	2009	2010	2009	2010	2009	2010
上海	63 549	71 847	84 555	101 222	12.35%	13.06%	8.69%	19.71%
沈阳	38 576	41 899	63 061	53 939	15.00%	8.61%	18.61%	-14.47%
成都	27 272	30 515	43 484	51 228	10.45%	11.89%	11.45%	17.81%
贵阳	28 026	31 128	43 950	44 968	6.21%	11.07%	8.53%	2.32%
大连	38 766	44 617	57 054	61 541	13.00%	15.09%	15.00%	7.86%
青海	33 561	37 182	55 783	63 835	8.32%	10.79%	6.11%	14.43%

说明：

1. 本表数据根据各地区发布的年度工资和人工成本数据整理。
2. 工资和人工成本水平及增长率均为名义增长率，未剔除物价变动因素。
3. 成都市工资统计口径比其他城市大，故存在工资水平不可比因素。

1. 我国地区之间工资水平和人工成本水平两方面的差距仍然呈现继续扩大现象

从 2010 年职工工资水平看，6 省（区、市）中最高的仍然是上海市，最低的是贵阳市，与 2009 年的情况完全一致。2009 年上海市工资水平是贵阳市的 2.27 倍，2010 年这一差距扩大到 2.31 倍。从 2010 年人工成本水平看，6 省市中最高的仍然是上海市，最低的是贵阳市，与 2009 年的情况也完全一致。2009 年，上海市人工成本水平是贵阳市的 1.92 倍，2010 年这一差距扩大到 2.25 倍。这反映出我国不同区域间工资水平和人工成本水平之间的差距都存在着继续扩大的趋势。这种趋势完全可以从两市工资水平和人工成本水平的增长率的差距上反映出来。2009 年，上海市职工工资水平的增长率是贵阳市的 1.99 倍，人工成本水平的增长率是贵阳市的 2.14 倍；2010 年，上海市职工工资水平的增长率是贵阳市的 1.18 倍，人工成本水平的增长率是贵阳市的 8.5 倍。尽管两市人工成本水平的差距要小于工资水平之间的差距，但从增长趋势上看，两市人工成本水平增长率的差距正在逐步加速扩大，可能会很快出现两市人工成本水平的差距赶上或超过工资水平差距的现象。

2. 各地区工资水平增长速度与人工成本水平增长速度很不协调，甚至出现个别地区人工成本水平大幅下降的异常现象

根据表10—1，2010年在6省（区、市）中，上海市、成都市和青海省的人工成本水平增长速度高于其工资水平增长速度分别为6.65个百分点、5.92个百分点和3.64个百分点，人工成本水平和工资水平增速的差异很大；沈阳市、贵阳市和大连市的人工成本水平增长速度低于其工资水平增长速度分别为23.08个百分点、8.75个百分点和7.23个百分点，人工成本水平和工资水平增速的差异更大。特别是沈阳市，尽管2010年工资水平增长速度从2009年的15%减缓至8.61%，但是在工资仍然保持增长的状态下，其人工成本水平增长速度却异常出现了−14.47%的大幅下降。经分析，沈阳市出现人工成本异常变动的原因在于，2008年沈阳市人工成本抽样调查户数是379户，2009年是383户，但在2010年一下子增加到1 300多户。每年抽查的企业总户数和各行业户数变化较大，调查对象的内部结构变化较大（比如将许多人工成本水平较低的企业纳入到新的调查范围），必然影响人工成本数据的稳定性。沈阳市2010年将调查户数增加至1 300多户，从长远考虑是应当做的事情，因为只有调查户数达到一定规模才有利于增加人工成本数据的代表性和真实性，由此导致数据出现较大变化也在所难免。

3. 工资水平基本保持我国东、中、西部梯次递减格局，但个别中、西部城市人工成本水平上升速度较快

2010年，在6省市中，上海市、大连市的工资水平仍然明显高于中、西部省市。但从表10—1中可以发现，成都市和青海省的人工成本水平增长速度较快，其中青海省人工成本水平已经从2009年的第4位上升到2010年的第2位。

（二）全国部分地区主要行业人工成本变动情况

与我国各地区和各行业职工工资水平存在较大差距相同，各地区内部不同行业的人工成本水平以及各地区相同行业的人工成本水平也都存在较大差距。在每个地区的不同行业之间，由于各个行业在资本有机构成、技术装备水平和职工综合素质结构等方面都存在较大差异，所以不同行业的工资水平和人工成本水平都会存在明显差异，在人事费用率、劳动分配率、人工成本利润率等人工成本主要分析指标方面也会存在明显差异。因此，对人工成本

的绝对水平和相对水平比较有必要在同行业之间进行。当然，不同行业之间的工资水平和人工成本水平之间的差距也应该适度，如果对这一差距的持续扩大趋势不加以控制并逐步扭转，将会对我国在“十二五”时期实现逐步扭转收入差距扩大趋势的目标任务产生不利影响，也与全面建设小康社会目标相背离。

如表10—2所示，在北京市9个行业中，2009年人工成本水平最高的行

表10—2　　2009—2010年5城市9行业人工成本水平及增长情况

地　区	2009年平均人工成本（元）	2010年平均人工成本（元）	年度增长率（%）
北　京			
制造业	62 250	74 312	19.38
电力、燃气和水的供应业	88 237	90 861	2.97
建筑业	54 904	89 111	62.30
交通运输、仓储和邮政业	62 791	66 592	6.05
信息传输、计算机服务和软件业	94 916	87 766	−7.53
批发和零售业	51 887	63 535	22.45
住宿和餐饮业	44 565	49 213	10.43
金融业	176 771	199 360	12.78
房地产业	65 914	67 560	2.50
上　海			
制造业	80 018	102 401	27.97
电力、燃气和水的供应业	138 939	172 034	23.82
建筑业	90 962	108 121	18.86
交通运输、仓储和邮政业	84 425	80 429	−4.73
信息传输、计算机服务和软件业	149 975	146 591	−2.26
批发和零售业	49 972	72 199	44.48
住宿和餐饮业	44 704	55 099	23.25
金融业	209 775	238 467	13.68
房地产业	64 467	76 022	17.92
沈　阳			
制造业	58 136	61 008	4.94
电力、燃气和水的供应业	71 639	71 240	−0.56
建筑业	58 032	47 345	−18.42

续表

地　区	2009年平均人工成本（元）	2010年平均人工成本（元）	年度增长率（%）
交通运输、仓储和邮政业	38 391	78 047	103.30
信息传输、计算机服务和软件业	78 237	64 806	−17.17
批发和零售业	47 007	35 931	−23.56
住宿和餐饮业	32 483	38 737	19.25
金融业	120 898	119 622	−1.06
房地产业	59 643	60 375	1.23
贵　阳			
制造业	45 190	50 429	11.59
电力、燃气和水的供应业	65 212	55 554	−14.81
建筑业	33 391	26 214	−21.50
交通运输、仓储和邮政业	43 874	40 613	−7.43
信息传输、计算机服务和软件业	70 242	74 637	6.26
批发和零售业	41 151	63 949	55.40
住宿和餐饮业	26 023	26 538	1.98
金融业	135 723	167 340	23.30
房地产业	52 686	53 503	1.55
成　都			
制造业	36 347	39 337	8.23
电力、燃气和水的供应业	71 084	65 480	−7.88
建筑业	29 797	41 937	40.74
交通运输、仓储和邮政业	63 883	66 814	4.59
信息传输、计算机服务和软件业	75 305	87 488	16.18
批发和零售业	51 539	38 405	−25.48
住宿和餐饮业	25 455	33 864	33.03
金融业	120 549	122 768	1.84
房地产业	20 505	33 912	65.38

说明：

1. 本表根据各城市统计发布的行业人工成本年度抽样调查数据进行整理。

2. 本表在各城市统计发布的行业人工成本数据中只选取了9个有代表性和可比性的按国民经济大行业分类的行业人工成本数据。

3. 由于部分省市行业人工抽样调整方式方法仍不规范，本表中数据的准确性和可比性还有待提高。

业是金融业，最低的行业是住宿和餐饮业，两者差距为3.97倍；2010年人工成本水平最高的行业仍是金融业，最低的行业也仍然是住宿和餐饮业，两者差距进一步扩大到4.05倍。虽然金融业人工成本增长速度从2009年的149.44%回落到2010年的12.78%，但增加额仍较多。北京市9个行业的人工成本水平年度增长差别很大，建筑业增长最快，增速为62.3%；批发和零售业居次席，增速为22.45%；房地产业以及电力、燃气和水的供应业增速很慢，仅分别增长了2.5%和2.97%；信息传输、计算机服务和软件业的人工成本水平反而呈现下降状态，增速为－7.53%。

在上海市9个行业中，2009年人工成本水平最高的行业是金融业，最低的行业是住宿和餐饮业，两者相差4.69倍；2010年人工成本水平最高的行业仍然是金融业，最低的行业也仍然是住宿和餐饮业，两者相差4.33倍，最高与最低行业差距继续回落。上海市9个行业的人工成本水平年度增长差别也比较大，其中批发和零售业增长最快，增速为44.48%；制造业居次席，增速为27.97%；信息传输、计算机服务和软件业以及交通运输、仓储和邮政业的人工成本水平呈现下降状态，增速分别为－2.26%和－4.73%。

在沈阳市9个行业中，2009年人工成本水平最高的行业是金融业，最低的行业是住宿和餐饮业，两者相差3.72倍；2010年，人工成本水平最高的行业仍然是金融业，最低的行业变成了批发和零售业，最高最低行业人工成本水平相差3.33倍，最高最低的差距有所回落。主要原因在于，2010年沈阳市金融业的人工成本水平下降了－1.06%。沈阳市9个行业的人工成本水平年度增长差别也很大，其中交通运输、仓储和邮政业增长最快，增速为103.3%；人工成本水平下降的行业较多，除金融业以外，批发和零售业，建筑业，信息传输、计算机服务和软件业，电力、燃气和水的供应业的人工成本水平的增速分别为－23.56%、－18.42%、－17.17%和－0.56%。

在贵阳市9个行业中，2009年人工成本水平最高的行业是金融业，最低的行业是住宿和餐饮业，两者相差5.22倍；2010年人工成本水平最高的行业仍然是金融业，最低的行业变成了建筑业，最高最低人工成本水平差距为6.38倍，最高最低的差距在一年间猛然扩大了1.16倍，在金融业人工成本水平继续大幅增长的同时，建筑业人工成本水平反而出现了大幅下降。贵阳市9个行业的人工成本水平年度增长差别也比较大，其中批发和零售业增长最快，增速高达55.4%；同为劳动密集型行业和低工资行业的住宿和餐饮业的人工成本水平却增长很慢，只有1.98%；同年有3个行业的人工成本水平出现下降，其中建筑业为−21.5%，电力、燃气和水的供应业为−14.81%，交通运输、仓储和邮政业为−7.43%。

在成都市9个行业中，2009年人工成本水平最高的行业是金融业，最低的行业是房地产业，两者相差5.88倍；2010年人工成本水平最高的行业仍然是金融业，最低的行业变成了住宿和餐饮业，两者相差3.63倍，最高最低的差距大幅回落。成都市9个行业的人工成本水平年度增长差别也比较大，其中房地产业增长最快，增速高达65.38%；建筑业居次席，增速为40.74%；金融业增速较慢，只有1.84%；有2个行业的人工成本水平出现下降，其中批发和零售业为−25.48%，电力、燃气和水的供应业为−7.88%。

（三）不同类型企业人工成本水平增长情况——以上海市为例

2010年企业人工成本水平总体增长较快，但是在不同类型企业之间也存在明显差距，可能造成其对于不同类型企业生产经营和经济效益方面的影响有所不同。因此，有必要对不同所有制企业和不同规模企业进行分类分析。鉴于目前对外发布行业人工成本信息的多数地区对不同类型企业信息的发布还很不完善，这里暂以披露信息比较翔实的上海市为例进行分析（见表10—3）。

表10—3　上海市不同所有制企业人工成本水平增长情况

	2009年（元）	2010年（元）	年增长幅度（%）
全行业企业	**84 555**	**101 222**	**19.71**
国有企业	100 589	105 546	4.93
集体企业	46 797	69 542	48.60
港澳台投资企业	57 502	71 581	24.48
外商投资企业	86 442	111 773	29.30
私营企业	34 823	54 034	55.17
制造业企业	**80 018**	**102 401**	**27.97**
国有企业	101 297	114 576	13.11
集体企业	36 052	54 753	51.87
港澳台投资企业	59 138	84 725	43.27
外商投资企业	82 579	107 424	30.09
私营企业	32 452	51 571	58.91

说明：本表根据上海市发布的当年人工成本统计数据加工计算。

1.2010年上海市不同所有制企业人工成本水平增长情况分析

从全行业企业角度分析，上海市2010年各类企业平均人工成本水平总体上升19.71%，但各类企业差异较大。国有企业的人工成本水平2009年在各类企业中最高，但由于2010年仅增长了4.93%，所以在2010年其人工成本水平已退居次席，低于外商投资企业。2010年，上海市人工成本水平增长最快的是私营企业，增速高达55.17%；其次是集体企业，增速为48.6%；增速居中的分别是外商投资企业和港澳台投资企业，分别增长了29.3%和24.48%。除国有企业外，其他各类所有制企业的人工成本水平增长速度均高于上海市平均人工成本水平增长速度。

从制造业企业角度分析，上海市2010年制造业企业人工成本水平整体上升了27.97%，高于上海市人工成本水平平均增幅8.26个百分点。在制造业中，国有企业的人工成本水平增速虽然比全行业国有企业平均增速多8个百分点，但与其他类型制造业企业相比还是最低的。2010年，上海市制造业中私营企业人工成本增速最高，达58.91%；集体企业增速居次席，达51.87%；港澳台投资企业和外商投资企业居中，增速分别为43.27%和30.09%。

上海市全行业和制造业中不同所有制企业人工成本水平增长速度的差异状况基本相同。除国有企业外，集体企业、港澳台投资企业、外商投资企业和私营企业往往是劳动密集型企业、中小企业居多，职工工资收入水平相对偏低，但其人工成本水平上升速度明显加快，一方面说明政府近期积极促进低收入职工工资收入增长的各项政策发挥了应有作用；另一方面也说明劳动力市场供求关系的结构性变化有利于企业普通员工或一线员工的工资收入增长。至于国有企业人工成本水平增速相对减缓，说明政府逐步加强对国有企业工资收入水平的调控发挥出了应有的作用。

2.2010年上海市不同规模企业人工成本水平增长情况分析

从表10—4中可以发现，2010年上海市无论是全行业企业还是制造业企业，人工成本水平增速都呈现出明显的依次递增现象，也就是大型企业的增长速度最低，中型企业的增长速度居中，小型企业的增长速度最高。小型企业大都是劳动密集型企业，低端劳动力和低收入员工相对集中，其人工成本水平增长如此之快，虽然有利于调节劳资关系，加快低收入员工工资收入增

表 10—4　　上海市不同规模企业人工成本水平增长情况

	2009 年（元）	2010 年（元）	年增长幅度（%）
全行业企业	**84 555**	**101 222**	**19.71**
大型	101 932	119 661	17.39
中型	84 177	99 142	17.78
小型	61 235	75 566	23.40
制造业企业	**80 018**	**102 401**	**27.97**
大型	116 704	137 607	17.91
中型	66 883	85 881	28.40
小型	47 544	64 992	36.70

说明：本表根据上海市发布的当年人工成本统计数据加工计算。

长，但年度之间人工成本增幅过大，超过劳动生产率增长的消化吸收能力，导致其积极影响不足以抵消其负面影响，持续下去易产生对企业生存发展能力的较大伤害。因此，提升人工成本水平需要从长计议、循序渐进，唯此才能既持续有效地增加员工收入，又给予企业逐步提升生产率和竞争力的空间，促成员工和企业互利双赢的局面。

（四）部分省（区、市）投入产出指标变动情况分析

人工成本投入产出指标，既是衡量等量企业人工成本投入所能创造出的经济效益状况的指标，也是反映企业相对人工成本水平变化状况的指标，对于企业的竞争力水平和生存发展能力关系重大。人工成本投入产出指标主要包括人事费用率、劳动分配率、人工成本利润率等。2004 年 12 月，劳动和社会保障部下发的《关于建立行业人工成本信息指导制度的通知》和《行业人工成本信息指导制度实施办法》中曾明确要求各地区发布这类指标。但是到目前为止，许多地区在发布人工成本投入产出指标方面还不全面，多数地区只发布了个别指标，因此还难以就各项指标进行地区间的比较分析。

1. 对部分地区 9 大行业人事费用率指标变动情况的分析

目前，人事费用率指标是多数地区普遍用以统计发布人工成本投入产出数据的指标。

根据表 10—5 分析，2010 年，表中 5 个城市中多数行业企业的人事费用率是下降的，少数行业有所上升。人事费用率下降，说明人工成本水平的上升幅度小于劳动生产率水平的上升幅度，在员工工资收入增长情况下，企业

相对人工成本水平有所下降，为进一步提高企业经济效益水平创造了有利条件。人事费用率上升的效应与此相反，如果其上升到使企业难以获得正常收益的程度，则会削弱企业的竞争力，甚至危及企业生存。

表 10—5　　　　5 城市 9 大行业人事费用率情况表

地　区	2009 年（%）	2010 年（%）	变动幅度
北　京			
制造业	8.10	6.05	−2.05
电力、燃气和水的供应业	9.58	8.87	−0.71
建筑业	5.99	6.65	0.66
交通运输、仓储和邮政业	33.56	33.81	0.25
信息传输、计算机服务和软件业	23.09	5.34	−17.75
批发和零售业	5.22	4.22	−1.00
住宿和餐饮业	23.75	26.49	2.74
金融业	29.51	6.59	−22.92
房地产业	6.39	3.41	−2.98
上　海			
制造业	5.25	4.96	−0.29
电力、燃气和水的供应业	4.34	4.06	−0.28
建筑业	4.46	5.53	1.07
交通运输、仓储和邮政业	12.15	17.04	4.89
信息传输、计算机服务和软件业	9.38	10.66	1.28
批发和零售业	1.62	1.80	0.18
住宿和餐饮业	25.91	24.04	−1.87
金融业	9.72	12.92	3.20
房地产业	7.51	7.09	−0.42
沈　阳			
制造业	8.37	6.98	−1.39
电力、燃气和水的供应业	24.30	11.15	−13.15
建筑业	6.55	4.86	−1.69
交通运输、仓储和邮政业	6.17	6.93	0.75
信息传输、计算机服务和软件业	4.05	11.70	7.65
批发和零售业	4.55	3.42	−1.13
住宿和餐饮业	8.25	13.50	5.25

续表

地　区	2009年（%）	2010年（%）	变动幅度
金融业	17.90	14.22	−3.69
房地产业	2.22	1.10	−1.13
贵　阳			
制造业	8.50	7.48	−1.02
电力、燃气和水的供应业	8.90	11.80	2.90
建筑业	14.70	9.28	−5.42
交通运输、仓储和邮政业	14.30	40.54	26.24
信息传输、计算机服务和软件业	9.00	9.71	0.71
批发和零售业	2.90	3.69	0.79
住宿和餐饮业	19.90	21.05	1.15
金融业	14.50	15.36	0.86
房地产业	3.60	6.61	3.01
成　都			
制造业	6.92	7.17	0.25
电力、燃气和水的供应业	10.40	9.51	−0.89
建筑业	8.90	9.25	0.35
交通运输、仓储和邮政业	7.42	7.46	0.05
信息传输、计算机服务和软件业	23.96	22.63	−1.33
批发和零售业	2.25	2.46	0.21
住宿和餐饮业	20.44	27.03	6.59
金融业	9.11	10.03	0.92
房地产业	50.10	26.57	−23.53

说明：

1. 因部分城市对该指标表达方式不同，本表在5城市发布的人工成本统计数据基础上进行加工整理。

2. 表中人事费用率上升或下降变动幅度以百分点计算。

2010年，北京市9个行业中有6个行业人事费用率降低，其中金融业以及信息传输、计算机服务和软件业两个行业下降幅度很大，分别下降了22.92个百分点和17.75个百分点。根据国外人事费用率统计数据的变化规律，以及国内企业内部的数据变动情况，人事费用率一般在年度之间变化非常微弱，不可能出现大起大落的情况，如果一年间出现10个百分点甚至20个百分点的变化，肯定是在数据采集和统计方面出现了问题。其他行业的上升和下降情况相对正常，其中制造业下降了 2.05 个百分点，电力、燃气和水的供应业下降了 0.71 个百分点，批发和零售业下降了 1 个百分点，房地产业下降了 2.98 个百分点。其中人事费用率上升的 3 个行业变动幅度不大。

2010 年，上海市 9 个行业中有制造业，电力、燃气和水的供应业，住宿和餐饮业，房地产业 4 个行业的人事费用率是下降的，其他 5 个行业则有不同程度的上升，其中交通运输、仓储和邮政业以及金融业上升幅度较大，分别上升了 4.89 个百分点和 3.2 个百分点。

2010 年，沈阳市 9 个行业中有 6 个行业人事费用率是下降的，有交通运输、仓储和邮政业，信息传输、计算机服务和软件业以及住宿和餐饮业 3 个行业是上升的，分别上升了 0.75 个百分点、7.65 个百分点和 5.25 个百分点。

2010 年，贵阳市 9 个行业中只有制造业和建筑业 2 个行业人事费用率下降，分别下降了 1.02 个百分点和 5.42 个百分点；其他 7 个行业的人事费用率均有不同程度上升，其中交通运输、仓储和邮政业上升幅度较大，高达 26.24 个百分点。

2010 年，成都市 9 个行业中有电力、燃气和水的供应业，信息传输、计算机服务和软件业以及房地产业 3 个行业的人事费用率下降，其中房地产业下降幅度高达 23.53 个百分点；其他 6 个行业人事费用率有不同程度上升，其中住宿和餐饮业上升幅度高达 6.59 个百分点。

进一步分析可以发现，上述 5 个城市人事费用率上升和下降变动状况各不相同，许多行业有明显差别，有的地区明显上升，有的地区出现下降。但从重要程度较高的制造业来看，上升或下降情况大体相同，5 个城市中除成都市略有上升外（上升了 0.25 个百分点），其他 4 个城市都是下降的，这反映出我国主体产业的人工成本投入产出状况不仅基本稳定，而且趋向良好，对于继续保持我国制造业相对人工成本水平的优势地位和产业竞争能力十分有利。

2. 对人工成本利润率指标变动情况的分析

从上海市、沈阳市、贵阳市和成都市 4 个城市全行业人工成本利润率年度变动状况来看（见表 10—6），2010 年，上海市和贵阳市各行业平均人工成本利润率有所上升，沈阳市和成都市各行业平均人工成本利润率有所下降，但下降幅度较小。从上述 4 个城市 9 个行业人事费用率变动情况看，各城市制造业都是上升的，说明尽管制造业人工成本水平不断提高，但同时其劳动生产率水平和经济效益水平提高速度更快，行业相对人工成本水平反而有所降低，单位人工成本投入创造出更多利润，对继续提升我国制造业竞争实力十分有利。4城市中制造业以外其他8个行业人工成本利润率变动状况在各城市间并不完全一致，有的城市该行业是上升的，有的城市相同行业是下降的。

表10—6　　4城市全行业及其中9大行业人工成本利润率情况表

地　区	2009年（%）	2010年（%）	变动幅度
上　海	143	190	47
制造业	159	203	44
电力、燃气和水的供应业	61	39	−22
建筑业	78	76	−2
交通运输、仓储和邮政业	20	72	52
信息传输、计算机服务和软件业	221	195	−26
批发和零售业	175	178	3
住宿和餐饮业	51	970	919
金融业	296	267	−29
房地产业	325	313	−12
沈　阳	77	70	−7
制造业	55	63	8
电力、燃气和水的供应业	73	74	0
建筑业	29	50	21
交通运输、仓储和邮政业	42	165	123
信息传输、计算机服务和软件业	70	41	−29
批发和零售业	45	25	−20
住宿和餐饮业	110	41	−70
金融业	188	198	10
房地产业	207	193	−14
贵　阳	62	76	14
制造业	23	45	22
电力、燃气和水的供应业	41	15	−26
建筑业	5	12	7
交通运输、仓储和邮政业	−41	−26	15

续表

地　区	2009 年（%）	2010 年（%）	变动幅度
信息传输、计算机服务和软件业	−43	−180	−138
批发和零售业	235	195	−40
住宿和餐饮业	99	32	−67
金融业	202	259	57
房地产业	371	−19	−390
成　都	92	87	−5
制造业	79	96	17
电力、燃气和水的供应业	76	115	39
建筑业	53	57	4
交通运输、仓储和邮政业	211	207	−3
信息传输、计算机服务和软件业	52	68	17
批发和零售业	478	239	−239
住宿和餐饮业	32	−10	−42
金融业	−64	−32	31
房地产业	60	207	147

说明：

1. 因部分城市对该指标表达方式不同，本表在 4 个城市发布的人工成本统计数据基础上进行加工整理。

2. 表中人工成本利润率以上升或下降变动幅度以百分点计算。

3. 对劳动分配率指标变动情况的分析——以北京市为例

尽管劳动分配率指标是国内外普遍重视又十分重要的衡量人工成本投入产出和相对水平的指标，但目前国内已对外发布行业人工成本信息的地区多数并未发布这一指标信息。这里暂以北京市为例，对 9 个行业劳动分配率变动情况进行初步分析（见表 10－7）。

在北京市 9 个行业中，有 5 个行业劳动分配率有不同程度的下降，有 4 个行业劳动分配率有不同程度的上升。其中，批发和零售业下降幅度超过了 10 个百分点，金融业下降幅度更是超过了 40 个百分点，其中明显存在数据采集和统计方面的问题。建筑业劳动分配率上升幅度超过 22 个百分点，属于异常变化，也存在同样的问题。值得关注的是，2010 年北京市制造业的劳动分配率下降了 4 个百分点，与前面各城市有关制造业人工成本投入产出指标变动情况基本一致，再一次验证了我国制造业人工成本变动情况相同趋势，也

表 10—7　　北京市 9 大行业劳动分配率情况表

行　业	2009 年（%）	2010 年（%）	变动幅度
制造业	35.77	31.76	−4.01
电力、燃气和水的供应业	36.31	34.93	−1.38
建筑业	36.40	58.83	22.43
交通运输、仓储和邮政业	75.42	71.61	−3.81
信息传输、计算机服务和软件业	28.93	38.86	9.93
批发和零售业	41.89	29.94	−11.95
住宿和餐饮业	54.00	57.71	3.71
金融业	61.43	20.62	−40.81
房地产业	19.62	21.80	2.18

说明：

1. 本表根据北京市 2010 年发布的行业人工成本信息资料整理。

2. 劳动分配率上升或下降变动幅度以百分点计算。

证明了我国制造业人工成本竞争优势的总体水平仍在逐步提升。

二、行业人工成本信息指导制度问题分析

十多年来，我国部分省（区、市）建立了以中心城市为依托的行业人工成本信息指导制度，每年向社会发布行业人工成本信息，为企业工资收入分配和政府部门实施调控提供了重要参考依据。但是，行业人工成本信息指导制度建设还不完善，在调查统计方法、指标体系、数据的准确性和实用性等方面都存在一些问题，需要逐步解决，以进一步满足企业经营管理和政府监控指导的实际需要。

（一）部分数据在年度间波动过大，不符合人工成本变动规律

从一些国家和国际组织的相关统计数据中可以发现，一个国家或一个地区的行业人工成本数据，在绝对水平上有逐步提高的特征，在相对水平上有短期基本稳定或小幅波动的特征，如果经济发展并没有出现大的起伏，这类数据在短期内就不会出现大的起伏，否则就是数据调查统计方式本身出现了问题，导致数据失真。

但是从表 10—2 中可以发现，各省（区、市）均有一些行业的平均人工成本水平增长率在一年间出现较大起伏跳跃，如北京市建筑业年增长幅度高达 62.3%，上海市批发和零售业增长幅度高达 44.48%，沈阳市交通运输、

仓储和邮政业增长幅度高达103.3%，贵阳市批发和零售业增长幅度高达55.4%，成都市房地产业增长幅度高达65.38%。不仅如此，各城市个别行业的平均人工成本水平出现了大幅降低的情况，如成都市批发和零售业降低幅度高达25.48%，沈阳市甚至出现了2010年全市平均人工成本水平较大幅降低的情况（—14.47%）。

根据国际、国内企业人工成本分析经验，人事费用率是年度间变动程度最微弱的人工成本统计分析指标。国外行业数据的表现在年度间相对稳定，变动幅度很小。但从表10—5中可以发现，一些地区部分行业的人事费用率数据同样出现了大幅度的起伏跳跃，如北京市金融业人事费用率一年间降了22.92个百分点，降低幅度高达78%：沈阳市电力、燃气和水的供应业人事费用率一年间降了13.15个百分点，降低幅度高达54%；贵阳市交通运输、仓储和邮政业人事费用率一年间上升了26.24个百分点，上升幅度高达183%。

人工成本水平和人事费用率的非正常变化，与地区经济增长状况、行业经济效益变化程度并不匹配，与当地工资增长情况也不匹配，甚至出现反向变动的异常现象。如沈阳市2010年经济增长较快，职工工资也在增长，人工成本总体水平不可能下降。因此，人工成本理论和实践都无法解释这几个城市部分人工成本数据的超常规变化状况，问题应该出在调查统计方法和数据质量上。其中一个重要原因是，各城市近几年抽样调查的样本没有相对固定，变化过大。2008—2010年，北京市人工成本抽样调查户数分别是3 799户、4 685户和4 837户，上海市分别是6 210户、5 311户和5 037户，沈阳市分别是379户、383户和1 300多户。每年抽查的企业总户数和各行业户数变化较大，调查对象的内部结构变化较大，都会影响数据的稳定性。从长远考虑，只有调查户数达到一定标准才能具备人工成本数据的代表性和真实性，而且在抽样调查的企业户数和内部结构达到相对理想程度后，就不宜轻易变动，否则就会导致数据出现超常变化，影响数据质量。另一个重要原因是，在调查统计过程中没有把好质量关。如果样本企业的基础数据缺少稳定性和可靠性，就会出现汇总数据失真。由于调查统计部门现在缺少人手，投入不足，难以调配专业调查统计人员直接采集、评估企业的基础数据，大量数据只能依靠企业自身填报，如果填报人员的能力素质达不到要求，或出于企业自身利益虚报，都会导致数据不实，进而影响数据汇总后的质量。

（二）统计指标体系不完整、不统一，没有完全达到规范化要求

各地发布的行业人工成本信息一般都包括人工成本水平指标、人工成本投入产出指标和人工成本结构指标，但是在具体指标设置和表达方式上各地还有很多不规范、不一致的地方。各地一般都公布了年度人工成本水平、人工成本总额7项构成，多数地区公布了人事费用率、人工成本占总成本比重、人工成本利润率指标，但很多地区却不统计公布对于衡量行业人工成本相对水平最有意义的劳动分配率指标。有些地区使用人事费用率、劳动分配率、人工成本利润率统计公布调查结果，也有一些地区用百元人工成本销售收入、百元人工成本增加值、百元人工成本实现利润统计公布调查结果。多数地区在行业人工成本水平基础上汇总统计全市人工成本水平，但也有个别地区（如北京市）只公布行业人工成本水平，但并不统计公布汇总后的全市人工成本水平。

各地人工成本统计指标体系不完整、不统一，源于本制度从建设初期至今，有关文件规定只提出示范性表述，并没有提出规范性要求，有些具体指标怎么设实际上是由各地自己选择。如有的地区认为采集制造业以外其他行业企业的增加值有难度，就没有设置劳动分配率指标。指标不完整、不统一会产生一些不利影响，一是缺少劳动分配率这类重要指标，不利于本地区信息使用者全面掌握行业人工成本信息，准确把握相对人工成本水平变化趋势，科学合理地作出相关决策；二是各地指标不同让信息使用者难以对不同地域同行业指标数据进行对比分析，如某集团公司的分公司或子公司分布于各地，它就难以通过掌握各地可比性行业人工成本信息加强对分公司或子公司人工成本的调控与管理；三是同样指标的表达方式不同虽然比没有相应数据要好，但会加大使用者的加工分析成本。

（三）多数地区未按企业规模分类，缺少更为准确的参照依据

按照通行人工成本分析比较方法，企业人工成本的绝对水平和相对水平不仅需要在同行业间进行分析比较，而且最好是放在同行业的同一企业规模平台上进行更为准确的分析比较。2004年，劳动和社会保障部发布的《行业人工成本信息指导制度实施办法》中曾提出，各地确定调查企业要兼顾企业经济类型和规模，但并未要求人工成本各项指标一定要按不同的企业规模进

行分类统计发布。目前只有上海市行业人工成本信息每年按照大、中、小企业规模发布相关数据。

从上海市2011年发布的同行业不同规模企业的平均人工成本水平和人工成本投入产出指标数据看，大、中、小企业的数据差异还是比较大的，基本符合不同规模企业的人工成本水平应有的差别和特征。在不同规模企业人工成本存在较大差异的情况下，如果同行业中不同规模企业只是以行业平均化的数据作参照实施人工成本管理决策，可能会导致决策偏差或失误。因此，其他地区未按企业规模进行分类统计发布人工成本信息，就会让信息使用者缺少更为准确的参照依据，数据的实用性就会相应降低。

（四）未统计发布人工成本指数，信息指导作用和影响力没有充分发挥出来

人工成本指数的一种形式是人工成本绝对水平的时间变动指数，另一种形式是人工成本相对水平的时间变动指数。前一项指数很容易统计，只要有各地平均人工成本绝对水平年度变动的连续数据就可以做到。统计后一项指数的难度较大，需要从平均人工成本水平指数和劳动生产率水平指数两个方面进行加工。后一项指数实际上是衡量一个国家或一个地区相对人工成本水平实质性增长最重要的、最有意义的指标，以美国目前情况看，这一指标直接关系到经济增长、产业投资、就业稳定、物价变动和企业的竞争力等许多方面。构建人工成本指数的理论依据是，不超越劳动生产率增长的人工成本适度增长不会提高相对人工成本水平，损害企业的竞争力和盈利能力，对经济增长、产业投资、就业增长和物价稳定都十分有利，相反则处于不利境地。美国劳工统计部门很多年来一直按季度统计发布人工成本指数，对于美国劳动力市场供求关系、股票证券投资、企业经营决策、宏观经济调控都有重大影响，长期以来被视为一个重要的经济风向标。

2004年，劳动和社会保障部发布的《行业人工成本信息指导制度实施办法》中规定各地可设置人工成本水平指数，即当期人均人工成本（年度、月、小时人工成本）、职位人工成本与基期的对比关系，并以定比或环比形式反映一定时期内人工成本水平的升降幅度。当时的文件没有规定建立反映相对人工成本水平变动幅度的指数。尽管相对人工成本水平变动指数与劳动分配率指标数据有密切关联，但劳动分配率指标数据并不能直接表达一定时期内相

对人工成本水平的实际变动幅度。要使之成为真正的宏观经济风向标，还必须从人工成本水平指数和劳动生产率水平指数两个方面对劳动分配率进行指数化处理。

三、改进行业人工成本信息指导制度政策建议

首先，应进一步提高对行业人工成本信息统计发布工作重要性的认识。合理有效的人工成本控制仍是国内企业需要继续保持的竞争优势，真实、可靠、及时的人工成本信息不仅对于企业经营管理有重要参考价值，对于调控国家收入分配乃至整个国民经济运行都有重要参考价值。如果制度不规范、数据不准确、方法不得当，就难以发挥其应有作用，还可能对微观决策和宏观调控带来负面影响。各级部门应充分认识其重要性，以认真负责的态度，进一步加强这方面的工作。

其次，应研究出台进一步规范行业人工成本统计发布制度的相关规定，对统计发布行业人工成本信息的内容和方法提出统一规范要求。一是行业人工成本抽样调查最好从中心城市一级上升到省一级进行调查、统计和发布，在省级层面上严格按照统计学原理，统一确定对不同行业和同行业不同规模企业进行抽样调查的样本企业数量及结构，抽样调查对象和结构应相对稳定，避免出现大的波动，在样本对象出现客观变化时可用备选对象及时替代。二是可以探索将人工成本抽样调查与劳动力市场价位抽样调查相互结合起来集中开展的模式与方法，从而节省人力、物力和时间等要素投入。三是各地区统计发布行业人工成本的指标体系及表达方式必须统一，不能自行其是，为今后统计发布国家级相关信息创造必要的前提条件，方便社会各类用户使用。四是同行业人均人工成本、人工成本构成、劳动分配率、人事费用率、人工成本占总成本比重、人工成本利润率数据都应有按国家统一标准确定的大、中、小企业（或规模以上和规模以下）的分类数据。五是增加对样本企业职工平均工作时数的调查，将现有职工平均工资和人均人工成本水平按平均工作时数进行小时折算，消除加班工作时间对工资和人工成本真实水平的干扰，更方便地进行国际比较。六是在今后有条件的情况下逐步缩短统计发布周期，从目前按年统计发布过渡到按季度统计发布。

第三，可借鉴美国等国家的有益经验，根据自身情况和需要，研究发布

行业、区域和全国范围的相对人工成本水平变动指数。近期，各地在现有人工成本调查数据的基础上，可以从制造业开始，进一步统计掌握人均人工成本年度变动指数和劳动生产率年度变动指数，据此计算出本地区制造业相对人工成本变动指数，以后逐步建立不同行业、同行业不同规模企业和整体相对人工成本水平变动指数。在省级统计发布平台建立后，尽早发布省级指数。以后，国家可以利用省级基础数据，定期统计发布全国相对人工成本水平变动指数。

第四，不断加强专业调查统计人员队伍建设。政府部门应进一步加大对行业人工成本抽样调查和统计分析工作的投入，加强专业培训，适当扩充专业调查统计人员队伍。只有专业统计人员直接介入人工成本信息调查统计工作，有权查询核对企业相关会计和统计信息，严格审查和评估相关基础数据，严格按照规范标准进行数据加工和分析，才能切实保障相关数据的真实可靠性和各项指标的实用价值。

第十一章
上市公司薪酬分配

我国上市公司2011年年底合计2 342家[①]，较2010年新增279家，其中A股共2 234家。股票市价总值为214 758.1亿元，比2010年减少19.09%。本章利用上市公司2012年5月31日前发布的公开数据，力求准确、客观地反映不同所有制类型、不同行业、不同地区上市公司职工和高管的平均薪酬水平，为企业建立健全科学的薪酬制度、合理确定职工和高管的薪酬水平、理顺分配关系提供参考。

一、职工薪酬分配总体情况

（一）职工薪酬评价样本

本章以2011年度上市公司有关数据为依据，以沪、深A股上市公司为初始样本进行筛选。样本选择遵循以下标准：①剔除部分数据缺失的样本，缺失的数据主要包括职工人数未披露、职工或高管薪酬总额未披露等。②只包括正常经营情况下的上市公司，不包括ST、PT类公司。③样本上市公司覆盖所有按照中国证监会监督委员会CSRC分类标准所涉及的13个大类行业。截至2012年5月31日，在进行上述筛选后，共选择2 032家A股上市公司用于本章分析。

本章中职工薪酬总额采用的数据为上市公司公开发布的年报中的“应付职工薪酬”一项，并将该数值与年报中“现金流量表”中的“支付给职工以

① 摘自中国证监会2011年报（附表，89页）。本章所有上市公司数据仅包括了大陆地区，未含港、澳、台。

及为职工支付的现金”① 一项进行对比。为了使数据分析更加准确，数据相差过大的上市公司的职工薪酬总额即用“现金流量表”中“支付给职工以及为职工支付的现金”来修正“应付职工薪酬”的数据。

（二）职工薪酬分配总体情况评价

截至2012年5月31日，本章所统计的A股2 032家上市公司职工总数14 271 561人（其中含高管14 213人），上市公司为他们支付的薪酬总额为11 689.2亿元（其中高管薪酬总额66.9亿元），平均每位职工的薪酬②为8.2万元，比2010年的6.6万元名义增长24.2%，扣除物价因素实际增长17.8%。与国家统计局公布的2011年全国城镇非私营单位在岗职工年平均工资42 452元相比，我国上市公司职工平均薪酬是全国平均水平的1.9倍。

2011年，上市公司中职工薪酬排名前50名的上市公司数据见表11—1。其中，拥有59名员工的安信信托（股票代码600816）的职工平均薪酬最高，人均薪酬高达92.37万元。该公司是我国第一批股份制金融机构，并且是最早一批金融类上市公司。2011年，公司营业收入达4.88亿元，职工人均净利润高达335万元，为59名职工支付的各类薪酬达到6 013万元。职工薪酬排名第2位的中信证券（股票代码600030）职工平均薪酬也较高，为82.9万元。

表11—1　　2011年2 032家上市公司职工平均薪酬前50名数据

公司简称	职工工资（万元）	职工人数（人）	职工人均薪酬（万元）
安信信托	6 013	59	92.37
中信证券	446 935	5 371	82.90
浙江东方	30 923	445	68.07
招商银行	2 028 500	45 344	44.67
南京银行	116 031	3 489	32.97
海通证券	235 783	7 294	32.13

① 上市公司年报中披露的“职工薪酬”是指为获取职工提供的服务而给予各种形式的报酬以及其他相关支出，包括职工工资、奖金、津贴和补贴、职工福利费、企业为职工支付的养老等5项社会保险费、住房公积金、工会经费和职工教育经费；解除劳动关系的补偿、各种非货币性福利等相关支出。有的研究人员认为利用资产负债表中“应付职工薪酬”来计算上市公司的职工平均工资较为合理，但有的研究人员认为利用现金流量表中“支付给职工以及为职工支付的现金”更合理。作者认为，这两种方式都有缺陷，为此对计算出的职工薪酬数据出现极值的，即利用两种数据进行比较折算。

② 不包含公司高管薪酬。

续表

公司简称	职工工资（万元）	职工人数（人）	职工人均薪酬（万元）
国金证券	68 016	2 139	31.29
中信银行	1 127 400	37 195	30.24
东吴证券	53 181	1 740	30.18
宁波银行	142 729	4 776	29.72
华远地产	10 505	313	29.10
北京银行	213 616	7 339	28.81
爱建股份	10 154	359	28.13
中工国际	13 694	467	27.39
华泰证券	202 336	7 405	27.17
山西证券	53 357	1 963	26.77
光大银行	753 763	28 267	26.62
铁汉生态	16 502	626	26.34
广发证券	299 257	11 230	26.30
深发展 A	360 035	13 778	25.99
太平洋	27 499	1 100	23.86
申华控股	3 541	144	23.67
国海证券	52 895	2 225	23.51
中海发展	144 922	6 317	22.90
海立股份	72 260	3 166	22.78
申能股份	43 395	1 929	22.40
中远航运	84 435	3 822	22.07
阳光股份	14 091	613	22.05
浦发银行	683 963	31 231	21.90
宝信软件	89 479	4 131	21.58
广州控股	39 285	1 818	21.56
陕国投 A	3 235	141	21.22
中信海直	19 526	894	21.10
京能置业	3 083	142	21.06
海泰发展	1 383	65	20.99
申通地铁	388	18	20.99
招商证券	164 611	7 938	20.59
湖南投资	4 293	207	20.51

续表

公司简称	职工工资（万元）	职工人数（人）	职工人均薪酬（万元）
穗恒运 A	21 298	1 062	19.93
中海科技	4 942	243	19.64
广聚能源	7 665	371	19.56
亚厦股份	68 072	3 524	19.22
东方创业	3 831	194	18.69
中国交建	1 688 289	90 674	18.61
运盛实业	1 919	95	18.47
中弘地产	6 178	325	18.38
兴业银行	608 500	34 611	17.54
国电南瑞	40 962	2 370	17.09
华业地产	3 795	198	17.08
海南航空	145 572	8 558	16.99

从行业情况看，金融业依然是职工平均薪酬最高的行业，职工平均薪酬最高的前 50 家上市公司中接近半数（24 家）为金融上市公司。这与国家统计局公布的数据是一致的，根据国家统计局 2012 年 5 月公布的数据，2011 年全国城镇非私营单位在岗职工年平均工资最高的行业是金融业，达 91 364 元，是全国平均水平 42 452 元的 2.15 倍。

二、分行业薪酬分配情况

总体看，2011 年分行业职工平均薪酬分布情况与 2010 年相比变动不大，2011 年，金融业职工平均薪酬高达 10.73 万元，远高于其他 12 个行业，职工平均薪酬最低的是农、林、牧、渔业，仅为 3.31 万元。除农、林、牧、渔业外，其他 12 个行业上市公司职工平均薪酬较 2010 年相比均有所增长（见表 11—2）。

现根据表 11—2 对 13 个大行业上市公司职工薪酬水平进行具体分析。

（一）农、林、牧、渔业

在统计分析的 2 032 家上市公司中，所属行业为农、林、牧、渔业的共 34 家，占总数的 1.67%左右。该行业职工平均薪酬水平为 3.31 万元。其中，荃银高科职工平均薪酬最高，为 15.84 万元；北大荒职工平均薪酬最低，仅为 1.81 万元。

表 11—2　　2011 年 2 032 家不同行业上市公司职工平均薪酬水平

行业代码	行　业	数量（家）	职工平均薪酬最大值（万元）	职工平均薪酬最小值（万元）	2011 年行业职工平均薪酬水平（万元）	2010 年行业职工平均薪酬水平（万元）
A	农、林、牧、渔业	34	15.84	1.81	3.31	3.86
B	采掘业	50	15.73	1.70	10.25	6.37
C	制造业	1 231	22.78	1.63	6.40	4.10
D	水电煤气业	60	22.40	1.91	9.87	9.00
E	建筑业	44	27.39	3.96	9.26	7.29
F	交通运输、仓储业	70	22.89	2.24	8.41	5.88
G	信息技术业	151	21.58	2.71	10.38	3.06
H	批发和零售贸易业	116	68.07	2.35	5.24	4.34
I	金融业	42	92.37	3.19	10.73	10.48
J	房地产业	104	29.10	2.13	7.52	4.94
K	社会服务业	62	20.99	2.36	6.38	4.06
L	传播与文化产业	24	13.56	3.95	6.75	5.19
M	综合类	44	23.67	3.66	5.62	4.22
平均					8.2	6.6

备注：2010 年分行业职工平均薪酬根据 1 012 家上市公司数据整理计算，详见《中国薪酬发展报告（2010 年）》第十章。2011 年为 2 032 家上市公司的数据，由于样本不完全一致，因此 2011 年与 2010 年分行业薪酬数据不具有完全可比性。

（二）采掘业

在统计分析的 2 032 家上市公司中，所属行业为采掘业的共 50 家，占总数的 2.46%左右。该行业职工平均薪酬水平为 10.25 万元。其中，海油工程职工平均薪酬最高，为 15.73 万元；永泰能源职工平均薪酬最低，仅为 1.7 万元。

（三）制造业

在统计分析的 2 032 家上市公司中，所属行业为制造业的共 1 231 家，占总数的 60.58%左右。制造业职工平均薪酬为 6.4 万元。其中，海立股份职工平均薪酬最高，为 22.78 万元；而沃华医药的职工平均薪酬最低，仅为 1.63 万元。

（四）水电煤气业

在统计分析的2 032家上市公司中，所属行业为水电煤气的共60家，占总数的2.95%左右。该行业职工平均薪酬水平为9.87万元。其中，申能股份职工平均薪酬水平最高，为22.4万元；凯迪电力职工平均薪酬水平最低，为1.91万元。

（五）建筑业

在统计分析的2 032家上市公司中，所属行业为建筑业的共44家，占总数的2.17%左右。该行业职工平均薪酬水平为9.26万元。其中，中工国际职工平均薪酬最高，为27.39万元；中国铁建职工平均薪酬最低，仅为3.96万元。

（六）交通运输、仓储业

在统计分析的2 032家上市公司中，所属行业为交通运输、仓储业的共70家，占总数的3.44%左右。该行业职工平均薪酬水平为8.41万元。其中，中海发展职工平均薪酬最高，为22.89万元；而江西长运职工平均薪酬较低，仅为2.24万元。

（七）信息技术业

在统计分析的2 032家上市公司中，所属行业为信息技术业的共151家，占总数的7.43%左右。该行业职工平均薪酬水平为10.38万元。其中，宝信软件职工平均薪酬最高，为21.58万元；数码视讯职工平均薪酬最低，为2.71万元。

（八）批发和零售贸易业

在统计分析的2 032家上市公司中，所属行业为批发和零售贸易业的共116家，占总数的5.71%左右。该行业职工平均薪酬水平为5.24万元。其中，浙江东方职工平均薪酬最高，为68.07万元；秋林集团职工平均薪酬最低，为2.35万元。

（九）金融业

在统计分析的2 032家上市公司中，所属行业为金融业的共42家，占总数的2.07%左右。该行业职工平均薪酬水平为10.73万元。其中，安信信托职工平均薪酬最高，为92.37万元；宏源证券职工平均薪酬最低，为3.19万元。

（十）房地产业

在统计分析的2 032家上市公司中，所属行业为房地产业的共104家，占总数的5.12%左右。该行业职工平均薪酬水平为7.52万元。其中，华远地产职工平均薪酬最高，为29.1万元；天伦置业职工平均薪酬最低，为2.13万元。

（十一）社会服务业

在统计分析的2 032家上市公司中，所属行业为社会服务业的共62家，占总数的3.05%左右。该行业职工平均薪酬水平为6.38万元。其中，申通地铁职工平均薪酬最高，为20.99万元；西安旅游职工平均薪酬最低，为2.36万元。

（十二）传播与文化产业

在统计分析的2 032家上市公司中，所属行业为传播与文化产业的共24家，占总数的1.18%左右。该行业职工平均薪酬水平为6.75万元。其中，凤凰传媒职工平均薪酬最高，为13.56万元；电广传媒职工平均薪酬最低，为3.95万元。

（十三）综合类

在统计分析的2 032家上市公司中，所属行业为综合类的共44家，占总数的2.17%左右。该行业职工平均薪酬水平为5.62万元。其中，申华控股职工平均薪酬最高，为23.67万元；际华集团职工平均薪酬最低，为3.66万元。

从表11—2可以看出，2011年上市公司中职工平均薪酬最高的为金融业，为10.73万元，约为全部上市公司职工平均薪酬8.2万元的1.31倍，约是上市公司中职工薪酬最低的农、林、牧、渔业3.31万元的3.24倍，可见行业差距明显（具体见图11—1）。

三、分所有制薪酬分配情况

2011年2 032家A股上市公司中，国有控股公司为901家，占44%左右，非国有控股公司为1 131家，占56%左右。从所有制情况看，国有控股上市公司的职工平均薪酬为8.55万元，非国有控股上市公司为7.07万元。前者高出后者20.9%，相差1.48万元（见表11—3）。

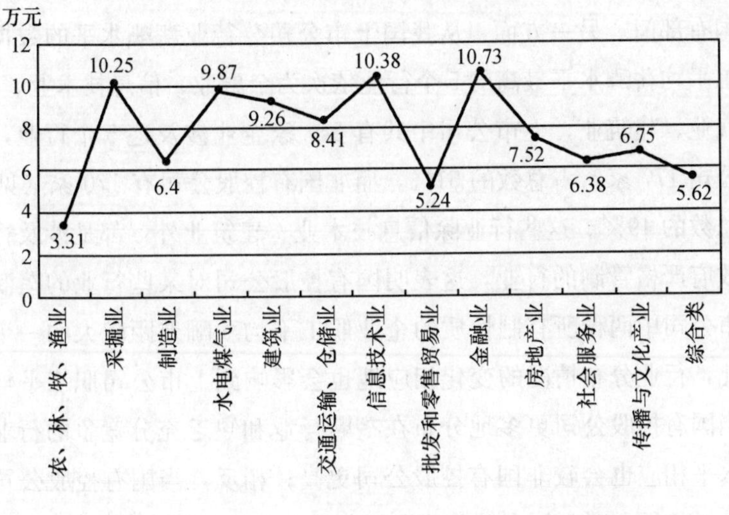

图 11—1　2011 年 13 个大行业上市公司职工平均薪酬比较

表 11—3　　　2011 年两种控股所有制上市公司职工平均薪酬水平

所有制性质	数量（家）	职工平均薪酬最大值（万元）	职工平均薪酬最小值（万元）	企业平均薪酬水平（万元）
国有控股公司	901	68.06	1.81	8.55
非国有公司	1 131	92.37	1.63	7.07

注：根据统一规定，若实际控股人为国务院国资委或地方国资委、地方政府其他部门、国有控股公司、教育部下属高等院校，则定义为国有控股；如果上市公司实际控股人是自然人家族、若干自然人、某个团体（如职工持股会）、外资或其他非国有法人，则上市公司定义为私有控股。

数据来源：根据 2 032 家 A 股上市公司年报统计整理。

造成国有控股公司职工薪酬平均水平高于非国有公司的原因是多方面的。一方面，国有控股与非国有控股公司之间的职工构成存在着差异，国有控股公司职工的人力资本投入一般要高于非国有控股公司。张车伟等（2008）[①] 用 PSFD[②] 数据对部门间的工资差异进行研究时发现，国有部门劳动力平均受教育年限高于非国有部门，其中高中和中专及以上学历的职工占了近 70%，而非国有部门 85%以上为初中及以下教育水平的职工（见表 11—4）。从在岗职

① 张车伟，薛欣欣．国有部门与非国有部门工资差异及人力资本贡献［J］．经济研究，2008（4）

② 2005 年 7 月，在上海、浙江和福建三省市进行的“家庭动态与财富代际流动抽样调查”。

工作经验来看，两种所有制性质的平均工作经验都在 15 年左右，非国有部门略高于国有部门。另一方面，从我国上市公司分行业薪酬水平的数据分析来看，职工平均薪酬水平最高的 5 个行业依次为金融业、信息技术业、采掘业、水电煤气业、建筑业，上市公司中共有 347 家企业涉及这 5 个行业，其中国有控股公司 177 家，占总数的 51%，而非国有控股公司有 170 家（见表 11—5），占总数的 49%。这些行业除信息技术业、建筑业外，都是涉及行政垄断或受到政府严格管制的行业，这表明国有控股公司对某些行业的垄断优势是造成上市公司中两种所有制性质的企业职工平均薪酬差距较大的一个重要原因。因此，行业分布情况的变化相应地也会影响到上市公司职工平均薪酬的水平，当国有控股公司更多地分布在垄断行业和缺乏充分竞争的行业时，职工薪酬水平相应也会较非国有控股公司更高；相反，当国有控股公司更多集中在充分竞争行业时，国有控股公司的薪酬水平就会相应降低。

表 11—4　　国有部门与非国有部门人力资本结构

	国有	非国有
现职工作经验（年）	14.57	16.74
受教育年限（年）	11.41	6.38
大专及以上（%）	29.53	2.77
高中和中专（%）	40.07	12.22
初中及以下（%）	30.40	85.01

表 11—5　2011 年两种控股所有制上市公司分行业职工平均薪酬水平

行业代码	行业	数量（家）	国有控股企业数量（家）	非国有控股企业数量（家）	国有控股职工平均薪酬（万元）	非国有控股职工平均薪酬（万元）
A	农、林、牧、渔业	34	14	20	3.03	4.54
B	采掘业	50	39	11	10.31	3.72
C	制造业	1 231	455	776	7.27	5.17
D	水电煤气业	60	52	8	9.98	6.31
E	建筑业	44	22	22	9.29	8.48
F	交通运输、仓储业	70	59	11	8.27	8.85
G	信息技术业	151	40	111	10.21	9.84
H	批发和零售贸易	116	66	50	5.64	4.69

续表

行业代码	行业	数量（家）	国有控股企业数量（家）	非国有控股企业数量（家）	国有控股职工平均薪酬（万元）	非国有控股职工平均薪酬（万元）
I	金融业	42	24	18	9.43	15.40
J	房地产业	104	52	52	7.32	7.84
K	社会服务业	62	32	30	6.43	6.09
L	传播与文化产业	24	17	7	7.05	5.46
M	综合类	44	29	15	5.36	6.63
	合计	2 032	901	1 131	8.55	7.07

由于国有控股公司的国有体制所致，其职工薪酬水平具有一定的刚性，薪酬结构中固定部分多于浮动部分，并会随着职工工作年限的提高而不断提高。这也是造成整体上国有控股公司职工平均薪酬水平高于非国有控股公司的一个原因。

按行业划分来看，在13个行业分类中，有8个行业国有控股上市公司职工平均薪酬水平高于非国有控股公司，这8个行业职工平均薪酬高出的程度分别为：采掘业中国有控股公司高于非国有控股公司6.59万元，制造业2.1万元、水电煤气业3.67万元、建筑业0.81万元、信息技术业0.37万元、批发和零售贸易业0.95万元、社会服务业0.34万元、传播与文化产业1.59万元。

非国有控股公司的职工平均薪酬水平高于国有控股公司的有5个行业，高出的程度分别为：农、林、牧、渔业1.51万元，交通运输、仓储业0.58万元，金融业5.97万元，房地产业0.52万元，综合类1.27万元。

需要指出的是，在8个国有控股公司的职工平均薪酬水平超过非国有控股公司的行业中，采掘类、水电煤气业、制造业国有控股公司的职工平均薪酬显著高于非国有控股公司外，其他行业如信息技术业、建筑业、批发和零售贸易业、社会服务业等，国有控股公司的职工平均薪酬高于非国有控股公司的情况并不很显著。可以看出，在国有控股公司表现比较良好的行业中，采掘业、水电煤气业是属于垄断性较强和政府管制比较严格的行业，因此，不排除国有控股公司的强大与政策体制上优势的相关性，这从采掘业、水电煤气业的国有控股与非国有控股公司的数量上也能略见端倪——在本章样本统计的我国2 032家A股上市公司中，采掘业共有50家公司，其中国有控股公司39家，非国有控股公司仅11家；水电煤气业共有60家公司，其中国有控股公司52家，非国有控股公司仅8家。在占上市公司半数以上的制造业中，国有控股公司的表现也比较出色，这说明经过近些年来的国有企业改制、重组后，制造业国有控股公司的竞争力也在不断地增强，仍然发挥着国民经济支柱的作用。

2011年，金融业的职工薪酬中非国有控股公司明显高于国有控股公司。非国有控股金融上市公司职工平均薪酬比国有高出5.97万元，这与国有控股公司在薪酬分配上仍然会受到政府部门的制约有关，国有控股金融公司还要较多地承担政策性工作和社会职能。

四、高管薪酬分配情况

以2 032家上市公司高管薪酬为分析对象，对2011年度上市公司高管薪酬做以下分析：

（一）上市公司高管薪酬整体水平及前50名基本情况

1. 在2 032家上市公司中，2011年度高管薪酬整体水平为47.1万元（上市公司高管总数为14 213人，薪酬总额为66.96亿元），绝对数值比2010年本报告分析的1 205家上市公司2010年高管平均薪酬49.17万元略低。但是，由于2011年2 032家上市公司与2010年1 205家上市公司样本不完全一致，而2011年分析的1 205家上市公司2010年数据主要是在第一季度公布年报数据的公司，这些在监管部门规定时限内公布年报的大都是经营情况良好、效益较好的企业，其高管年薪自然相对就高，按照同类样本比较，并考虑到上市公司职工平均薪酬的同比增长等因素，2011年上市公司高管平均薪酬总体而言是同比增长的。

2. 2011年度2 032家上市公司中高管平均薪酬排名前50位（见表11—6）的上市公司中，水平最高的为广发证券509万元，最低的为齐翔腾达167万元，最高与最低相差约3倍。

表11—6　2011年2 032家中国上市公司高管平均薪酬前50名数据

公司简称	高管薪酬总额（万元）	高管人数（人）	高管人均薪酬（万元）
广发证券	4 074.53	8	509.32

续表

公司简称	高管薪酬总额（万元）	高管人数（人）	高管人均薪酬（万元）
中国平安	7 317.98	15	487.87
万科A	5 259.00	11	478.09
中国太保	2 294.80	6	382.47
民生银行	1 851.37	5	370.27
比亚迪	3 284.32	9	364.92
首开股份	2 121.62	6	353.60
格力电器	1 299.00	4	324.75
招商银行	3 497.58	11	317.96
中信银行	3 090.17	10	309.02
中集集团	2 675.73	9	297.30
中信证券	2 356.90	8	294.61
安信信托	840.00	3	280.00
紫金矿业	2 771.84	10	277.18
兴业银行	1 654.50	6	275.75
光大证券	2 726.01	10	272.60
长城开发	1 582.36	6	263.73
华发股份	2 338.27	9	259.81
北京银行	2 481.59	10	248.16
深发展A	2 150.00	9	238.89
美的电器	954.00	4	238.50
宏源证券	2 331.85	10	233.19
华远地产	1 599.63	7	228.52
方大特钢	1 813.65	8	226.71
金地集团	1 793.00	8	224.13
上海莱士	1 335.12	6	222.52
国际实业	1 084.83	5	216.97
国金证券	1 266.89	6	211.15
太平洋	1 421.63	7	203.09
华夏银行	1 392.00	7	198.86
美邦服饰	1 371.00	7	195.86
中青旅	1 557.00	8	194.63
柳工	1 940.26	10	194.03

续表

公司简称	高管薪酬总额（万元）	高管人数（人）	高管人均薪酬（万元）
浦发银行	1 549.99	8	193.75
招商证券	1 344.03	7	192.00
雅戈尔	749.66	4	187.42
长江证券	1 288.46	7	184.07
保利地产	1 461.00	8	182.63
京投银泰	1 421.60	8	177.70
中国国贸	709.11	4	177.28
生益科技	706.27	4	176.57
深天马 A	1 230.30	7	175.76
海通证券	1 752.00	10	175.20
浙江东方	1 041.83	6	173.64
烟台万华	1 039.67	6	173.28
建发股份	1 035.75	6	172.63
西南证券	1 028.86	6	171.48
新华保险	1 877.45	11	170.68
徐工机械	1 536.07	9	170.67
齐翔腾达	837.00	5	167.40

数据来源：根据 2 032 家 A 股上市公司 2011 年报统计整理。

（二）高管薪酬整体水平与 2010 年相比变动情况

1. 从 2011 年 A 股上市公司高管薪酬排行前 10 名排位及与 2010 年排位比较（见表 11—7 和表 11—8）中可以看出，这两年发生了一些变化：

其一，2011 年度排在前 10 名的高管集中在金融业（银行、保险、证券）6 名、房地产业 2 名、信息技术业 1 名、制造业 1 名，而 2010 年度是金融业 4 名、房地产业 3 名、采掘业 3 名，金融业高管增加了 2 名，这在一定程度上反映了 2011 年度金融业的暴利，而采掘业高管整体出局，则是国际经济危机和政府有关部门对国有控股公司高管薪酬的总体调控政策等多重因素影响的结果。

其二，2011 年度除第 1 名薪酬水平较 2010 年增长了约 50%外，第 2～10 名高管薪酬水平同比均有所下降，主要影响因素还是国际经济危机、政府经济政策的变动及对国有控股公司高管薪酬的调控等。

2. 上市公司2011年不同公司高管之间薪酬差距依旧很大，2 032家上市公司高管薪酬水平最低的仅为4万多元，与最高薪酬相差有800倍之多，虽然年度薪酬4万多元是个特例，但不同公司之间高管薪酬差距明显要大于职工平均薪酬的差距是上市公司多年来的发展趋势，其主要原因是，上市公司高管薪酬要在更大范围内受到更多经济、社会因素的影响，其中国际上同行业企业高管薪酬水平也是一个重要的影响因素，而一般职工薪酬水平则主要是国内同类劳动力供求关系和企业经济效益等因素所决定的。所以上市公司高管薪酬水平会波动较大，而一般职工薪酬水平则相对稳定，刚性较强。

表11—7　2011年2 032家上市公司高管最高薪酬前10名薪酬及其职位

2011年排名	所在公司	所处行业	担任职务	2011年年薪（万元）
1	中国平安	保险	首席保险业务执行官	1 591.64
2	深发展A	银行	执行董事、行长	869.00
3	长城开发	信息技术	总裁、董事	759.31
4	万科A	房地产	董事、总裁	747.00
5	华远地产	房地产	董事、总经理	691.66
6	民生银行	银行	行长、董事	684.48
7	中国太保	保险	财务负责人、常务副总裁	658.60
8	中集集团	制造业	总裁、董事	596.22
9	广发证券	证券	总经理	580.82
10	中国银行	银行	信贷风险总监	564.80

数据来源：根据2 032家A股上市公司2011年报统计整理。

表11—8　2010年1 205家上市公司高管最高薪酬前10名薪酬及其职位、姓名

2010年排名	2009年排名	姓名	所在公司	股票代码	所处行业	担任职务	2010年薪（万元）	10年末持股市值（万元）
1	5	张子欣	中国平安	601318	保险业	执行董事，总经理	1 067.18	281.00
2	—	马明哲	中国平安	601318	保险业	董事长、首席执行官	987.34	2 664.01
3	—	周吉平	中国石油	601857	采掘业	副董事长、总裁	981.00	—

续表

2010年排名	2009年排名	姓名	所在公司	股票代码	所处行业	担任职务	2010年薪（万元）	10年末持股市值（万元）
4	—	廖永远	中国石油	601857	采掘业	执行董事、副总裁	914.00	—
5	—	肖遂宁	深发展A	000001	银行业	董事长	825.00	2.34
6	—	王石	万科A	000002	房地产业	董事会主席	760.00	560.37
7	4	任志强	华远地产	600743	房地产业	董事长	758.17	—
8	7	董文标	民生银行	600016	银行业	董事长，执行董事	715.48	—
9	—	蒋凡	中国石油	601857	采掘业	董事、大连石化总经理	694.00	—
10	—	郁亮	万科A	000002	房地产业	董事、总裁	680.00	337.52

数据来源：根据1 205家A股上市公司2010年报统计整理。

（三）高管薪酬的行业差异

1.2011年，2 032家A股上市公司中，高管薪酬排位在前5位的行业分别是：金融业、房地产业、批发和零售业、采掘业、传播与文化产业（传媒、互联网、网络游戏等）。2010年，高管薪酬排名前5位的是：金融业，房地产业，采掘业，批发和零售业，交通运输、仓储业。与2010年相比，传播与文化产业高管薪酬显著增长，高于批发和零售业高管薪酬，这与近两年国家大力发展文化产业政策有关。“十二五”规划指出，文化产业要成为支柱型产业，近两年有一批传播与文化企业上市，主要是进入创业板块，目前已经达到88家，预计未来几年还会有上百家此类企业上市。在文化产业发达国家，这是一个产生富翁的行业，在我国这个行业将会更多地挤进薪酬排行榜。

2.2011年，所有行业中金融业高管薪酬平均水平最高，42家样本公司平均每家高管人均薪酬195.84万元（略低于2010年18家金融业高管平均薪酬212.47万元）。高管平均薪酬最低的行业为农、林、牧、渔业，其高管薪酬平均水平为29.04万元，与上年基本持平。高管平均薪酬最高的行业是最低行业的6.74倍，这可能是“种钱”的与“种庄稼”的天然差异吧。

薪酬收入比较高的其他行业还有房地产业。房地产业继续延续了高薪态势，已公布年报的104家公司高管人均薪酬高达77.81万元，与2010年的65.19万元相比增长了19.4%。2011年，不同行业上市公司高管薪酬水平具体见表11—9。其中，高管平均薪酬前10名大多出现在金融业、房地产业。高管薪酬最低10名大多出现在制造业，而制造业是中国经济的第一支柱产业。这说明，我国资本流向对实体经济发展的支持还不够，国家相关调控政策还会持续下去。

表11—9　2011年不同行业上市公司（2 032家）高管薪酬水平分析

行　业	数量（家）	高管人均薪酬最大值（万元）	高管人均薪酬最小值（万元）	2011年行业平均薪酬水平（万元）	2010年行业平均薪酬水平（万元）
农、林、牧、渔业	34	67.89	6.59	29.04	29.07
采掘业	50	277.18	9.86	55.33	63.40
制造业	1 231	364.92	4.69	38.87	42.98
水电煤气业	60	92.74	7.50	38.31	36.01
建筑业	44	127.50	6.83	48.27	44.20
交通运输、仓储业	70	134.46	15.30	46.72	45.15
信息技术业	151	263.73	11.89	44.79	41.43
批发和零售贸易业	116	195.86	6.29	56.07	53.04
金融业	42	509.32	59.32	195.84	212.47
房地产业	104	478.09	9.14	77.81	65.19
社会服务业	62	194.63	12.10	41.73	33.91
传播与文化产业	24	157.21	9.88	52.00	42.46
综合类	44	142.53	5.33	51.05	39.38

数据来源：根据2 032家A股上市公司2011年报统计整理。

行业间高管薪酬差异较大，特别是从高薪酬高管所在行业分布的特点可以看出，其一，与垄断利润有关。例如，金融业、房地产业等行业上市公司，高管的高薪酬背后是高利润支撑的。高利润多数为垄断性较强的企业，其中既有企业本身的资本规模效应造成的竞争性垄断，也包括由于相关政策倾斜、行业准入门槛限制等带来的政策性垄断。其二，与高素质人才聚集度有关。比如金融业的竞争主要是人才竞争，金融业的业务较其他行业而言更加复杂，对人才的素质要求很高。在发达国家，也是金融行业人才密集度大，平均薪酬同样是各行业最高的，这是薪酬分配上的“马太效应”。其三，劳动量大、工作时间长、职业风险高也是某些行业高管高薪酬水平的重要原因，如世界上各国金融证券业从业人员的工作时间比其他行业都要长一倍以上，职业风险也要大一倍以上。薪酬高一些也算是一种补偿了。

（四）高管薪酬的所有制差异

1. 从2 032家A股上市公司的所有制分布情况看，国有控股公司的数量为901家，非国有控股公司数量为1 131家，901家国有控股公司2011年高管人均收入为54.67万元，高于上年的52.92万元，1 131家非国有控股公司的高管平均薪酬为41.23万元，低于上年的46.44万元（见表11—10）。

表11—10　2011年不同所有制上市公司（2 032家）高管平均薪酬水平

所有制性质	数量（家）	高管平均薪酬最大值（万元）	高管平均薪酬最小值（万元）	2011年高管人均收入（万元）	2010年高管人均收入（万元）
国有控股公司	901	478.09	5.01	54.67	52.92
非国有控股公司	1 131	509.32	4.69	41.23	46.44

国有控股公司的高管平均薪酬与非国有控股公司高管平均薪酬相差不多，其中国有控股公司的最高薪酬为478.09万元（高于上年的432.31万元），非国有控股公司的最高薪酬为509.32万元（低于上年的703.11万元）。国有控股公司的高管最低薪酬为5.01万元（高于上年的1.92万元），非国有控股公司的高管最低薪酬为4.69万元（高于上年的2.47万元）。由数据可以看出，国有控股公司的高管薪酬最高值低于非国有控股公司，但增长显著快于非国有控股公司。

国有控股公司高管的来源分为两类，一是由组织行政调配来的，对他们来讲，公布的薪酬是一种名义薪酬，他们必须要将这个薪酬交回母公司，并从母公司领取实际薪酬，就像劳务派遣一样，而国家有关部门对他们的实际薪酬水平是控制很严的，所以他们的名义薪酬高低仅仅是一种身份的标志；另外一种是通过市场招聘任职的，目前来看，只占少部分，他们的薪酬是参照同行业同类人员市场价位水平协商确定的，但不可避免要受到同一公司组织调配高管实际薪酬的影响，所以在相关体制不发生重大变化情况下，国有控股公司高管的实际薪酬会长期大大低于非国有控股公司高管实际薪酬。

2. 在数据汇总过程中，仍然发现有较多的国有控股公司高管“零报酬”现象，据了解，他们大多是从母公司或集团公司或关联公司领取报酬，只是在上市公司挂职，这种人如果主要在董事会任职，并且不在上市公司领取报酬，在国外一般称为“非支薪董事”，在我国国有控股上市公司中除了有很多前面所说的领取名义薪酬的高管外，还有较多的“非支薪董事”，这说明我国国有上市公司与控股母公司联系是非常紧密的，而且是一种普遍现象，在非国有控股公司中也存在。

（五）高管的中长期激励问题

由统计数据可以看出，我国上市公司高管持股比例与上年相比有所增长，在统计的2 032家中有835家没有任何高管持股，占41.1%；而2010年1 205家A股上市的公司中有562家公司的高管持股数为零，占全部公司的46.64%。

目前，上市公司对高管实施股权激励主要是两种形式，分别是股票期权及限制性股票，且覆盖范围较小，在统计的2 032家公司中有30家采用了股权激励的形式对高管进行激励（见表11—11），激励方式主要为股票期权、限制性股票。即使在这些已经实行股权激励的公司中，激励效果也不明显。这说明，股权激励作为对高级管理人员的一种长期激励方式，在我国上市公司中还是处于探索状态。

表11—11　2011年不同行业上市公司（2 032家）高管股权激励分析

企业名称	股权激励方式
探路者	股票期权
华星创业	股票期权
苏州固锝	股票期权
金发科技	股票期权
二重重装	股票期权
冠城大通	股票期权
御银股份	股票期权
神州泰岳	股票期权
方圆支承	股票期权
武汉凡谷	股票期权
华峰氨纶	股票期权
光迅科技	股票期权
普利特	股票期权
兴森科技	股票期权
中国宝安	股票期权

续表

企业名称	股权激励方式
北斗星通	股票期权
盾安环境	股票期权
芭田股份	股票期权
星辉车模	股票期权
荣盛发展	股票期权
苏宁电器	股票期权
中集集团	股票期权
光明乳业	股权激励
华胜天成	限制性股票
康力电梯	限制性股票
鼎汉技术	限制性股票
水晶光电	限制性股票
南玻 A	限制性股票
合康变频	限制性股票
凯撒股份	限制性股票

出现上述情况的主要原因是，国有企业在20世纪90年代后期和21世纪初两次大规模改制以及探索股权转让过程中确实出现了较多问题，特别是国有资产向原高管“流失”的问题较为严重，使政策难于放开；另外，资本市场的不规范，监管不严、大量暗箱操作等情况，导致上市公司高管不需要透过股权激励通道也可以获益。所以在上市公司年报上看不到有多少高管持股。

五、2011年上市公司独立董事津贴水平

从上市公司2011年年报中获悉，有2 283家[①]公司聘请了5 144名独立董事，2011年平均津贴收入是8.92万元，其中排名在前10位的情况见表11—12。

① 独立董事数据采集样本比前述5个问题样本数多了251家；受采集数据限制，独立董事津贴收入可能不完全。

表 11—12　2011 年上市公司独立董事津贴收入排名在前 10 位情况

2011 年排名	姓名	所在公司	股票代码	所处行业	2011 年津贴（万元）
第 1 名	王立华	民生银行	600016	金融、保险业	86
		兴民钢圈	002355	机械、设备、仪表	80
		合计			166
第 2 名	王联章	民生银行	600016	金融、保险业	126.5
第 3 名	范徐丽泰	中国远洋	601919	交通运输、仓储业	60.88
		中国神华	601088	采掘业	45
		合计			105.88
第 4 名	王松奇	民生银行	600016	金融、保险业	101.5
第 5 名	Alberto Togni①	中国银行	601988	金融、保险业	95.4
第 6 名	韩建旻	民生银行	600016	金融、保险业	93
第 7 名	梁定邦	中国银行	601988	金融、保险业	55
		ST 建机里	600984	机械、设备、仪表	5
		中国人寿	601628	金融、保险业	30
		合计			90
第 8 名	李若山	兴业银行	601166	金融、保险业	30
		中国太保	601601	金融、保险业	27.9
		万丰奥威	002085	机械、设备、仪表	10
		广博股份	002103	造纸、印刷	10
		合计			77.9
第 9 名	贡华章	中国神华	601088	采掘业	45
		中国中铁	601390	建筑业	15.6
		南方航空	600029	交通运输、仓储业	10.42
		合计			71.02
第 10 名	刘红霞	天润曲轴	002283	机械、设备、仪表	6
		鲁丰股份	002379	金属、非金属	8
		中孚实业	600595	金属、非金属	14.29
		方大特钢	600507	机械、设备、仪表	5
		招商银行	600036	金融、保险业	30
		合计			63.29

① Alberto Togni 已于 2012 年 5 月退任。

独立董事是上市公司高管中特殊的群体。独立董事制度最早发端于美国，由于英美法系国家公司法中未规定设立监事会，独立董事在实际上行使了大陆法系国家公司中的监事职能。独立董事是不能在上市公司支薪的，但参照国际惯例，中国证监会在2001年颁布的《关于在上市公司建立独立董事制度的指导意见》规定，上市公司应当给予独立董事适当的津贴，具体支付多少，就要由董事会制订预案，股东大会审议通过。

从近些年独立董事津贴水平发展来看，整体水平增速并不快，从实施当初的人均5万元左右，到2011年的将近10万元，用了10年时间。存在的主要问题，一是各上市公司决定独立董事的津贴水平没有可依据的参照标准，只能根据公司的支付能力进行估算，这就造成了各公司之间独立董事津贴水平差异很大。效益好的大金融业公司支付水平较高，效益差的制造业则较低，与公司高管年薪水平呈正相关性；二是决定董事会成员薪酬水平的薪酬委员会大都是由独立董事主持，如果没有股民监督和社会监督，很容易形成董事会其他成员与独立董事的相互付酬。

对独立董事个人来讲，一般都是有一定身价的名人或专家学者，从公布的大多数公司独立董事津贴水平来看，这点收入确实仅仅是一个津贴而已，只要他们能确实起到监督的作用。

六、2011年高管薪酬分配主要问题

（一）高管薪酬与职工薪酬的差距问题

上市公司高管薪酬水平高，除了体现在绝对水平外，还体现在与公司普通职工的工资水平之间的差距进一步拉大。高管薪酬和普通职工的收入差距越来越大，是引起多数民众对上市公司高管薪酬水平不满的原因。2011年，2 032家上市公司中高管平均薪酬为47.1万元，职工平均薪酬为8.2万元，两者倍数为5.74倍，同时，2 032家上市公司中高管平均薪酬与职工平均薪酬之间的倍数最高达到了112.77倍（中国平安集团），在市场经济发达国家，这也是为民众诟病的主要问题。

（二）高管中长期激励不规范问题

我国上市公司高管中长期激励不足，以及激励不规范问题一直困扰我国上市公司高管激励约束机制的建立和完善，参照市场经济国家的经验，国企

有关主管部门或企业董事会在决定高管薪酬时应该考虑到：①高管当期现金收入增长过快，已经接近或超过一般劳动者能够容忍的边界，带来一系列问题；②中央政府已经无法容忍收入差距过大，特别是不允许这种情况在国有控股企业里蔓延；③从高管个人角度来说，当期现金收入过大，边际税率过高，很多高管新增加收入中将有近一半用来纳税了；④从 2011 年非国有上市公司特别是创业板上市公司高管股权激励情况看，并没有实现有效的激励效果，一些高管持股一旦过了锁定期就套现，甚至几度出现离职潮，给股市造成恶劣影响。

基于上述情况，上市公司高管薪酬激励约束机制应从以下 3 个方向努力：①政府有关部门应对上市公司高管即期薪酬收入增长幅度加大管制力度。上市公司资产主要属于社会公众所有，所以应该属于一种“公有制”（上市公司股权被私人收购退市，在国外被称为“私有化”），政府部门理应代表社会公众对其加强相关管理。②推行递延支付模式，平滑高管薪酬的波动，同时强化高管收入与公司长期业绩的挂钩。③考虑到非现金薪酬模式会在未来几年有较多地出现，在股票市场逐渐回暖的前提下，各种股权激励措施会更多地被采用等情况，应加强上市公司特别是创业板高管持股的规范管理，通过延长锁定期，增加高管套现的约束条件等各种措施，促使高管长期持有股票，从稳定股票市场角度出发，在没有规范之前，对高管持股还是应持慎重态度。

（三）高管薪酬增速过快的问题

随着中外经济的融合，非国有控股上市公司高管薪酬会越来越受到市场经济发达国家同类人员薪酬水平的拉动而更快速增长，由于国有控股上市公司高管的名义薪酬是参照市场定价的，所以也会随着非国有企业高管薪酬水平的增长而同步增长。虽然 2011 年上市公司高管薪酬增速过快的问题得到了初步遏制，但这主要是经济形势不好和国家用行政手段控制等原因，并没有形成有效的控制机制，在经济形势转好后，高管薪酬可能会更快地反弹，这是社会公众，特别是股民所担忧的。

收入分配差距加大是我国社会稳定发展的主要影响因素，采取多种措施调控上市公司高管薪酬水平，必将成为政府未来几年的一项重要任务。

第十二章
工资指导价位

工资指导价位是政府有关部门按照国家统一规范和制度要求，定期对各类行业企业中的不同职业（工种）的工资水平进行调查，形成代表性职业（工种）的工资价位，向社会发布，用以指导企业合理确定工资水平和工资关系，调节人力资源市场交易价格水平的一种制度体系。它是在市场经济条件下，政府对企业工资分配进行间接调控的一种有效方式。政府通过收集、整理、分析、预测和发布人力资源市场工资指导价位，规范人力资源市场供需双方行为，使企业与劳动者双方在协商谈判中，根据实际岗位要求和个人能力水平等条件，通过比较寻找到一个双方都能接受、比较合理的工资水平，从而指导求职者和雇主确定合理的报酬水平，提高职业介绍的成功率，促进劳动力的合理流动。本章将简要介绍2011年度我国人力资源市场工资指导价位基本情况，分析存在的主要问题，并对如何改进和完善这一制度提出政策建议。

一、2011年工资指导价位总体特点

2011年，我国有20多个省会城市（包括直辖市，下同）发布了人力资源市场工资指导价位。通过对各省会城市发布的人力资源市场工资价位数据的分析和整理，可以看出2011年人力资源市场工资指导价位呈现以下特点：

（一）绝大多数职业（工种）工资指导价位呈现增长态势

由于各省会城市发布的职业（工种）人力资源市场工资指导价位数量不一，为此，在各地区发布的市场工资指导价位中，我们从金融、交通运输、批发零售、旅游服务、餐饮、建筑、房地产、采掘、制造等行业中选取了110个代表性职业（工种）。其中，管理职业（工种）12个，占全部职业（工种）的10.9%；工程技术人员15个，占全部职业（工种）的13.6%；经济、金

融及行政业务人员14个，占全部职业（工种）的12.7%；各类生产服务人员69个，占全部职业（工种）的62.7%。

在110个代表职业（工种）中，有105个职业（工种）2011年工资指导价位水平比2010年有所增长，占全部职业（工种）的95.5%。下降的仅有5个职业（工种）（见表12—1）。2011年，110个职业（工种）的指导价位平均值为32 915元，比上年增长11.6%。其中，增长幅度最高的是不动产销售员，由2010年的28 177元增加到2011年的41 170元，比上年增长46.1%。其次是矿井开掘工，工资指导价位水平比上年增长31.7%。在110个职业（工种）中，年平均增长率超过20%的职业（工种）有16个，占110个职业（工种）的13.6%。除了不动产销售员和矿井开掘工外，增长率超过20%的职业（工种）还有房地产开发业务人员（增长率为28.3%）、部件装配工（增长率为26.1%）、冲压工（增长率为25.9%）、测绘人员（增长率为25.4%）、银行信贷员（增长率为25.1%）、起重装卸机械驾驶员（增长率为24.2%）、炼钢人员（增长率为23.2%）、常用电机检修工（增长率为23.2%）、纸制品制作工（增长率为22.9%）、机械工程技术人员（增长率为21.7%）、涂装工（增长率为21.3%）、保洁员（增长率为21.3%）、钻床工（增长率为20.8%）、化工产品生产工（增长率为20%）。值得注意的是，保洁员指导价位水平的较高幅度增长，表明在用工荒背景下，2011年普通生产操作服务人员的工资水平增长较快。

表12—1　　2011年工资价位比上年增长幅度表

按2011年增长率排序	标准职位	2011年发布价位个数	2010年发布价位平均值（元/年）	2011年发布价位平均值（元/年）	2011年发布价位平均值比上年增长率（%）
1	不动产销售员	12	28 177	41 170	46.1
2	矿井开掘工	6	26 039	34 285	31.7
3	房地产开发业务人员	16	32 796	42 072	28.3
4	部件装配工	14	22 041	27 803	26.1
5	冲压工	18	21 614	27 205	25.9
6	测绘人员	8	27 904	34 992	25.4
7	银行信贷员	11	67 697	84 697	25.1
8	起重装卸机械驾驶员	19	24 779	30 775	24.2

续表

按2011年增长率排序	标准职位	2011年发布价位个数	2010年发布价位平均值（元/年）	2011年发布价位平均值（元/年）	2011年发布价位平均值比上年增长率（%）
9	炼钢人员	12	26 414	32 547	23.2
10	常用电机检修工	14	22 345	27 520	23.2
11	纸制品制作工	11	17 913	22 014	22.9
12	机械工程技术人员	19	32 551	39 621	21.7
13	涂装工	15	23 185	28 122	21.3
14	保洁员	19	14 575	17 672	21.3
15	钻床工	18	22 739	27 476	20.8
16	化工产品生产工	19	22 320	26 794	20.0
17	机修钳工	18	24 038	28 784	19.7
18	铣工	19	24 458	29 273	19.7
19	造纸工	9	24 454	29 086	18.9
20	车工	19	24 521	29 123	18.8
21	镗工	15	26 066	30 921	18.6
22	工具钳工	17	25 878	30 677	18.5
23	计量员	18	22 036	26 093	18.4
24	剪切工	16	23 864	28 232	18.3
25	磨工	19	22 306	26 267	17.8
26	出纳	20	23 050	27 047	17.3
27	企业董事	20	81 130	95 152	17.3
28	电子器件制造工	12	18 703	21 930	17.3
29	保险推销员	11	41 109	48 191	17.2
30	检验员	20	21 817	25 445	16.6
31	纺纱人员	15	16 576	19 330	16.6
32	装配钳工	18	24 964	29 056	16.4
33	塑料制品加工工	15	18 678	21 667	16.0
34	缝纫工	16	17 534	20 337	16.0
35	期货业务员	2	36 584	42 308	15.6
36	锻造工	19	24 980	28 868	15.6
37	统计人员	21	24 142	27 878	15.5
38	打字员	21	18 766	21 665	15.4

续表

按2011年增长率排序	标准职位	2011年发布价位个数	2010年发布价位平均值（元/年）	2011年发布价位平均值（元/年）	2011年发布价位平均值比上年增长率（%）
39	保险理赔员	14	35 271	40 663	15.3
40	仪器仪表修理工	19	22 940	26 419	15.2
41	餐具清洗保管员	15	15 381	17 708	15.1
42	印前处理工	16	21 640	24 884	15.0
43	保安员	20	17 335	19 909	14.9
44	焊工	20	24 736	28 390	14.8
45	金属热处理工	17	24 569	28 108	14.4
46	秘书	20	27 081	30 969	14.4
47	营业员	20	19 246	21 850	13.5
48	基础件装配工	14	20 422	23 133	13.3
49	铸造工	18	24 994	28 299	13.2
50	混凝土工	15	22 576	25 519	13.0
51	印刷操作工	16	23 028	25 937	12.6
52	建筑工程技术人员	21	32 791	36 826	12.3
53	抛磨光工	12	24 658	27 652	12.1
54	印染人员	10	19 644	22 027	12.1
55	简单体力劳动工	19	17 745	19 894	12.1
56	电气元件及设备装配工	16	22 522	25 232	12.0
57	裁剪工	16	18 335	20 538	12.0
58	理货员	17	18 474	20 674	11.9
59	仪器仪表装配工	14	21 673	24 242	11.9
60	收发员	17	18 421	20 590	11.8
61	化工工程技术人员	19	32 062	35 790	11.6
62	汽车驾驶员	20	25 804	28 731	11.3
63	包装工	19	18 852	20 990	11.3
64	前厅服务员	20	17 926	19 943	11.2
65	公关员	14	27 784	30 891	11.2
66	冷作钣金加工工	16	25 666	28 521	11.1
67	制材工	9	18 241	20 261	11.1
68	汽车修理工	20	24 593	27 295	11.0

续表

按2011年增长率排序	标准职位	2011年发布价位个数	2010年发布价位平均值（元/年）	2011年发布价位平均值（元/年）	2011年发布价位平均值比上年增长率（%）
69	仪器仪表工程技术人员	17	31 004	34 390	10.9
70	客房服务员	21	16 852	18 691	10.9
71	通信工程技术人员	17	45 457	50 234	10.5
72	会计人员	21	29 126	32 037	10.0
73	汽车客运服务员	16	21 088	23 187	10.0
74	计算机网络技术人员	19	36 583	40 195	9.9
75	车站客运服务员	12	24 343	26 621	9.4
76	收银员	21	18 420	20 136	9.3
77	维修电工	20	23 692	25 898	9.3
78	销售和营销经理	21	53 137	58 059	9.3
79	木工	14	22 017	23 994	9.0
80	审计人员	20	37 269	40 541	8.8
81	经济计划人员	19	37 111	40 275	8.5
82	电工	17	21 956	23 827	8.5
83	行政经理	21	44 796	48 586	8.5
84	刨插工	19	23 897	25 909	8.4
85	橡胶制品生产工	13	19 859	21 517	8.4
86	电气工程技术人员	19	39 545	42 823	8.3
87	财务经理	21	48 838	52 773	8.1
88	生产或经营经理	21	50 001	53 870	7.7
89	话务员	18	21 442	23 046	7.5
90	印后制作工	15	22 134	23 723	7.2
91	采购经理	22	43 292	46 215	6.8
92	研究和开发经理	21	59 383	63 386	6.7
93	客房经理	21	34 345	36 626	6.6
94	餐厅经理	21	36 005	38 309	6.4
95	餐厅服务员	19	18 106	19 157	5.8
96	医药工程技术人员	15	35 533	37 555	5.7
97	企业经理（厂长）	21	78 344	82 691	5.5
98	电力工程技术人员	19	46 524	49 032	5.4

续表

按2011年增长率排序	标准职位	2011年发布价位个数	2010年发布价位平均值（元/年）	2011年发布价位平均值（元/年）	2011年发布价位平均值比上年增长率（%）
99	计算机软件技术人员	19	44 733	47 086	5.3
100	人事经理	22	47 982	50 381	5.0
101	中式面点师	17	24 388	25 499	4.6
102	计算机硬件技术人员	16	39 391	40 890	3.8
103	广告和公关经理	20	53 113	54 643	2.9
104	酿酒工	11	25 372	25 826	1.8
105	地质勘探工程技术人员	14	36 947	37 305	1.0
106	锅炉设备安装工	14	27 357	27 007	−1.3
107	证券交易员	6	49 395	48 581	−1.6
108	冶金工程技术人员	16	44 630	42 247	−5.3
109	电子工程技术人员	18	43 648	39 181	−10.2
110	石油工程技术人员	8	65 538	54 712	−16.5

2011年，工资指导价位较上年增长在10%～20%区间的职业（工种）有57个，包括管理岗位、技术岗位和生产服务岗位等各个类别，其中，管理岗位有1个，工程技术岗位4个，职能部门专业人员8个，生产服务岗位有44个，再次表明2011年生产服务岗位人员工资价位上升势头比较明显。

2011年，工资指导价位增长率在1%～10%区间的职业（工种）总计有32个，其中，管理岗位有11个，经济类专业技术岗位有2个，工程技术人员有7个，生产服务岗位有12个。

在110个代表性职业（工种）中，石油工程技术人员、电子工程技术人员、冶金工程技术人员、证券交易员、锅炉设备安装工5个职业（工种）的工资指导价位为负增长，占110个职业（工种）的4.5%，其中，下降幅度最大的是石油工程技术人员，比上年下降了16.5%，电子工程技术人员和冶金工程技术人员也分别下降了10.2%、5.3%。值得注意的是，证券交易员也进入了下降行列，工资价位平均值比上年下降了1.6%，表明在资本市场熊市形势下，证券从业人员收入受到较大影响。

（二）管理技术类职业指导价位水平较高，简单体力劳动者指导价位水平偏低

2011年，城镇非私营单位在岗职工年平均工资为42 452元。从2011年发布的110个代表性职业（工种）的指导价位工资水平看，指导价位年薪在全国城镇非私营单位在岗职工年平均工资以上的职业（工种）有18个，仅占16%。从高于全国平均工资水平的职业类别看，主要以管理技术类职业（工种）为主，前10位职业分别是企业董事、银行信贷员、企业经理（厂长）、研究和开发经理、销售和营销经理、石油工程技术人员、广告和公关经理、生产或经营经理、财务经理、人事经理（见表12—2）。

表12—2　　2011年发布的高薪职业（工种）

按2011年平均水平排序	标准职位	2011年发布价位的平均值（元/年）	位次排名比2010年变化情况（正值代表排名上升位次个数，负值代表排名退后位次个数）
1	企业董事	95 152	0
2	银行信贷员	84 697	1
3	企业经理（厂长）	82 691	−1
4	研究和开发经理	63 386	1
5	销售和营销经理	58 059	1
6	石油工程技术人员	54 712	−2
7	广告和公关经理	54 643	0
8	生产或经营经理	53 870	0
9	财务经理	52 773	1
10	人事经理	50 381	1
11	通信工程技术人员	50 234	2
12	电力工程技术人员	49 032	0
13	行政经理	48 586	1
14	证券交易员	48 581	−5
15	保险推销员	48 191	4
16	计算机软件技术人员	47 086	−1
17	采购经理	46 215	1
18	电气工程技术人员	42 823	2

低薪职业（工种）主要是制材工、收银员、印染人员、前厅服务员、保安员、简单体力劳动工、纺纱人员、餐厅服务员、客房服务员、餐具清洗保管员、保洁员等（见图12—3），这些职业（工种）的工资指导价位年薪水平均低于2011年全国城镇私营单位就业人员24 556元的年平均工资。

表 12—3　　　　2011 年发布的低薪职业（工种）

按 2011 年平均水平排序	标准职位	2011 年发布价位平均值（元/年）	位次排名比 2010 年变化情况（正值代表排名上升位次个数，负值代表排名退后位次个数）
1	印前处理工	24 884	3
2	仪器仪表装配工	24 242	1
3	木工	23 994	−3
4	印后制作工	23 723	−7
5	汽车客运服务员	23 187	2
6	基础件装配工	23 133	2
7	话务员	23 046	−1
8	电工	22 503	−7
9	纸制品制作工	22 014	14
10	电子器件制造工	21 930	4
11	营业员	21 850	0
12	塑料制品加工工	21 667	3
13	打字员	21 665	0
14	橡胶制品生产工	21 517	−5
15	包装工	20 990	−3
16	理货员	20 674	0
17	收发员	20 590	0
18	裁剪工	20 538	1
19	缝纫工	20 337	6
20	制材工	20 261	0
21	收银员	20 136	−3
22	印染人员	20 024	−12
23	前厅服务员	19 943	−1
24	保安员	19 909	2
25	简单体力劳动工	19 894	−1
26	纺纱人员	19 330	2
27	餐厅服务员	19 157	−6
28	客房服务员	18 691	−1
29	餐具清洗保管员	17 708	0
30	保洁员	17 672	0

（三）同一职业（工种）不同地区间差距有高有低

由于各省会城市之间的居民消费物价水平、人均受教育年限水平、单位经济效益水平、单位工资支付能力、城市整体软硬件环境等影响因素的差异，同一职业（工种）在不同地区间存在一定的差距是合理的，关键是要适度。从2011年各地区向社会发布的工资指导价位数据看，在110个代表性职业（工种）中，多数职业（工种）地区间差距在6倍以下，也有部分职业（工种）地区间差距比较大，在10倍以上。同一职业（工种）在不同地区之间差距最大的是广告和公关经理，在北京市，广告和公关经理的指导价位年薪可拿到327 374元（价位平均值），而在海口市，广告和公关经理只能拿到16 920元的年薪（价位平均值），前者是后者的19.3倍。其次是销售和营销经理及研究和开发经理，其倍关系分别达到的16.2倍和13.6倍。总的看，各省会城市之间工资指导价位水平差距大的职业（工种）主要是个人能力对工作业绩影响比较大的一些岗位，例如广告和公关经理、销售和营销经理。这些职位，如何能够给单位接来一个大单，能够取得关键客户的信任，企业效益则可以获得明显增长，使企业在激烈的市场竞争中立于不败之地。同样，研究和开发经理也都是所在企业的关键核心岗位。因此，企业大多将这些岗位的个人收入与所创业绩紧密挂钩，从而拉开了不同人员之间的收入差距。从表12—4可以看出，同一职业（工种）不同地区之间差距大的，除了管理类职业（工种），其他职业（工种）还有企业经理（厂长）、企业董事，在这些职业（工种）中，个人能力和个人努力程度都直接影响着单位总体效益的好坏。

表12—4　　不同地区2011年发布的职位工资价位比较表

（倍数在10倍以上职业工种）

按照地区差距倍数排序	标准职位	2011年发布价位最大值（元/年）	2011年发布价位最小值（元/年）	2012年发布价位最大值是最小值倍数
1	广告和公关经理	327 374	16 920	19.3
2	销售和营销经理	342 170	21 061	16.2
3	研究和开发经理	312 768	23 003	13.6
4	企业经理（厂长）	398 125	29 640	13.4
5	企业董事	402 742	36 652	11.0

地区间倍数在3倍以下的职业（工种）总计有38个，占110个代表性职业（工种）的34.5%。这部分职业（工种）除了证券交易员、期货业务员外，其他均为企业生产一线工种，其中，地区之间差距最小的是期货业务员岗位。2011年，期货业务员岗位工资指导价位最高的是杭州市，工资指导价为50 788元，最低值是长春市，工资指导价为33 829元，最高与最低相差1.5倍（见表12—5）。从表12—4和表12—5可看出，管理技术类职业（工种）地区间差距较大，生产服务行业中的一线普通劳动者之间，地区间差距较小。

表12—5　　不同地区2011年发布的职位工资价位比较表

（倍数在3倍以下职业工种）

按照地区差距倍数排序	标准职位	2011年发布价位最大值（元/年）	2011年发布价位最小值（元/年）	2012年发布价位最大值是最小值倍数
1	包装工	41 184	14 160	2.9
2	收发员	38 457	13 356	2.9
3	餐厅服务员	35 193	12 276	2.9
4	镗工	54 110	18 900	2.9
5	车站客运服务员	49 667	17 400	2.9
6	钻床工	46 218	16 360	2.8
7	检验员	46 340	16 440	2.8
8	简单体力劳动工	33 254	12 000	2.8
9	车工	51 185	18 480	2.8
10	木工	35 671	13 200	2.7
11	刨插工	45 228	16 800	2.7
12	化工产品生产工	48 456	18 000	2.7
13	计量员	44 262	16 560	2.7
14	汽车驾驶员	44 782	16 920	2.6
15	证券交易员	71 500	27 336	2.6
16	部件装配工	47 555	18 360	2.6
17	矿井开掘工	55 267	21 480	2.6
18	理货员	32 670	12 840	2.5
19	测绘人员	54 480	21 562	2.5
20	纸制品制作工	35 611	14 160	2.5
21	机修钳工	47 249	18 840	2.5

续表

按照地区差距倍数排序	标准职位	2011年发布价位最大值（元/年）	2011年发布价位最小值（元/年）	2012年发布价位最大值是最小值倍数
22	维修电工	42 576	17 160	2.5
23	保安员	35 751	14 495	2.5
24	混凝土工	39 509	16 064	2.5
25	仪器仪表装配工	35 135	14 400	2.4
26	制材工	30 708	13 045	2.4
27	客房服务员	30 803	13 200	2.3
28	印染人员	30 807	13 340	2.3
29	裁剪工	28 860	12 720	2.3
30	抛磨光工	45 566	20 100	2.3
31	前厅服务员	30 651	13 540	2.3
32	缝纫工	28 740	13 200	2.2
33	汽车客运服务员	34 996	16 271	2.2
34	塑料制品加工工	31 241	15 000	2.1
35	纺纱人员	26 079	14 880	1.8
36	电子器件制造工	27 271	16 259	1.7
37	基础件装配工	30 238	18 250	1.7
38	期货业务员	50 788	33 829	1.5

（四）行业间工资差距比较明显

由于根据2011年度管理和生产服务职业（工种）工资指导价位数据难以区分行业间工资差距，因此，此处我们着重通过技术职业（工种）岗位的分析，对不同行业之间工资差距进行比较。从表12—6可以看，2011年，在15个代表性职业（工种）中，薪酬水平最高的是石油行业中的石油工程技术人员，其次是电信行业中的通信工程技术人员，以及电力行业中的电力工程技术人员、计算机行业的计算机软件技术人员等。仪器仪表行业中的仪器仪表工程技术人员、化工行业中的化工工程技术人员、建筑行业中的建筑工程技术人员工资指导价位水平比较低。2011年，石油工程技术人员工资指导价位是仪器仪表工程技术人员的1.59倍，比2010年差距有所缩小。总的看，由于各行业劳动强度与工作环境不同，各职业对上岗人员的技术要求也不尽不同，因此，行业间有一些工资差距是合理的，但从表中看出，处于垄断行业

表 12—6　　　　不同行业间工资价位差距情况表

2011年排序	所属行业	标准职位	2011年发布价位平均值（元）	2011年发布价位平均值系数（以最低值为1）	2010年发布价位平均值（元）	2010年发布价位平均值系数（以最低值为1）	位次排名比2010年变化情况（正值代表排名上升位次个数，负值代表排名退后位次个数）
1	石油行业	石油工程技术人员	54 712	1.59	65 538	2.11	0
2	电信行业	通信工程技术人员	50 234	1.46	45 457	1.47	1
3	电力行业	电力工程技术人员	49 032	1.43	46 524		−1
4	计算机行业	计算机软件技术人员	47 086	1.37	44 733	1.44	0
5	电气行业	电气工程技术人员	42 823	1.25	39 545	1.28	2
6	冶金行业	冶金工程技术人员	42 247	1.23	44 630		−1
7	计算机行业	计算机硬件技术人员	40 890	1.19	39 391	1.27	1
8	计算机行业	计算机网络技术人员	40 195	1.17	36 583	1.18	2
9	机械行业	机械工程技术人员	39 621	1.15	32 551	1.05	4
10	电子行业	电子工程技术人员	39 181	1.14	43 648	1.41	−4
11	制药行业	医药工程技术人员	37 555	1.09	35 533	1.15	0
12	地质行业	地质勘探工程技术人员	37 305	1.08	36 947	1.19	3
13	建筑行业	建筑工程技术人员	36 826	1.07	32 791	1.06	−1
14	化工行业	化工工程技术人员	35 790	1.04	32 062		0
15	仪器仪表行业	仪器仪表工程技术人员	34 390	1.00	31 004	1	0

的职业（工种）工资指导价位水平明显高于其他劳动条件、劳动强度、劳动责任、能力要求等相近的竞争性行业职业（工种）。

（五）地区间高管薪酬水平差距进一步拉大

企业高级经营管理人员是一个特殊的群体，其作用发挥如何直接决定了企业的总体竞争能力，影响着企业的生死存亡。为此，各地区均把薪酬分配作为调动企业高管积极性的一个重要手段，但由于经济发展水平、所处行业、企业支付能力、企业效益、企业规模、企业文化等不同，各地区高管薪酬水平高低不一，差异较大。相比 2010 年，2011 年企业董事间指导价位差距进一步扩大，企业经理间薪酬差距有所缩小。2009 年，企业董事最高的广州市工资指导价位为 157 388 元，最低的石家庄市企业董事仅为 32 436 元，最高是最低的 4.9 倍。2010 年，企业董事最高的北京市工资指导价位为 355 774 元，最低的兰州市企业董事仅为 36 515 元，最高是最低的 9.7 倍。2011 年，企业董事最高的北京市工资指导价位增加到 402 742 元，最低的银川市企业董事仅为 36 652 元，最高与最低之间倍数则扩大到 11 倍（见表 12—7）。

企业经理（厂长）薪酬，2009 年发布的指导价位水平最高的是北京市，平均值为 209 710 元，最低是海口市，平均值为 22 800 元，北京市企业经理（厂长）工资指导价位平均值为海口市的 9.2 倍。2010 年，企业经理（厂长）工资指导价位水平最高的仍是北京市，平均值达到 378 126 元，最低是哈尔滨市，平均值为 25 529 元，北京市企业经理（厂长）工资指导价位平均值为哈尔滨市的 14.8 倍。到 2011 年，企业经理（厂长）工资指导价位水平最高的仍是北京市，平均值达到 398 125 元，最低是海口市，平均值为 29 640 元，北京市企业经理（厂长）工资指导价位平均值为海口市的 13.4 倍，差距略有缩小，但绝对值差距仍然达到近 37 万元（见表 12—8）。

表 12—7　　各地区企业董事职业年薪差距　　单位：元/年

序号	地区	2009 年	2010 年	地区	2011 年
1	北京		355 774	北京	402 742
2	广州	157 388	168 838	广州	213 465
3	石家庄	32 436	135 386	乌鲁木齐	206 760
4	天津	99 747	101 844	重庆	88 800
5	沈阳	81 359	94 989	贵阳	80 400
6	西安	70 437	75 691	成都	73 590
7	贵阳	60 480	72 240	长沙	72 980
8	长沙	64 890	69 500	银川	71 252
9	成都	53 760	66 450	合肥	71 000
10	长春	57 900	61 664	沈阳	69 001
11	济南	53 408	61 420	济南	68 790
12	南昌	58 920	58 191	南京	67 334
13	南京	52 700	56 958	南昌	66 203
14	西宁	37 500	50 916	长春	61 668
15	合肥	45 800	50 800	西安	60 000

续表

序号	地区	2009 年	2010 年	地区	2011 年
16	南宁	46 320	50 520	杭州	54 457
17	郑州	45 249	49 615	南宁	51 600
18	杭州	39 727	45 548	昆明	49 308
19	昆明	42 705	42 850	西宁	37 032
20	银川	85 123	41 476	兰州	36 652
21	兰州	36 515	36 515	兰州	36 515
最高与最低倍数		4.9	9.7		11.0

注：此表数据为各地区发布价位的平均值或中位值。

表 12—8　　各地区企业经理（厂长）职业年薪差距　　单位：元/年

序号	地区	2009 年	2010 年	地区	2011 年
1	北京	209 710	378 126	北京	398 125
2	广州	187 108	193 427	广州	238 819
3	天津	134 829	150 300	福州	96 960
4	沈阳	106 279	120 098	西安	79 090
5	石家庄	40 944	89 976	成都	77 000
6	乌鲁木齐	79 200	85 560	沈阳	69 763
7	西安	67 768	81 366	济南	68 991
8	成都	69 668	77 670	长沙	66 200
9	福州	69 132	73 280	银川	62 680
10	长沙	63 030	63 030	贵阳	60 000
11	济南	53 565	61 599	南京	58 267
12	南京	44 124	57 107	杭州	56 266
13	贵阳	48 120	55 440	南宁	56 160
14	南宁	47 520	54 360	合肥	54 500
15	杭州	40 439	54 204	重庆	49 200
16	武汉	48 840	53 280	长春	48 792
17	银川	71 823	52 486	兰州	43 821
18	合肥	42 400	48 700	昆明	41 910
19	长春	44 208	47 082	西宁	40 176
20	兰州	32 706	42 868	南昌	40 156
21	西宁	34 140	42 624	海口	29 640

续表

序号	地区	2009 年	2010 年	地区	2011 年
22	重庆	62 400	42 000		
23	郑州	39 601	40 620		
24	南昌	35 223	38 745		
25	昆明	27 798	27 987		
26	海口	22 800	25 800		
27	哈尔滨	23 208	25 529		
最高与最低倍数		9.2	14.8		13.4

注：此表数据为各地区发布价位的平均值或中位值。

二、各省会城市工资指导价位主要问题

人力资源市场工资指导价位制度是全国各大中城市按照国家统一要求，经过多年探索建立起来的，比较真实地反映了我国各行业职业（工种）的真实分配状况。从目前各省会城市公布的工资指导价位数据看，还存在以下一些问题。

（一）部分职业（工种）工资水平仍然较低

从各省会城市发布的工资指导价位看，虽然弱势群体工资收入水平有了较大幅度的上涨，但仍有部分职业（工种）工资水平较低，部分人群薪酬待遇还维持在当地最低工资水平。如杭州市 2011 年公布了 350 个职业（工种）价位，其中有 215 个职业（工种）价位最低值为杭州市最低工资标准的 1.1 倍以内，有些岗位如仪器仪表工程技术人员、其他储运人员、营养配餐员、水泥制品工等工资指导价位最低值仅比杭州市最低工资标准高 23 元。长春市 2011 年公布了 390 个职业（工种）价位，其中有 226 个职业（工种）价位最低值为 1 000 元，占全部职业（工种）的 58%，与长春市当年最低工资标准值相等。还有一些职业（工种）的工资指导价位水平虽然比当地最低工资标准高一些，但相对于不断上涨的居民消费物价和居高不下的房价来说，其水平仍然比较低，仅能维持自身的简单再生产。从部分地区发布的一些职业（工种）工资指导价位最低值来看，部分职业（工种）工资水平偏低状况在短时期内难以改变。

（二）部分垄断行业职业（工种）工资收入偏高

从各省会城市公布的职业（工种）薪酬价位看，部分垄断行业如金融、电力等企业的一些职业（工种），与其他行业劳动强度、工作条件相近职业（工种）价位水平相比较明显偏高。如沈阳市银行信贷员年薪最高可达到216 347元，是2011年全国城镇非私营单位在岗职工年平均工资的5.1倍。广州市银行储蓄员年薪最高可达到73 161元，在沈阳市最高也能够达到136 258元，分别是2011年全国城镇非私营单位在岗职工年平均工资的4.1倍和3.2倍。应当说，这些岗位人员的薪酬水平远远超出了其岗位自身所代表的价值。

（三）部分地区高管收入偏低

虽然近几年来社会上对于部分行业企业高管人员报酬过高问题议论比较多，但从各地区公布的价位数据看，除少数沿海经济发达的大城市高管人员平均薪酬水平高一些外，多数省会城市高管人员年薪平均收入水平还比较低，激励不足的情况也值得关注。从表12—9可以看出，在2011年度公布企业经理（厂长）报酬的21个省会城市中，企业经理（厂长）年薪平均值低于10万元的省会城市高达19个，占公布企业经理（厂长）价位城市的90.5%。企业经理（厂长）年薪平均值低于5万元的省会城市有7个，占公布企业经理（厂长）价位城市的33%。其中，昆明市、西宁市、南昌市、海口市4个省会城市企业经理（厂长）年薪平均值甚至低于2011年全国在岗职工平均工资水平（42 452元）。

表12—9　　各省会城市2011年度高管人员平均年薪水平　　单位：元/年

地区	企业经理（厂长）	企业董事
北京	308 125	402 742
广州	238 819	213 465
福州	96 960	
西安	79 090	60 000
成都	77 000	73 590
沈阳	69 763	69 001
济南	68 991	68 790
长沙	66 200	72 980
银川	62 680	71 252

续表

地区	企业经理（厂长）	企业董事
贵阳	60 000	80 400
南京	58 267	67 334
杭州	56 266	54 457
南宁	56 160	51 600
合肥	54 500	71 000
重庆	49 200	88 800
长春	48 792	61 668
兰州	43 821	36 652
昆明	41 910	49 308
西宁	40 176	37 032
南昌	40 156	66 203
海口	29 640	
乌鲁木齐		206 760
最高是最低的倍数	13.4	11.0

三、工资指导价位展望及建议

2012 年，我国将继续面临不稳定的国际经济环境，外需将进一步放缓，经济形势将更为复杂多变。总体看，经济下行压力较大，企业将面临更大的挑战，保持工资较快增长的难度增大。在这种情况下，政府工资收入分配宏观调控政策必须继续改革创新，坚持有所为有所不为。

（一）2012 年工资指导价位展望

1. 普通生产一线工人收入增长幅度将趋缓

2012 年上半年，我国经济下行压力明显，据国家统计局发布数据，2012 年 1—4 月份，全国规模以上工业企业实现利润 14 525 亿元，同比下降 1.6%。其中，4 月当月实现利润 4 076 亿元，同比下降 2.2%。这一数据表明，中国经济经受国际金融危机影响，开始进入一个紧缩期。受企业效益下滑影响，预计 2012 年各类职业（工种）岗位人员的工资增长速度步伐将明显放慢，部分行业企业中的从业人员的浮动工资收入还有可能下降。

2. 垄断行业人员薪酬增长将会放缓，工资分配关系有望改善

由于近些年来垄断行业企业人员收入增长比较快，社会收入差距拉大，

因此，各方面对加强垄断行业薪酬管理的呼声比较高，政府工作报告也提出要有效调节过高收入，加强对收入过高行业工资总额和工资水平的双重调控，严格规范国有企业、金融机构高管人员薪酬管理。再加上经济的下行形势，因此，预计2012年垄断行业人员薪酬增长幅度将会放缓，行业之间工资差距持续扩大现象有望改变。

（二）政策建议

1. 工资宏观调控政策应加强灵活性

2012年，我国工资分配面临两难选择，一方面要按照“十二五”规划目标，实现职工工资水平合理较快增长，提高中等收入者比重；另一方面，受全球经济持续低迷的影响，我国部分行业企业生产经营将面临更多的困难。在这种情况下，建议2012年，要增强政府工资分配宏观调控的灵活性和实效性，加强分类指导，进一步细化有关调控措施，提高政策的针对性。对沿海产业转型升级城市以及受国际金融危机、债务危机冲击较大的外贸加工等行业企业，在充分调研和听取各方面意见的基础上，制定专项的工资调控政策，在工资是否增长方面给企业留有一定的弹性空间。

2. 将缓解工资收入差距作为改革重点

长期以来，不同行业、不同地区、不同群体间工资收入差距过大问题备受社会各界关注，国家也出台了一些调控措施。但总的看，收入差距过大问题没有明显缓解。为此，有关部门应加大工作力度，运用法律、税收、行政等多种手段，加强对工资收入水平过高行业企业的调控力度，出台一些具有实效性的措施，进一步缩小工资收入差距。同时要加强对国有及国有控股企业高管薪酬的管理，增强国有企业负责人薪酬分配透明度，强化薪酬与绩效的联系，实现激励与约束的平衡。

3. 加强相关制度建设

主要是工资集体协商制度、工资支付保障制度等。工资集体协商制度重点是提高工会建会率，加大民营等非公企业工资集体协商力度和覆盖率，加强对职工代表和工会主席等有关人员的培训。对于企业经营效益下滑，没有能力增加工资的，可通过工资协商，暂缓工资增长；对于企业经济效益较好，生产经营正常的，要确保职工工资的正常增长。同时，进一步完善工资支付保障制度，从制度机制上保障职工工资依法及时支付。

4. 把握好最低工资调整的节奏和力度

考虑到2012年国内外经济环境变数比较多，建议2012年上半年最低工资标准的调整采取审慎原则，先静观经济形势变化，对于最低工资占社会平均工资水平比重较高，最低工资标准调整对企业影响比较大的地区，可以待下半年经济形势比较明朗后，再决定是否调整以及调整的幅度，把握好最低工资调整的节奏和力度。

第十三章
大学毕业生起点薪酬

大学毕业生的起点薪酬①是反映劳动力市场变化和就业结构、就业质量的重要指标，也是用人单位、高校和政府部门以及毕业生及其家庭广泛关注的一个问题。为了客观反映2011年②大学毕业生起点薪酬情况及变化，为高校毕业生、企事业用人单位、高校、学生家长和政府提供决策参考，本章将对2011年大学毕业生起点薪酬进行分析、盘点，并就大学毕业生起点薪酬未来发展趋势进行预测和展望。

一、2011年大学毕业生起点薪酬总体情况

2011年，我国经济基本走出金融危机阴影，逐步得到复苏，呈现出较快增长势头，GDP增速达到9.2%。全国城镇新增就业达到1 221万人，城镇登记失业率4.1%，低于4.6%的控制目标。全国有24个省份上调了最低工资标准，平均增幅达到22%。2011年，国家宏观经济形势和总体就业环境，对大学毕业生的就业和起点薪酬的增长产生了积极影响，大学毕业生在就业、起点薪酬的水平、增速和结构等方面出现了一些新的变化。

（一）2011年大学毕业生的就业情况

2011年大学应届毕业生规模有所扩大，高校毕业生就业率有所上升，毕业生群体仍存在较大就业压力，促进高校毕业生就业仍是各方关注的问题。

从图13—1可以看出，2011年全国高校毕业生达到660万人，比2010年

---

① 本章所指的起点薪酬是指初次就业的毕业生，转正后一年的月平均工资，不含福利、奖金、津补贴和非货币报酬。大学毕业生专指高校本科毕业生。除特别说明外，本章所使用的数据均来自麦可思研究院公开数据。

② 为了便于表述，本文统一使用“年”作为分析的时间单位，个别部分体现“届”的概念是为了反映毕业生跨年度就业的情况。

增加20多万人，初次就业率为78%，同比提高1.2个百分点。① 同时，国务院出台了《关于进一步做好普通高等学校毕业生就业工作的通知》，从14个方面加大对高校毕业生就业的扶持力度，启动新一轮“三支一扶”计划，实施三年百万就业见习计划。高校毕业生创业、入伍和到中小企业就业已初具规模。

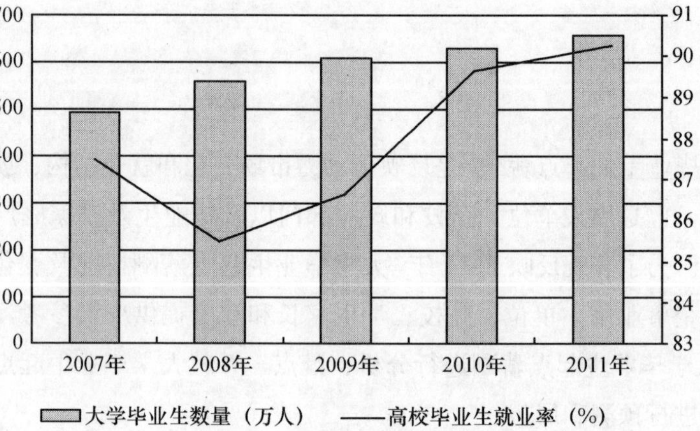

图13—1 近5年大学毕业生数量和就业率情况

数据来源：《中国就业》2012年第1期，第9页和第11页。

另外，值得注意的是，2011年本科毕业生中，“90后”逐渐开始成为求职主力军。“90后”被许多人视为不能吃苦、以自我为中心的一代。一些用人单位表示，“90后”眼高手低，服从意识差，纪律性不强，自身定位过高，不能够吃苦，不愿加班。但也有用人单位认为“90后”有活力有个性，学习能力强，思想活跃，能接受新观点，不愿墨守成规；知识面广，有创新思维，敢于实践，等等。首批“90后”本科毕业生陆续进入职场，给就业市场带来新的变化。

（二）2011年大学毕业生的起点薪酬水平

与大学毕业生就业率稳步上升的情况相对应，随着我国经济全面复苏，大学毕业生起点薪酬也较快增加，绝对量和增速方面均超过了危机前的水平。

① “初次就业率”与“实际就业率”有所不同。前者是指毕业生在离校前已落实就业单位的比率，其就业形式还包括自主创业、考取研究生或双学位，以及专科生考取本科生、出国留学及出国工作。后者指的是应届生在毕业一年后落实就业单位的比率。

从图 13—2 可以看出，2011 年我国大学毕业生起点薪酬平均为 2 766 元，同比增长 291 元，增幅为 11.8%。同期，全国城镇非私营单位在岗职工平均工资为 42 452 元/年，名义增长 14.3%，总体上大学毕业生起点薪酬增长低于当年社会平均工资增速，这与“十一五”期间毕业生起点薪酬与社会平均工资的趋势关系基本一致。① 与经济增长速度和物价水平增速相比，2011 年我国全年 GDP 平均增速为 9.2%，按照“两同步”的指导思想，大学毕业生起点薪酬增长快于经济增长。2011 年 CPI 平均增速为 5.4%，大学毕业生起点薪酬增速快于物价增速，表明按实际工资计算的起点薪酬仍有所增长，由于生活成本是毕业生主要的消费支出，因此，毕业生起点薪酬变动对物价更有弹性。

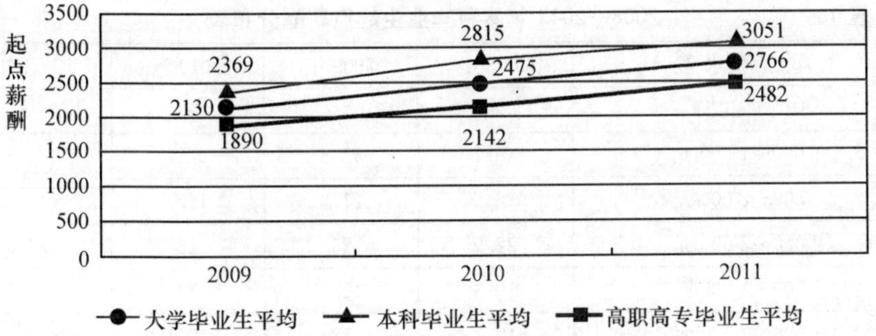

图 13—2　2009—2011 年大学毕业生起点薪酬变化趋势（单位：元/月）

（二）大学毕业生起点薪酬的增长趋势

过去 3 年大学毕业生起点薪酬水平整体呈现上升趋势（见图 13—2），大学毕业生起点薪酬平均值从 2009 年的 2 130 元增加到 2011 年的 2 766 元，增幅达 29.9%。其中，本科毕业生的起点薪酬从 2009 年的人均 2 369 元增加到 2011 年的人均 3 051 元；高职高专毕业生的平均起点薪酬从 1 890 元增加到 2 482 元。2011 年，本科院校中“211 院校”（重点本科）毕业生起点薪酬增幅 6.84%，“非 211 院校”（普通本科）毕业生增幅 8.75%；横向来看，2011 年重点院校本科生起点薪酬为 3 638 元，普通院校本科生起点薪酬为 2 933

① 刘学民．中国薪酬发展报告（2010）．北京：中国劳动社会保障出版社，2011：第 13 章。

元，二者相差700多元。①

（四）大学毕业生起点薪酬的区间分布状况

大学毕业生群体内部存在显著的起点薪酬差距，处于不同起薪区间的毕业生人数比例能够反映这一差距，同时也能体现不同毕业生在各起点薪酬区间的集中度。

从2011年大学毕业生起点薪酬区间分布情况来看，本科毕业生起点薪酬主要集中在2 000～3 500元之间，比例约占55.1%，其中，起点薪酬在3 000～3 500元之间的大学本科毕业生比例最高，约占被调查人数的1/5（见表13—1）。起点薪酬在3 000元以上的毕业生比例明显增加，2 500元以下人群比例降低幅度显著。

表13—1　2008—2011年本科毕业生起点薪酬分布表　单位：%

起点薪酬水平	2008年	2009年	2010年	2011年
1 000元以下	3.8	2.2	—	—
1 000～1 500元	19.1	12.6	6.2	4.0
1 500～2 000元	24	21.3	12.7	9.5
2 000～2 500元	22.9	25	22	19.6
2 500～3 000元	10.3	12.3	15	15.6
3 000～3 500元	10.2	13	18.1	19.9
3 500～4 000元	2.7	3.8	6.4	8.1
4 000～4 500元	2.9	4	7.4	9.1
4 500～5 000元	0.7	1.1	2.1	2.9
5 000元以上	3.4	4.7	10	11.4

另据全国高等学校学生信息咨询与就业指导中心的调查，68.6%的毕业生起点薪酬在1 000～3 000元之间，起点薪酬3 000元以上的毕业生有所增加，这在一定程度上与整个社会人均收入增加的趋势相符。但是，大学毕业生起点薪酬整体水平仍不高，被调查毕业生中仍有6.5%起点薪酬不足1 000元，7.7%的毕业生并未约定起点薪酬，大学毕业生低就业现象普遍，期望薪

① 据清华大学教育研究院2012年的调查显示，名校与普通大学毕业生起点薪酬差异明显，就业市场上的名校效应非常突出。名牌大学与普通大学学生的高考成绩差异很大，而高考成绩和学习能力高度相关，因此影响到工资水平。调查表明，高考成绩高于省平均分的毕业生工资比低于省平均分的毕业生高出17%。“211工程”大学毕业生的平均月薪是2 427元，比普通大学毕业生高出28%。

酬虽有所下降，但仍有71.6%的毕业生期望薪酬高于实际薪酬。①

总体来看，2011年大学毕业生的起点薪酬无论在水平、增速还是结构分布方面都有较大变化，随着宏观经济形势的复苏，大学毕业生起点薪酬增速高于上年预期，尽管总体水平仍不高，但起点薪酬在持续增长。

二、2011年大学毕业生起点薪酬具体分析

为了更好地体现大学毕业生起点薪酬的变化，下面从起点薪酬的不同方面进行具体分析。

（一）分地区的起点薪酬

1. 大学毕业生的就业地区分布

2011年，大学毕业生的地区就业分布有一定变化，与农民工从沿海地区向内陆转移的情况类似，大学毕业生就业逐渐改变了“孔雀东南飞”的传统格局，国家鼓励毕业生下基层、到西部就业的政策起了作用，大城市的生存成本和竞争压力促使很多毕业生回到家乡就业，从图13—3的对比可以发现，毕业生在华南和华北地区的就业人数比例在下降，华东和中部地区就业人数比例基本维持不变，而东北、西部和西南地区的比例在增加，分别增加了0.6%、2.4%和1.3%。②

2. 大学毕业生起点薪酬的地区差距

劳动力的迁移受到收入、物价、就业机会等多种因素的影响，结合图13—4和近两年毕业生就业的地区分布情况，可以看出华南、华东和华北地区在毕业生起点薪酬方面仍然保持明显的优势，而西北地区、中部地区和东北地区的人均起点薪酬明显低于沿海发达地区。例如，在西北地区就业的毕业生起点薪酬人均不到华南地区的80%，因此，很难用薪酬因素来解释大学毕业生的跨地区流动，就业机会、生活成本及青年人择业价值观的变化可能发挥了更重要的作用。

---

① 数据来源：2011年中国大学生就业状况调查［J］. 职业与技术教育，2011（33）：20。

② 本文中所指的东北地区包括黑龙江省、吉林省、辽宁省；华北地区包括北京市、天津市、河北省、山东省、内蒙古自治区和山西省；西部地区包括西藏自治区、新疆维吾尔自治区、陕西省、甘肃省、宁夏回族自治区和青海省；中部地区包括河南省、湖北省和湖南省；华东地区包括上海市、江苏省、浙江省、江西省和安徽省；华南地区包括广东省、广西壮族自治区、福建省和海南省；西南地区包括重庆市、四川省、云南省和贵州省。

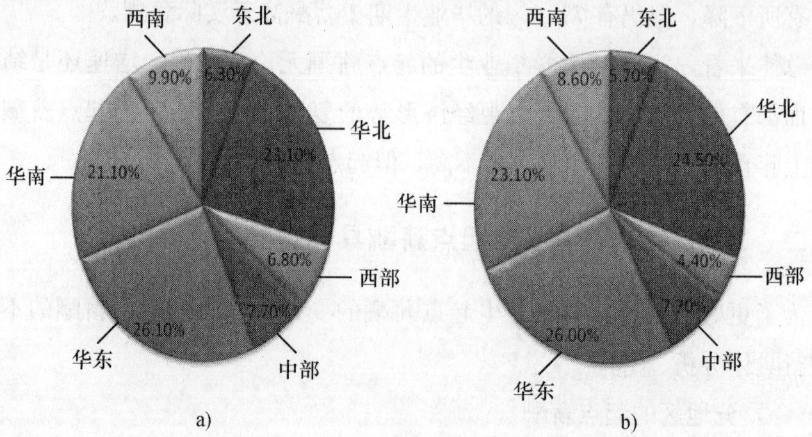

图 13—3 大学毕业生就业地区分布图（单位：人数比例，%）

a）2011 年 b）2010 年

同农民工“回流”的逻辑类似，沿海地区劳动力成本上升等因素迫使很多企业转向内地，中西部地区的地方政府通过吸引投资和创造更多就业机会，留住了过去外出就业的本地户籍人员。因此，经济社会资源的配置影响了毕业生就业选择，劳动力流动与资本流动呈现出了替代关系。

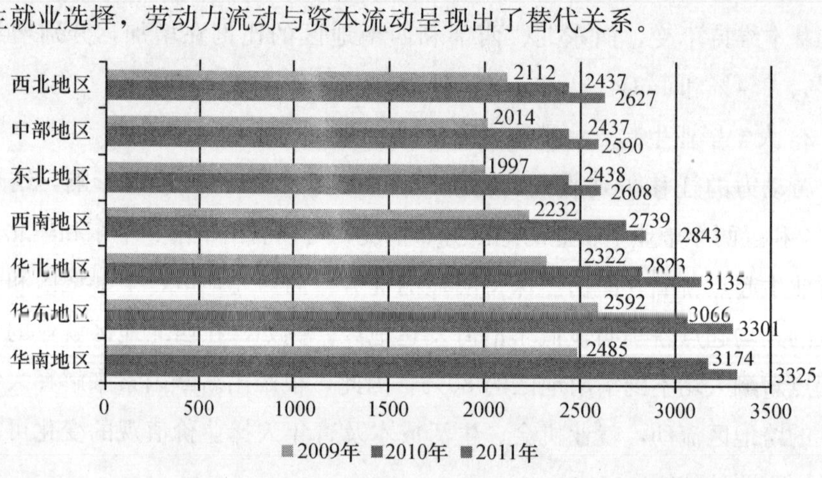

图 13—4 近 3 年按地区划分的大学毕业生起点薪酬情况

3. 城市间的大学毕业生起薪差距

从城市层面的数据来看，2011 年在直辖市就业的本科毕业生起点薪酬在 3 500 元左右，在副省级城市就业的毕业生起点薪酬在 3 000 元左右，地级及以下城市毕业生起点薪酬在 2 500 元左右（见图 13—5）。2011 年，社会上曾就大学毕业生“逃离北上广”和“重返北上广”展开过热烈讨论，从起点薪酬角度来看，二、三线城市比一线城市在毕业生起点薪酬方面仍然存在差距，而且不断扩大。因此，起点薪酬差距不能成为解释“逃离北上广”的主要原因。很多调查显示，一线城市的高房价、竞争压力、高强度快节奏的工作以及户籍歧视等因素，成为毕业生到二、三线城市就业的推力因素。

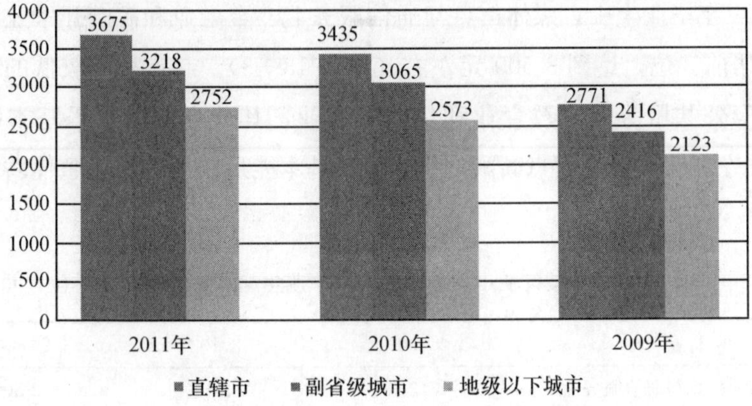

图 13—5　2011 年大学毕业生在各级别城市的起点薪酬情况（单位：元/月）

从城市起点薪酬排名来看，上海市、深圳市、北京市和广州市分列前 4 位（见表 13—2），与往年相比，这一排名相对稳定。

表 13—2　　近 3 年大学本科毕业生起点薪酬最高的城市　　单位：元/月

序号	2009 年		2010 年		2011 年	
	城市	起点薪酬	城市	起点薪酬	城市	起点薪酬
1	深圳	3 280	上海	3 367	上海	3 815
2	广州	3 234	深圳	3 153	深圳	3 596
3	珠海	3 191	北京	2 993	北京	3 497
4	上海	3 086	广州	2 806	广州	3 447
5	北京	2 818	杭州	2 699	杭州	3 119
6	东莞	2 815	东莞	2 619	成都	3 020
7	佛山	2 772	天津	2 538	宁波	2 999
8	杭州	2 745	南京	2 358	南京	2 976
9	宁波	2 649	苏州	2 351	天津	2 896
10	江门	2 640	扬州	2 271	厦门	2 881

（二）分行业的起点薪酬

2011年，很多行业从全球金融危机的影响中走出来，国家一系列产业政策对金融、房地产、农业科技以及文化产业产生影响，能源、通信、电力和烟草等垄断行业市场地位仍然稳固，战略性新兴产业发展迅速，这些因素都影响了大学毕业生的就业与起点薪酬。

1. 分行业的毕业生起点薪酬水平与排名

2011年毕业生中，媒体信息与通信服务业、金融业和矿产开采业的起点薪酬位居前3位，达到3 500元左右（见表13—3）。起点薪酬较低的行业集中在政府公共服务业、教育业和住宿餐饮业，其起点薪酬水平基本维持在2 600元左右。毕业生起点薪酬的行业分布基本能反映所在行业整体薪酬的情况。

表13—3　　近3年按行业小类划分的大学毕业生起点薪酬情况　单位：元/月

行业名称	2009年	2010年	2011年
媒体信息与通信服务业	2 587	3 190	3 508
金融业	2 889	3 370	3 506
矿产开采业	2 791	3 119	3 468
公用事业	2 780	3 067	3 423
运输业	2 587	3 149	3 379
电子电器制造业	2 452	3 067	3 368
房地产与租赁业	2 531	3 087	3 291
专业设计与咨询业	2 390	3 052	3 224
交通工具制造业	2 348	2 928	3 146
建筑业	2 486	2 895	3 067
家具、医疗设备制造业	2 273	2 954	3 041
艺术娱乐与休闲业	2 414	3 066	3 003
化学化工业	2 277	2 754	2 985
食品烟草加工业	2 302	2 664	2 969
批发商业	2 216	2 792	2 922
零售商业	2 266	2 736	2 906
邮递物流仓储业	2 215	2 597	2 865
机械五金成品加工业	2 137	2 562	2 858
纺织皮革及成品加工业	2 069	2 571	2 817

续表

行业名称	2009 年	2010 年	2011 年
农、林、牧、渔业	2 098	2 410	2 817
木品和纸品业	1 993	2 619	2 816
初级金属制造业	2 232	2 527	2 802
医疗与护理服务业	2 122	2 531	2 723
其他服务业	2 033	2 523	2 710
建材制造业	2 112	2 412	2 691
政府与公共管理	2 270	2 653	2 669
教育业	2 182	2 488	2 663
行政商业辅助业	2 136	2 524	2 658
住宿和餐饮业	2 064	2 341	2 590

在细分行业中，2011 年毕业生起点薪酬最高的是采煤业，进入前 10 名的细分行业主要集中在金融、IT、工程和能源等行业中（见表 13—4）。近年来细分行业的起点薪酬变动较大，2010 年毕业生起点薪酬中位居前列的细分行业与 2011 年的情况有很大差异，这一现象表明各行业的毕业生起点薪酬情况受市场波动较大。这首先是因为各行业受宏观经济形势影响程度不同，其次是各行业薪酬决定机制存在差异。此外，各行业对应届毕业生的需求规模也不尽相同。

表 13—4　　2010 年和 2011 年细分行业起点薪酬前 10 名　　单位：元/月

序号	细分行业名称	2010 年	细分行业名称	2011 年
1	投资基金	4 193	采煤业	3 239
2	烟草制造业	3 917	金融证券管理	3 181
3	国家安全和国际事务	3 773	金融投资	3 168
4	货币当局一中央银行	3 699	储蓄信用中介	3 112
5	航空运输服务业	3 696	土木工程建筑	3 074
6	企业管理咨询业	3 639	铁路运输业	3 045
7	石油和天然气开采	3 597	软件开发业	3 012
8	金融投资服务	3 542	公路桥梁建筑	3 010
9	储蓄信用中介	3 536	石油煤制品制造	2 977
10	互联网运营服务业	3 496	医疗设备制造	2 950

2. 不同行业毕业生起点薪酬的增长情况

近年来，起点薪酬排名较低的细分行业增长较快，以农、林、牧、渔业为例，2011年毕业生比上年起点薪酬增长16.9%（见表13—5），远高于金融业4%的增长速度，而农、林、牧、渔业在2010年毕业生起点薪酬行业排名中位居倒数第2位。增速较快的原因在于这些行业以前的起点薪酬水平较低，并不意味着未来该行业对毕业生的需求会迅速增加，尤其是在对比2010年毕业生起点薪酬增速最快的行业后发现，引起某行业起点薪酬迅速增长的原因更多来自行业内部，而与毕业生供求关系无直接联系。

表13—5　2011年起点薪酬增速最快的细分行业前10名　单位：元/月

序号	细分行业名称	2011年	2010年	增长率（%）
1	农、林、牧、渔业	2 817	2 410	16.9
2	水、电、煤气公用事业	3 423	3 067	11.6
3	机械五金制造	2 858	2 562	11.5
4	食品、烟草加工业	2 969	2 664	11.4
5	矿业	3 468	3 119	11.2
6	建材制造业	2 691	2 421	11.1
7	金属制造业	2 802	2 527	10.9
8	住宿和餐饮业	2 590	2 341	10.6
9	邮递、物流、仓储	2 865	2 597	10.3
10	媒体、信息、通信	3 508	3 190	10.0

（三）分职业的起点薪酬

在考虑毕业生就业质量时，职业匹配度是常用的指标之一，从对应市场需求角度出发，专业既可以与职业匹配，如会计专业的毕业生应该具备会计岗位的任职资格，而对其在哪个行业从事会计没有特定要求，专业也可以与行业匹配，如生物工程类专业的毕业生更有可能进入医药、食品等行业，有些专业（如金融、法律、医学）既可以看做是一种职业，也可以认为是一种行业。因此，应该结合专业和行业来观察不同职业的毕业生起点薪酬问题。

1. 不同职业毕业生起点薪酬水平与排名

表13—6中，按照职业大类划分，2011年毕业生中，起点薪酬较高的职业类型是互联网开发与应用，计算机与数据处理，矿山、石油开采以及金融、证券等，其起点薪酬水平在3 500元以上；起点薪酬较低的职业类型是餐饮娱乐、教育和社区工作等，其薪酬水平基本在2 500元以下。这一分布与行业起点薪酬分布类似，而起点薪酬高的职业整体薪酬水平也高，无论是发展中国家还是发达国家，金融、IT和能源都是高收入职业。

表 13—6　　近 3 年按职业大类划分的大学毕业生起点薪酬情况　单位：元/月

职业大类	2009 年	2010 年	2011 年
互联网开发与应用	2 533	3 450	3 954
计算机与数据处理	2 663	3 373	3 762
矿山石油	3 124	3 488	3 745
金融	2 891	3 386	3 512
航空机械/电子	2 970	3 025	3 507
能源电力	2 884	3 108	3 499
电气与电子	2 502	2 989	3 392
房地产经营	2 727	3 140	3 350
经营管理	2 535	3 079	3 336
销售	2 462	3 145	3 290
翻译	2 800	3 303	3 261
表演艺术	2 509	2 992	3 235
建筑工程	2 502	2 876	3 179
科研人员	2 432	2 868	3 159
工业安全与质量	2 264	2 812	3 155
交通运输邮电	2 428	2 987	3 145
测绘	2 493	2 699	3 096
机动车机械/电子	2 267	2 766	3 089
公安检察法院	2 583	2 968	3 077
生产运营	2 240	2 870	3 042
媒体出版	2 381	2 882	2 988
服装纺织皮革	—	2 661	2 984
公共关系	—	2 956	2 983
物流采购	2 281	2 778	2 976
保险	2 495	2 730	2 944
冶金材料	2 355	2 719	2 941
机械仪器仪表	2 168	2 602	2 922
人力资源	2 282	2 712	2 907
财务审计税务统计	2 308	2 792	2 905

续表

职业大类	2009 年	2010 年	2011 年
美术设计创意	2 235	2 655	2 897
农、林、牧、渔	2 043	2 266	2 827
生物化工	2 075	2 476	2 798
酒店旅游会展	2 126	2 668	2 789
高等教育与职业培训	2 240	2 540	2 752
律师	2 333	2 555	2 706
医疗保健	1 997	2 305	2 683
环境保护	2 172	2 419	2 676
行政后勤	2 035	2 430	2 607
中小学教育	2 203	2 457	2 605
餐饮娱乐	2 172	2 502	2 602
幼儿与学前教育	2 128	2 408	2 494
社区工作	1 836	2 127	2 342

对比 2010 年和 2009 年的情况，职业起点薪酬排名（见图 13—6）整体相对稳定，这也说明岗位价值在整个社会中具有相对稳定性，随着新职业的不断出现和一些传统职业的消失，在个别年份这种起点薪酬分布可能会有大的变化。

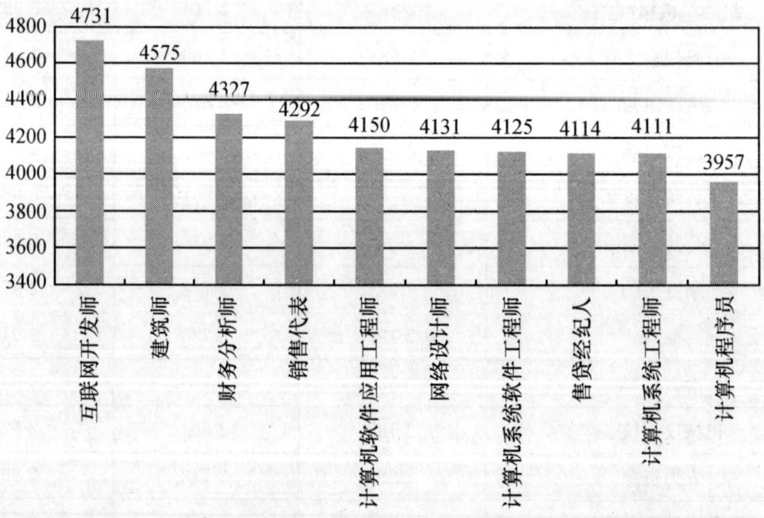

图 13—6　2011 年毕业生起点薪酬最高职业小类前 10 名（单位：元/月）

2. 不同职业毕业生起点薪酬的增长情况

纵向来看，农、林、牧、渔，医疗保健与救助，航空器械与电子等职业的起点薪酬有较大幅度增长，增速最高达到24.8%，起点薪酬增速较慢的职业有翻译、公共关系和幼儿学前教育等，个别职业起点薪酬出现负增长（见表13—7）。

表13—7　2011年大学毕业生起点薪酬增速最快和最慢的职业　单位：%

序号	增速最快的职业	增长率	增速最慢的职业	增长率
1	农、林、牧、渔类	24.8	翻译	−1.3
2	医疗保健与救助	16.4	公共关系	0.9
3	航空器械与电子	15.9	幼儿学前教育	3.6
4	测绘	14.7	公安检察法院	3.7
5	互联网开发及应用	14.6	媒体出版	3.7
6	电气与电子	13.5	金融	3.7
7	生物化工	13.0	餐饮娱乐	4.0
8	电力能源	12.6	财务审计	4.0
9	机械仪器仪表	12.3	酒店会展	4.5
10	工业安全与质量	12.2	销售	4.6

（四）分专业的起点薪酬

不同专业毕业生的起点薪酬水平能够反映市场对各专业毕业生的需求，同时也反映了不同专业毕业生的人力资本价值。

1. 按专业大类划分的毕业生起点薪酬

从专业大类来看，2011年本科生毕业半年后的月收入中，工学类最高，教育学类最低，分别为3 297元和2 621元（见表13—8）。横向对比可以发现，近年来经济学、工学、管理学等专业的毕业生起点薪酬较高，历史学、农学和教育学等专业的毕业生起点薪酬较低。

增速方面，工学类、历史类和农学类毕业生起点薪酬比上年增幅较明显。由于不同行业和岗位对人才需求往往具有滞后性，而且人力资本投资具有一定周期，因此，短期内这些专业仍具有很好的收入前景。有些专业，如医学类、艺术类等专业的人才培养具有特殊性，相对而言专业准入门槛也较高，因此这些专业的毕业生供给相对稳定，毕业生起点薪酬浮动不会很大。相反，目前较热门的经济管理类专业更容易受到供求关系的影响，个别细分专业的社会需求有可能出现饱和，长期来看起点薪酬会有波动。

表 13—8　　近 3 年按主要专业大类划分的大学毕业生起点薪酬　　单位：元/月

专业大类	2009 年	2010 年	2011 年
经济学	2 498	3 023	3 129
工学	2 431	2 953	3 297
理学	2 301	2 912	3 086
文学	2 336	2 874	2 978
管理学	2 343	2 853	2 982
法学	2 323	2 844	2 934
医学	2 124	2 756	2 920
历史学	—	2 521	2 786
农学	2 125	2 501	2 896
教育学	2 136	2 491	2 621

2. 按细分专业划分的毕业生起点薪酬

专业小类方面，2011 年大学毕业生中地矿类毕业生起点薪酬最高，护理学类最低，分别为 3 750 元和 2 503 元（见表 13—9）。地矿类专业已经连续 3 年成为起点薪酬最高的专业，起点薪酬最低的细分专业变化较大。总体来看，各专业毕业生起点薪酬水平不仅与专业大类一致，而且其格局相对稳定，也就是说尽管起点薪酬具体排名会有微小变动，但地矿类、电子信息类、测绘类、水利类、经济学类等专业的毕业生起点薪酬位于前列，而环境生态类、动植物养殖类和护理学类等专业的毕业生起点薪酬排名一直靠后。

这一现象除了与不同行业和岗位对特定专业的需求有关外，不同专业的人力资本专用性程度也影响到毕业生的起点薪酬。专业是一种知识分工，分工越细通用性越差，专用程度越高。通用型专业的毕业生可以从事多种工作，专业程度较高的专业可供选择的岗位就较少，由于不同专业的可替代程度和转换成本也不同，反映到起点薪酬方面，一般而言，通用型人才就业机会较多，起点薪酬更容易受市场影响，专业型人才就业机会较狭窄但收入相对稳定。

表 13—9　　近 3 年按细分专业划分的大学毕业生起点薪酬　　单位：元/月

细分专业	2009 年	2010 年	2011 年	细分专业	2009 年	2010 年	2011 年
地矿类	3 316	3 268	3 750	材料类	2 360	2 814	3 150
药学类	2 546	3 236	3 181	公共管理类	2 213	2 812	3 048
电子信息科学类	2 565	3 176	3 622	教育学类	2 226	2 808	2 671
电气信息类	2 515	3 153	3 620	环境科学类	2 164	2 787	2 915
经济学类	2 498	3 023	3 289	中国语言文学类	2 257	2 778	2 929
外国语言文学类	2 457	3 070	3 184	机械类	2 273	2 777	3 150
测绘类	2 785	3 031	3 618	生物科学类	2 107	2 767	3 045
交通运输类	2 503	3 003	3 288	环境与安全类	2 280	2 753	2 983
管理科学与工程类	2 442	2 997	3 375	材料科学类	2 236	2 745	3 060
工程力学类	—	2 991	3 231	体育学类	2 108	2 735	2 808
土建类	2 480	2 988	3 410	化学类	2 264	2 734	2 928
统计学类	2 468	2 986	3 274	艺术类	2 194	2 728	2 991
数学类	2 279	2 960	3 276	职业技术教育类	1 909	2 699	2 718
能源动力类	2 556	2 959	3 406	历史学类	2 390	2 658	2 870
物理学类	2 233	2 944	3 037	农业经济管理类	2 033	2 655	2 880
政治学类	2 278	2 939	3 032	生物工程类	2 177	2 625	2 838
仪器仪表类	2 520	2 917	3 341	轻工纺织食品类	2 107	2 604	2 972
新闻传播学类	2 302	2 913	3 122	农业工程类	2 596	2 593	2 800
图书档案学类	—	2 910	3 004	环境生态类	2 218	2 588	3 036
工商管理类	2 343	2 906	3 089	植物生产类	2 025	2 562	2 820
地理科学类	2 272	2 885	3 051	护理学类	2 268	2 456	2 503
水利类	2 453	2 881	3 561	动物生产类	2 118	2 421	3 103
化工与制药类	2 290	2 867	3 082	心理学类	2 050	2 852	2 802
法学类	2 331	2 852	2 974	社会学类	2 286	2 821	3 140

从各专业起点薪酬增长幅度来看，2011 年毕业生中动物生产类专业起点薪酬增长最快，增长近 30%（见表 13—10）；水利类、测绘类和环境生态类专业的起点薪酬增长也较快。出现负增长的专业有药学类、心理学类、教育学类等专业。增速在两位数的细分专业有 18 个，占比约为 37.5%，增速较快的专业大多集中在与国民经济密切相关的专业类别中，战略性新兴产业的发展直接带动了工程、勘探、制造和能源等专业起点薪酬的增加。

表 13—10　　2011 年起点薪酬增速最快的细分专业前 10 名　　单位：元/月

序号	专业名称	2011 年	2010 年	增长率（%）
1	动物生产类	3 103	2 421	28.2
2	水利类	3 561	2 881	23.6
3	测绘类	3 618	3 031	19.4
4	环境生态类	3 036	2 588	17.3
5	能源动力类	3 406	2 959	15.1
6	电气信息类	3 620	3 153	14.8
7	地矿类	3 750	3 268	14.8
8	仪器仪表类	3 341	2 917	14.5
9	轻工纺织食品类	2 972	2 604	14.1
10	土建类	3 410	2 988	14.1

跟踪 2008 年以来各专业大学毕业生起点薪酬的变化情况可以发现，被调查者毕业 3 年后月平均收入为 5 066 元，比刚就业时的月收入 2 133 元翻了一番，毕业 3 年后平均月薪最高和涨幅最快的专业大类是经济学类，历史学类的平均月薪和涨幅最低。这一情况表明，尽管有些专业起点薪酬水平较低，但中长期来看增长较快，起点薪酬水平高的很多专业，其收入增长潜力也相对较大。

（五）分雇主类型的起点薪酬

1. 不同所有制类型的毕业生起点薪酬

对处于同一地区和行业的企业，雇主支付给新进员工的起点薪酬差异也很大，一些企业采用有竞争力的薪酬策略以吸引人才，而对于很多事业单位和非营利组织，则通过户口、弹性工作时间、培训和丰富的福利赢得毕业生青睐。就狭义的薪酬而言，2011 年不同雇主类型支付的起点薪酬水平差距依然很明显，起点薪酬最有吸引力的是外企，起点薪酬最低的是非政府或非营利组织（见表 13—11）。

近 3 年来，不同雇主类型的起点薪酬差距有扩大的趋势，但这并不意味着毕业生倾向选择外资企业，从北京、上海等地的随机访谈表明，考公务员和进国企是很多毕业生的首选，因为起点薪酬之外的很多因素，如户口、分配住房等对毕业生影响更大。因此，在理解起点薪酬与就业的关系时，不能夸大起点薪酬的作用，尤其是对应届毕业生而言，职业匹配度、成长性和发

表 13—11 近 3 年按不同雇主类型划分的大学毕业生起点薪酬情况

单位：元/月

序号	所有制类型	2009 年	2010 年	2011 年
1	中外合资/外资	2 680	3 368	3 548
2	国有企业	2 634	3 054	3 295
3	政府机构/科研事业单位	2 289	2 683	2 939
4	民营企业/个体	2 159	2 675	2 699
5	非政府或非营利组织	2 075	2 374	2 561

展前景等更为重要。

2. 不同规模企业的毕业生起点薪酬

从企业规模来看，雇佣人数越多的企业相对起点薪酬越高，从表 13—12 中的对比可以看出，近两年 3 000 人以上的企业起点薪酬水平一般能维持在 3 000 元以上的水平，而千人以内的企业起点薪酬水平一般在 3 000 元以下。企业规模大意味着有较雄厚的资产实力，利润水平也相对较高，整体薪酬支付能力较强，这样的企业一般是国有企业、外企及有一定市场份额的私企。中小、小微企业一般雇佣人数较少，利润总额和人事费用率相对较低，尽管有一些处于快速增长期的小企业有较高的净资产收益率，进而有较高的起点薪酬支付能力，但总体上无法与大企业媲美。

表 13—12 近 3 年按不同雇主规模划分的大学毕业生起点薪酬情况

单位：元/月

序号	单位人数	2009 年	2010 年	2011 年
1	3 000 人（含）以上	2 798	3 257	3 547
2	1 000 人（含）至 3 000 人	2 465	3 044	3 283
3	500 人（含）至 1 000 人	2 374	2 902	3 093
4	300 人（含）至 500 人	2 349	2 781	3 017
5	50 人（含）至 300 人	2 218	2 603	2 812
6	50 人以下	2 031	2 392	2 602

根据智联招聘“2011 年最佳雇主”的评选与调查，在影响雇主品牌内部认知的指标中，排在前 10 位的依次是健全的员工沟通机制、员工参与、实现对员工的承诺、公平合理的分配制度、对员工的尊重、管理制度的规范完善和清晰、积极举措吸引优秀员工、企业文化建设、良好的部门内和跨部门合

作、职业生涯规划这10大指标。[①] 这表明起点薪酬在吸引毕业生择业中只起到一部分作用。

（六）分学历的起点薪酬

1. 不同学历毕业生的起点薪酬水平

根据正略钧策近3年对不同学历毕业生起点薪酬的跟踪调查，2011年专科、本科、硕士和博士的年起点薪酬水平分别为30 220元、37 334元、58 077元和79 804元。2011年，各学历毕业生起点薪酬较前一年都有所增长，其中专科和硕士起点薪酬的增长率最高，分别达到9.6%和11.7%，这一增速也比2010年有所提高（见图13—7）。[②] 横向来看，2011年本科毕业生起点薪酬比专科生高出23.5%，比硕士毕业生起点薪酬低35.7%，这一差距比2010年有所缩小。比较不同学历毕业生的起点薪酬，其实质是比较不同受教育年限者的教育投资收益的大小，这其中隐含的广受社会关注的问题是：读大学与不读大学有何区别？

对于很多城市低收入家庭和农村家庭而言，子女接受义务教育阶段之后，需要做出打工还是读书的选择？由于近年来大学生就业难、毕业后“起点薪酬不如农民工”以及学费生活费用高等因素，很多家庭放弃了让孩子继续读书的打算，这在很多欠发达和沿海农村地区已经不是个别现象。从“公共地悲剧”的角度来看，打工在短期内符合家庭利益，但长期来看不利于国家劳动力素质的整体提高，也牺牲了未来一代的长远发展。

2. 分地区和城市的各学历毕业生起点薪酬

从地区和城市来看，一线城市与非一线城市的专科毕业生起点薪酬差异较小，本科与硕士的毕业生起点薪酬差异较明显。一线城市专科生、本科生和研究生的起点薪酬比约为4.86：5.85：11.1，二线城市三类学历层次比例约为4.05：4.93：9.19，相比二线城市，北上广深等城市不同学历毕业生起点薪酬差距更大（见图13—8）。这些差异反映了我国不同产业的地理分布以

① 参见智联招聘官方网站，“中国年度最佳雇主（2011）年度颁奖盛典”，网址：http://best.zhaopin.com/。

② 由于正略钧策对2011年毕业生起点薪酬的统计口径做出调整，因此，2011年毕业生起点薪酬增速有高估的可能。2010年该公司调研起点薪酬为毕业生正式入职后的月度税前基本工资，不包括加班费、资金和补助。2011年调研起点薪酬为毕业生正式入职后的年度税前总收入，包括工资、加班费、奖金和补助。为了纵向比较，本文将2010年和2011年毕业生的年收入换算为13个月的月平均工资，2009年毕业生起点薪酬仍为按月统计的起点薪酬。

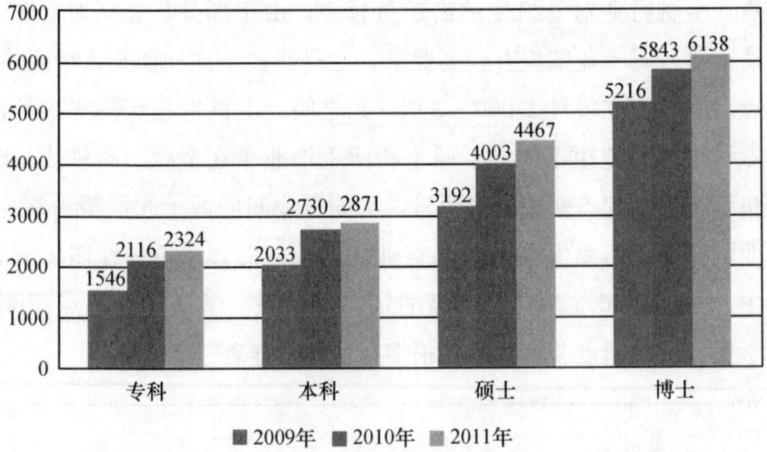

图 13—7　近 3 年不同学历毕业生起点薪酬情况（单位：元/月）

数据来源：正略钧策，《2012 中国薪酬白皮书报告》，第 46 页。

及对人才需求的层次差异，能源、制造、采矿等劳动密集型产业广泛分布在二、三线城市，这些产业对技能类人才需求量更大，而知识密集型和资本密集型产业主要集中在一线城市，这些城市对高学历的技术和管理类人才需求量较大。

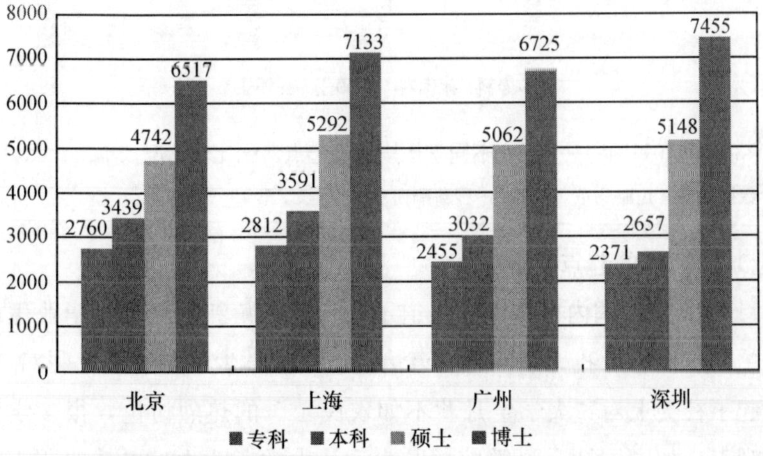

图 13—8　2011 年北京市、上海市、广州市和深圳市 4 城市各学历毕业生起点薪酬情况（单位：元/月）

数据来源：正略钧策，《2012 中国薪酬白皮书报告》，第 47 页。

3. 分行业的不同学历毕业生起点薪酬

从行业角度来看，2011 年金融行业专科毕业生起点薪酬最高，但从招聘计划来看，金融行业对专科生的需求量较小。由于部分行业（如金融、生物医药和法律等）对专业知识有较高要求，专科毕业生往往面临入行门槛问题，因此起点薪酬普遍在每月 2 000～3 000 元之间。本科生起点薪酬在各行业中领先于专科生，但差距不明显。硕士和博士毕业生在金融、高科技、医疗等知识密集型行业中起点薪酬优势明显，不同行业间的博士起点薪酬差距较大，金融行业的博士起点薪酬是消费品行业的 2 倍。总体来看，在图 13—9 所示的行业中，学历与起点薪酬有明显的正相关关系，学历越高起点薪酬越高，而且因学历导致的起点薪酬差距在很多行业非常显著。

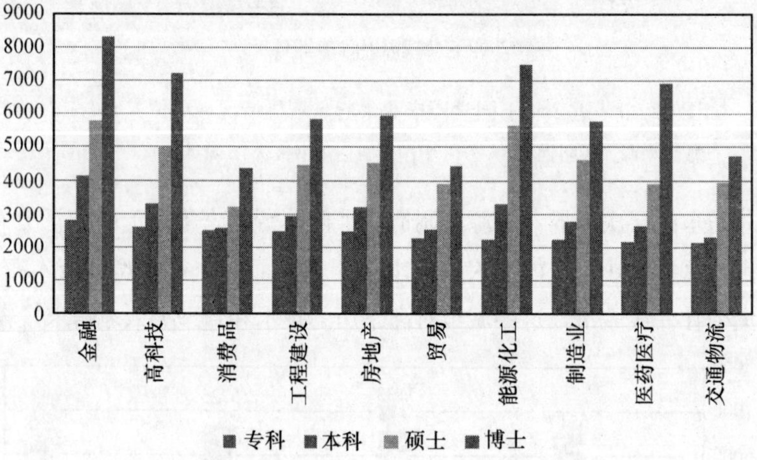

图 13—9　2011 年 10 个行业不同学历毕业生起点薪酬比较情况（单位：元/月）

数据来源：正略钧策，《2012 中国薪酬白皮书报告》，第 49～52 页。

（七）分群体的起点薪酬

2011 年年初，国内很多媒体报道了《长江三角洲地区本科毕业生就业跟踪分析》和《回家后我无颜面对的事情：怎么大学生不如农民工呢?》两篇文章，引起了社会上对“大学生月薪不如农民工”的热烈讨论，很多学者也纷纷发表观点，如中国社会科学院蔡昉表示，大学毕业生、再就业职工和农民工 3 个劳动者群体工资水平的确出现趋同现象，这种工资趋同是一个危险的信号。[①] 也有学者指出，大学毕业生和农民工薪酬“倒挂”是部分地区和岗位

① 具体观点参见 2006 年 7 月 12 日的《人民日报》；2010 年 11 月 22 日的《新京报》和 2011 年 4 月 1 日的“人民网”报道。

存在的现象，短期来看二者不具有可比性。如何理性看待大学毕业生起薪不如农民工？本章认为应该考虑以下 3 个方面：

1. 要考虑薪酬计算单价造成的误差。[①] 白领蓝领薪酬月薪“倒挂”既要考虑劳动力供求结构、岗位价值和劳动生产率等因素，也要考虑月薪计算方法。国际上进行薪酬水平和人工成本比较时，都是按小时报酬计算的，我国按月薪收入比较掩盖了很多矛盾。以刚毕业进入管理岗的大学生文员为例，按劳动法每月实际工作时间约 167 小时，平均小时薪资约 15 元，再算上“五险一金”和其他福利，按 49%估算约为 7.3 元/小时，按现行会计薪酬核算口径二者相加约为每小时 22.3 元，如果再考虑加班工资，小时薪酬还会更高些。再看农民工比较集中的制造业一线岗位，按计件工资制很多要超时工作，每天 10～12 小时，按 28 天计算约在 336 小时，且其他福利社保很难保证，按月薪 6 000 元，小时薪酬在 18 元左右，实际上还是低于白领文员的。

2. 要考虑长期收益和群体的整体收入水平。如果只比较局部地区、个别行业的具体岗位，的确存在农民工月薪超过大学毕业生的情况，如建筑业的一些技术工人月薪普遍能达到 4 000 元/月以上，而一般情况下刚入职的大学毕业生起薪在 3 000 元/月左右，但需要指出的是，很多“高薪”的农民工普遍具有较长的工作经验，与工龄较短的新进毕业生不具可比性。从“生命一收益”曲线角度，知识技能型人力资本的回报率呈加速递增的趋势，长期来看，上过大学的职工的总收入整体要高于大学以下文化程度的职工。整体来看，金融、IT、能源等高新行业和关键岗位都需要一定的学历门槛，高学历的毕业生更具优势。

3. 要考虑劳动力供求关系和用人单位需求。大学毕业生与农民工月薪的趋同来自两方面的作用：一是 2003 年以来随着大学毕业生供过于求情况的出现，大学毕业生起薪总体呈下降趋势；二是随着沿海地区产业结构升级和企业技术改造，一些技术岗位出现“招工难”等问题，有技术的农民工供不应求导致部分岗位月薪快速增高。从这两方面看，决定起薪高低的不是大学生或者农民工的身份，而是市场供求关系、岗位的相对价值及对求职者素质的需求。因此，理性看待月薪高低需要从不同群体的薪酬决定机制入手。

---

① 人力资源和社会保障部劳动工资研究所孙群义研究员持此观点，详细论述请参见《中国薪酬》第 3 期，第 14 页，《白领蓝领月薪倒挂之谜》一文。

三、2011年大学毕业生起点薪酬主要问题

（一）大学毕业生起薪决定机制有待完善

大学毕业生起点薪酬水平高低取决于多方面的因素，其中用人单位针对新进人员的薪酬制度和大学毕业生自身特点是最主要的两个方面，前者可以看做是客观因素，与企业利润水平和岗位相对价值有关，后者是主观因素，与大学毕业生自身能力和特点有关。目前，社会上对毕业生起薪的评论更多关注于“哪个学校毕业生起薪高”“什么专业赚钱多”以及“硕士比本科薪酬高多少”等问题，而较少关注毕业生起点薪酬的决定机制，这就可能会割裂毕业生供求双方的相互关系，不利于客观全面的理解毕业生起点薪酬问题。

大学毕业生起点薪酬的确定符合薪酬分配的一般规律，企业一般可以从劳动力供求关系、岗位价值度、职工生活成本、劳动者议价能力和劳动生产率等方面找到定薪依据。大学毕业生起点薪酬的差距则与劳动力市场缺陷（如行业垄断、信息不对称和歧视等）、人力资本差异、补偿性条件（如工作环境、工作强度、工作声望）等因素有关。从企业角度来看，针对新进大学毕业生，目前在起点薪酬设计方面往往存在以下问题：

1. 企业难以兼顾起薪的外部竞争性和内部公平性。很多企业为了吸引优秀人才，每年都会根据市场情况提高新进毕业生起薪水平，这种提薪虽然在一定程度上有利于人才的引进，但加剧了企业新进员工和老员工之间的矛盾。很多企业反映，老员工工资拿不过新来的大学生，要求提高工龄工资，有的企业因为待遇“倒挂”影响到了之前和谐的师徒关系，甚至有的毕业生来企业只相差一年工资却差很多，造成“新大学生”和“老大学生”之间的矛盾。另一方面，很多企业也抱怨，如果过多平衡内部薪酬差距，降低新进员工工资增幅，又招不来企业需要的高学历人才，企业常常陷入起薪确定的两难困境。

2. 设立毕业生最低工资标准造成对其他群体不公平。很多企业为了防止人才流失，根据不同学历确定企业最低工资标准，例如，将本科生前5年月薪设定为行业平均工资的1.5倍，硕士博士生是本科生月薪的2倍等。这种根据学历身份确定薪酬的做法表面上维护了高学历毕业生的利益，实际上在企业中造成了“唯学历、唯身份”的倾向，客观上打破了“以岗定薪”和

"按贡献分配"的原则，不利于调动广大职工的积极性，也容易造成新进毕业生优越感，拉大了不合理的工资差距。

3. 户籍、住房等体制因素仍然深刻影响毕业生择业观。从近年来"考公务员热""进国企热"等现象可以看出，体制内外差异仍然引导着毕业生求职观念，起点薪酬作为毕业生劳动力市场的价格信号遭到扭曲。进入公务员职业的毕业生虽然起薪较低，但由于分配住房、有户口、隐形收入高等，让很多毕业生"千军万马挤独木桥"，一些国有企业凭借垄断地位而获得"高利润"和"高薪酬"，这些体制内因素让很多中小企业望尘莫及，而中小企业是吸纳就业的主体，这就带来"体制内外人才供求出现结构性矛盾""毕业生低水平就业"以及"毕业生起点薪酬不合理差距扩大"等一系列问题。

（二）大学毕业生起薪权益需切实维护

金融危机之后，大学毕业生对起点薪酬的预期不断降低，甚至有"大学生零工资就业"的报道，这说明随着求职竞争的加剧，大学毕业生已经逐步理性对待就业与薪酬的关系。另一方面，在就业难的大背景下，大学毕业生在一定程度上属于弱势群体，其合法的就业和薪酬权益需要得到保护。

1. 有些用人单位过分压低毕业生起点薪酬。由于长期受到供求关系的影响，近年来大学毕业生薪酬预期明显降低，而且普遍低于雇主实际支付意愿，这一方面反映了近年来大学生就业信心的低迷，也体现了特殊经济时期对就业的负面影响。大学生对于起薪期望值的降低有积极的一面，但如果企业因此过分压低毕业生起薪，将损害毕业生合法获取劳动报酬，打击毕业生求职信心，不利于客观反映人才的市场价值。毕业生在求职时应全方位了解该职位薪酬水平，避免盲目降低薪酬来获得工作岗位。

2. 毕业生试用期期间的合法报酬权受侵害。有些用人单位利用大学毕业生刚踏入社会缺乏法律知识的弱点，违法支付劳动报酬，例如，有的用人单位认为试用期是单位与劳动者相互熟悉的过程，不应该付工资；有的单位在招工时就声明，试用期不发工资，只有试用期双方签订了正式劳动合同后才有工资；还有的用人单位以其他种种借口，如以"双向选择适应期""培训学习期"等为借口不付工资。

3. 有些用人单位在与毕业生签订劳动合同时不依法签订劳动报酬条款。有些用人单位为了达到不缴或少缴社会保险费、压低毕业生报酬、低成本轮换使用毕业生的目的，通过拖延和逃避订立劳动合同，在劳动合同上故意模糊或曲解工资概念，随意约定加班费和奖金，变相压低工资标准等来侵害毕业生的合法权益。

（三）大学毕业生起薪长期走低不利于人才供给

起点薪酬作为大学生人力资本投资的近期收益，会影响未来大学毕业生的教育投资决策，从社会层面，起点薪酬也会在人力资源配置中起到风向标的作用，从而影响一个国家人才供给的整体水平。

从根本上来讲，经济利益（体现为教育投资回报率）是人们接受高等教育的根本动机，高等教育投资者需要做出以下权衡：是减少当前对高等教育的投资，从而尽可能增加当前的收入，还是放弃当前的收入，通过当期投资增加未来的回报?① 一般而言，教育投资的最优决策受到教育成本、收入水平和预期收益 3 个方面的影响，其中，预期收益首先体现为毕业时的起点薪酬。

根据上述分析，通过成本和收益核算可以判断，按照 2011 年大学毕业生月薪水平，工作多少年才会收回读大学的教育投资?② 以北京地区一名普通大学本科毕业生为例，考虑大学 4 年受教育的直接成本和机会成本，其中，学费每年 5 000 元，杂费每年 1 000 元，教材费每年 600 元，住宿费每年 1 500 元，求职成本 3 000 元，机会成本按照北京市最新最低工资标准每月 1 160 元计算，可得出 4 年投资总成本约为 10 万元，每月投资成本 2 085 元。以 2011 年普通本科毕业生起薪 2 240 元来计算，需要 3.7 年收回高等教育成本。从成本收益角度来看，尽管对于很多家庭来说高等教育投资不菲，但从回报周期和回报率开看，不会得出“读书无用论”的结论。

从社会流动角度来看，高等教育作为社会底层向高层流动的合理渠道，如果就业市场长期低迷，大学毕业生薪酬持续走低，人力资本投资得不到应有的回报，将会使中低阶层的民众失去一个改变自身处境的路径，而这将会直接影响到社会的稳定。有研究报告称，现在要供养一个大学生，需要一个

---

① 中国当前的大学教育是一种典型的由家庭垫资的风险投资行为。几年大学教育几乎掏空了所有普通家庭的积蓄。近 10 万元的教育投资经费的回收周期若为 4～6 年，那么大学毕业生还清父母的债到 27 岁或 29 岁，再准备 2～3 年为成家立业奠定一定的经济基础，到 30 来岁婚育还能赶上最佳生育期，这样，不伤及新一轮成家立业和生育。这样既避免“啃老”，又避免延误下一代劳动力的培育。

② 此处的分析需要严格假定以下条件：首先，假设毕业生的投资收益是短期收益，而不是长期收益，这样就可以忽略终生收益最大化对人力资本投资的影响；其次，假设大学生本科毕业就进入就业市场，不再攻读更高的学位；最后，不考虑毕业生接受教育带来的非货币收益。

城镇居民 4.2 年的纯收入，需要一个农民 13.6 年的纯收入。[①] 对于很多低收入家庭而言，较低的毕业起薪、昂贵的学费以及较大的求职风险严重影响了低收入家庭人力资本投资的积极性。

四、2012 年大学毕业生起点薪酬预测展望

2012 年，全国普通高校毕业生规模将达到 680 万人，大学毕业生就业仍然是就业问题的重中之重。人力资源和社会保障部部长尹蔚民在 2012 年"两会"期间答记者问时指出，2011 年城镇需要安排的就业人数达到 2 500 万人，其中超过一半是青年就业者，也就是大中专毕业生。另一方面，就业市场的结构性矛盾仍很突出，"招工难"和"就业难"并存，招工难主要体现在技工和一线普工同样短缺，就业难主要是大学生就业难。因此，大学毕业生就业难的突出问题在于就业质量低，与就业密切相关的起点薪酬、就业满意度和职业匹配度等问题直接影响到就业数量。

（一）未来影响大学毕业生起点薪酬的主要因素

对于高校毕业生的就业工作，党和政府历来高度重视，未来一段时间内，以下因素将对大学毕业生就业和起点薪酬产生影响：

一是 2012 年年初，国务院从 14 个方面出台了关于促进高校毕业生就业的政策措施，加大对高校毕业生就业的扶持力度。例如，拓展高校毕业生就业领域，开发更多适合高校毕业生的就业岗位；鼓励和引导高校毕业生到基层、到中西部地区、到中小企业就业；引导和鼓励高校毕业生创业等。这些政策在一定程度上引导了毕业生的就业方向，减少了就业阻力，有利于提高毕业生就业质量。

二是 2012 年"两会"期间，温家宝总理指出要在年底完成收入分配综合改革方案，收入分配政策的推进将促进收入差距的缩小，进而影响行业间、地区间毕业生起点薪酬水平。围绕"提低、扩中、控高"和"提高两个比重"等改革思路，各级政府通过提高最低工资标准，强化工资集体协商以及减税让利增资等政策，将为大学毕业生起点薪酬的增长创造有利的外部环境。

三是金融危机以来，国家产业政策调整对部分行业的利润水平产生影响，

---

① 参见中国青少年研究中心发布的《"十五"期间中国青年发展状况及"十一五"期间中国青年发展趋势研究报告》，网址：http：//www.cycs.org/Article.asp? ID=7895。

进而影响相关行业的起点薪酬水平。例如，2011年针对房地产行业的“新国八条”和限购令等政策，2012年年初出台的农业科技促进政策和文化产业扶持政策，以及国家近年来对战略性新兴产业和低碳产业的支持，这些都会影响相关行业企业利润和薪酬水平，带动这些行业的毕业生就业和起点薪酬增长。

四是“90后”大学生陆续进入劳动力市场，求职理念和期望的变化影响其起点薪酬水平。“90后”大学生多数来自独生子女家庭，相比“70后”和“80后”成长环境更为优越，他们对就业有更个性化的要求。例如，他们找一个工作“糊口”的紧迫性相对比较低，对工作的要求更高，对自我实现、自我发展的要求更强烈，因此，起点薪酬未必是他们求职时重点考虑的因素。

除了以上供求关系、收入分配、产业以及就业政策等因素将影响毕业生起点薪酬之外，学历层次、所学专业、学校名气、工作经验、社会关系等因素将直接影响大学毕业生个体的起点薪酬。

（二）2012年大学毕业生起点薪酬趋势展望

综合对2011年大学毕业生起点薪酬的分析，结合未来宏观经济走势处于下行和企业发展遇到困难的状况，预计2012年大学毕业生起点薪酬将保持增长态势，但增速相比去年会有所放缓。由于经济波动对不同产业影响程度不同，以及经济政策效果显现的滞后性，预计2012年下半年至2013年上半年，大学毕业生的起点薪酬受经济增长减速的影响不大。

考虑到未来经济走势和中央宏观经济调控力度的不确定性，以及企业经营状况与毕业生起点薪酬关联的复杂性，大学毕业生的起点薪酬总体水平变化将不如结构性变化显著，也就是说地区间、行业间以及不同职业间的大学毕业生起点薪酬变化会呈现不同局面。随着就业环境的改善和就业流动性的增强，不同地区间的起点薪酬差距将进一步缩小，短期内“冷”“热”专业之间的起点薪酬差距仍将维持，与之相关的职业起点薪酬将保持明显的高低分布。由于部分行业和岗位人才的紧缺，进入高起点薪酬群体的毕业生会有所增加，不同学历间毕业生的起点薪酬仍呈现出阶梯差异。

另外，对个人来说，在大学毕业生仍处于供过于求的就业环境下，起点薪酬的提高还需要毕业生自身提高职业竞争力，主动满足用人单位的要求，对起点薪酬的预期需更加理性，在选择雇主类型时，仍要综合权衡起点薪酬之外的因素。我们相信，在大学毕业生就业市场不断完善的情况下，经过供求双方的双向选择和匹配，2012 年大学毕业生的就业质量将进一步提高。

探索篇

第十四章
提高劳动报酬占初次分配比重的实现路径

“十一五”时期出现了“两个比重”下降、收入差距继续扩大的趋势，其中“劳动报酬占初次分配比重下降”问题更受关注。《“十二五”规划纲要》中规定了“努力实现居民收入增长和经济发展同步、劳动报酬增长和劳动生产率提高同步”的政策导向，同时提出要“努力提高劳动报酬在初次分配中的比重”（以下简称“劳动报酬占比”或“劳动占比”）。本章着重对实现“提高劳动报酬比重”的路径进行探讨。

早期西方经济学派理论研究和实证分析，提出了劳动报酬占比应为恒定常数的“卡尔多事实”，而近期的经验研究结果对此提出质疑。同时，西方经济学认为影响劳动报酬占比的因素包括资本产出比、技术进步的类型、劳动力市场的工会力量和劳动合同类型、产品市场的垄断程度、一国的产业结构转型、参与全球化的程度等。我国关于劳动报酬占比的实证研究开始较晚，使用的数据来源和计算方法存在较大差别，导致结论也存在争议。如关于我国劳动报酬占比的变动趋势，多数研究认为是下降的，但对下降幅度存在争议，有些研究认为从长期看呈“U”形趋势。对于我国当前劳动报酬占比与国际横向比较的结果，早期普遍认为是偏低，但是近期认为我国劳动报酬占比处于中等偏上水平。对于导致我国劳动报酬占比水平下降的影响因素，现有研究证实我国产业结构转型、二元经济结构与剩余劳动力的无限供给、地方为吸引外商投资展开的竞争、国企改制和民营化都是导致劳动报酬占比下降的重要因素。而关于投资扩大以及技术进步是提高还是降低劳动报酬占比，目前还没有形成定论。关于我国的劳动与资本的替代弹性，现有研究成果也存在较大分歧。

一、劳动报酬占比的变动轨迹与现状

基于我国现有的数据来源，国内常用核算劳动报酬占比的方法有“收入法”和“生产函数法”两大类。其中“收入法”是国内以往研究通常采用的核算方法，“收入法”核算的基础数据来源又有“省际 GDP 核算资料”“投入产出表”和“资金流量表”3 种途径。几种常用的劳动报酬占比数据核算方法各有特点，也各有其优缺点。采用不同的核算方法、甚至是数据来源，计算我国劳动报酬占比水平以及国际比较结果，会得出不同结论。如图 14—1 所示，使用 4 种方法计算 1992—2008 年我国劳动报酬占比整体都表现为下降趋势，但是下降幅度存在很大差异。使用地区 GDP 收入数据和资金流量表（使用 2004 年调整后数据）计算，我国劳动报酬占比下降速度比较平缓，近 20 年的整体下降幅度为 5～7 个百分点左右。而按照使用投入产出表数据和生产函数法计算，我国劳动报酬占比水平最高降幅分别达到 16 和 10 个百分点。

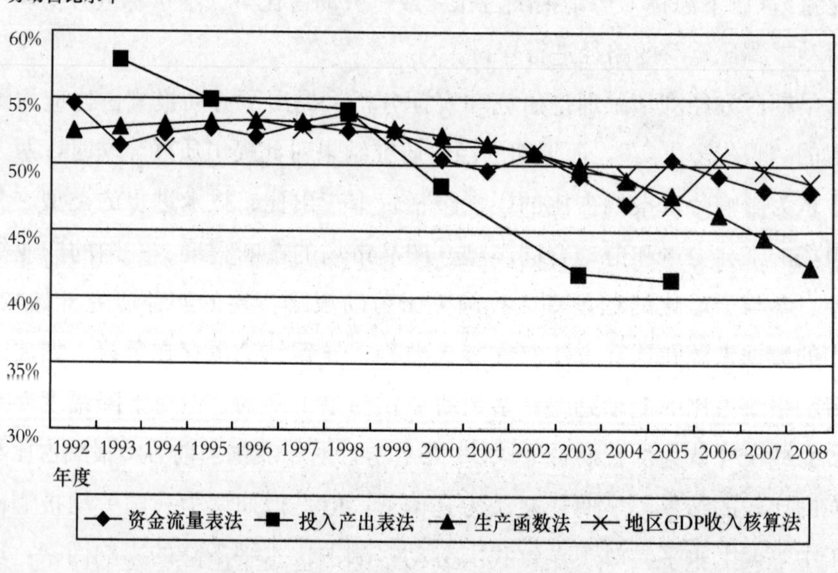

图 14—1　4 种方法核算的 1992—2008 年我国劳动占比水平与趋势

由于资金流量表数据的权威性、口径可比性更好，而且我国政府向联合国数据库提供的雇员报酬以及由此计算的劳动报酬占比都更接近于 2004 年调整后的资金流量表数据。结合课题研究的需要，我们决定在计算和分析我国全国劳动报酬占比的水平、历史趋势，并进行国际横向对比的时候，以调整后的资金流量表数据为基础，即 1992—2004 年数据使用国家统计局 2008 年公布的《中国资金流量表历史资料（1992—2004）》、2005 年及以后使用《中国统计年鉴》公布的资金流量表数据。

以调整后的资金流量表数据为基础计算（见图 14—2），我国劳动报酬占比水平 1992 年为 54.6%，2008 年为 47.9%，总体呈下降趋势。从 20 世纪 90 年代初到 2008 年，劳动报酬占比的最高降幅为 7.5 个百分点（1992 年比 2004 年）。从年度之间的数据来看，劳动报酬占比水平并非直线持续下降，而是有升有降，其中有将近 1/3 的年份比上年略有上升，年度最大降幅为 3.2%（1993 年比 1992 年），年度最大升幅 3.3 个百分点（2005 年比 2004 年）。

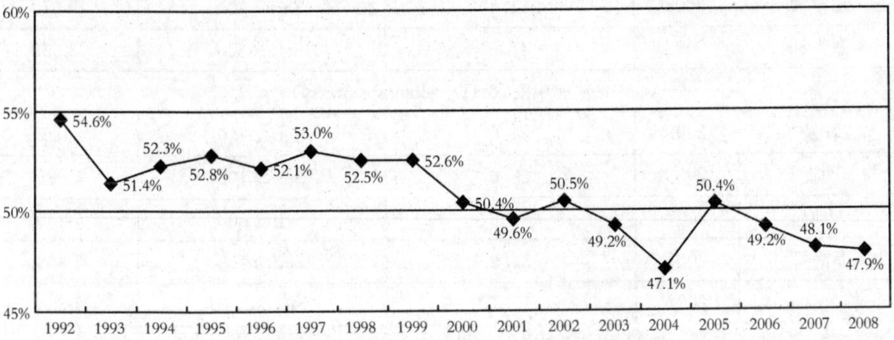

图 14—2　使用调整后资金流量表数据计算的劳动报酬占比水平变动趋势（1992—2008）

二、劳动报酬占比国际横向比较

为保证数据相对可比性，在进行国际横向比较时我们都统一采用了 UNdata（联合国数据库）提供的数据。其中，中国最新数据是 2007 年数据，劳动报酬占比水平为 47%。横向比较得到以下结论。

一是劳动报酬占比与国家经济发展水平和发展阶段有明显的关联关系，人均 GDP 越高，劳动报酬占比也越高，发达国家劳动报酬占比整体高于新兴工业化国家和转型国家，更远高于发展中国家（见表 14—1）。

二是从当前水平来看，我国劳动份额低于最发达国家、与新兴工业化国家和转型国家接近，高于其他发展中国家。

三是与新兴工业化国家和转型国家的相似发展阶段相比，当前我国劳动份额为 47%，与其接近而且还处于较高水平（见表 14—2）。

表 14—1　当前我国劳动报酬占比水平与国际横向比较一览

国家和地区	年份（年）	劳动份额（Labour share，%）		人均 GDP（美元）
		劳动份额	统计口径序列	
发达国家（Developed country）				
美国	2008	56.0	Series 100	46 105
日本	2007	51.3	Series 200	38 391
德国	2008	49.0	Series 300	44 181
法国	2009	52.7	Series 300	44 639
英国	2008	53.2	Series 200	43 401
澳大利亚	2008	48.5	Series 300	49 737
加拿大	2008	51.4	Series 200	45 073
意大利	2008	41.6	Series 300	38 532
发展中国家（Developing country）				
埃及	2008	24.9	Series 100	2 022
印度	2008	28.6	Series 100	1 085
古巴	2007	34.8	Series 300	5 230
摩洛哥	2007	32.6	Series 100	2 409
格鲁吉亚	2007	19.1	Series 300	2 334
新兴工业化国家（Newly industrialized country）				
韩国	2007	45.6	Series 200	21 876
巴西	2007	41.3	Series 300	71 89
墨西哥	2008	28.0	Series 300	10 008
南非	2009	44.9	Series 200	5 707
转型国家（Transition country）				
俄罗斯	2006	44.6	Series 300	6 942
波兰	2008	37.1	Series 300	13 893
捷克	2008	44.3	Series 300	20 940
匈牙利	2008	46.5	Series 200	15 525
乌克兰	2008	49.6	Series 300	3 914
中国（China）				
中国	2007	47	Series 200	2 648

注：1. UNdata 提供的各国数据，基本上都参照联合国国民经济核算体系 SNA93 标准，数据口径相对统一。但是由于各国国情、统计制度以及与 SNA 接轨情况不同，数据口径并不完全统一。

2. 统计口径序列是指各国对照 SNA93 要求先后调整本国统计体系的版本名称。

3. UNdata 提供的中国雇员报酬最新数据为 2007 年数据。且国际数据与国内收入核算法数据和资金流量表数据均不一致，但相对接近后者。

表 14—2　中国与新兴工业化国家、转型国家在相似阶段的劳动报酬占比比较

国家和地区	年份	劳动份额（Labour share，%）		人均 GDP（美元）
		劳动份额	序列	
新兴工业化国家（Newly industrialized country）				
韩国	1987	40.4	Series 300	3 447
巴西	1999	38.3	Series 300	3 420
墨西哥	1995	31.5	Series 200	3 423
南非	1993	51.2	Series 200	3 296
转型国家（Transition country）				
俄罗斯	1993	44.5	Series 100	3 076
波兰	1995	39.8	Series 300	3 603
捷克	1993	45.3	Series 100	3 601
中国（China）				
中国	2007	47.0	Series 200	2 648

注：由于发达国家一般在 20 世纪 80 年代以前人均 GDP 达到或超过 3 000 美元，在 UNdata 中很难检索到当时的雇员报酬数据。故本文主要对新兴工业化国家、转型国家在相似阶段的劳动份额进行比较。

当然，如果严格按照 SNA93 对于“雇员报酬”的统计口径要求，还要将我国劳动者报酬中的农户的混合收入剔除。我们借用华生教授[①]的方法对我国农户（大农业概念）的混合收入扣除后，2007 年我国按严格国际统计口径的劳动报酬占比应当是 42.2%。即使使用这个口径的数据，与国际横向比较，上述主要结论依然成立。

三、提高劳动报酬占比的现实意义

虽然与国际横向比较，当前我国劳动报酬占比与新兴工业化国家和转型国家相比并没有明显落后，但从 20 世纪 90 年代初以来我国劳动报酬占比水平的确总体呈下降趋势。我国人均劳动报酬及其增长相对于人均 GDP 和劳动生产率明显落后。1992—2008 年，我国人均 GDP 年均增长 15.66%，同时期全员社会劳产率年均增长 15.63%，与人均 GDP 增长比较接近；但是每个就业人员获得的劳动报酬年均增长 14.7%，落后于人均 GDP 和社会劳产率的增

① 华生．《劳动者报酬占 GDP 比重低被严重误读》。

长！尤其是农村就业人员以及城镇部分行业、部分类型单位的普通劳动者和农民工群体，工资水平较低，增长速度缓慢是不争的事实，更受到来自物价上涨、生活成本上升的冲击，容易引发社会矛盾，损害社会公平正义，不利于扩大内需和转变经济发展方式！

我国在国际竞争中的相对优势主要还是依靠较低的劳动力成本，长期固守廉价劳动力优势的简单、粗放的经济增长方式，不利于发挥劳动力要素的积极性和潜力，容易助长分配不公，最重要的是从长远看这种增长是不可持续的。从国际经验看，一国的经济发展，往往要从劳动力推动转向资本推动、创新推动，日本、韩国都曾有过类似的境况，成功走上了提高技术含量、发展自主品牌、形成核心竞争力的道路。一些拉美国家则没有跨过这一道坎，陷入了所谓低收入陷阱。促进就业、提高普通劳动者工资、提高劳动报酬占比是当前扩大内需消费、转变经济发展方式的必然要求，是建设全面小康社会、扭转收入分配格局，提高中等收入者比重、提高两个比重的内在要求，是国家产业升级、优化产业布局的必然结果，也是促进我国企业提高自主研发能力，提高我国在国际分工中的地位的重要手段。

四、劳动报酬占比下降的原因分析

（一）初次分配格局分析——政府、企业与居民的分配关系

从数据上看（见图14—3），20世纪90年代初到2008年，我国劳动报酬占比出现下降（6.7个百分点），而政府所得在GDP中的比重略有上升（1.6个百分点），折旧和营业盈余占比提高幅度较大（5.1个百分点）。根据调整后的地区GDP收入法核算数据①，从1993年到2007年的14年间，各地区加总的固定资产折旧增长了7.12倍，年均增长16.13%，而营业盈余增长了9.17倍，年均增长18.02%。这说明，企业营业利润加生产补贴提高较快，所占比重提高，是初次分配中挤占劳动报酬占比的主要原因。

（二）产业结构转型——产业结构与劳动报酬占比的关系

我国正处于工业化、城镇化的关键时刻，典型特点是第一产业比重持续下降，第二产业稳定增长、比重持续上升，而第三产业发展迅速、比重上升

① 即国家统计局2007年出版的《中国国内生产总值核算历史资料1952—2004》和2005—2008年《中国统计年鉴》。

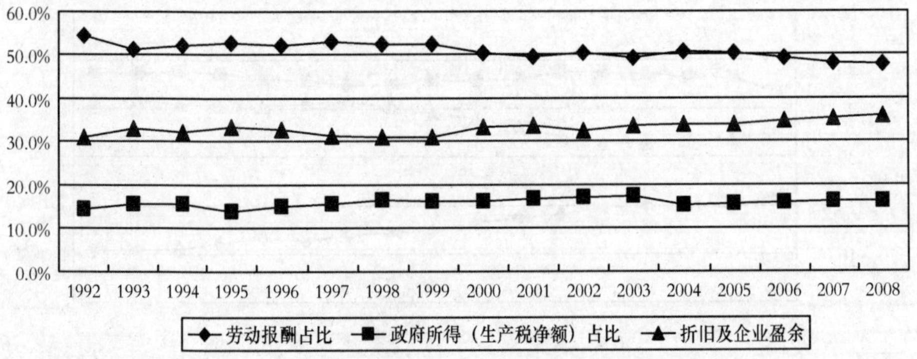

图 14—3　政府所得、折旧及企业盈余、劳动者报酬比重的变动情况（1992—2008）

（见图 14—4）。从产业结构来看，第一产业比重从 21.8%下降到 10.7%，下降了 11.1 个百分点；而第二产业比重平稳上升，从 43.5%上升到 47.4%；第三产业比重从 34.8%迅速上升为 41.8%。这种从农业部门向非农部门转移的产业结构变化是导致劳动报酬占比下降的重要原因之一。根源在于不同产业的内部的劳动报酬占比存在差异。第一产业属于传统的典型的劳动力密集型行业，资本有机构成非常低，其劳动报酬占比在三大产业中是最高的。第二产业劳动报酬占比水平在三大产业中是最低的。而第三产业中除个别细分行业（如交通运输、房地产等）资本有机构较高、大部分（如批发零售、住宿餐饮业、科学研究与技术服务、卫生福利、文娱、公共管理）都属于劳动力密集型行业，劳动力技能要求和价格高于传统的农业部门，行业整体的资本密集程度低于第二产业，行业的劳动报酬占比水平整体低于第一产业、但高于第二产业。根据清华大学白重恩、钱震杰的计算，2003 年和 2004 年农业劳动报酬占比大概在 85%以上，工业劳动报酬占比在 40%左右，第三产业在劳动报酬占比在 50%左右。产业结构转型主要变现为农业部门向非农部门转化，工业、建筑业和第三产业比重上升，而农业部门比重下降，由此导致整体劳动报酬占比呈下降趋势。

（三）经济发展方式的影响——投资增长、外贸、引进外资与劳动报酬占比的关系

我国经济增长高度依赖投资与出口的特点非常明显。通过对投资的产业结构进行分析发现（见图 14—5），近年来的投资结构仍然持续向资本密集型的第二产业和第三产业部分产业集中，投资促进就业的作用有限，没有起到

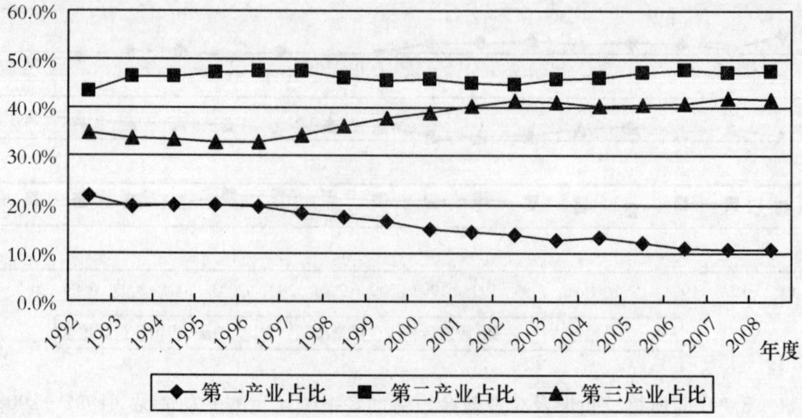

图 14—4　1992—2008 年我国 3 大产业结构变动情况

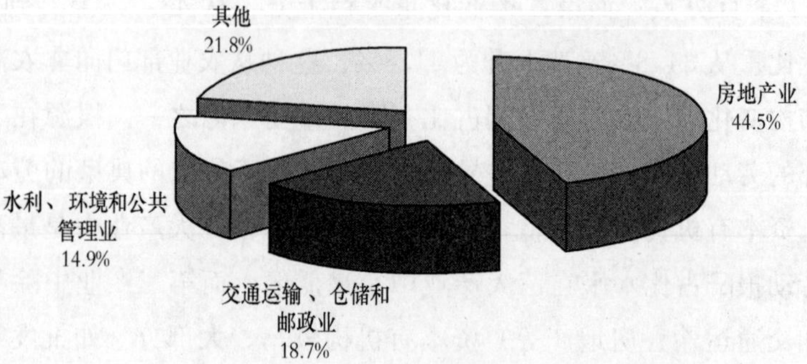

图 14—5　2008 年第三产业内部细分行业投资结构分析

扭转劳动报酬占比下降趋势的作用。

从外贸角度分析，我国的出口产品结构中资本密集程度快速提高，资本从出口中获得更多的收益。另一方面，我国劳动密集型外贸企业多数是依靠廉价劳动力的外贸代工企业，自主品牌率低，在国际分工中多数处于产业链低端，利润率低，对于定价基本没有话语权，限制了提高劳动报酬的空间。

另外，外商直接投资规模不断扩大，且主要集中在资本密集型行业，加上地方政府招商引资的竞争，都会起到降低劳动报酬占比的作用。

（四）劳动者的内部结构分析——城乡、行业与就业群体

1. 劳动报酬的城、乡结构分析。我们选用城镇家庭人均可支配收入中的工资性收入和经营收入代表“城镇人均劳动报酬水平”，用农村家庭人均纯收

入中的工资性收入和家庭经营纯收入来代表“农村人均劳动报酬水平”[①]。从图 14—6 显示数据来看，农村人口的劳动报酬增长缓慢，低于城镇，更远低于人均 GDP 增长，抵消了城镇人口比重上升的影响，是导致劳动报酬占比下降的重要原因。

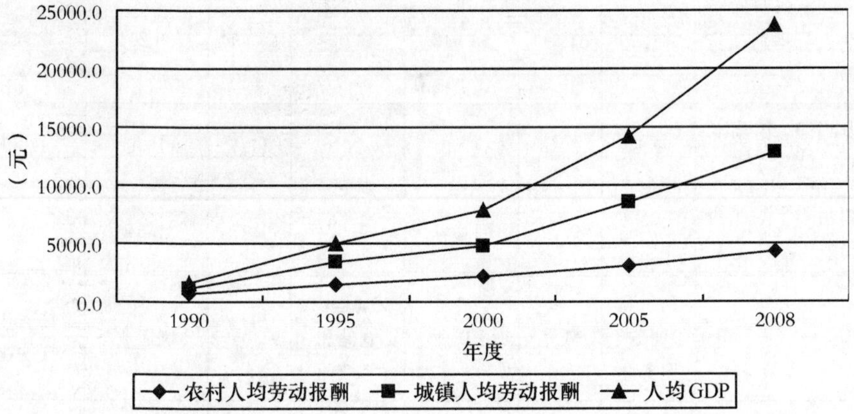

图 14—6　我国城、乡人均劳动报酬增长情况与人均 GDP 增长的比较

2. 就业与劳动报酬的行业结构分析。我国城镇单位就业人员平均货币工资水平增长很快，2008 年（29 229 元）比 1992 年（2 271 元）增长了 9.8 倍，这一增长速度依然低于同期人均 GDP15.7%的增长速度。19 个国民经济细分行业当中，1992—2008 年 9 个细分行业平均工资增长都明显低于 9.8 倍的平均增幅（见表 14—3）。其中，建筑业仅增长 6 倍，农、林、牧、渔业仅增长 6.1 倍，水利、环境和公共设施管理业增长 6.8 倍，批发和零售业仅增长 7.2 倍，居民服务和其他服务业增长 7.4 倍，住宿和餐饮业仅增长 7.8 倍，制造业（8.2 倍）和房地产业（8.8 倍）的增幅也落后于平均增幅，而这些行业的从业人员占就业总数的绝大多数。

3. 城镇内部不同类型单位的劳动报酬分析。根据最新统计年鉴数据（见表 14—4），工资绝对水平高于平均数的只有股份有限公司、外商投资单位以

① 之所有这样选择，原因有三。一是不能直接使用“城镇单位就业人员平均工资”数据。因为现有对城镇单位就业人员平均工资的统计不包括私营单位从业人员，明显虚高，不能代表城镇真实的人均劳动报酬水平。二是不能直接使用“城镇居民家庭人均可支配收入”和“农村居民家庭人均纯收入”数据。因为这两个数据当中包括了财产性收入和转移性收入，应当剔除。三是我们这种做法虽然在数据口径上大于严格理论意义上的“劳动要素报酬”，但比较接近统计局公布的劳动者报酬数据。

表 14—3　1992—2008 年不同细分行业平均工资水平及其增长情况

	平均	金融业	信息传输、计算机服务和软件业	科学研究、技术服务和地质勘察业	文化、体育和娱乐业	电力、煤气及水的生产和供应业	卫生、社会保障和社会福利业
2008 年城镇单位从业人员平均工资（元）	29 229	61 841	56 642	46 003	34 494	39 204	32 714
比 1992 年增长（倍）	9.8	20.9	17.2	13.8	11.7	10.6	10.6
相当于平均工资的倍数	—	2.12	1.94	1.57	1.18	1.34	1.12
	租赁和商务服务业	教育	采矿业	交通运输、仓储和邮政业	房地产业	制造业	住宿和餐饮业
2008 年城镇单位从业人员平均工资（元）	31 735	30 185	34 405	32 796	30 327	24 192	19 481
比 1992 年增长（倍）	10.2	10.1	9.7	9.5	8.8	8.2	7.8
相当于平均工资的倍数	1.09	1.03	1.18	1.12	1.04	0.83	0.67
	居民服务和其他服务业	批发和零售业	水利、环境和公共设施管理业	农、林、牧、渔业	建筑业		
2008 城镇单位从业人员平均工资（元）	23 801	25 538	22 182	12 958	21 527		
比 1992 年增长（倍）	7.4	7.2	6.8	6.1	6		
相当于平均工资的倍数	0.81	0.87	0.76	0.44	0.74		

注：本表数据是根据《中国统计年鉴》数据计算。其中，将 2008 年国民经济 18 个细分行业（不包括公共管理和社会组织业），分别与 1992 年 15 个细分行业的相同或相近行业比较。

及国有单位，其中国有单位和股份有限公司平均工资表现为绝对水平和增长速度“双高”。城镇私营单位、城镇集体单位和其他内资单位工资明显偏低，仅相当于平均工资的60%～70%，而且后两者增长速度也较慢。港、澳、台商投资单位工资起点较高，但增长速度明显落后，2010年已经明显低于城镇非私营单位平均工资水平。

表14—4　城镇单位不同经济类型单位就业人员人均工资增长情况

年份	平均（元）	国有单位（元）	城镇集体单位（元）	股份合作单位（元）	联营单位（元）	有限责任公司（元）	股份有限公司（元）	其他内资（元）	港、澳、台商投资单位（元）	外商投资单位（元）	城镇私营单位（元）
1998年	7 446	7 579	5 314	6 051	8 431	7 762	8 829	6 183	10 330	12 927	—
2010年	36 539	38 359	24 010	30 271	33 939	32 799	44 118	25 253	31 983	41 739	20 759
1998年相当于平均工资的倍数（倍）	—	1.02	0.71	0.81	1.13	1.04	1.19	0.83	1.39	1.74	—
2010年相当于平均工资的倍数（倍）	—	1.05	0.66	0.83	0.93	0.90	1.21	0.69	0.88	1.14	0.57
2010年比1998年增长（倍）	3.91	4.06	3.52	4.00	3.03	3.23	4.00	3.08	2.10	2.23	—

注：2011年5月，国家统计局首次公布2010年城镇私营单位就业人员工资水平，而个体单位平均工资尚无统计数据。

从就业结构看，2010年，工资低于城镇非私营单位平均工资水平的各类单位从业人员（城镇集体单位，城镇私营单位，股份合作单位，联营单位，港、澳、台投资单位以及其他内资单位）总量达到当年城镇单位从业人员的54%，而工资水平明显偏低、增长缓慢的从业人员占其中65%！另外，大量城镇灵活就业人员和个体户大部分的报酬水平未被工资统计所覆盖，估计比较接近集体、私营单位水平，增长速度也不会太快。

4. 不同就业群体的薪酬分析。2003年，农民工平均工资相当于城镇就业人员平均工资的60%，2003—2010年农民工工资增长2.4倍，低于城镇就业人员平均工资2.65倍的增幅。根据国家统计局公布的2010年数据，2010年农民工平均工资水平为20 280元，大致相当于城镇非私营单位就业人员年平均工资的54.6%，接近私营单位就业人员平均水平。数据分析说明，近5年来，我国传统制造业、劳动密集型企业和外贸代工企业大多数生产工人的实际工资水平都低于社平工资；考虑到物价上涨情况，其中收入最低的一部分群体生活水平比较艰苦，农民工群体工资待遇及其增长情况更为严峻。

（五）劳动力市场双方的力量对比

我国劳动力市场供大于求、资强劳弱的整体格局没有发生根本转变，工会组织力量薄弱和工资集体协商建设推进缓慢，对于提高劳动要素再分配中的份额尚未发挥应有的作用。

总体而言，我国劳动报酬占比整体呈下降趋势，部分是由于我国在工业化、现代化过程中产业结构向非农业部门转移造成的，有一定的必然性。同时我国过度依赖投资和外贸的经济发展方式、不合理的投资结构以及地方政府为招商引资展开的竞争对于劳动报酬占比下降也起到推波助澜的作用。从分配领域看，长期以来的“重资本轻劳动”的分配观念和“两低于”分配原则也是不可忽视的重要因素。国有企业改革不断调整国家、企业和个人之间的分配关系，在激发企业活力的同时职工货币工资增速不断加快势头。20世纪80年代中期到90年代的初次分配格局，出现了国家和集体所得占比偏低、而收入占比比重上升过快的问题。当时理论界普遍认为生产成本中工资含量上升、导致经济效益难以提高，得出了“工资侵蚀利润”的结论。当时的分配思想是要“扭转过分向个人倾斜的局面”，并确定了“企业工资总额的增长低于经济效益增长，职工实际工资水平的增长低于劳动生产率增长”的“两低于”分配原则，并贯穿于工资分配宏观调控的各项政策中。“重资本、轻劳动”的观念在宏观投资结构、招商引资竞争以及初次分配各个领域中都有反映。“两低于”分配原则的长期影响结果，是劳动者工资增长赶不上企业利润增长，而且差距越来越大，国民收入分配明显向资本所有者倾斜。从劳动力市场力量对比来看，我国劳动力市场供大于求、资强劳弱的整体格局没有发生根本转变，工会组织力量薄弱和工资集体协商建设推进缓慢，对于提高劳动要素再分配中的份额也没有发挥应有的作用。

对劳动者和劳动报酬进一步分解分析可以发现：从城乡看，农村人口的劳动报酬增长缓慢，低于城镇；从行业看，占就业人口绝大多数的传统制造业、建筑业以及劳动力密集程度较高的农、林、牧、渔业，批发和零售业，住宿和餐饮业，环境卫生和传统服务业的薪酬水平低于平均数，且增长速度也明显落后；从单位性质看，集体单位、私营单位人员工资明显偏低，增长缓慢；从就业人群看，部分一线生产职工和农民工工资增长缓慢，受物价上涨冲击比较明显。

五、"十二五"期间提高劳动报酬占比路径与对策

（一）"十二五"期间我国劳动报酬占比变动趋势的预测

"十二五"期间提高劳动报酬占比既存在有利因素，同时也存在不利因素。有利因素包括：①产业结构加快转型。第三产业，尤其是现代服务业迅速发展，增加值占比和就业人数比重均会快速上升，有利于抵消第一产业占比下降的影响。②经济发展发展方式加快调整。"十二五"期间坚持扩大内需特别是消费需求的战略，资金供给充裕，促进就业和提高劳动报酬占比有较大空间。③劳动力素质整体提升。④就业与分配问题得到重视。⑤人力资源和社会保障法律制度体系逐步健全，积累了应对危机和复杂局面宝贵经验。

不利因素包括：①产业结构进一步向非农部门转移。②以往不合理的投资结构对产业结构的影响还将延续一段时间，投资和消费关系失衡问题很难短期内扭转。③经济增长速度可能放缓。④就业总量压力和结构性矛盾并存。⑤物价上涨压力加大。⑥国际环境更趋复杂、竞争更加激烈。

为了对"十二五"期间我国劳动报酬占比变动趋势进行预测，我们用相关分析方法，经过曲线拟合，构建简单的数量模型。

研究变量定义

	变量名	定义和取值方法
因变量	LS	采用2008年统计局出版的《中国资金流量表历史资料（1992—2004）》提供的劳动者报酬与GDP数据计算
自变量	PCG	人均GDP，用来描述经济发展程度，采用《2011年中国统计年鉴》提供数据
	PPI	第一产业GDP在增加值总额中的占比，用来描述产业结构向非农部门转移的速度
	EMP	城乡就业总人数，用来描述使用劳动力要素的总量，采用中国统计年鉴提供数据
	GCF	资本形成总额，用来描述使用资本要素的总量，1992—2004年数据采用《中国国内生产总值核算历史资料（1952—2004）》，2003—2008年数据采用线性拟合方式产生的替代值

表 14—5　　主要研究变量的回归结果 2——三因素

	系数	t 值	显著性
常数（Constant）	-.206	-.739	.473
人均 GDP	-4.60E-007	-.668	.516
第一产业占比	1.045***	3.466	.004
就业人数总额**	7.77E-006	2.390	.033
R Square	0.881		
D-W	32.132		

注：**和***分别代表显著性水平为 5%和 1%。

计量模型为三元线性模型：

$$LS=-0.0206-4.6\times10^{-7}PCG+1.405PPI+7.77\times10^{-6}EMP$$

使用简单计量模型预测结果，“十二五”期末我国劳动报酬占比可能在45%～49.6%之间波动，下降的可能性还是存在的。劳动报酬占比变动的方向、幅度以及速度与产业结构调整、就业总量和城乡居民人均报酬等因素的变动方向与幅度紧密相关（见表 14—6）。

表 14—6　　“十二五”期末我国劳动报酬占比预测

因变量	自变量		
劳动报酬占比（预测）	人均 GDP 估计值（元）	第一产业占比估计值（%）	就业总人数估计值（亿人）
0.450	40 480	4.60	8.06
0.496	40 480	6.10	8.46
0.473	40 480	5.35	8.26

（二）目标设定与对策建议

“十二五”头两年宏观环境比较复杂，同时考虑到通过投资等手段转变产业结构的政策发挥实效有一定的时滞。2013—2014 年国际经济形势趋于明朗，国内转变经济发展方式、调整产业结构和投资政策效果始显现，经济景气回升；最后一年，宏观经济各项经济指标继续向好，力争完成“十二五”规划的各项任务目标。因此，提高劳动报酬占比的目标是在“头两年遏制下降趋势、后三年力争实现略有提高”。具体政策建议包括：

1. 转变“重资本、轻劳动”的观念，在发展中更多地激发劳动力要素潜力。转变长期以来的“重资本、轻劳动”的观念，真正树立和强化人才是

“第一资源”的观念，研究劳动力要素与资本要素之间的合理组合比例关系，提高劳动力要素的产出水平，在经济发展各项重大决策中注意发挥劳动力要素的潜力。

2. 加快转变经济发展方式，实现产业转型升级和经济可持续发展。对于那些处于产业链末端、技术含量低、简单依靠廉价劳动力优势的、粗放的经济增长点，允许其逐渐萎缩。同时发挥政府投资的带动作用，推动企业经营模式转变，提高自主创新能力，以科技替代简单劳动力，以科技替代资源，从资源高耗型向资源节约型转变，开发拥有自主知识产权和自主品牌的商品、提高产品附加值，实现产业转型升级，使经济走上创新驱动的轨道。

3. 通过政府减税和企业与职工共享发展成果，调整初次分配格局。政府通过减轻生产税，如酌情实施增值税扩围改革，既有利于直接提高劳动报酬占比提高，又为企业让利留出空间。同时加紧推行资源税改革、房产税改革等，减轻间接税比重下降对于政府收入和地方财政的影响。同时积极探索企业与职工利润共享机制，对分红制、股权分享制等方式进行论证和试点，扩大劳动要素报酬在微观企业内所占的份额。

4. 实践“两同步”原则，在初次分配改革中提高劳动报酬占比。在初次分配领域，一方面要通过市场的手段使劳动报酬增长水平和企业利润增长同步；另一方面各级政府部门要及时调整分配政策导向，在国有企业工资总额调控、制定工资指导线和最低工资标准等调控工具中研究和落实“两同步”原则。

5. 重点针对部分低收入群体，在提高其劳动报酬水平同时合理调整收入分配关系。一是完善最低工资制度，建立健全最低工资标准评估制度，把握时机和幅度，有控制地提高最低工资标准。进一步完善工资指导线制度，把一线职工工资增长与企业经营者工资增长挂钩起来。“十二五”头两年最低工资和工资指导线提高幅度不妨平缓一些，后三年随经济形式明朗且继续向好时适当加大调整幅度。二是通过发展非公企业工会组织和工资集体协商制度，力争提高非公企业一般职工工资。三是加快工资支付立法、加强企业工资支付保障制度建设，基本实现职工工资特别是农民工工资无拖欠，保障普通职工、特别是农民工工资权益保障。

6. 促进和引导就业，扩大就业规模并提高劳动力资源配置效率，增加劳动报酬总量。一是扩大就业规模。二是根据产业发展政策，引导优秀人才向战略性新兴产业、金融服务业、技术服务业等现代服务业集聚。同时在传统劳动力密集型产业升级中，积极拓展普通劳动者的就业空间。三是促进重点人群的就业，引导农村富余劳动力外出务工就业、就近就地转移就业和返乡创业。四是建立健全公共就业服务体系，强化政府部门的就业信息服务职能，规范就业中介市场，促进劳动服务市场良性健康发展。

7. 加强人才培养和劳动者技能培训工作，提高劳动力整体素质与产出水平。推动高技术人才和技能人才建设工作，提高农民工培训政策的针对性和实施效果，提高劳动力整体素质，建设符合国家产业结构升级需要的人力资源。

第十五章
工资增长与企业竞争力的影响

一、工资增长与企业竞争力影响的理论分析

（一）企业竞争力的基本概念及主要影响因素

企业竞争力是指在竞争性的市场中，一个企业所具有的能够比其他企业更有效地向市场提供产品和服务，并由此获得盈利和自身发展的综合能力。简而言之，企业竞争力一般是指企业占有市场、获取利润和持续发展的能力。这种能力是企业组织、产品、文化等综合素质的体现。影响企业竞争力的主要因素主要有战略规划、人力资本、经营成本、产品服务、技术水平和制度文化等。

（二）工资增长对企业竞争力的积极影响

在微观层面，工资增长主要是通过提高劳动者的积极性和创造性、提升劳动者综合素质和人力资本水平、促进企业产品和技术升级、推动企业改革创新，从而提高企业劳动生产率，增强企业市场占有率和盈利能力，促进企业持续发展。

在宏观层面，工资增长的积极影响主要体现在有效拉动内需、提升社会劳动生产率、淘汰落后产能、改善国际形象，乃至构建和谐社会等方面。

（三）工资增长在什么情况下会削弱企业竞争力

工资适度增长会提升企业竞争力，但过度增长超越企业的适应能力和承受能力就会削弱企业的竞争力，对企业生存发展带来消极影响。工资增长对企业竞争力的影响，主要体现在人工成本水平提升速度与劳动生产率提升速度的相对关系方面，只有出现人工成本上升速度超越劳动生产率提升速度时，工资增长才会真正降低企业利润水平，削弱企业的竞争能力。这种负面影响

程度还取决于企业原有人工成本利润率水平的高低状况。

二、工资增长与企业竞争力影响的实证分析

（一）工资增长对我国三次产业成本压力和生存发展能力的影响分析

如果今后一段时期货币工资及人工成本水平年递增速度在12%左右，第一、第二和第三产业凭借自身劳动生产率的继续增长势头，还是有可能将人工成本绝对水平的上升因素全部加以消化吸收，不至于从整体上影响企业的生存发展能力和竞争力水平。但如果今后一段时期我国货币工资及人工成本水平年递增速度达到15%，在第一和第三产业保持原有劳动生产率上升速度的情况下，对其生存发展状态在总体上还不会造成实质性影响，但可能对第二产业范围内的部分企业带来较大的人工成本和总成本上升压力，缩小企业的利润空间。如果我国今后货币工资及人工成本水平年递增速度达到20%，则三次产业均难以依靠劳动生产率增长消化吸收人工成本水平上升因素。

（二）工资增长对我国全部工业企业成本和利润水平的影响分析

1. 2004—2008年间工业企业人工成本水平上升较快，但劳动生产率增长更快，工业企业相对人工成本水平整体处于下降状态，但内部行业存在结构性差异。

2. 假定企业劳动生产率按照2004—2008年的增速继续提升，企业劳动生产率增速保持原有状态，今后一段时期工资及人工成本水平按12%、15%、20%的不同速度递增，对各类企业的影响程度有明显差异（见表15—1）。

表15—1　人工成本不同增速下对工业企业相对人工成本的影响程度

行　业	人工成本增速			劳动生产率增速	相对人工成本增速		
平均	12%	15%	20%	30.32%	−14.1%	−11.8%	−7.9%
采矿业	12%	15%	20%	58.62%	−29.4%	−27.5%	−24.3%
煤炭开采和洗选业	12%	15%	20%	32.55%	−15.5%	−13.2%	−9.5%
石油和天然气开采业	12%	15%	20%	18.34%	−5.4%	−2.8%	1.4%
黑色金属矿采选业	12%	15%	20%	29.60%	−13.6%	−11.3%	−7.4%
有色金属矿采选业	12%	15%	20%	23.42%	−9.3%	−6.8%	−2.8%
非金属矿采选业	12%	15%	20%	20.45%	−7.0%	−4.5%	−0.4%
其他采矿业	12%	15%	20%	5.83%	5.8%	8.7%	13.4%

续表

行业	人工成本增速			劳动生产率增速	相对人工成本增速		
制造业	12%	15%	20%	16.80%	−4.1%	−1.5%	2.7%
农副食品加工业	12%	15%	20%	15.02%	−2.6%	0.0%	4.3%
食品制造业	12%	15%	20%	17.07%	−4.3%	−1.8%	2.5%
饮料制造业	12%	15%	20%	16.47%	−3.8%	−1.3%	3.0%
烟草制品业	12%	15%	20%	14.97%	−2.6%	0.0%	4.4%
纺织业	12%	15%	20%	16.77%	−4.1%	−1.5%	2.8%
纺织服装、鞋帽制造业	12%	15%	20%	14.93%	−2.5%	0.1%	4.4%
皮革、毛皮、羽毛（绒）及其制品业	12%	15%	20%	13.70%	−1.5%	1.1%	5.5%
木材加工及木、竹、藤、棕、草制品业	12%	15%	20%	18.41%	−5.4%	−2.9%	1.3%
家具制造业	12%	15%	20%	13.58%	−1.4%	1.2%	5.7%
造纸及纸制品业	12%	15%	20%	18.77%	−5.7%	−3.2%	1.0%
印刷业和记录媒介的复制	12%	15%	20%	13.73%	−1.5%	1.1%	5.5%
文教体育用品制造业	12%	15%	20%	14.20%	−1.9%	0.7%	5.1%
石油加工、炼焦及核燃料加工业	12%	15%	20%	20.03%	−6.7%	−4.2%	0.0%
化学原料及化学制品制造业	12%	15%	20%	18.84%	−5.8%	−3.2%	1.0%
医药制造业	12%	15%	20%	16.92%	−4.2%	−1.6%	2.6%
化学纤维制造业	12%	15%	20%	15.30%	−2.9%	−0.3%	4.1%
橡胶制品业	12%	15%	20%	17.37%	−4.6%	−2.0%	2.2%
塑料制品业	12%	15%	20%	13.04%	−0.9%	1.7%	6.2%
非金属矿物制品业	12%	15%	20%	22.56%	−8.6%	−6.2%	−2.1%
黑色金属冶炼及压延加工业	12%	15%	20%	24.53%	−10.1%	−7.7%	−3.6%
有色金属冶炼及压延加工业	12%	15%	20%	24.23%	−9.8%	−7.4%	−3.4%
金属制品业	12%	15%	20%	16.86%	−4.2%	−1.6%	2.7%
通用设备制造业	12%	15%	20%	18.19%	−5.2%	−2.7%	1.5%
专用设备制造业	12%	15%	20%	18.35%	−5.4%	−2.8%	1.4%
交通运输设备制造业	12%	15%	20%	15.13%	−2.7%	−0.1%	4.2%
电气机械及器材制造业	12%	15%	20%	15.93%	−3.4%	−0.8%	3.5%
通信设备、计算机及其他电子设备制造业	12%	15%	20%	3.37%	8.3%	11.3%	16.1%

续表

行　业	人工成本增速			劳动生产率增速	相对人工成本增速		
仪器仪表及文化、办公用机械制造业	12%	15%	20%	13.45%	−1.3%	1.4%	5.8%
工艺品及其他制造业	12%	15%	20%	19.53%	−6.3%	−3.8%	0.4%
废弃资源和废旧材料回收加工业	12%	15%	20%	15.31%	−2.9%	−0.3%	4.1%
电力、燃气及水的生产和供应业	12%	15%	20%	17.13%	−4.4%	−1.8%	2.4%
电力、热力的生产和供应业	12%	15%	20%	17.12%	−4.4%	−1.8%	2.5%
燃气生产和供应业	12%	15%	20%	29.85%	−13.7%	−11.4%	−7.6%
水的生产和供应业	12%	15%	20%	13.82%	−1.6%	1.0%	5.4%

注：1. 本表中劳动生产率根据工业总产值和从业人员人数计算，未剔除价格变动因素；劳动生产率增速为2004—2008年该行业的平均增速。

2. 本表相对人工成本水平的不同增速为假设人工成本水平年递增速度分别为12%、15%和20%情况下的相对增速。

在“十二五”时期，假定企业劳动生产率按照2004—2008年的增速继续提升，假定今后一段时期工业企业的货币工资及人工成本水平年递增速度是12%，工业内部细分行业中除其他采矿业不能消化人工成本水平上升因素外，其他行业企业都可以凭借劳动生产率的不断提升，顺利消化人工成本水平上升因素并不削弱企业的竞争力水平。假定今后一段时期工业企业的货币工资及人工成本年递增速度是15%，大多数工业企业仍然可以消化吸收人工成本上涨因素，只有其他采矿业，纺织服装、鞋帽制造业，皮革、毛皮、羽毛（绒）及其制品业，家具制造业，印刷业和记录媒介的复制，文教体育用品制造业，塑料制品业，通信设备、计算机及其他电子设备制造业，仪器仪表及文化、办公用机械制造业，水的生产和供应业11个行业企业不能完全吸收人工成本水平上涨因素，多数行业企业不能完全吸收的部分仅在1%左右，造成相对人工成本水平上升的幅度较小。假定今后一段时期工业企业的货币工资及人工成本年递增速度是20%，则仅有一些采矿业企业、个别制造业企业和燃气生产供应业企业可能完全消化吸收人工成本上涨因素，而绝大多数行业企业则将因为无法完全消化吸收而导致相对人工成本逐步上升，从而不同程度地削弱企业竞争力。

3. 如果今后工资及人工成本水平增速控制在15%以内，对绝大多数工业企业的利润率水平影响较小（见表15—2）。

表15—2　人工成本增速在15%时对工业企业人工成本利润率的影响

行　业	相对人工成本增速	原人工成本利润率	现人工成本利润率	人工成本利润率增幅
总计	−11.8%	107.08%	121.34%	13.32%
采矿业	−27.5%	118.04%	162.82%	37.93%
煤炭开采和洗选业	−13.2%	131.17%	151.19%	15.26%
石油和天然气开采业	−2.8%	787.35%	810.24%	2.91%
黑色金属矿采选业	−11.3%	370.02%	416.99%	12.69%
有色金属矿采选业	−6.8%	267.17%	286.73%	7.32%
非金属矿采选业	−4.5%	140.02%	146.65%	4.74%
其他采矿业	8.7%	146.10%	134.45%	−7.97%
制造业	−1.5%	99.06%	100.61%	1.57%
农副食品加工业	0.0%	186.62%	186.65%	0.02%
食品制造业	−1.8%	131.18%	133.54%	1.80%
饮料制造业	−1.3%	169.91%	172.09%	1.28%
烟草制品业	0.0%	417.39%	417.27%	−0.03%
纺织业	−1.5%	69.04%	70.11%	1.54%
纺织服装、鞋帽制造业	0.1%	46.74%	46.71%	−0.06%
皮革、毛皮、羽毛（绒）及其制品业	1.1%	57.90%	57.25%	−1.13%
木材加工及木、竹、藤、棕、草制品业	−2.9%	112.95%	116.30%	2.97%
家具制造业	1.2%	63.56%	62.78%	−1.23%
造纸及纸制品业	−3.2%	112.08%	115.75%	3.28%
印刷业和记录媒介的复制	1.1%	81.14%	80.25%	−1.11%
文教体育用品制造业	0.7%	32.10%	31.88%	−0.70%
石油加工、炼焦及核燃料加工业	−4.2%	−315.88%	−329.69%	4.37%
化学原料及化学制品制造业	−3.2%	142.33%	147.08%	3.34%
医药制造业	−1.6%	162.92%	165.63%	1.67%
化学纤维制造业	−0.3%	65.10%	65.27%	0.26%
橡胶制品业	−2.0%	78.62%	80.24%	2.06%
塑料制品业	1.7%	78.00%	76.68%	−1.70%
非金属矿物制品业	−6.2%	117.27%	124.97%	6.57%
黑色金属冶炼及压延加工业	−7.7%	159.89%	173.14%	8.29%
有色金属冶炼及压延加工业	−7.4%	171.12%	184.86%	8.03%

续表

行业	相对人工成本增速	原人工成本利润率	现人工成本利润率	人工成本利润率增幅
金属制品业	−1.6%	87.34%	88.75%	1.61%
通用设备制造业	−2.7%	107.32%	110.30%	2.77%
专用设备制造业	−2.8%	96.78%	99.60%	2.91%
交通运输设备制造业	−0.1%	117.96%	118.09%	0.11%
电气机械及器材制造业	−0.8%	109.33%	110.21%	0.81%
通信设备、计算机及其他电子设备制造业	11.3%	58.31%	52.41%	−10.11%
仪器仪表及文化、办公用机械制造业	1.4%	76.27%	75.25%	−1.34%
工艺品及其他制造业	−3.8%	68.61%	71.31%	3.94%
废弃资源和废旧材料回收加工业	−0.3%	156.21%	156.63%	0.27%
电力、燃气及水的生产和供应业	−1.8%	41.28%	42.05%	1.85%
电力、热力的生产和供应业	−1.8%	38.97%	39.69%	1.85%
燃气生产和供应业	−11.4%	137.32%	155.06%	12.92%
水的生产和供应业	1.0%	11.76%	11.64%	−1.02%

注：1. 本表相对人工成本增速为假定人工成本水平增速为15%时以及劳动生产率按原有速度增长情况下的相对人工成本增速。
2. 原人工成本利润率根据《中国经济普查年鉴（2008）》中的数据计算。
3. 现人工成本利润率是人工成本水平增速为15%影响下第二年变动后的人工成本利润率水平。
4. 人工成本利润率增幅是指现人工成本利润率与原人工成本利润率相比的增减幅度。

从我国工业企业整体上看，人工成本增速为15%时，假定其他因素保持不变，人工成本利润率不仅不会下降，还会上升13.32%。从工业内部3大行业看，采矿业企业的人工成本利润率会大幅上升37.93%；制造业以及电力、燃气及水的生产和供应业企业的人工成本利润率也会略有上升，分别为1.57%和1.85%。从工业企业细分行业看，人工成本增速为15%时，大多数行业企业的人工成本利润率水平仍会有不同程度的提高，只有其他采矿业等11个行业企业的人工成本利润率水平会有不同程度的下降，其中降幅超过10%的只有通信设备、计算机及其他电子设备制造业（−10.11%），降幅在5%～10%之间的只有其他采矿业1个，其他行业企业下降幅度只有1%左右。按照以上分析，在今后一段时期，我国工业企业乃至整个社会的货币工资增长速度如果保持在12%～15%的范围内还是有可能承受的；如果超过这个增速，就会对多数工业企业生产经营带来较大负面影响。

（三）工资增长对小微工业企业成本和利润水平的影响分析

1. 尽管近期小微企业人工成本增速低于全部工业企业增速，但许多小微企业特别是制造业企业的人工成本上升幅度已经超过其劳动生产率上升能够消化吸收的范围，相对人工成本水平处于不断上升状态。

2. 假定企业劳动生产率增速保持原有状态，今后一段时期工资及人工成本水平按不同速度递增，对各行业小微企业竞争力的影响程度有明显差异（见表 15—3）。

表 15—3 人工成本不同增速下对小微工业企业相对人工成本的影响程度

行业	人工成本增速			劳动生产率增速	相对人工成本增速		
总计	12%	15%	20%	10.78%	1.1%	3.8%	8.3%
采矿业	12%	15%	20%	15.48%	−3.0%	−0.4%	3.9%
煤炭开采和洗选业	12%	15%	20%	22.07%	−8.3%	−5.8%	−1.7%
石油和天然气开采业	12%	15%	20%	−4.82%	17.7%	20.8%	26.1%
黑色金属矿采选业	12%	15%	20%	7.66%	4.0%	6.8%	11.5%
有色金属矿采选业	12%	15%	20%	7.67%	4.0%	6.8%	11.5%
非金属矿采选业	12%	15%	20%	11.74%	0.2%	2.9%	7.4%
其他采矿业	12%	15%	20%	13.84%	1.6%	1.0%	5.4%
制造业	12%	15%	20%	10.36%	1.5%	4.2%	8.7%
农副食品加工业	12%	15%	20%	4.46%	7.2%	10.1%	14.9%
食品制造业	12%	15%	20%	9.94%	1.9%	4.6%	9.2%
饮料制造业	12%	15%	20%	9.01%	2.7%	5.5%	10.1%
烟草制品业	12%	15%	20%	38.97%	−19.4%	−17.2%	−13.6%
纺织业	12%	15%	20%	12.14%	−0.1%	2.6%	7.0%
纺织服装、鞋帽制造业	12%	15%	20%	14.60%	−2.3%	0.3%	4.7%
皮革、毛皮、羽毛（绒）及其制品业	12%	15%	20%	11.95%	0.0%	2.7%	7.2%
木材加工及木、竹、藤、棕、草制品业	12%	15%	20%	10.24%	1.6%	4.3%	8.9%
家具制造业	12%	15%	20%	9.57%	2.2%	5.0%	9.5%
造纸及纸制品业	12%	15%	20%	9.78%	2.0%	4.8%	9.3%
印刷业和记录媒介的复制	12%	15%	20%	9.20%	2.6%	5.3%	9.9%
文教体育用品制造业	12%	15%	20%	13.21%	−1.1%	1.6%	6.0%

续表

行　业	人工成本增速			劳动生产率增速	相对人工成本增速		
石油加工、炼焦及核燃料加工业	12%	15%	20%	4.02%	7.7%	10.6%	15.4%
化学原料及化学制品制造业	12%	15%	20%	6.92%	4.8%	7.6%	12.2%
医药制造业	12%	15%	20%	10.76%	1.1%	3.8%	8.3%
化学纤维制造业	12%	15%	20%	12.21%	−0.2%	2.5%	6.9%
橡胶制品业	12%	15%	20%	9.49%	2.3%	5.0%	9.6%
塑料制品业	12%	15%	20%	8.59%	3.1%	5.9%	10.5%
非金属矿物制品业	12%	15%	20%	13.45%	−1.3%	1.4%	5.8%
黑色金属冶炼及压延加工业	12%	15%	20%	13.83%	−1.6%	1.0%	5.4%
有色金属冶炼及压延加工业	12%	15%	20%	5.28%	6.4%	9.2%	14.0%
金属制品业	12%	15%	20%	9.96%	1.9%	4.6%	9.1%
通用设备制造业	12%	15%	20%	9.16%	2.6%	5.3%	9.9%
专用设备制造业	12%	15%	20%	10.00%	1.8%	4.5%	9.1%
交通运输设备制造业	12%	15%	20%	9.83%	2.0%	4.7%	9.3%
电气机械及器材制造业	12%	15%	20%	9.67%	2.1%	4.9%	9.4%
通信设备、计算机及其他电子设备制造业	12%	15%	20%	12.28%	−0.2%	2.4%	6.9%
仪器仪表及文化、办公用机械制造业	12%	15%	20%	8.46%	3.3%	6.0%	10.6%
工艺品及其他制造业	12%	15%	20%	12.66%	−0.6%	2.1%	6.5%
废弃资源和废旧材料回收加工业	12%	15%	20%	7.84%	3.9%	6.6%	11.3%
电力、燃气及水的生产和供应业	12%	15%	20%	12.07%	−0.1%	2.6%	7.1%
电力、热力的生产和供应业	12%	15%	20%	12.77%	−0.7%	2.0%	6.4%
燃气生产和供应业	12%	15%	20%	18.49%	−5.5%	−2.9%	1.3%
水的生产和供应业	12%	15%	20%	9.00%	2.8%	5.5%	10.1%

注：1. 本表中劳动生产率根据工业总产值和从业人员人数计算，未剔除价格变动因素；劳动生产率增速为2004—2008年的平均增速。

2. 本表相对人工成本水平的不同增速为假设人工成本水平年递增速度分别为12%、15%和20%情况下的相对增速。

从细化行业看，采矿业的6个行业中只有煤炭开采和洗选业以及其他采矿业2个行业企业；制造业30个行业中只有烟草制品业等9个行业企业；电力、燃气及水的生产和供应业3个行业中有电力、热力的生产和供应业以及燃气生产和供应业2个行业企业可以完全消化吸收人工成本上升因素，只占各行业企业的1/3。在工资及人工成本水平每年上升15%的情况下，采矿业的6个行业中只有煤炭开采和洗选业；制造业30个行业中只有烟草制品业；电力、燃气及水的生产和供应业3个行业中只有燃气生产和供应业，总计3个行业企业可完全消化吸收人工成本上升因素，绝大多数企业难以承受。在工资及人工成本水平每年上升20%的情况下，除煤炭开采和洗选业以及烟草制品业2个行业企业以外，其他各类行业企业都无法完全消化吸收人工成本上升因素。

3. 如果今后工资及人工成本水平增速为15%，绝大多数小微企业的利润率水平都有不同程度的降低（见表15—4）。

表15—4 人工成本增速为15%对小微工业企业人工成本利润率的影响

行　业	相对人工成本增速	原人工成本利润率	现人工成本利润率	人工成本利润率增幅
总计	3.8%	78.38%	75.51%	−3.67%
采矿业	−0.4%	134.34%	134.89%	0.42%
煤炭开采和洗选业	−5.8%	126.50%	134.28%	6.15%
石油和天然气开采业	20.8%	116.19%	96.17%	−17.23%
黑色金属矿采选业	6.8%	181.48%	169.90%	−6.38%
有色金属矿采选业	6.8%	86.14%	80.65%	−6.38%
非金属矿采选业	2.9%	135.35%	131.51%	−2.84%
其他采矿业	1.0%	161.06%	159.44%	−1.01%
制造业	4.2%	73.84%	70.87%	−4.03%
农副食品加工业	10.1%	137.71%	125.09%	−9.17%
食品制造业	4.6%	98.12%	93.80%	−4.40%
饮料制造业	5.5%	105.29%	99.80%	−5.21%
烟草制品业	−17.2%	170.41%	205.92%	20.84%
纺织业	2.6%	61.07%	59.55%	−2.49%
纺织服装、鞋帽制造业	0.3%	37.99%	37.85%	−0.35%
皮革、毛皮、羽毛（绒）及其制品业	2.7%	52.47%	51.07%	−2.65%
木材加工及木、竹、藤、棕、草制品业	4.3%	106.38%	101.98%	−4.14%
家具制造业	5.0%	79.51%	75.76%	−4.72%
造纸及纸制品业	4.8%	75.58%	72.15%	−4.54%
印刷业和记录媒介的复制	5.3%	70.38%	66.83%	−5.05%
文教体育用品制造业	1.6%	39.40%	38.78%	−1.56%

续表

行业	相对人工成本增速	原人工成本利润率	现人工成本利润率	人工成本利润率增幅
石油加工、炼焦及核燃料加工业	10.6%	109.05%	98.64%	-9.55%
化学原料及化学制品制造业	7.6%	82.52%	76.72%	-7.03%
医药制造业	3.8%	26.26%	25.29%	-3.69%
化学纤维制造业	2.5%	69.69%	68.00%	-2.43%
橡胶制品业	5.0%	65.75%	62.60%	-4.79%
塑料制品业	5.9%	67.66%	63.89%	-5.58%
非金属矿物制品业	1.4%	100.64%	99.29%	-1.35%
黑色金属冶炼及压延加工业	1.0%	107.17%	106.08%	-1.02%
有色金属冶炼及压延加工业	9.2%	72.54%	66.41%	-8.45%
金属制品业	4.6%	71.28%	68.16%	-4.38%
通用设备制造业	5.3%	75.87%	72.01%	-5.08%
专用设备制造业	4.5%	59.22%	56.64%	-4.35%
交通运输设备制造业	4.7%	63.91%	61.04%	-4.50%
电气机械及器材制造业	4.9%	54.81%	52.27%	-4.64%
通信设备、计算机及其他电子设备制造业	2.4%	19.56%	19.10%	-2.37%
仪器仪表及文化、办公用机械制造业	6.0%	31.40%	29.61%	-5.69%
工艺品及其他制造业	2.1%	67.21%	65.84%	-2.03%
废弃资源和废旧材料回收加工业	6.6%	120.59%	113.08%	-6.23%
电力、燃气及水的生产和供应业	2.6%	98.57%	96.06%	-2.55%
电力、热力的生产和供应业	2.0%	105.53%	103.48%	-1.94%
燃气生产和供应业	2.9%	187.61%	193.30%	3.03%
水的生产和供应业	5.5%	67.53%	64.00%	-5.22%

注：1. 本表相对人工成本增速为假定人工成本水平增速为15%时以及劳动生产率按原有速度增长情况下的相对人工成本增速。

2. 原人工成本利润率根据《中国经济普查年鉴（2008）》中的数据计算。

3. 现人工成本利润率是人工成本水平增速为15%影响下第二年变动后的人工成本利润率水平。

4. 人工成本利润率增幅是指现人工成本利润率与原人工成本利润率相比的增减幅度。

今后一段时期，我国工业企业乃至整个社会的货币工资增长速度如果保持在12%～15%的范围内还是有可能承受的，但由于2/3的小微企业对12%的货币工资增长幅度承受能力都很有限。因此，我们目前面临一个两难的选择：考虑到小微企业特别是低工资行业的小微企业对人工成本上升的承受力较弱，或者由其放慢工资水平增速，容忍不同行业或同行业不同规模企业的工资福利差距继续拉大；或者想方设法改善这些企业经营环境，减轻经营负担，提高这些企业的劳动生产率和人工成本承受力，使其员工工资福利水平能够提高得更快一些，遏制工资福利差距继续扩大。

（四）工资增长对不同所有制工业企业成本和利润的影响分析

1. 2004—2008年，不同所有制工业企业人工成本水平增长速度均在19%～21%之间，比较接近，但劳动生产率增长速度却相差一倍多。国有企业的人工成本水平增长速度较大幅度地低于劳动生产率增长速度，集体企业、港澳台企业和外商投资企业相对人工成本水平逐步上升，竞争力相对弱化。

2. 假定各类所有制工业企业今后劳动生产率水平按照2004—2008年增长速度继续增长，如果工资及人工成本水平增速为12%，则只有外商投资企业的相对人工成本水平可能会略有上升，其他类型企业则会不同程度下降；如果工资及人工成本水平增速为15%，则港、澳、台商投资企业与外商投资企业的相对人工成本水平同样要上升；如果工资及人工成本水平增速为20%，除国有企业之外，其他类型企业的相对人工成本水平都会有不同程度上升（见表15—5）。

表15—5　人工成本不同增速下对工业企业相对人工成本的影响程度

行　业	人工成本增速			劳动生产率年增速	相对人工成本增速		
国有企业	12%	15%	20%	24.05%	−9.7%	−7.3%	−3.3%
集体企业	12%	15%	20%	19.09%	−6.0%	−3.4%	0.8%
私营企业	12%	15%	20%	19.33%	−6.1%	−3.6%	0.6%
港、澳、台商投资企业	12%	15%	20%	13.98%	−1.7%	0.9%	5.3%
外商投资企业	12%	15%	20%	11.13%	0.8%	3.5%	8.0%

注：1. 本表劳动生产率增速为2004—2008年的平均增速。
2. 本表相对人工成本水平的不同增速为假设人工成本水平年递增速度分别为12%、15%和20%情况下的相对增速。
3. 本表中劳动生产率根据工业总产值和从业人员人数计算，未剔除价格变动因素。

3. 如果今后工资及人工成本水平增速控制在15%，国有企业、集体企业和私营企业的人工成本利润率仍可每年保持不同程度的上升状态；对外商投资企业和港、澳、台商投资企业的盈利和竞争力水平的负面影响最大（见表15—6）。

表 15—6　人工成本增速在 15%时对工业企业人工成本利润率的影响

企业类型	相对人工成本增速	原人工成本利润率	现人工成本利润率	人工成本利润率增幅
国有企业	−7.3%	83.54%	90.11%	7.87%
集体企业	−3.4%	111.49%	115.46%	3.55%
私营企业	−3.6%	121.91%	126.50%	3.77%
港、澳、台商投资企业	0.9%	85.73%	84.97%	−0.88%
外商投资企业	3.5%	104.46%	100.95%	−3.36%

注：1. 本表相对人工成本增速为假定人工成本水平增速为 15%时以及劳动生产率按原有速度增长情况下的相对人工成本增速。

2. 原人工成本利润率根据《中国经济普查年鉴（2008）》中的数据计算。

3. 现人工成本利润率是人工成本水平增速为 15%影响下第二年变动后的人工成本利润率水平。

4. 人工成本利润率增幅是指现人工成本利润率与原人工成本利润率相比的增减幅度。

4. 尽管工资较快增长对港、澳、台和外商投资企业影响较大，但在其他因素影响下，其中多数企业在今后一段时期仍具备市场竞争力，大量撤资的可能性并不大。

（五）工资增长对工业以外行业企业成本和利润水平的影响分析

1. 假定企业劳动生产率增速保持原有状态，今后一段时期工资及人工成本水平按不同速度递增，住宿业、批发业和建筑业相对人工成本上升幅度较大（见表 15—7）。

表 15—7　人工成本不同增速下对工业企业相对人工成本的影响程度

行　业	人工成本增速			劳动生产率增速	相对人工成本增速		
建筑业	12%	15%	20%	10.65%	12.7%	40.8%	87.8%
餐饮业	12%	15%	20%	12.24%	−2.0%	22.5%	63.4%
住宿业	12%	15%	20%	7.39%	62.4%	103.1%	170.7%
批发业	12%	15%	20%	9.91%	21.1%	51.3%	101.8%
零售业	12%	15%	20%	12.38%	−3.1%	21.1%	61.5%

注：1. 本表中劳动生产率根据工业总产值和从业人员人数计算，未剔除价格变动因素；劳动生产率增速为 2004—2008 年的平均增速。

2. 本表相对人工成本水平的不同增速为假设人工成本水平年递增速度分别为 12%、15%和 20%情况下的相对增速。

2. 如果今后工资及人工成本水平增速控制在 15%，对这几个行业企业盈利水平的负面影响较大，但除建筑业外，其他行业企业的人工成本利润率水平依然较高（见表15—8）。

表15—8　人工成本按15%递增对工业以外部分行业人工成本利润率的影响

企业类型	相对人工成本增速	原人工成本利润率	现人工成本利润率	人工成本利润率增速
建筑业	40.8%	1.57%	1.11%	−29.00%
餐饮业	22.5%	273.60%	223.27%	−18.39%
住宿业	103.1%	293.10%	144.34%	−50.75%
批发业	51.3%	666.52%	440.41%	−33.92%
零售业	21.1%	389.80%	321.82%	−17.44%

注：1. 本表相对人工成本增速为假定人工成本水平增速为15%时以及劳动生产率按原有速度增长情况下的相对人工成本增速。

2. 原人工成本利润率根据《中国经济普查年鉴（2008）》中的数据计算。

3. 现人工成本利润率是人工成本水平增速为15%影响下第二年变动后的人工成本利润率水平。

4. 人工成本利润率增幅是指现人工成本利润率与原人工成本利润率相比的增减幅度。

三、工资增长与国内企业国际竞争力影响分析

（一）我国制造业工资水平与部分国家的比较分析

1. 我国制造业的绝对工资水平在国际上较低

按照2000年不变汇率计算，2010年美国制造业工人小时工资应为中国的13倍。此外，与英国、新西兰等发达国家相比，其小时工资也是中国的10倍以上。与一些同等地位的发展中国家相比，我国制造业工资水平也不是很高。

2. 我国制造业工资增长速度相对较快

随着国民经济快速发展，我国制造业工资水平近期保持较快上升速度。2000—2010年间，我国制造业工资水平年均增长13%，而美国、英国、新西兰等发达国家年均增长为4%左右，韩国、墨西哥年均增长为6%左右。

（二）我国制造业相对人工成本水平与其他国家的比较分析

1. 我国制造业以工资计算的劳动分配率与部分国家比较

同一些发达国家或发展中国家相比，我国制造业劳动分配率水平较低，具备低成本竞争优势。

2. 我国制造业部分行业以全部劳动报酬计算的劳动分配率与部分国家

比较

根据部分国家投入产出表以全部劳动报酬计算劳动分配率，我国绝大多数行业劳动分配率仍远低于发达国家，但与一些发展中国家相比，虽然多数行业仍具备低成本竞争优势，但并不是很明显，有些行业的劳动分配率已明显高出部分发展中国家。

四、基本结论及政策建议

（一）基本结论

1. 工资增长是伴随经济增长和社会进步的一种正常状态，对提高劳动者生活水平和人力资本素质有关键作用。

2. 我国各类型企业在工资及人工成本水平较快提升条件下的承受能力各不相同，差异较大。

3. 要在国民经济持续健康发展的基础上积极稳妥地促进工资增长，还必须充分考虑我国各类产业的国际竞争能力。

（二）政策建议

1. 明确我国“十二五”期间工资增长调控目标，积极稳妥地引导各地区和各类企业的工资增长

在“十二五”期间，我国货币工资水平增长调控目标适宜在12%～15%之间选择确定。如居民消费物价水平上升可控制在3%左右的幅度，我国实际工资水平增长的调控目标适宜定位于9%～12%之间。

2. 实行分类调控

重点“提低”，采用积极灵活的方式按既定目标调增最低工资标准，同时应加强对高收入行业企业工资水平和工资增长速度的调控。

对最低工资标准的调整，应以年递增13%为原则依据，再具体根据国民经济运行和居民消费物价水平变动情况在5年期间灵活安排。应对各地区制定的最低工资标准中所包含的职工个人缴纳社会保障和住房公积金支出的合理比例尽快作出全国统一性规定，使各地区制定的最低工资标准在满足劳动者个人及家庭的基本生活之上，还能够保障劳动者及家庭成员按规定正常缴纳社会保障和住房公积金费用。积极推动各地区通过行业集体协商在按区域发布的最低工资标准基础上制定行业最低工资标准。应加强对垄断行业工资

水平的调控措施，为其他行业企业工资正常增长创造较好条件，提供更大空间。

3. 修订《集体合同规定》和《工资集体协商试行办法》，颁布《企业工资条例》，积极推进集体协商，健全工资决定机制和增长机制

进一步完善现有法律法规，坚持劳动关系双方的权利义务关系对等原则，增加集体协商的强制性规定。针对大量对工资增长承受力较弱的小微企业、外商投资企业和港澳台资企业开展协商难的问题，在积极推进区域性、行业性工资集体协商的同时，还可以试行企业职工代表对企业方案表决制，或职工委托地方、行业工会代理集体协商制等多种形式，拓宽集体协商的渠道。对于不依法履行工资平等协商和民主共决义务的企业，可规定企业方必须承担按当地政府本年度公布的工资指导基准线增加职工工资的义务；对于不配合三方调解、不执行三方裁决结果的企业，在罚款之外，还应在工商管理和行业准入等方面予以制裁。

4. 进一步减轻小微企业的税费负担，提高企业的工资增长支付能力，减轻人工成本水平上升压力

应将增值税和营业税起征点至少提高至每月 1 万元以上，争取在几年后提高至 2 万元。对于符合国家产业政策和出口退税政策的出口加工企业，可规定企业应将国家给予的出口退税额的一定比例（如 50%）纳入企业应付职工薪酬账户，专门用于增加职工的工资福利，或在企业依法为职工缴纳了各项社会保险费用后予以退税。对于政府应给予扶持的公益性行业企业，已实行税收减免仍不足以维持职工工资正常增长时，可由财政部门根据当年社会平均工资增长情况给予专项补贴。适当降低小微企业各项社会保险的缴纳比例，将最低缴费比例由目前按当地在岗职工平均工资 60%缴纳调整为按 50%缴纳。可专门针对为职工全部缴纳五项社会保险的小微企业降低企业缴费率，或规定在其全额缴纳后给予一定的返还，专门用于增加职工工资。利用国家定向收取的“资源税”和中央企业增加的上缴利润建立相应的“社会保障调剂基金”，对社会保险基金进行补充和调剂。

5. 政府部门和企业应重视企业人工成本之外其他成本费用变动因素对工资增长的制约作用，避免各种因素交互影响的叠加效应对企业造成过大的负面影响。

6. 千方百计提高劳动生产率和增加值率，提高人力资源素质，实施企业管理创新、技术创新和生产操作创新，为提高职工工资水平和企业竞争实力创造更好条件。

7. 加强执法监察，依法保障劳资双方权益，及时解决劳动争议，确保职工工资正常增长和企业正常生产经营。

第十六章
企业与职工利益共享机制

一、职工参与企业利益分享理论依据

（一）经济学的视角

1. 马克思剩余价值理论中隐射的“分享”思想

贯穿《资本论》的两条主线是两大著名的理论体系：劳动价值理论和剩余价值理论，追溯分享的思想可以此为切入点。马克思首先提出劳动力是商品并具有商品涵盖的所有基本属性这一科学论断，把劳动力创造的价值视为能为资本家带来剩余利润的超额价值。其源泉来自于工人创造的产品价值超过其自身劳动力价值的差额部分。马克思的分享思想意在强调资本主义制度的局限与腐朽。资本主义世界所有的商品财富都是建立在资方与劳方没有实现共同分享剩余价值（利润）之上。工人所创造的剩余价值为资本家带来了丰厚的利润，形成巨额原始积累，造就了当今西方国家的繁荣景象。而工人却没有任何权利来分享自己为资本家赚取的利润，利润全部都被资本家所夺取。可以看出，马克思是赞成工人与资本家共同来分享剩余价值，他也指出全部剩余价值（利润）被资本家夺取的严重后果——新生的、更高级的社会形态终将替代陈旧而残酷的资本主义制度。以至于后来，西方众多经济学家和政客们面对种种危机措手不及时，重新审视资本主义制度的运行机制，反思并试图从利润分享的视角来破解困局，通过实行经济民主、集体合作谈判、扩充工会力量等措施来调整资本主义制度内部的种种弊端。

2. 分享经济理论

为试图解释和解决 20 世纪 70 年代在西方普遍出现的“滞胀”问题，许多经济理论和政策纷纷出台。马丁·威茨曼试图以利益索取及企业人力产权治理为主题展开分析，进而提出有效治理通胀、解决劳工薪酬问题的独特思路。威茨曼在1984年出版的《分享经济》一书中，第一次系统地阐述了分享经济思想。此后，研究职工参与利润分享及其对微观经济与宏观经济产生的影响的理论统称为“分享经济理论”。

与工资经济不同，分享经济的特点是：劳动者不仅获得工资，而且凭借其劳动产权，与资本产权所有者一起分享企业的剩余价值。在威茨曼看来，分享经济的工资制度能够自动地促使企业多雇佣工人。威茨曼强调，分享经济制度对就业的这种拉动作用在个别企业采取分享制条件下并不能奏效，因为在这样的条件下，采取分享制的企业的价格和人均收益都会降低，工人会因报酬的降低而离开，达不到扩大就业的宏观效果。只有全部企业（或相当多的企业）转为分享制度，经济才会产生平衡扩张的效应。因为来自新就业的工人的消费会促使需求增长，通过反馈，使得价格、人均收益、劳动补偿趋向稳定，整个经济自动朝着更高的就业水平挺进，最终实现充分就业。

威茨曼认为，在利润分享制下，雇用工人分享企业剩余的权利来自劳动者自身，特别是源于其劳动产权的专有性和稀缺性，分享利润体现了雇主对劳动者的个人劳动产权的尊重。

学者米德考察了企业内部劳资关系，系统性划分分享的形式，使分享经济不单拘泥于理论层面，更付诸实践之中。

3. 民主资本主义理论

民主资本主义理论是由美国律师路易斯·凯尔萨和帕特里西亚·凯尔萨夫妇在20世纪60年代提出的关于资本和劳动共同创造财富的理论。他们认为，现在已不是仅仅靠劳动创造价值的单因素经济，而是靠资本和劳动共同创造财富的“双因素经济”。在现代经济学中，必须将资本工具与劳动同样视为一种投入要素，资本所有者并非寄生虫或靠投资收入度日的人，而是一个工人——一个资本工人。

凯尔萨指出，只有让职工成为企业的主人或所有者，才能增强资本分配的民主性，真正协调劳资关系，提高劳动生产率，使经济持续平稳地发展。实现这种经济上民主的具体方式有雇员持股计划、消费者持股计划和一般持股计划等。职工持股制度不同于单纯向职工推销部分股票的做法，它由本企业职工集体拥有企业的一部分或全部资产，外人不得染指，职工拥有的企业资产不是用现金来购买，而是用企业将来获得的利润来支付。实行职工持股制度后，企业通过建立专门的基金，鼓励职工持有企业股票，从而使职工由单纯的雇员变为股东兼雇员。职工持有企业的股票，只有股票增值了，职工才能从中获得收益。这种转变促使职工更关心企业的发展。

4. 社会主义经济理论的新思考

我国的社会主义经济理论和实践一直以马克思主义为指导进行了创新与发展。最新研究认为，社会主义经济制度的框架主要由所有制基础、分配制度以及经济运行方式 3 个方面构成。国有企业劳动者应该拥有剩余索取权，一直都是社会主义经济理论的基本内涵，表现在 3 个方面：一是从社会主义生产资料公有制来看，国有企业职工拥有剩余索取权是所有权在分配制度上的表现；二是从社会主义按劳分配制度来看，社会总产品的分配顺序为分配原则，体现出国有企业劳动者的剩余索取权；三是从社会主义市场经济的运行方式来看，市场经济的发展并不应该成为国有企业职工获取剩余索取权的障碍。

（二）现代企业理论的视角

现代企业理论把现代企业理解为具有节约交易费用功能的组织，强调利用激励制度的设计和合理的产权安排，克服企业内部多个要素所有者之间在协作生产过程中的偷懒和“搭便车”问题，以降低交易费用、提高企业效率。企业产权制度安排的实质，无非是企业剩余控制权和剩余索取权在企业内部各个参与者之间的配置。在这个核心问题上，西方学者一致认为，现代企业所有权的配置原则，是剩余索取权与跟着剩余控制权走，即谁拥有企业的剩余控制权，就必须赋予其相应的剩余索取权。越来越多的研究认为，人力资本，或者称非物质资本，与物质资本同样都是企业的关键资源，都拥有企业的剩余控制权和剩余索取权。

（三）企业社会责任与利益相关者

公司社会责任是指公司对非股东利益相关者的义务。非股东利益相关者是指在股东以外，公司决策和行为所能够产生的现实的和潜在的、直接的和间接的影响的一切人。公司的非股东利益相关者极为宽泛，劳动者是其中最直接、最重要的非股东利益相关者。

劳动者作为非股东利益相关者，在现代公司中的地位和作用越来越重要。

首先，现代公司的竞争最终都归结为人力资源的竞争，劳动者所拥有的高素质的劳动比物质资本更为稀缺，拥有知识和技能的劳动者是公司竞争制胜的决定性因素。其次，公司劳动者作为一种人力资本，具有一定的专用性。这种专用性将劳动者与公司紧紧地联结在一起，只有保护好劳动者工作的积极性，才能使公司充满活力。再次，劳动者的知识和技能只是一种潜在的生产力，要将这种潜力发挥出来，必须给以一定的激励，创造适宜的环境和条件。最后，在劳工问题严峻和产业民主行动高涨的条件下，为缓和劳资矛盾的需要必须重视劳工在公司中的地位和作用。因此，为了保障公司劳动者的利益，同时也为了促进公司的良性发展，确立公司社会责任的各国无一例外地将公司对劳动者的责任列为公司社会责任的一项主要内容。

公司对劳动者的责任是多方面的，既包括在劳动法意义上保证劳动者实现其就业和择业权、劳动报酬索取权、休息权、劳动安全卫生保障权、社会保障取得权等法律义务，也包括公司按照高于法律规定的标准对劳动者承担的道德义务。

20 世纪 90 年代以来，欧美国家经济生活实践中在一定程度上贯彻了这种鼓励利益相关者参与公司治理、享有公司剩余权利的利益相关者思想，这也从一个侧面反映出以利益相关者共同治理代替或弥补“股东主权”逻辑下的单边治理，不仅使现代企业理论体系更为充实、完善，而且也是企业治理结构演进的过程中历史和逻辑相统一的必然趋势。

二、构建企业和职工利益共享机制

（一）企业和职工利益共享的基本内涵

根据对“利益”的理解不同，企业和职工之间的利益共享可以有多个层面的理解和诠释：

分享经济最初提出时，主要是针对普遍实行的固定工资制度，提出要在固定工资之外，根据企业经营效益的好坏分给工人部分利润，即职工拥有对企业的剩余索取权，即利润分享。这是对“利益”的狭义研究。

随着分享经济研究的进一步发展，“利益”的范围扩大为企业和职工对劳动新创造的物质成果或经济利益的共享，企业和职工对其共同参与的经济活动的成果进行占有、享有和消费，以此来满足双方物质方面的需要。利益分享的载体可以是各种形式的奖金（变动工资）、个人或集体福利以及利润分享。

目前，相关研究领域已开始把工人参与产权分配、参与企业管理以及与资方共享的种种形式等都归入分享经济的范畴。分享的客体既包括经济利益，也包括政治利益层面和文化利益层面的分享。其中政治利益是指职工对企业各种决策活动的参与，以满足职工政治方面的需要，维护并增进其经济利益的需要；而文化利益主要指职工对文化活动的参与及其成果的占有、享有和消费，以此来满足职工文化方面的需要并增进经济利益的需要。这属于广义的“利益分享”。

根据我国提出企业和职工利益共享机制的现实需要和现实意义，当前对我国企业和职工利益共享的理解宜取中间层次，即企业和职工对经济利益的共同分享。

正确认识和理解企业和职工之间的利益共享，应把握5个要点：

1. 利益共享的前提是承认利益主体之间存在着利益差异和利益矛盾。劳动关系双方具有各自独立的利益。企业要追求利润最大化，劳动者想获得更高的工资福利待遇，双方存在着一定的利益冲突。认识和承认利益差异和矛盾的客观存在，方能凸显利益共享在协调利益矛盾中的重要性和必要性。

2. 利益共享的核心价值理念是公正和公平。

3. 利益共享的目标是利益均衡、互利共赢。在共同利益不断增进的同时，职工和企业的利益也得到不断丰富和发展，使员工有效地结成利益共同体。

4. 利益共享的物质基础是企业生产经营活动实现的经济收益。

5. 要在构建和谐社会的大背景下，理解企业和职工的利益共享。在全面推进社会主义和谐社会建设的大环境中，要建立健全新型的利益共享机制，是政治民主、经济民主和社会民主的集中体现—在以人为本、充分尊重自由自主的基础上，通过公众平等参与、多数决定、保护少数的机制，在共同体内实现财富、机会、权力（利）的均衡。

（二）企业和职工利益共享机制的实现途径

企业和职工利益共享机制是在社会主义市场经济体制下，依据公正、公平、分享的原则，促进企业和职工双方共同分享企业的物质成果，实现劳资双方互利共赢的机制。它是构建和谐稳定劳动关系的基础和必然途径，也有利于促进收入分配过程中的公平正义。

构建企业和职工利益共享机制，需要发挥政府、工会、企业以及社会各方面的力量，促进制度建设，协调各项工作之间的关系，促进理论层面、制度层面和企业微观层面的上下结合和协同作用。

1. 思想认识上要正本清源——从“资本独占”到劳资共享

构建企业和职工利益共享机制，应在思想认识上“纠偏”，在劳动作为生产要素参与利益分配的合理性和必然性上达成共识。

在资本主义早期发展阶段，受各种因素制约，人们普遍认为物质资本的投入和积累是经济增长的唯一源泉。企业只是一个由物质资本所有者或股东组成的联合体。在这种按资分配的制度下，资本的供应是行使权力、占有成果的唯一依据。换言之，资本所有者拥有企业的全部控制权并独占企业的剩余收益。企业利益就等于股东利益。劳动者向资本家出售自己的劳动力，并取得相应工资，没有理由再要求参与企业利润分配。

回顾我国企业制度改革的历程，我们在向市场经济的先行者学习时，不自觉地接受了资本创造价值独占剩余价值的观点，而作为社会主义核心价值体系所突出强调的，人是社会生产力最活跃的因素以及劳动创造价值观点，并没有得到积极的评价和广泛地应用。而且由于只承认资本对剩余价值的分配权，不承认创造价值的劳动者分配利润的权利。因此就曾有国有企业管理中存在的国家“让利”的说法和“让渡说”（即投资者向经营者和劳动者让渡部分收益权）。

20 世纪中期之后，随着社会发展，尤其进入知识经济时代，脑力劳动者比重逐渐增大，资本之外劳动要素的重要性日益凸现出来。联合国开发计划总署《1996 年度人力资源开发报告》称，一个国家的 GNP 的 3/4 靠人力资源，1/4 靠资本资源；据世界银行统计，世界财富的 64%由人力资本构成。人们认识到劳动（或人力资本的）价值，劳动力的作用日益增强，使得单一产权制度的局限性日渐明显地暴露出来，使得资方从重视对“物”的管理转向重视对“人”的开发和投资。

理论发展也论证了劳动者参与企业利润分配权利的合理性和必然性。劳动价值论认为，生产资料与劳动力的结合是实现物资资料生产的前提。在价值创造的过程中，劳动者的劳动是价值的源泉，生产资料是价值创造的必要物质条件。生产过程只是把生产资料作为新价值创造的物质载体，重新保存和转移到新产品上去。生产资料只能转移自身的价值，不能创造新价值。劳动既然参与了新价值的创造，劳动者就应当参与新价值的分配；从企业产权理论的观点看，现代企业不应是股东的实物资本的集合，而是作为一个物质资本和人力资本的联合运用，或者可以看做一种治理和管理着专用性投资的制度安排。作为专用性投资的主体不仅包括股东而且还包括经理和员工，他们都承担着一定的投资风险，他们都是平等的产权主体，因而都必然要求参与企业所有权的分配。劳动者以劳动产权的方式参与企业利益的分配，是劳动者的合理权益要求。劳动力产权实现以及双重产权制度的建立，应当集中体现在物质财产和劳动力能够共同分享利润，并形成相应的分配制度；现代企业理论认为，企业并非只是股东的企业，而是一种人力资本和非人力资本所组成的特殊契约。劳动契约的不完全性和人力资本的关闭性决定了劳动者事实上拥有企业的剩余控制权；根据边际生产力分配原理，任何一种生产要素使用效率的提高，其产生的好处或利益都不会由该要素独享，而是由参与分配的各要素共享。资本与劳动分配关系上具有一致性而不是对立矛盾的。

在实践中，国有企业在市场经济改革中较好地保障了职工的社会经济地位和合法权益不受侵害，而部分民营企业家也率先认识到劳动者在企业生存发展中发挥的重要作用，推动形成了企业和职工的利益共同体，实现了互利共赢。正如传化集团的徐冠巨所说，“人力资源不是‘成本’，而是最具有创造活力的‘资本’，对待员工要倾注感情”。

2. 立法安排上要体现两大思路——保障和鼓励

企业和职工实现利益共享是一种社会行为，必须通过制定系统的法律和社会政策来完成；利益共享实现过程中的程序、标准和各种要求，也须以法律法规作为基本准则和依据。社会主义法治社会发展到现在，企业经营者和劳动者都越来越希望通过法律来保护自己的利益，因此健全完善并认真执行法律法规对构建企业和职工利益共享机制至关重要。

从国际经验看，第二次世界大战以前采用分享制只是企业经营者按照各自企业经营策略做出的制度性选择之一，主要是由企业自行判断、任意实施的。但现代的职工利益参与分享制度，则主要是政府从维护国家经济体制、推进国民经济的整体发展、稳定就业、促进产业民主等经济和社会政策的立场出发而做出的政策性选择。它已不仅是企业的内部制度，而且是需要逐渐覆盖全社会的一种社会制度。最典型的职工持股制度，是在政府直接或间接鼓励的前提下才得以实施的。此外，政府还利用国企私有化改革推进劳动者对企业股份的持有。如英国和法国都是在私有化改造的过程中，使大量劳动者拥有了本企业的所有权。不仅美国、欧盟成员国等发达国家普遍实施了劳动者利润分享的制度，实施法定利润分享制的有发展中国家，如墨西哥和印度等。职工利益参与制度的实施不仅伴随着国家法律的强制力，在税收政策等方面也有相当力度的优惠措施予以鼓励，包括针对劳动者个人的所得税优惠和对企业的各种税收优惠。

现在，欧洲一些国家又出现了新的构想，即开始提倡超越企业规模与层面的利益参与和所有权参与。这种构想是为了解决在个别企业层面上实施的职工利益参与和所有权参与所无法解决的那些问题。由于各个具体企业之间必然会存在效益的好坏与差异，因而就会出现职工利益分配额度的差距，亦即形成劳动者所得及财产上的差距现象。针对此类问题，西欧诸国往往试图通过提取大企业所增加财产的提成或以征税等方式，设立超越个别具体企业层面的社会基金，进而再通过基金运作，使广大劳动者有偿或无偿地持有企业股份。可以说，职工利益参与制度在一些现代发达国家，已经并将继续朝向超越具体个别企业层面的国家层面和覆盖全社会之规模的方向不断发展。

3. 企业内部要夯实 3 个基础——民主参与、集体协商和激励体系

企业是构建利益共享机制的微观基础。在企业内部，落实民主参与、加强集体协商、选择和实施适当的激励体系是职工参与利益共享的 3 个重要基础或支柱。

（1）职工民主管理是劳动者利益表达的途径，是实现利益共享的重要前提。

职工民主管理就是重视职工广泛参与企业决策的权利，建立制度化的利益表达与诉求机制，让职工拥有表达自己利益诉求的正常途径。保障职工对企业的经营管理有足够的发言权，是构建利益共享机制的重要前提。

从政治经济学的角度看，职工民主管理是“共决制”在企业层面的体现，

它是经济民主的主要表现形式，也是政治民主的一种补充形式。共决制使职工享有权利，有序、有组织地参与企业管理，使职工这一利益主体获得了平等参与利益博弈的权利和手段；从企业治理结构的角度看，投入劳动者和投入资本者都拥有一定的企业决策权，都可以委托能够体现和代表统一意志和利益的专门机构来实施这些权力，各方代表参与上述权力机构的工作，并能以各种方式直接地或通过自己的代表间接地控制这些机构的运作。“由于财务分享制度分享的只是金钱，而不是权力和权威，也不是组织决策，如果并没决策的联合管理与之并存，这种分享制就是一种很稀薄的产业民主形式”。

职工民主参与也可以视做职工利益参与制度的延伸和发展。利益分享实质上涉及的是劳动者在利润分配上有多大话语权的问题，是“劳动”与“资本”的博弈问题。如果把它仅仅定性为企业的一项权利，利益分享制度采用与否、分享到什么程度完全取决于企业的意愿，它的发展自然会受到企业追求自身利益最大化目标的制约。由于信息不对称，企业甚至会借此操纵利润，以向劳动者转嫁经营风险，损害劳动者的利益。所以，从广义上讲，利益共享并不仅仅是只谋求劳动者持续地参与企业的利润分配，而是以劳动者参与分享理念为基础、不断发展完善的一种全面和复杂的制度。有些研究将职工民主参与定义为“企业管理权分享”。还有研究表明，当广泛的员工所有权制度同高度的“参与管理模式”结合起来时，公司将比在其他形式下的企业有好得多的表现。如果不是这种结合，则这两种制度中的任何一种都难以起到有效的作用。

从国际经验看，荷兰就将企业雇员参与制分为3个层次：一是直接参与，指员工参与公司的经营管理；二是金融参与，即雇员分享公司的经营利润与风险；三是制度参与，指雇员参与公司一级的决策制定，它是雇员参与制的最高形式。代表工人行使决策权的工人委员会在公司中具有战略地位。

（2）集体协商谈判是利益协调的过程，是利益共享的实现方式。

法律法规能够规定职工参与利益分享具有义务性或强制性，但是职工参与利益分享的具体形式和标准、水平、比例等却不能规定统一标准，各企业需要开展劳资双方的协商谈判进行自发调节和自我调节，最后通过集体合同或约定的方式予以确立和落实。作为集体劳动关系最重要的联合决策机制和协调机制，集体协商谈判能够使工人通过相对平等的集体协商谈判，分享到劳动效率提高和利润增加带来的成果，是有效平衡双方利益、科学调整双方利益的利益协调机制。

集体协商谈判出现的200多年来，西方市场经济国家的工人就是通过集体谈判和一个又一个各种形式的集体合同的签订，使得工资收入不断提高，闲暇时间不断增多，社会保险待遇范围不断扩大。在德国和法国，企业中各种利润分享方式都需要在集体协议中进行明确的约定。

在职工利益共享的实现过程中，集体协商时要处理好3种利益关系，这是协商工作取得效果的关键，即企业利润与职工工资之间的关系、企业人均工资收入与企业不同层次职工收入之间的关系、工资收入与职工福利之间的关系。

(3) 企业激励体系是利益分配的载体，是利益分享的核心内容。

企业内部的激励体系反映了企业和职工实现利益分享的具体形式。激励体系设计涉及两个层面的问题，首先是利益在“劳”与“资”之间的分配，或者称为总体的利益分配关系问题；其次是利益在劳动者之间的分配，或者称为个体的利益分配关系问题。

总体的利益分配关系，主要根据物质资本和人力资本各自的数量和贡献大小决定，二者各自的市场供求变化也是其中重要的影响因素。从全社会的角度看，由于利润最大化和效率最大化的驱使，资本的流动将促使产业结构不断调整，资本的存量及两类资本的比例也不断地变化，因此物质资本和劳动力资本会形成大致相同的平均利润率，两类资本大致按照相同的平均利润率分割利润量。就某个企业而言，在一定时期内，物质财产得到的利润可能高于、等于或低于平均利润水平；同样，劳动力得到的利润水平也会高于、等于或低于平均利润水平。

我国针对国有企业实施的工资总额宏观调控手段，如“工效挂钩”、工资水平与企业效益联动机制等，都是具有分享性质的手段；非国有企业一般是通过董事会，或其他决策机构决定总体的劳资分配比例关系；也有的企业通过集体协商方式确定。

个体的利益分配形式更加多样，总的来说可以分为奖金（浮动报酬）、福利项目和利润（股票）分红三大类。其中，奖金的形式能够更好地体现了灵活性、差异性和操作的便利性，在一定意义上说，可变薪酬就具有利益分享的性质。虽然奖金已是各类企业分配中的常见形式，但是在分享的思想下，同样是奖金就会有不同的内涵；福利项目能很好地体现人文关怀，特点是差异性小、分配面广，尤其是集体福利项目，一般属于广覆盖、无差异的分享形式；利润（股票）分红的形式一般比较复杂，对参与对象具有选择性、差异性，操作起来较为复杂，有时需要按照法律的规范来进行。具体的利益分配形式有：

➢根据是否具有产权纽带，员工持股计划、技术入股、期股、股份合作制企业的分配等，是属于具有产权纽带的分享形式；而福利项目、绩效奖金、佣金或销售提成以及模拟股权、干股等是不具有产权纽带的分享形式。

➢不同的职工主体，一般采用不同的分享方式：对企业高管人员，一般采用年薪制或其他的长期激励手段，如期权、期股或递延支付等；对核心技术人员，一般采用技术入股或项目提成制等方式；而对于职工全员，一般采用奖金、提成、福利项目或职工持股的形式。

企业实施利益分享，要对不同的分享形式进行适用性分析，选择分享的形式应考虑企业战略、治理结构、业务特点、规模、发展阶段、员工构成及需求变化、企业管理模式及水平等一系列因素，综合协调，整合利用，以达到充分调动不同员工的积极性，使企业赢得长久竞争优势的目标。

对企业实践经验的研究表明，一般而言，技术密集型行业和资本密集型行业是实现利益分享的主要行业，劳动密集型行业实施利益分享的难度比较大。在不同类型企业中，公司制企业由于实行了有限责任制度，建立了公司治理结构，因而是实行利益分享的主要企业类型；在企业的起步、成长、成熟和衰落 4 个阶段中，由于成熟期和衰落期对人力资本的需求较强，以及人力资本已经得到现实检验，因此往往是实现利益分享的较好时期。起步期和成长期由于对物质资本的依赖过强，不适合实行利益分享。但是对于特殊行业和企业而言，在起步阶段和成长阶段也可以实行利益分享；在现行的市场主导型治理结构和组织导向型治理结构中，由于组织导向型治理结构使企业家人力资本在物质资本所有者的严格控制之中，主要通过终身雇佣制和年功序列制激励人力资本，不利于实施利益分享。市场主导型的治理结构由于所有权和经营权分离，企业家人力资本所有者拥有独立的经营权，通过实施人力资本参与企业收益分配可以较好的形成对人力资本的长期激励，因此，比较适合实施利益分享。

国外研究表明，通常人们会误以为分享计划只适用于小公司，因为职工努力与企业经营成果之间的联系直接可见，但是从实践来看，不管是大企业还是小企业、资本密集型或劳动密集型企业、利润稳定或波动较大的公司，都可以有效地实施职工分享计划，重点在于分享制度或计划本身的设计。

第十七章 企业欠薪的防范机制

一、现行相关法律法规规章关于欠薪的界定

我国现行相关法律法规规章规定的欠薪包含克扣工资和无故拖欠工资等情形。所谓克扣工资，是指用人单位无正当理由扣减劳动者在已提供正常劳动的前提下依据国家法律法规规定、集体合同规定、劳动合同约定以及用人单位依法制定的规章制度规定所应获得的全部劳动报酬①。

所谓无故拖欠工资，是指用人单位无正当理由超过国家法律法规规定、集体合同规定、劳动合同约定以及用人单位依法制定的规章制度规定的付薪时间未支付劳动者工资。但用人单位在遇到非人力所能抗拒的自然灾害、战争等原因的情况下导致的延期支付工资，不属于无故拖欠工资；用人单位确因生产经营困难、资金周转受到影响，在征得本单位工会同意后，在地方劳动保障行政部门许可的延期支付时限内支付劳动者工资，也不属于无故拖欠工资。除了以上两种情况，其他情况下的延期支付工资均属无故拖欠②。

---

① 《对〈工资支付暂行规定〉有关问题的补充规定的通知》（劳部发［1995］226号）第三条规定："《规定》第十五条中所称'克扣'系指用人单位无正当理由扣减劳动者应得工资（即在劳动者已提供正常劳动的前提下用人单位按劳动合同规定的标准应当支付给劳动者的全部劳动报酬）。不包括以下减发工资的情况：（1）国家的法律、法规中有明确规定的；（2）依法签订的劳动合同中有明确规定的；（3）用人单位依法制定并经职代会批准的厂规、厂纪中有明确规定的；（4）企业工资总额与经济效益相联系，经济效益下浮时，工资必须下浮的（但支付给劳动者工资不得低于当地的最低工资标准）；（5）因劳动者请事假等相应减发工资等。"

② 《对〈工资支付暂行规定〉有关问题的补充规定的通知》（劳部发［1995］226号）第四条规定："《规定》第十八条所称'无故拖欠'系指用人单位无正当理由超过规定付薪时间未支付劳动者工资。不包括：（1）用人单位遇到非人力所能抗拒的自然灾害、战争等原因，无法按时支付工资；（2）用人单位确因生产经营困难、资金周转受到影响，在征得本单位工会同意后，可暂时延期支付劳动者工资，延期时间的最长限制可由各省、自治区、直辖市劳动保障行政部门根据各地情况确定，其他情况下拖欠工资均属无故拖欠。"

"欠薪"除了包含上述两种情形之外，还包括低于当地最低工资标准支付劳动者工资、安排加班不支付加班费以及解除或者终止劳动合同未依法向劳动者支付经济补偿等情形。

二、企业欠薪现状及现行欠薪防范机制

（一）我国企业欠薪现状

与以往欠薪不同，现阶段我国企业欠薪表现出以下7个方面的突出特征：一是欠薪成因的经营不济性，即从欠薪的成因看，企业经营困难、歇业、关闭、破产或者面临破产成为一些企业欠薪的主要原因。二是欠薪主体的外资性，即从欠薪的主体看，近年来一些外资企业乃至一些在当地较有影响的企业欠薪的情形大为增加。三是欠薪对象的群体性，即从欠薪的对象看，用人单位拖欠企业全体员工工资的情形大为增加。四是欠薪金额的趋大性，即从欠薪的金额看，欠薪金额呈现出越来越大的趋势。五是欠薪形式的欠逃并存性，即从欠薪的形式看，用人单位欠薪常常与企业主逃逸紧密连接在一起。六是欠薪地区的沿海性，即从欠薪的地区分布看，沿海经济发达地区成为欠薪的高发地区。七是欠薪行业的多样性，即从欠薪的行业分布看，建筑业、制造业、餐饮业等成为欠薪的高发行业。

（二）我国现行欠薪防范机制建设情况

目前，我国法律法规规定关于欠薪防范机制建设方面，主要有4种模式：

1. 欠薪惩处制度

欠薪惩处制度主要包括以下5种情况：（1）契约惩处，是指由于签约的用人单位一方存在克扣或者拖欠工资的过错而导致劳动者随时解除劳动合同而不需要承担任何责任，但不能由此免除用人单位一方支付经济补偿金的责任，以示对用人单位的惩罚。（2）民事惩处，即由劳动保障行政部门或者劳动者申请劳动保障行政部门责令克扣或者拖欠劳动者工资的用人单位，足额支付被克扣或者拖欠的工资，给予补偿，并责令承担相应的民事赔偿责任。（3）行政惩处，即由劳动保障行政部门或者有关部门对用人单位克扣或者无故拖欠劳动者工资的行为采取行政处理或者处罚的措施，以示对用人单位的惩处。（4）工会维权惩处，即通过工会维权的方式来给企业欠薪行为施加压力以达到警示和威慑的目的。（5）刑事惩处，即通过国家强制力对用人单位

克扣或者拖欠劳动者工资的行为，主观情节恶劣，客观上也造成较大的社会危害，构成犯罪的，对该用人单位及相关人员依法追究刑事责任。

2. 工资优先权制度

在我国以往制定的法律法规规定中，工资优先权一直得到坚持。《工资支付暂行规定》《中华人民共和国企业破产法》《中华人民共和国企业破产法(试行)》《民事诉讼法》《合伙企业法》《公司法》以及《中华人民共和国企业破产法》等法律法规，都规定了工资的第一清偿权。

3. 工资保证金制度

工资保证金制度最初主要是针对拖欠、克扣农民工工资问题突出的建筑行业，按照该制度建设单位，或者施工单位，或者二者要按照有关规定，缴纳一定金额的工资保证金，存入有关政府主管部门指定的银行专户，一旦发生拖欠、克扣农民工资问题，首先用工资保证金解决拖欠、克扣的农民工工资。目前，规定此制度的国家层面的规章主要是《建设领域农民工工资支付管理暂行办法》。在地方层面，此制度推行较早，实施面广，截至当前已实行此制度的有河南、广西、四川、山东、湖南、辽宁等27个省、市、自治区。

4. 欠薪保障基金制度

欠薪保障基金制度，是指用人单位拖欠员工工资且有规定情形时由主管部门根据规定用欠薪保障基金向员工垫付一定数额工资的社会共济制度[①]。目前，国内建立欠薪保障基金制度的只有深圳市和上海市两个城市。

三、现行欠薪防范机制建设评析

近些年来，我国各级政府主管部门出台了一系列法律法规规章和措施，加大了对欠薪的整治力度，开展了一系列的打击欠薪的活动，整治欠薪的成效十分明显。但是由于受全球金融危机的影响，我国经济虽率先企稳回升但仍然十分脆弱，一些企业生产经营有所好转但仍然十分艰难，企业订单少、经营困难甚至面临破产倒闭导致一些严重欠薪事件发生，对当地社会的和谐

① 《深圳经济特区欠薪保障条例》第四条规定：“本条例所称欠薪保障制度，是指用人单位拖欠员工工资且有本条例规定情形时由主管部门根据本条例规定用欠薪保障基金向员工垫付一定数额工资的社会共济制度……”

稳定构成威胁。可见，现行欠薪防范机制面临新经济形势的巨大挑战，亟待根据欠薪新趋势、新变化逐步健全和完善，主要体现在以下几个方面：

（一）制度建设起步较晚，制度基础薄弱

在过去计划经济体制下，国有企业占经济的主体地位，实行的是高福利、低工资、高保障政策，因此很少有拖欠工资的情况出现，因此也就没有对欠薪保障制度建设的要求。改革开放以来，随着社会主义市场经济的不断发展，欠薪问题逐步出现，欠薪保障才开始提上议事日程，一些部门、行业和地方才开始进行欠薪防范机制建设方面的立法探索。

（二）欠薪惩处规范的可操作性有待提升

在我国现行立法中，对于欠薪的惩处，主要包括契约惩处、民事惩处、行政惩处、工会维权惩处和刑事惩处 5 种方式。从当前我国立法现状来看，欠薪惩处规范的可操作性都不是很强，导致当前我国企业欠薪惩处力度小、违法成本低，这在一定程度上增加了用人单位欠薪的侥幸心理，加大了用人单位的违法预期。

（三）工资优先权难予兑现，企业破产情形下的工资权益难予保障

工资优先权难予兑现主要体现在《企业破产法》出台以后，工资优先权在实际运作过程中很难得到实际兑现。虽然《企业破产法》仍将破产人所欠职工工资列为破产财产需要清偿的债务清单中的第一顺序，但《企业破产法》下的工资第一顺序清偿权所基于的破产财产是在支付有担保债权以后剩余的财产①。破产企业财产在扣除有担保债权财产之后所剩无几，因此所欠职工工资的第一顺序清偿权常常难以兑现。

（四）工资保障立法层次低，影响力和互济性欠缺，短期性明显

由于立法层次低，工资保障制度在整个社会产生的影响很小；由于欠薪保障仅限个别地区和行业，因此欠薪保障基金规模小，互济性低。工资保障制度建设的短期性突出表现在工资保证金的缴纳仅限单个建设项目建设时期，建设项目完工以后，工资保证金即予返回，这样同一时期的两个项目之间或者不同时期的两个项目之间均缺乏互济，工资保证金的短期性比较明显。

---

① 《中华人民共和国企业破产法》（2006 年 8 月 27 日第十届全国人民代表大会常务委员会第二十三次会议通过）第一百零九条规定：“对破产人的特定财产享有担保权的权利人，对该特定财产享有优先受偿的权利。”

（五）一些地方的欠薪保障金筹集的合法性受到质疑

从当前我国建立了欠薪保障金的深圳市和上海市的经验来看，欠薪保障金的主体部分是定期向企业征收的欠薪保障费，而向企业征收欠薪保障费，属于对非国有财产的征收。根据《立法法》，非国有财产的征收，需要通过制定法律来规范[①]。深圳市作为经济特区，其人民代表大会及其常务委员会可以通过全国人民代表大会的授权，制定法规[②]，除此之外，其他地方各级权力机关及行政机关都无权制定法律法规。因此，《深圳经济特区欠薪保障条例》中规定的欠薪保障费的收取是符合《立法法》规定的，而《上海市企业欠薪保障金筹集和垫付的若干规定》规定的欠薪保障费的收取则不符合《立法法》的规定，其合法性受到质疑。

（六）欠薪保障的司法救济时间长，取证难，通常不被劳动者采用

尽管《中华人民共和国争议调解仲裁法》延长了劳动争议的申诉时效，并将一部分劳动争议案件包括一部分小额的劳动报酬案件由原来的"一裁两审"改为"一裁终局"[③]，减少劳动者的讼累，但是鉴于劳动争议本身的特殊性，对于群体性质的欠薪案件以及标的额超过当地月最低工资标准12个月金额的大额劳动报酬争议，劳动者仍然要面对用人单位"一裁两审"的漫长的救济途径。

（七）以事后惩处为主的现行欠薪防范机制明显存在不适应性

现行欠薪防范机制主要针对以个体欠薪为主、金额较小、地区分散、行业集中高等为主要特征的传统欠薪建立起来的。与传统欠薪不同，现阶段欠薪主要是基于企业经营困难、歇业、关闭、破产或者面临破产等导致的，常常表现为欠薪对象的群体性、欠薪金额的巨大、欠薪逃逸的并存性、经济发达地区欠薪的高发性等特征，这就决定了现行欠薪防范机制对于治理现阶段欠薪事件的不适应性。

---

① 《中华人民共和国立法法》第八条规定："下列事项只能制定法律：（一）国家主权的事项……（六）对非国有财产的征收……（十）必须由全国人民代表大会及其常务委员会制定法律的其他事项。"

② 《中华人民共和国立法法》第六十五条规定："经济特区所在地的省、市的人民代表大会及其常务委员会根据全国人民代表大会的授权决定，制定法规，在经济特区范围内实施。"

③ 《中华人民共和国争议调解仲裁法》第四十七条规定："下列劳动争议，除本法另有规定的外，仲裁裁决为终局裁决，裁决书自做出之日起发生法律效力：（一）追索劳动报酬、工伤医疗费、经济补偿或者赔偿金，不超过当地月最低工资标准十二个月金额的争议；（二）因执行国家的劳动标准在工作时间、休息休假、社会保险等方面发生的争议。"

四、国外及港台地区欠薪防范机制建设

（一）国外工资保障立法

1. 工资按时直接支付。一是按照法律和合同规定的时间、地点和方式支付工资。比如利比亚《劳工法》第1511条第10款规定："工资只能在工作日发放"。二是直接支付，是指工资直接支付给雇员本人，并附有记录明确的工资单。如利比亚《劳工法》第1511条第3款规定："工资应直接支付给本人或本人书面指定的家庭成员"。三是工资处理不受干涉。巴林《劳工法》第73条规定，不得强迫工人在专门机构购买食品或货物，或是雇主生产的食品和货物。

2. 工资不得扣除，即任何人和组织不得对劳动者工资进行无正当理由的扣除。为保证雇员的最低生活水平，各国法律对正当理由的工资扣除规定当月扣除比例，低于一定限度的工资不得扣除。巴林《劳工法》第74条规定，雇主从工人工资中扣款用作偿还雇主的债务或贷款，不得超过工人工资的10%，并不允许对债务或贷款收取利息。

3. 破产程序中的工资优先权，是指企业破产或司法清理时，职工在企业破产或清产前的应得工资，享有优先清偿的权利。拖欠的工资是破产企业首先应当偿还的债务，以保证职工的劳动所得。菲律宾《劳工法》第108条规定："若遇雇主之营业破产或清理，其工人对于破产或清算前之服务应得工资部分享有优先权"。

4. 最低工资保障。最低工资制度是作为国家干预分配、保障低工资雇员最低收入的法律制度，最早出现在新西兰和澳大利亚，1894年新西兰颁布了《工业调节及仲裁法》，规定当地的最低工资。英国在1905年通过最低工资法案，规定在裁缝、纸箱、花编等特种产业里设立最低工资委员会（后又增加5类产业）。

5. 法律制裁。法律制裁是指对违反工资保障，拖欠、扣克劳动者工资的行为进行经济、行政和法律的制裁。大部分国家都对劳动者工资的最低标准、什么是欠薪、如果发生欠薪情况会进行什么样的处罚，有明确的规定。如日本《劳动基准法》第117条、第120条对违反劳动基准法所有的法定条款的行为，视其情节轻重都制定了相应的罚则。对用人单位拖延不给员工支付工

资时，法院还可根据劳动者的申请，命令用人单位支付与未支付的金额同额的附加金。对于恶意拖欠、克扣劳动者工资的，部分国家甚至明确了刑事犯罪，可以进行刑事处罚。

6. 平等给付。平等给付是工人运动的产物。在很多国家，因职业、产业、种族、性别、年龄、受教育程度不同，工资高低差距很大，其中以男女同工不同酬和种族歧视尤为突出。第二次世界大战后，欧共体首先建立了平等给付的国际原则，美国1963年确立了男女同工同酬的规定，英国在1970年制定了《同酬法》。

（二）香港的欠薪保障制度

香港立法会于1985年通过了《破产欠薪保障条例》，建立了破产欠薪保障制度。香港破产欠薪保障制度主要针对企业倾于破产的情况，当雇主无力偿还债务时，雇员可要求法律援助署协助，向法庭提起诉讼，要求对雇主发出清盘或破产令，追讨被拖欠的薪金、代通知金和遣散费等款项。雇员同时可向破产欠薪保障基金申请特惠款项，以垫支被拖欠的薪金、代通知金和遣散费。在破产/清盘令发出后，要向破产管理署登记所有债项，以便日后获得清还。

（三）台湾的积欠工资保障制度

台湾于1987年2月21日发布了《积欠工资垫偿基金提缴及垫偿管理办法》。该《办法》规定发生歇业、清算或宣告破产的企业，当雇主无力偿还债务时，雇员可向劳保局申请企业歇业、清算或宣告破产前6个月所积欠的工资，由积欠工资垫偿基金予以偿付。而6个月的计算自雇主歇业、清算或宣告破产当日起往前推算之。

五、建立健全企业欠薪防范机制政策建议

针对现阶段我国企业欠薪情况和现行我国企业欠薪防范机制构建现状，借鉴吸收国外及港台地区欠薪防范机制构建经验，建立健全我国企业欠薪防范机制应当坚持“立足当前、着眼长远，预防为主、惩防并举，标本兼治、综合整治”的原则和方针，全面落实抓好以下4个方面的机制建设。

（一）关口前移，健全欠薪防范机制

重点是从国家层面努力构建企业欠薪报告制度、工资支付监控制度、工

资支付举报投诉制度、欠薪应急工作制度和劳动守法诚信评价制度5项防范制度。以上5项制度，有的在一些地方已经建立并实施，有的在另一些地方已经建立并实施，但由于缺乏国家层面的制度规范，制度层级低，权威性和约束力受到制约，实施效果受到影响。如果从国家层面构建起上述制度体系，将会大大提升其制度效果。比如劳动守法诚信评价制度，仅在某一个地方实施，对欠薪者的威慑力有限，因为欠薪者离开欠薪地后，换一个地方仍然可以经营企业，开展生产经营活动。如果从国家层面建立起这项制度，就会使欠薪逃逸者将会在国内任何地方都会受到诚信的质疑，对其威慑力将会大为提升，制度效果就会更为明显。

（二）完善立法，健全欠薪惩处机制

1. 规范界定欠薪及欠薪逃逸

应抓紧出台《工资条例》甚至《工资法》，在工资立法中明确界定欠薪及欠薪逃逸的概念及其内涵和外延，运用列举法或者排除法或者两者兼用明确界定欠薪及欠薪逃逸的具体情形。

2. 修改完善《劳动法》

建议比较和借鉴国外的相关法律及参照我国《刑法》修改《劳动法》，明确欠薪行为系违法行为，并可视情节和金额大小，处以2 000元以上2万元以下的罚款或者按欠薪金额的一定比例给予处罚。情况特别严重的，给予刑事处分，追究其刑事责任。

同时，通过修改《劳动法》，在有关修改条文中进一步明确，劳动者若因用人单位欠薪，而又有足够理由相信企业主准备潜逃或将资产转移至其他地方，可以根据有关规定，向人民法院申请发出拘捕令，予以拘留。

3. 制定《劳动合同法》第八十五条的司法解释或者实施细则

建议制定《劳动合同法》第八十五条的司法解释或者实施细则，以便对其进行详尽的解释和说明，主要要明确以下内容：①明确劳动者有权向劳动保障行政部门反映用人单位的欠薪行为，劳动保障行政部门有责任了解和掌握用人单位的欠薪情况；②明确责令限期支付的期限为一个具体的时间期限，比如为不超过1个月；③明确用人单位在劳动保障行政部门责令支付工资的期限内，未支付的，劳动行政保障部门可以直接责令加付赔偿金，并且明确劳动行政保障部门责令加付赔偿金具有法律效力，劳动者在用人单位没有履行的情况下，可以直接申请人民法院强制执行；④明确仲裁庭和人民法院也可以根据欠薪事实裁决加付赔偿金。

4. 制定《劳动保障监察条例》第三十条的司法解释或者实施细则

制定《劳动保障监察条例》第三十条的司法解释或者实施细则，以便对其进行详尽的解释和说明，主要要明确“责令改正拒不改正”包括责令限期支付克扣或者拖欠的工资而拒不支付这种情形，并且明确在此情形下的处罚标准与责令改正拒不改正其他行为的处罚标准不同，应按2 000元以上2万元以下的处罚标准或者按欠薪金额的一定比例给予处罚。

5. 规定部分行业缩短工资支付周期

工资支付周期国际上一般有年薪、月薪、周薪、日薪等，欧美国家常用的是周薪制，我国目前实行的是月薪制。目前我国全面推行周薪因为牵涉到会计、税务、银行等一系列配套问题，尚不具备充分条件，但可以在易于量化的建筑安装、采矿、制造业及餐饮服务业等拖欠工资现象严重的行业推行周薪制。实行周薪制，这将有利于及时发现和查处企业拖欠工资的违法行为的苗头，有效地制止工资拖欠现象发生。

（三）建立欠薪保障基金，健全欠薪保障机制

建议从构建欠薪防范的长效机制入手，由国务院制定《欠薪保障条例》，待时机成熟再出台《欠薪保障法》，构建欠薪保障基金，规范欠薪保障基金的管理，充分发挥欠薪保障基金在处理欠薪事件、促进深化经济体制改革、维护社会和谐稳定的保障作用。

（四）强化欠薪监察，健全欠薪监察机制

1. 明确工资支付监察职责

劳动保障行政部门按照《劳动保障监察条例》建立健全对用人单位工资支付行为的监督检查制度，规范监督检查程序，依法对用人单位工资支付情况进行监察，要在抓好集中专项检查的同时，加强对企业工资支付的日常巡查、举报专查，督促企业依法支付职工工资，对违法支付工资行为进行处理。

2. 严格用人单位配合监察的法律责任

劳动保障行政部门依法对用人单位工资支付情况进行执法检查时，用人单位应当如实报告情况，提供相关资料和证明，不得弄虚作假、阻碍、拒绝。对于隐瞒事实真相，出具虚假工资报表，隐匿、毁灭工资支付记录、拒绝提

供相关资料，以及其他严重干扰、阻挠、抗拒劳动保障行政部门监督检查的，劳动保障行政部门视其情节轻重，依法给予处罚；构成犯罪的，依法追究刑事责任。

3. 建立欠薪联动监察机制

规定劳动保障行政部门会同发展改革、财政、公安、住房城乡建设、司法行政、银行、国资、工商、信访、工会等部门在各自职责范围加强对企业工资支付情况的监督检查。

第十八章
国有企业工资总额管理办法改革探讨

"十二五"发展规划纲要、人力资源和社会保障事业"十二五"发展规划纲要和国务院政府工作报告都明确提出"改革国有企业工资总额管理办法，加强对部分行业工资总额和工资水平的双重调控，缩小行业间工资水平差距"，可见，改革国有企业工资总额管理办法已成为我国继续深化国有企业改革的一项重要内容。本报告在对国有企业工资总额管理办法现状进行简要梳理的基础上，对改革管理办法进行初步探讨。

一、企业工资总额管理现状及改革情况

自1985年以来，我国国有企业主要实行工效挂钩、工资总额计划为主的工资总额管理办法，但具体到中央和各地方又有所不同。

在中央层面，人力资源社会保障部作为国有企业工资总额管理的主管部门，对直接分管企业主要采用绩效工资办法、工效挂钩办法和工资水平调控办法；国务院国资委对直接分管企业主要采用工效挂钩办法和工资总额预算管理暂行办法。

在地方层面，课题组在对山东省、江苏省、黑龙江省等10省（区、市）调研基础上，把地方国有企业工资总额管理现状大致概括为3种情况：

（一）部分省（区、市）仍然使用工效挂钩办法

除去上海市、山东省外，其余各省份原则上还在继续使用工效挂钩管理办法。其中，河南省、河北省、吉林省、黑龙江省四省，工效挂钩管理办法仍是其国有企业工资总额管理的主要办法。

——截至2010年年底，河南省国有企业共计2 779户，在岗职工人数96.25万人。其中，实行工效挂钩的企业381户，在岗职工57.41万人；实行

工资总额预算管理的企业489户，在岗职工5.18万人；实行工资总额包干的企业427户，在岗职工3.58万人。

——截至2010年年底，河北省国有企业共计6 913户，在岗职工人数139.57万人。其中，实行工效挂钩的企业2 179户，在岗职工77.55万人；实行工资总额包干的企业661户，在岗职工14.70万人；实行集体协商确定的企业2 067户，在岗职工32.89万人；实行其他方式的约2 045户，在岗职工14.43万人。

——截至2010年年底，吉林省国有企业共计2 944户，在岗职工人数58万人，吉林省国有企业工资总额确定主要采取两种办法：一是按照“两低于”原则自主确定工资总额的办法，二是实行工资总额同经济效益挂钩的办法。

——截至2010年年底，黑龙江省实行工效挂钩的企业10户；实行工资总额计划的企业6 985户，涉及95万人。预计于2011年，黑龙江省国资委将对全部出资企业实行工资总额预算管理。

多年来，四省在使用工效挂钩办法的同时，持续对工效挂钩办法进行优化。其中，河北省在1995—2008年间优化内容主要包括：停止了实物量（业务量）或复合指标挂钩办法，逐步用实现利润与工资总额挂钩办法取代了过去多种挂钩形式；对经济效益增长过快的企业实行了新增效益工资分档计提办法；对工资水平过高企业降低了浮动比例等。

因此，通过科学优化、合理使用，工效挂钩办法对国有企业工资总额管理仍然具有较好实施效果。

（二）部分省（区、市）逐步推行工资总额预算管理办法

江苏省、浙江省、辽宁省在国有企业工资总额管理上逐步推行国务院国资委试行的工资总额预算管理办法。

——自2008年以来，江苏省部分国有企业已连续4年全面实行工资总额预算管理办法。

——截至2010年年底，浙江省国资委监管企业1 357户，在岗职工13.5万人，工资总额管理的方式主要有工效挂钩、工资总额包干、工资总额计划管理等。2011年5月，浙江省国资委对省属国有企业正式启用工资总额预算管理办法。

——截至2010年年底，辽宁省国有企业共6 632户，在岗职工125.3万

人。2010年，辽宁省国资委在全部所属企业中全面开展工资总额预算管理。

江苏省、浙江省、辽宁省推行工资总额预算管理办法，与三省国有企业工资总额管理体系有较大关系。2004年，三省国资委成立后，国有企业工资总额管理职能逐步转移到国资部门，三省国资部门在国务院国资委整体牵引下，逐步试点并推行国有企业工资总额预算管理办法。

（三）部分省（区、市）逐步探索推行新的工资总额管理办法

在多年实践中，上海市探索推行“工资指导线法”，山东省探索推行“三项制度法”，两地都不再实行工效挂钩办法；河北省在工效挂钩办法基础上，逐步在一些规模较小的国有企业探索推行“工资集体协商确定法”；这些探索都取得较好效果。

——2008年，上海市探索建立工资指导线模型，按照地方经济增长、物价指数等科学确定工资指导线上中下线，作为上海市国有企业工资宏观调控的有效抓手。上海市“工资指导线法”亮点主要体现在两个方面：一是把企业利润增长、人均工资增长与工资指导线上中下线紧密结合起来，科学发挥工资指导线宏观调控的作用。二是在操作上改审批制为备案制，尊重企业的市场化选择，政府部门重点关注宏观调控。

——2008年，山东省建立工资指导线、最低工资标准和工资分配“三项”备案制度，作为山东省国有企业工资宏观调控的有效抓手。山东省“三项制度法”亮点主要体现在三个方面：一是明确规定国有企业的工资水平根据企业经济效益、工资指导线、本地区经济发展、职工平均工资水平和同行业平均利润率等因素综合确定。二是适当控制少数工资水平过高、增长过快的国有垄断企业。山东省规定，国有企业在岗职工平均工资水平原则上不超过本地区企业在岗职工平均工资的3倍。三是合理调节国有企业负责人与职工的分配关系。明确规定国有企业负责人收入要与企业效益、规模和职工工资增长幅度挂钩。

——2008年，河北省对大型国有企业工资总额管理坚持工效挂钩办法的同时，逐步在一些规模比较小的国有企业通过工资集体协商确定工资总额办法，由企业自主确定工资总额，人力资源社会保障部门监督履行。

三省（区、市）在改革国有企业工资总额管理办法的探索、试点、推行过程中，都贯彻了“市场机制调节、政府部门调控”的整体思路，三省（区、

市）都在一定程度上减少了对国有企业工资总额的直接管理，鼓励和支持国有企业自主决定工资总额，政府部门逐步从直接管理的事务性工作中解脱出来，逐步加大重点国有企业的监管和宏观调控的力度。

二、企业工资总额主要问题及原因分析

随着我国社会主义市场经济体制的不断完善，国有企业改革的不断深化，工效挂钩等管理办法既难以完全满足社会主义市场经济的要求，也难以完全适应深化国有企业工资分配制度改革的需要，亟待进行改革。概括起来，现有的国有企业工资总额管理办法主要存在如下一些主要问题：

（一）管理办法多样化，无法形成合力

目前，中央、地方不同政府部门对国有企业工资总额管理办法多样化，这些办法的管理方向、管控力度、管理水平等差异较大。多样化的管理办法使得政府部门对国有企业工资总额管理体系总体比较混乱，系统性不强，无法形成合力，最终影响分配结果和分配格局的合理性。

这种情况的出现，主要有3个原因：一是政资企关系尚未理顺。目前，政府主管部门、国有资产监管部门和国有企业之间的关系尚不够清晰，责权利尚不够明确，自上而下普遍存在指导、监督和管理职能脱节的问题。二是政府部门管理职能尚未理顺。对国有企业工资总额管理，需要理顺各级主管部门的职能。横向需要理顺中央有关政府主管部门之间职能关系，包括人力资源社会保障部、财政部、国家税务总局、国资委等；还需要理顺地方有关政府部门之间的职能关系。纵向需要理顺中央有关政府部门和地方有关政府部门之间、地方有关政府部门和下级政府部门之间、央企和地方政府部门之间的职能关系等。三是管理政策滞后。由于没有及时组织制定、修订国有企业工资总额管理办法，当现有政策不适应国有企业发展需要时，有关部门、各地政府部门则自行出台国有企业工资总额管理办法，从而形成自行其是的局面。

（二）行业收入差距过大现象比较突出

对于具有垄断性或国民经济中重要产业的国有企业，其经济效益和利润水平不但较高而且增长较快，其工资总额随之过快增长，工资水平快速上升；对于竞争性国有企业，其经济效益和利润水平较低且增长较慢，其工资总额

增长较慢，工资水平整体偏低。在上述两种趋势作用下，部分行业企业之间的工资水平差距持续扩大，不断加剧社会分配不公平矛盾，目前已经成为国家、社会和居民关注的焦点，亟须进行调整。

这种情况的出现，一方面是由于国有企业工资总额管理办法不完善造成的。按目前的工资总额管理办法，国有企业工资总额水平与企业经济效益直接挂钩，但由于垄断企业经济效益中的“非劳”因素无法合理剔除，垄断企业依靠行政垄断或资源垄断获得的经济效益增长快、水平高，公益性企业、竞争性企业明显处于不利地位，收入差距扩大化趋势不可避免。另一方面是由于政府部门宏观调控不到位造成的。对于国有企业之间、行业之间不合理的收入差距，政府部门有责任有权利进行宏观调控，但由于没有有效的抓手，调控始终没有有效落实。

（三）工效挂钩办法本身亟须进行改革

1985 年，国务院 2 号文规定国有企业试行工资总额与经济效益挂钩以来，已运行 20 多年。工效挂钩办法在促进国有企业、国民经济和社会发展方面作出巨大贡献：一是使国有企业的工资增长与机关事业单位相分离，有效建立了企业工资与经济效益相联系的能增能减机制，促进了国有企业经营机制转换，打破了企业吃国家大锅饭状况，有效调动了企业及广大职工不断提高经济效益积极性，推动了国民经济快速增长和职工工资水平相应提高。二是促进企业内部分配自主权得到落实，按劳分配原则得以贯彻，职工工资分配差距逐步拉开，激发了职工劳动积极性，提高了企业劳动生产率。三是为企业工资制度改革奠定微观基础的同时，也为政府部门从直接管理企业工资分配向宏观调控过渡创造了有利条件。

但是，由于工效挂钩办法归根到底还是计划经济时代的产物，在我国社会主义市场经济体制不断完善、国有企业改革不断深化的今天，已经出现了一系列不相适应的问题，亟须进行调整，主要体现在如下几个方面：

一是工效挂钩形成的工资总额运行轨迹与企业要求稳定的工资增长机制不相匹配。企业经济效益增长具有周期性，企业工资增长具有相对刚性，两者运行轨迹并不完全相同，当两者同向运动时，工效挂钩的作用比较明显，当两者反向运动时，工效挂钩办法则很难发挥作用。二是“两低于”原则，使得企业职工很难共享经济发展成果。工效挂钩办法要求国有企业工资总额增长低于经济效益增长，职工平均工资增长低于劳动生产率增长，长期下来，职工工资总额占国民收入的比重逐年下降，职工不能完全共享经济发展成果。三是采取环比挂钩的方式不太合理。对经济效益好的企业，有“鞭打快牛”的效应，挂钩指标目标值越来越高，企业终有不堪重负的一天，当经济效益在高位运行的时候，工效之间就逐渐“挂”不动了；对于经济效益差的企业，挂钩指标目标值相对较低，这些企业起点低、对其要求也低，从而工效挂钩办法有向低效益企业倾斜的趋势。四是工效挂钩办法单一与经济效益指标挂钩不太合理。企业真正的支付能力和支付要求不仅与经济效益挂钩，最重要的还与企业劳动生产率挂钩；有些企业不但需要考虑其经济效益，也需考虑其社会效益；企业工资增长不仅受经济效益增长影响，还受物价等多种因素的影响，工效挂钩办法明显考虑不足。五是工效挂钩办法无法适应企业千差万别的情况。全国国有企业数量多，情况复杂，采用工效挂钩一种办法很难适应千差万别的国有企业情况，工效挂钩缺乏灵活性也使得其很难适应不同时期企业的经营状况。六是工效挂钩办法管理滞后。工效挂钩办法一般是在下一年度才能确定上年度工资总额，缺乏时效性，对企业激励作用不明显等。

（四）新的管理办法尚需进一步研究论证

这些新的管理办法包括国资委提出的工资总额预算管理办法、上海市提出的工资指导线管理办法、山东省提出的“三项制度”管理办法等，这些管理办法的实际作用和实施效果尚需在理论上和实践中进一步进行研究和论证。

（五）其他问题

1. 工资总额定义不清晰

国家统计局1990年颁布施行的《工资总额组成的规定》已施行22年，尽管期间对工资和福利的一些内容进行过修改和调整，但仍无法适应企业工资收入分配多元化要求。此外，财政部门在财务会计准则中关于职工薪酬的规定以及国家税务总局关于“合理薪金”的规定，在政策上尚需进行协调，在操作上需要进一步细化和明确。

2. 管理范围不明确

目前，全国国有企业有十几万户，但实际上纳入国有企业工资总额监管的只有万余户，很多国有企业游离于政府部门管控体系外。尤其是在税务部门出台“合理薪金”可以在税前扣除的规定后，国有企业纳入工效挂钩管理的积极性进一步削弱，挂钩企业越来越少。

3. 企业内部分配尚需进一步规范和引导

目前，国有企业内部分配尚存在如下一些问题：一是经营者为了实现个人业绩，从而出现企业业绩侵占职工工资总额的情况；二是企业内部中高层管理人员收入与普通职工尤其是一线职工工资分配差距太大；三是企业内部工资正常增长机制尚未科学建立，工资集体协商机制尚未到位；四是目前我国的工资指导线、劳动力市场工资指导价位、行业人工成本信息等制度体系科学性还不够，指导性、可参考性还不强，需要进一步优化提升等。

4. 企业内外部收入监督体系尚不健全

企业内部监督体系包括内部审计体系、内部职工代表大会制度、内部集体协商制度、内部薪酬专业委员会制度等尚不健全；企业外部监督体系包括外部审计体系、政府部门监管体系等也不够健全，都需在今后进一步完善。

三、企业工资总额管理办法改革探讨

在研究分析现有工资总额管理办法存在问题并进行研究分析的基础上，需要全面总结实践中的有效做法，同时充分借鉴国外相关成功经验，进一步研究改革完善国有企业工资总额的管理办法。

（一）为什么要管理

目前，不少国有企业专业人员，包括部分政府主管部门人员，认为在市场经济体制下，政府部门没有必要管理国有企业工资总额。这种说法存在一定误区，国有企业工资总额管理存在充分的法理依据和理论依据。

1. 法理依据

《中华人民共和国公司法》明确规定：公司股东依法享有资产收益、参与重大决策和选择管理者等权利。

对于国有独资企业，《中华人民共和国公司法》明确规定：国有独资公司不设股东会，由国有资产监督管理机构行使股东会职权。国有资产监督管理机构可以授权公司董事会行使股东会的部分职权，决定公司的重大事项。

对于国有控股企业，无论是战略决策，还是人事任免，都要由董事会决定，政府不得以行政力量干预。在国家控股企业中，国家意图可以通过国有资产管理机构派出的董事来体现。

总之，我国政府各级国有资产监督管理部门，有权利、有义务对国有企业工资总额实施管理。对国有独资企业，可以直接行使工资总额管理职权或授权公司董事会行使部分职权；对于国有控股企业，可以通过董事会行使职权，体现主管部门管控意图。

2. 理论依据

市场工资分配结果不是完善的，是存在缺陷的，政府部门有必要在市场失灵的地方发挥宏观调控的作用。市场工资分配机制失灵主要体现在两个方面：

一是劳动力市场不完全竞争性导致企业内部的工资分配结果失真。亚当·斯密的供求理论认为，工资是财产所有者与劳动者相分离的情况下，作为非财产所有者的劳动者的报酬。因此，工资水平的高低取决于财产所有者即雇主与劳动者的力量的对比。但是我国的二元劳动力市场结构，中国劳动力市场尤其是普通劳动者市场的无限供给性，企业方需求具有较强买方垄断性，从而导致市场工资率偏低。工资集体协商理论认为，工资决定于劳动力市场上劳资双方的力量的对比，是劳资双方在工资谈判中的交涉力量抗衡的结果。工资集体协商机制是对不完全竞争劳动力市场供求决定机制低工资率结果的一个修订。劳动力方组织起来成为一方参与工资谈判，劳动力供给与劳动力需求市场都有一定的垄断性，与供求机制相比，劳动力工资水平将有所提高，结果趋向相对合理。但是在实际经济运行中，劳资双方谈判成本高昂且不说，极端情况经常会出现企业大面积停工、职工罢工等现象，这些都严重损害了国民整体利益。比如 2011 年发生的美国 NBA 劳资谈判纷争及澳大利亚航空停飞事件等，充分说明工资集体协商理论只是对市场决定工资结果不合理的一种修订，离理想分配结果还有较大差距。

二是行业之间垄断性及行业发展阶段等实际情况的不同导致企业之间分配结果呈现两极分化。行业之间、企业之间经济效益相差非常大：垄断性行业获取垄断利润，竞争性行业获取竞争性利润；新兴行业、高端行业获取超额利润，夕阳产业、低端行业获取简单维持利润。在市场机制作用下，高利润尤其是垄断性行业企业就有更多的空间、更大的动力来为职工增加工资，低利润行业企业不少只能在低成本基础上简单维持，增资空间小。长此以往，行业、企业之间工资水平、分配差距将越来越大，分配差距扩大化最终将对国民经济和社会总体发展造成损害。据2011年经济合作与发展组织（OECD）就业、劳工与社会事务部发布的报告显示，2008年，收入最高的10%美国人年均收入为11.4万美元，比收入最低的10%美国人（平均收入7 800美元）高约15倍。这一比例在20世纪90年代时为12，在80年代则为10。从1980年到2008年，占全美人口1%的最富者的收入占国家财富的比例翻了一番还多，从8%升至18%，目前其年均税后收入在130万美元以上，而占人口20%的最穷美国人的年均收入仅为1.77万美元。

我国对国有企业工资总额的管理，恰恰体现了我国制度的优越性。美国等发达国家由于对市场工资分配结果调节的“抓手”少，主要是税收调节一种手段，调控力度远远不足，收入分配差距扩大化在所难免。我国对国有企业工资总额的管理，一方面有利于缩小国有企业和社会分配的差距；另一方面可以发挥国有企业的示范作用，带动社会其他类型企业调整内部分配关系，促进整个社会分配关系趋向合理。

总之，我国对国有企业工资总额管理一方面是基于国有企业产权所决定的法理上的需要；另一方面也是我国收入分配整体调控目标“调高、扩中、提低”的需要，通过管理，努力扭转收入分配扩大化趋势，促进国民经济和社会的良性和谐发展。

（二）管理什么

“十一五”期间，我国国有企业数量大体维持稳定，稳中略有下降，从2006年的116 090户下降到2010年的113 712户。其中，农、林、牧、渔业，交通运输、仓储业，批发和零售业，餐饮业国有企业数量减少较多，房地产业、社会服务业、科学研究和技术服务业国有企业数量增加较多，工业、建筑业等行业国有企业数量大致维持稳定。对11万户国有企业，政府工资总额管理到底应该管到哪个范围？

按照国有资本所占资本金比例及控股情况不同，国有企业可分为3个层次：一是国有独资企业，国有独资企业是指企业全部资产归国家所有，国家依照所有权和经营权分离的原则授予企业经营管理，国有独资企业依法取得法人资格，实行自主经营、自负盈亏、独立核算，以国家授予其经营管理的财产承担民事责任。二是国有控股企业，国有控股企业是指在企业的全部资本中，国有资本股本占较高比例，并且由国有资本实际控制的企业。包括绝对控股企业和相对控股企业。国有绝对控股企业是指国有资本比例大于50%（含50%）的企业。国有相对控股企业是指国有资本比例不足50%，但相对高于企业中的其他经济成分所占比例的企业（相对控股），或者虽不大于其他经济成分，但根据协议规定，由国家拥有实际控制权的企业（协议控制）。三是国有参股企业。国有参股企业是指在企业的全部资本中，具有部分国家资本但不控股的企业。

因此，按照《中华人民共和国公司法》及有关法律法规规定，国有企业工资总额管理范围主要应该包括国有独资企业和国有控股企业。对于国有参股企业，国家作为普通投资者，其国有企业工资总额管理职能通过参股企业国有股东代表间接体现。

（三）管理目标是什么

国有企业工资总额管理的主要目标可以概括“一适应、二理顺、三促进”。

一是适应社会主义市场经济要求。政府部门对国有企业工资总额管理需要在企业微观主体自主分配的基础上，重点对市场机制不能有效发挥作用的地方加强宏观调控，目前焦点主要集中在部分过高收入行业企业收入增长过快、水平过高的问题上。根据国家统计局数据，2000年，我国工资水平最低的农、林、牧、渔业年人均工资水平为5 184元，最高的科学研究和综合技术服务业为13 620元，最高为最低的2.63倍；2010年，最低的农、林、牧、渔业为17 345元，最高的金融业为80 772元，最高为最低的4.66倍，10年间行业收入分配差距扩大将近1倍。

二是理顺国有企业内外部收入分配关系。通过调控，逐步理顺国有企业与非国有企业之间的收入分配关系，国有企业内部行业之间收入分配关系，国有企业内部企业之间收入分配关系，促进形成和谐的收入分配格局。

三是促进国有企业更快更好发展。国有企业工资总额管理一方面必须着眼于促进形成和谐的收入分配格局；另一方面必须立足于以企业经济效益和劳动效率为中心，加强引导，促进国有企业更快更好发展。

（四）如何管理

1. 主要思路

为了实现上述目标，坚持顶层设计，改革国有企业工资总额管理办法的主要思路可以概括为“三个转变”。

一是从总量管理向水平调控转变。改革现行的工效挂钩、工资总额计划管理办法，从总量管理向水平调控方向转变，重点加强对部分过高收入行业及公益性行业企业工资水平的直接管理，加强对竞争性行业企业工资水平的间接引导和宏观调控。

二是从事后管理向全过程管理转变。国有企业工资总额管理流程必须与企业计划经济和预算管理的实际相配套，主管部门重点做好事前引导和事后监督即可。

三是从部分、通用管理向全面管理、分类管理、重点管理转变。对所有国有企业进行全面管理，按国有企业行业经营属性及工资水平高低不同实行分类管理，对部分过高收入行业及公益性行业企业工资水平进行重点管理。

2. 主要内容

(1) 坚持市场化改革方向，实行政府宏观调控与企业自主分配相结合

在目前我国国有企业产权制度尚不健全，现代企业制度尚不完善，收入分配差距仍然较大，收入分配秩序仍然比较混乱的前提下，政府部门作为国有企业资产的所有者，有权力、有责任、有义务对国有企业工资总额进行管理与调控。但是，政府部门对国有企业工资总额管理要坚持市场化改革方向，要充分尊重并赋予企业自主分配权，政府部门积极发挥宏观调控作用，在市场机制失灵的地方做文章。比如，调控行业收入分配差距，规范收入分配秩序等。

(2) 坚持分类管理的基本方向

国有企业工资总额管理要进行分类管理，按照国有企业经营属性及工资水平高低不同，国有企业可分为部分过高收入行业企业、公益性行业企业和竞争性行业企业3类，分别采取不同的工资总额管理办法。

其中，部分过高收入行业国有企业指职工人均工资水平较高且带有行政垄断经营性质行业所在企业，如银行、证券、保险、石油石化、电力、电信、烟草、民航等行业企业。对部分过高收入行业国有企业工资总额管理要重点立足于直接调控其平均工资水平增长速度，加强其工资总额和工资水平的双重调控管理，促进理顺社会工资分配关系。

公益性行业国有企业是指主要从事公益性工作或服务且带有自然垄断性

质的行业所在企业，如供水、燃气、热力、邮政、城市公共交通等行业企业。对公益性行业国有企业工资总额管理要重点立足于直接调控其平均工资水平，促进理顺其平均工资水平与社平工资的差距。

竞争性行业国有企业是指充分参与市场竞争具有完全竞争性质的行业所在企业，具体包括农、林、牧、渔，钢铁，机械，化工等行业企业。对竞争性行业国有企业工资总额管理要求主要立足于宏观引导，促进完善工资分配规则，规范工资分配秩序，在规范的基础上逐步放开。

（3）坚持效益效率导向的调控思路

对国有企业工资总额管理要根据经济社会发展的要求和深化企业改革的需要，实行有利于政府调控、有利于企业发展、有利于职工利益共享的基本思路，为此，在工资水平调控的基础上，需要坚持以效益效率为基本调控导向。为此，调控国有企业工资水平，必须坚持如下基本思路：一是经济效益越高，工资增速越高，工资水平越高；二是劳动效率越高，工资增速越高，工资水平越高；三是人均工资水平越高，工资增速越低。

（4）理顺政府部门国有企业工资总额管理权责，明确主管部门牵头职能，加强协作，形成合力

改革国有企业工资总额管理办法，必须理顺国有企业主管部门之间的管理职责权限。为此，横向需要理顺中央和地方两个层面的人社部门、财政部门、税务部门、国资部门等部门之间的关系，理顺中央企业监管与地方企业监管之间的关系；纵向需要理顺牵头部门与协同部门、中央政府部门与地方政府部门、地方政府部门与二级、三级地方政府部门之间的关系等。

为此，要在国务院授权范围内进一步明确有关政府部门的职责分工，加强相互配合协作，努力消除政出多门、多头管理和监管不到位现象，不断改进监管和调控的方式方法，努力提高监管和调控效率。

（5）推进配套体系改革

一是科学界定工资总额相关概念，统一工资总额相关核算口径。目前，国家统计局的工资总额、财政部的职工薪酬、税务总局的合理薪金及人力资源社会保障部、国资委、地方有关部门关于工资总额的定义不尽相同。为此，需要在现有工资总额定义基础上，按照科学、切实可操作的原则，重新规范关于工资总额的定义。

二是积极推进工资集体协商，把政府部门工资总额管理与工资集体协商结合起来。政府部门对国有企业工资总额和工资水平管理和调控，是自上而下的方式，工资集体协商则是自下而上的方式，两者必须结合起来。国有企业工资总额和工资水平既要体现政府的调控意图，又要反映职工的心声。

对于部分过高收入行业企业，工资集体协商主要协商其内部工资分配结构和工资水平；对于公益性企业和竞争性企业，工资集体协商必须同时协商工资总额和工资水平。

三是积极推进全国工资指导线和行业工资指导线建设。工资指导线应该成为国有企业工资总额调控的有效抓手，工资指导线科学性如何，将制约和影响国有企业工资总额管理的科学性和有效性。为此，需要从国家层面加强对各地区、各行业工资指导线的指导，建立科学的指导线模型，在充分测算基础上逐步试点使用。同时要加强劳动力市场工资指导价位、行业人工成本信息等体系建设，为政府部门宏观调控、企业自主分配提供更多科学的依据。

四是积极推进国有企业自主决定工资总额改革进程。对部分具备条件的国有企业要逐步放开工资总额管理，是国有企业工资制度改革一项重要目标，符合分类改革和分类调控的总体思路。政府部门要积极推进具备完全市场竞争的、现代企业制度和产权制度健全的、自我激励和约束机制比较完善的国有企业自主决定工资总额的改革进程。

五是积极推进国有企业内部分配制度改革。主要有 4 点：第一，国有企业总体收入水平，应与当地社平工资等挂钩，确定一个合理的控制倍数。国家可规定一个原则和范围，各省据此确定具体倍数。第二，国有企业内部各类员工的收入水平，要逐步与当地劳动力市场工资指导价位接轨；对领导层、管理层和一线员工层的分配水平，也应限定最高比例或倍数。第三，国有企业负责人的收入水平，应与本企业职工收入和经营业绩挂钩联系。尽快出台规范各省、直辖市国有企业负责人薪酬管理的指导意见。第四，要引导企业建立工资正常增长机制，形成合理制度，保证正常增长。

六是尽快建立国有企业内外部收入监督机制。企业内部尽快完善职代会、经理办公会、董事会三会制度，建立薪酬专业委员会，加强内部审计；政府部门要提升国有企业工资内外收入监督检查办法的立法层次，以部令或更高层次出台相应规定，健全工作机制，由人社、财政、审计、监察等部门组成联合办公机构，明确工作规程和各部门的工作职责，定期开展监督检查工作。监督检查结果作为对国有企业负责人奖惩考核和国有企业工资总额确定的重要依据。

第十九章
劳动增加值理论创立与工资增长新机制的构建

国资委从2010年起对所有央企负责人实行经济增加值（Economic Value Added，EVA）业绩考核，其目的十分鲜明，即揭示这样一个简单而却被忽略的道理："使用资本是要付费的"。EVA在利润基础上扣除资本成本，准确反映出了投资者获得的真实的利润收入。本文认为，对劳动的使用也应先付费，在劳动报酬基础上扣除劳动成本，进而准确反映出劳动者获得的真实的劳动收入。本文借鉴EVA，创立了劳动增加值（Laboring Value Added，LVA）的概念、框架和公式，这为合理确定劳动报酬奠定了理论基础，同时，也要建立和完善工资正常增长机制，才能为劳动者开创一个尊严生活、体面劳动的时代，保证劳动者能够切实享有经济增长发展带来的好处。进行收入分配改革必须要进行理论创新，这也将有助于找出解决当前社会收入分配领域一些难点问题的路径和方法。

一、经济增加值的实质和计算方法

要准确理解LVA，就要了解EVA的实质和计算方法。EVA的基本含义是税后净营业利润减去资本成本后的余额。其公式通常表示为：EVA＝税后净营业利润－资本成本。其中，资本成本＝债务资本成本＋股本资本成本。众所周知，马克思剩余价值理论表明，$W=c+v+m$，其中，W为商品价值，$c+v$为不变资本与可变资本相加之和，m即为剩余价值。按照马克思的理论，利润是剩余价值的转化形式，用公式表示，即$W=k+p$，其中，k为成本价格，p为利润。既然在计算利润时已经扣除了所有成本价格，为什么还要从利润中再扣除资本成本，进而计算出EVA呢？美国思腾思特财务管理咨询公司的合伙人之一约尔·思腾恩早在20世纪60年代就发现，企业在计算利润时，没有将资本成本全部扣除掉，这是各国财务制度的一个重大疏漏。于是，1989年该公司首次正式推出和使用了EVA的概念，并在美、英、中、法等20多个国家注册了商标，许多世界知名企业目前都在用EVA进行业绩考核。EVA虽然只有20多年的历史，但这个概念是从经济利润发展而来的，可以追溯到1890年英国经济学家马歇尔对经济利润的描述。

EVA的实质是确立了资本成本的概念。确切地说，是确立了股本资本成本的概念，因为债务资本已经通过利息的方式“付费”了，利息就是债务资本的成本。由于股本资本是所有者权益，即自有资本，因而忽略了“付费”才能使用的道理（即对使用自有资本进行成本补偿）。那么如何补偿股本资本的成本呢?

这就要引入机会成本的概念。机会成本是指进行一项投资时不得不放弃另一些投资，这些投资的最大收益就是该项投资的机会成本。这些自有资本如果不是自己使用，而是出售或租赁给别人，可能会获得比自己使用更大的收益，这个更大的收益就是自有资本的机会成本，即是自有资本的成本，也就是说，如果自有资本由自己使用，那么就要付出因自己使用而未获最大收益的代价，即机会成本。当资本成本以机会成本的概念进行衡量时，就形成了EVA，这表明，EVA关注的是规避资本使用的风险和提高资本使用的效率。国资委在对央企负责人的EVA考核中，结合我国国情，以5.5%作为债务资本和股本资本的平均资本成本率，EVA＝税后净营业利润－资本总额×平均资本成本率。补偿资本成本的性质是为了降低资本投资风险，体现真正的资本价值，保障资本收益的权益。EVA＝资本收益－资本成本，只有当EVA≥0时，资本才能得到保值增值。

二、劳动增加值概念、框架和公式

生产要素的报偿应该是平等的。既然资本使用要先付费，扣除资本成本之后才计算资本价值，那么，劳动使用也要先付费，扣除劳动成本之后再计算劳动价值，这是顺理成章的事。当劳动和资本结合在一起时，这个与资本成本相对应的劳动成本，就要先于工资补偿并支付给劳动者。在这里，补偿劳动成本的性质与补偿资本成本的性质是一样的，是为了降低劳动投资风险，体现真正的劳动价值，保障劳动收益的权益。

为此，本文创立了劳动增加值（LVA）的概念、框架和公式，LVA＝劳动收益－劳动成本，只有当LVA≥0时，劳动投资才能得到保值增值，劳动价值才得以体现和提升。公式中，劳动收益是指工资（劳动报酬），LVA就是工资（劳动报酬）减去劳动成本后的余额。

那么，在LVA下，劳动成本的确切含义是指什么呢？既然资本成本是资本的机会成本，劳动成本的含义也应该是劳动的机会成本。劳动的机会成本是指劳动者在同一阶段内对行业和职业的就业选择只能有一种，这就不得不放弃另一些行业和职业的就业选择，而劳动者可能会因此失去获得更高工资回报的机会。劳动者失去获取高工资的机会，有3种可能：一是由于权力、寻租和垄断的存在，造成了就业机会的不平等，使得大多数劳动者难以谋求到理想的行业与职业；二是由于人力资本也具有资本专用性，造成了一些人力资本的通用性比较低，结果使劳动者在不同行业和职业之间流动成为一件困难的事；三是劳动者自己择业决策失误，选错了行。以上3种劳动的机会成本与资本的机会成本大相径庭，因此，在计算劳动成本时，不适宜引入机会成本的概念。

基于劳动成本的补偿性质，它应该可以有3种含义：一是劳动成本与债务资本成本为同一含义（债务资本成本是利息，股本资本成本才是机会成本），前者是租用，后者是借贷，对劳动的使用要先租用，这个劳动租用费就是劳动成本，但是这个借用费难以衡量和计算；二是劳动成本是让渡劳动产权后得到的产权使用费，同样，这个使用费也难以衡量和计算；三是劳动成本是维持劳动力简单再生产的费用，劳动成本的这个含义是可以衡量和计算的，它应当是最低工资。

在一个劳动与资本平等的社会里，资本有要求补偿资本成本的权利（EVA是股东定义的利润），劳动也应当有要求补偿劳动成本的权利。但是，劳动者一般是弱势群体，因此只有通过政府立法才能对劳动成本进行合理补偿，即发挥补偿作用的最低工资应当是政府制定并颁布的法定最低工资。在这里，最低工资已经不是收入的概念，而是成本的概念，这是理解LVA的关键。

LVA＝劳动价值－劳动的简单再生产价值＝工资（劳动报酬）－法定最低工资。劳动者只有获得了LVA，才意味着挣到了钱，这一点与EVA完全相同。目前在我国，许多底端劳动者的劳动报酬按照法定最低工资标准支付，这就意味着，这部分劳动群体付出劳动却没有挣到钱，因为最低工资只是补偿了他们的最低生活费用，而最低生活费用属于成本范畴。并且，用工资衡量的劳动价值可能在提升，而用扣除劳动成本后的LVA衡量的劳动价值就很有可能在降低，就像用利润指标考核大多数央企都盈利，而用EVA指标考核大多数央企都亏损一样。LVA是反映劳动者真实劳动收入水平高低的唯一指标，它体现了对劳动权的尊重。

在LVA框架下，人工成本、劳动成本、工资（劳动报酬）、最低工资在内涵与外延上发生了一些变化。首先，现行财务制度下，人工成本通常被称为劳动成本，是指因使用劳动力而发生的全部费用，它是为计算会计利润和缴纳所得税产生的成本概念；在LVA下，人工成本与劳动成本不再是同一概念，劳动成本只是人工成本中的一个部分，它是指补偿劳动力简单再生产的费用，是为计算真实劳动收入而产生的成本概念。其次，工资（劳动报酬）不再全部是劳动收益，它还包含了劳动成本—补偿劳动力简单再生产费用的最低工资，因而它无法准确反映出真实的劳动价值和创造。最后，最低工资不再是工资的组成部分，它是劳动成本。

综上所述，创立LVA，是因为现行劳动报酬制度将劳动成本归入了劳动收入，劳动者获取的劳动收入无形中虚增了一块，因此，要将劳动成本从现行口径的劳动收入中剥离出去（创立EVA，就是要将资本成本从现行口径的利润收入中剥离出去），才能准确计算出劳动价值和劳动收入状况。与资本股本成本不一样的是，劳动成本用最低工资表示，在现行财务制度中已经计入成本，包括在人工成本中，现行财务制度从这一角度看是没有疏漏的。但错误的是，它同时又包括在劳动收入当中，为纠正这一错误，需要创立LVA概念。具体操作中，LVA主要应用于真实劳动收入的计算与分析，不涉及会计科目的统计与归类问题。

建立LVA框架，将有助于促使劳动要素在要素收益分配中获取应得的收益。资本和劳动等生产要素应当按照各自的份额和贡献参与收益分配。但是，目前资本回报率处于强势地位，远大于劳动回报率。劳动要素能够在生产要素收益中获取应得的部分，其前提条件必须是先扣除劳动成本，再计算劳动收入。

在LVA框架下，劳动者的工资收入将会发生3个变化：变化之一是每个劳动者都要从工资收入中按照法定最低工资标准进行扣除（扣除部分作为劳动成本先补偿给劳动者）；变化之二是每个劳动者的工资收入水平在进行上述扣除后都将会降低（LVA）；变化之三是工资增长的空间由此扩大（扩大的容量至少是被扣除的法定最低工资标准额）。这种计算方法是公正的，其公正性体现为：劳动和资本的地位是平等的；劳动和资本一样，使用或让渡产权是有成本的，是要预先付费的；衡量劳动成本与衡量资本成本的基点是一致的：易操作、可量化、公信度强；劳动和资本计算成本目的都是降低风险、体现价值、保障收益的权益。特别是，创立LVA的总体思路，是要为建立公平与公正的分配，进而构建和谐与正义的社会奠定收入分配改革的理论基础。

三、劳动增加值的意义

当前我国收入分配领域存在的种种问题，归根结底是没有贯彻落实按劳分配原则。长久以来，企业对如何贯彻按劳分配原则一直感到困惑重重，理论学术界也始终围绕按劳分配在社会主义市场经济下的实现形式和按劳分配的“劳”到底是什么含义这两个方面进行不懈的探索和研究。在社会主义市场经济下，要将马克思的按劳分配原则真正贯彻落实到工资收入分配中，就必须抓住按劳分配的本质，与时俱进，寻找新的切入点，这个新的切入点就是劳动增加值（LVA），它的创立不仅揭示了按劳分配的本质，而且为实现按劳分配原则提供了具体操作的指南。

马克思的按劳分配是建立在没有生产资料分配、只有消费资料分配的前提条件下，但是，在社会主义市场经济条件下，存在投资者和劳动者两大分配阶层，按资分配与按劳分配并存于社会再生产过程中。社会主义市场经济下追求资本与劳动两大阶层之间平等的分配地位成为社会分配领域的最高目标，在它们之间体现出分配的公正和公平是最大的按劳分配，但是，马克思的按劳分配理论并未也不可能涉及资本与劳动之间的分配问题，这俨然是对马克思按劳分配理论的严峻挑战与考验。然而，从马克思主义的本质特征而言，劳动和资本分配地位的平等应当是按劳分配的第一准则，否则，劳动和资本的分配地位不平等，按劳分配无论如何都无法在社会主义市场经济条件下得以实现。LVA的创立完成了与EVA的理论对接，通过理论推导提供了劳动与资本平等分配地位的概念和公式，进而揭示出了按劳分配的本质特征，即劳动和资本的分配地位应当是平等和公正的。马克思阐述的社会主义社会是消灭资本、实现按劳分配的。理论是要与时俱进的，我们要坚持马克思主义，马克思与马克思主义还是有区别的。社会主义市场经济体制下谁能消灭资本？资本是不可能被消灭的，所以最大的按劳分配应该是资本与劳动具有平等的分配地位。

确立了LVA的概念还不够，这只是确立劳动与资本平等分配地位的第一步。当把劳动成本从劳动者的工资收入中扣除出去，他们的收入就相应地被减少了一块。如果劳动者的工资收入是合理分配的，那么，工资收入中被扣除掉的那一部分就要再增加上去；如果劳动者的工资收入是较低水平分配的，那么，工资收入中被扣除掉的那一部分不仅要增加上去，而且还要在此基础上再提高劳动者的工资，直至达到合理的分配水平。只有在这时，我们才能够说，劳动和资本的分配实现了平等、公平和公正，按劳分配实现了它的最高目标。

而是否和如何增加工资要通过3组数据分析进行判断：国家、企业、个人三者之间的利益分配关系，资本回报率与劳动回报率的关系，劳动报酬占初次分配的比重以及居民收入占国民收入的比重。相关文献表明，我国近十几年来，国家和企业分配份额呈现双增加态势，而居民的分配份额则有所下降（李丽辉，2010）。依据收入法计算：1993—2007年，政府收入占GDP的比重由11.68%增至14.81%，增加3.13个百分点，企业资本收益由38.83%增至45.45%，增加6.62个百分点；而居民劳动报酬占GDP的比重由49.49%降低至39.74%，降幅达9.75个百分点（贾康，2010）。居民的劳动报酬占GDP的比重在国外大概是60%～70%（杨宜勇，2010）。劳动回报率远低于资本回报率，则更加体现出劳动与资本的不平等地位。企业利润增长曲线是一条陡峭的上扬线，而农民工工资增长曲线却是一条水平线（张魁兴，2010）。至于劳动报酬占初次分配的比重以及居民收入占国民收入的比重持续“双下降”更是为社会各界所认知。从以上数据分析可以判断出，当前，我国劳动者的工资收入水平总体偏低，从理论和数据分析看，有提高劳动者工资收入的紧迫性和必要性了。

至于劳动者的工资能否或大幅增长，要看3个层面：宏观环境、微观状况、劳动者的价值贡献。LVA是理论推导出来的，它不是要解决劳动者大幅增加工资的问题，而是通过理论推导，开放一个工资增长的空间。

从资本与劳动的分配关系这一层面而言，提高工资的最佳途径、最好方式和最有效的手段只有2个：一是“藏富于民”，政府要实行财政政策，通过税收减免政策来实现，包括直接减免个人所得税，或减免企业利税，然后由企业把减免的份额用于增加劳动者的工资，对于这些政策可以普遍实行；二是“让利于民”，企业要实行让利政策，通过利润出让政策来实现，包括工资增长至少等于利润增长（即企业经济效益增长），或实行利润分享，对于这些政策可以在普通员工工资普遍偏低和人工成本较低或成本压力较小的企业试行。让税让利政策总体看不会带来企业成本的大幅攀升，不会给企业的发展带来一些负面影响，因而具有可行性和可操作性。而这只有在国家相关法规政策的调整和扶持下才能够完成。

四、按生产要素分配及“第四次分配”

在资本、劳动、管理、技术4个主要的生产要素中，资本和劳动之间的分配关系是按劳分配要解决的第一层次问题，在这个层次中，通过LVA体现出劳动与资本分配的平等地位，这是按劳分配追求的最高目标，是最大的按劳分配。资本与劳动中的“劳动”是指广义的劳动要素，广义的劳动要素包括管理要素、技术要素、劳动要素（狭义）。这样划分是因为，资本是获取利润的阶层，劳动是获取工资的阶层；而管理和技术要素包含在劳动要素中，是因为他们也是获取工资的阶层。管理、技术、劳动之间的分配关系则是按劳分配要解决第二层次的问题。

第二层次的问题是如何坚持按劳分配与按生产要素分配相结合的问题，要解决的是劳动要素内部之间的分配关系问题，这可以从市场和微观角度，对管理、技术、劳动要素之间的分配关系进行基本理论和应用的综合分析。能否处理好管理、技术、劳动要素的收入分配关系，从基本理论讲取决于以下3个方面：一是劳动力市场供求关系，它是决定工资的一个基本因素；二是人力资本价值，它是各个要素能够获取多少工资份额的一个主要因素；三是生产要素本身的特点，它决定了各个要素能够获取什么性质的收入。如管理要素，为什么经营者的收入很高，但仍然供给弹性非常小，不会有更多的劳动者涌入，而使其收入降下来？这是因为大多数劳动者都不具有经营才能[这被认为是第四大生产要素（萨伊，1803）]，同时他们又都是风险规避者，他们不愿意承担经营风险。目前，经营者的收入定价很高，现代企业理论认为，经营者应当享有剩余索取权，也就是说，经营管理者不仅要获得劳动收入（工资），还要获得资本收入（如股票期权）。因此，尽管管理、技术、劳动都被归为广义的劳动要素中，但其工资收入制度模式以及获取工资收入的份额从基本理论上看是有较大区别的，这也就是马克思所说的一般劳动与复杂劳动的分配存在倍数关系的问题。

从微观角度看，目前许多企业都不能很好地处理管理人员、专业技术人员、生产操作服务人员之间的工资收入分配关系，这在一定程度上影响了他们生产工作积极性，严重的还影响到企业的生产和发展。解决这个问题的思路是：一要了解各个劳动要素的属性和特点；二要根据各个劳动要素的属性和特点确定适合的薪酬分配制度；三要根据岗位价值度确定各类人员的岗位等级及其对接关系，以此确定薪酬标准；四要根据各类人员在企业所起到的实际作用和实际贡献合理确定全部工资收入水平；五要兼顾考虑广大员工的分配理念，如果认为员工的观念是落后的，只有通过创建新的企业文化来解决。在全社会范围内，要素分配的范围还应当包括机关与企业的分配关系，即公务员和企业的劳动者之间的收入分配关系。

综上所述，按劳分配包括两个层次，但只有第一层次的问题解决好了，才能够合理解决第二层次的问题，否则第二层次即使没有问题，而第一层次的问题没有解决，第二层次最终也会不可避免地出现问题和矛盾。为什么一些企业用了各种方法不断改革薪酬制度，使薪酬制度模式无不先进、科学、合理，但结果还是人才不断流失？这只能说明资本和劳动之间的分配关系没有理顺，资本回报率占有的收益份额高，劳动回报率占有的收益份额低所致。

劳动者在进行了劳动成本的补偿后，获取的全部收入包括：劳动收入（LVA概念）＋财产收入＋其他收入。财产收入分配可称为“第四次分配”。厉以宁提出了发展慈善事业的“第三次分配”理论，笔者认为，财产性收入分配应当是“第四次分配”。党的十七大首次提出：“创造条件让更多群众拥有财产性收入”。财产性收入一般是指动产（如银行存款、有价证券等）和不动产（如房屋、车辆、土地、收藏品等）所获取的收入。它包括出让财产使用权所获得的利息、租金、专利收入等；财产营运所获得的红利收入、财产增值收益等。财产性收入不是在初次分配环节获取的。动产和不动产均为前三次分配积累而成，将其进行投资所获取的各项收益就不应被视为是在初次分配环节中发生的，而应当是不同于前三次分配的“第四次分配”。党的十七大战略性地提出让劳动者获取财产性收入，传递了以下3个信息：一是劳动者可以依法获得非劳收入；二是政府会制定法规政策帮助更多的劳动者获取财产性收入；三是劳动者要多渠道获取收入才能进入中等收入阶层或富裕阶层。因此，要大力发展“第四次分配”的财产收入。当然在“第四次分配”环节中，劳动者如何投资和投资多少，完全取决于个人的意愿和偏好，因此，在“第四次分配”中的各种投资虽然也遵循着高风险、高投入、高回报的法则，投资收益可能会高出劳动收益很多，但其所面临的风险将完全由劳动者个人自负。因此，初次分配环节中，市场起主导作用，劳动者获得劳动收入；二次分配环节中，政府起主导作用，劳动者获得转移性收入；三次分配环节中，慈善家起主导作用，劳动者获得捐赠性收入；四次分配环节中，劳动者个人将起到主导作用，他们将获得的是财产性收入。

五、劳动增加值的运用

把LVA应用于收入分配领域，可以为目前社会收入分配的一些难点、热点问题寻找合理解决的路径和方法。

第一，关于缩小社会收入分配差距问题。要解决目前我国社会收入差距过大、严重分配不公的问题，首要任务不是在工资分配领域缩小劳动者之间的收入差距，而是要在社会收入分配领域缩小资本要素和劳动要素之间的收入差距。思路是，在LVA框架下，分别计算资本回报率与劳动回报率，提高劳动回报率，促使劳动回报率与资本回报率均衡布局，最终缩小日益扩大的社会收入差距。

第二，关于构建橄榄型社会收入分配结构问题。温家宝总理提出要形成中等收入者占多数的橄榄型社会收入分配格局。我国地域辽阔、人口众多、社会阶层复杂、分配制度多元化，橄榄型社会收入分配格局更加符合我国国情。构建橄榄型社会收入分配格局的关键是增加中等收入阶层人数占总人数的比重，这就要把阻碍工资收入增长的不合理因素通过LVA剔除掉，通过增加 LVA，提高中等收入阶层结构比重。提高中等收入阶层结构比重，不仅要用中等收入水平衡量这个阶层，而且还要用与中等收入匹配的知识技能素质衡量这个阶层。因此，达到中等收入阶层的收入水平是靠提高人力资本价值来实现的，构建橄榄型社会收入分配结构的思路是先确定谁更适宜进入中等收入阶层，衡量的标准：一是现有工资收入水平不是最低的；二是获取更高收入的劳动价值能力；三是获取更高收入的渠道畅通程度。这 3 种情况容易使劳动者较快捷、无阻碍并更多地获取 LVA，进而构建劳动收入与劳动价值相互匹配的橄榄型社会收入分配结构。

第三，政府应当如何有效发挥最低工资的作用？本文在创立 LVA 时，把最低工资为低收入劳动者提供法律保护的这种功能直接转换为补偿全体劳动者劳动成本的功能。最低工资是补偿劳动力的简单再生产费用，作为劳动成本，最低工资的确定与调整要在成本概念下进行，它一般围绕生活水平、物价水平和劳动力价值的变化而变动。最低工资只有在上述任意一种变化因素影响使劳动力简单再生产费用发生变动时才可以做出相应调整，也就是说，除非物价水平波动比较频繁和剧烈外，最低工资不宜处于经常调整中。此外，我国目前法定最低工资标准是按照地区制定的，由于行业和职业差异，其生活费用成本也存在差异，所以还应适时建立行业和职业的法定最低工资标准，否则不利于公平确定劳动成本。

第四，如何看待“两低于”原则。“两低于”原则是企业安排工资增长必须遵循的两个原则：工资总额增长低于经济效益增长，平均工资增长低于劳动生产率增长。“两低于”原则实际强调工资增长要低于资本增长原则。提高 LVA，劳动者就必须优先享有社会发展带来的好处，为此，国家要给予积极的政策扶持，推行我国改革开放初期卓见成效的“藏富于民”“让利于民”的惠民政策：对于“藏富于民”，政府要通过税收减免政策来实现；对于“让利于民”，企业要通过利润出让政策来实现。

第五，关于加班工资计算基数的确定问题。加班工资是劳动者重要的收入来源，《劳动法》对加班工资的时间和计算比例都做了明确和量化的法律规定，而对加班工资计算基数却没有非常明确和量化的规定。国家现行有关法律法规文件对加班工资计算基数的规定分别是：“劳动者正常工作时间工资”“工资”“工资标准”“基本工资”“劳动合同规定的本人所在工作岗位（职位）

相对应的工资”。这些概念均难以准确把握，也难以从理论上说通，因而操作性较差。LVA 提供了选择加班工资计算基数的理论依据，以法定最低工资标准作为加班工资的计算基数，补偿了加班时间内劳动力简单再生产的成本费用，解决了加班工资计算基数不量化、难操作的问题，突显了合情、合理、合法、合规的性质。

六、工资集体协商问题剖析

建立职工工资正常增长机制，一是要建制度，即建立工资集体协商制度；二是要搭平台，即开放一个工资增长的科学合理的空间，否则就会“巧妇难为无米之炊”，这是建立职工工资正常增长机制的前提条件，LVA 恰好满足了这个前提条件。通过 LVA，计算出工资增幅的缺口，为劳资双方开展工资集体协商提供了一个工资增长的新平台。

工资集体谈判或协商实际上是劳动力供求关系决定工资率的市场机制延伸到企业而演变为工资增长由劳资双方共同决定的机制。在我国，工资集体协商有着特殊的地位和作用，它是处理资本与劳动分配关系的重要手段。从理论上讲，资本与劳动的分配关系在不同的社会发展阶段具有不同的本质内涵：资本主义市场经济国家资本和劳动的分配关系是资本剥削劳动，形成两极分化；社会主义市场经济国家资本和劳动的分配关系应当是资本与劳动具有平等的分配地位，贯彻按劳分配与按生产要素分配相结合原则，最终实现共同富裕；马克思阐述的社会主义社会资本和劳动的分配关系是消灭资本，实现按劳分配。现实中由于体制、市场、制度、法律体系还存在种种问题，我国的资本与劳动的分配关系并不平等，因此有必要开展工资集体协商，这是现代民主与公正在工资收入分配上的综合体现。

工资集体协商源于国外的工资集体谈判。其直接目的是为了迫使雇主正常增加工人的工资。工资集体协商在我国企业已推行 10 多年，但开展的规模和效果比较差，普遍存在着企业“不愿谈”、工会“不敢谈”，摆样子、走过场的现象，其公认的 3 大问题：一是国有企业工会不独立并和行政方不对立；二是非国有企业没有工会即工会组织不设立；三是工会没有自由罢工的权利，对于非国企建立工会组织的问题，只要上级工会组织下达行政指令就会迎刃而解。实际上，上述问题是沿着国外集体谈判的做法去分析和提炼出来的，如果把视角放到我国的国情上，甚至放到文化传统上，我们就会更深层次地去认识集体协商，它实际是一种博弈：权力博弈、力量博弈、认识博弈和心理博弈，通过博弈力求实现均衡，最终达到双赢的结果。如果通过博弈没有实现均衡，则意味着协商失败，为了避免协商失败，我们要把策略转向如何达到权力、力量、制度、心理的均衡，从协商基础（企业产权）、协商模式、协商组织、协商制度、协商技能等几个层面重新认识问题所在并找到解决问题的策略与办法。

第一个层面是对权力博弈与协商基础（企业产权）和协商模式关系的分析。企业产权类型不同，企业集体协商的权力就不同。国有企业与非国有企业在工资增长问题上目前享有不同的权力。国有企业的工资增长是国有资产监管机构—国资委和省国资委通过实施业绩考核确定的，虽然国资委正在央企推行工资总额预算管理制度，但是，无论今后国有企业工资总额采取什么样的放开管理模式，其国有产权性质所决定，国有企业的工资增长也绝不会完全由自己单独来确定，道理很简单，如果企业是私有的，雇主一定会把员工的工资增长看得紧之又紧，否则，他的利润就会被侵占，比如放任国企自定工资，最好的例子就是垄断行业企业的工资不断攀升和膨胀。所以国企的工资增长要被相关部门管理监督起来，监管部门对国有企业的工资会通过企业经营者和地方税务部门实施监控，它们的任务就是处理好委托—代理关系，把控好国企经营者，而税务部门本来就是国家的权力机关。非国有企业则不同，其产权性质决定了国家不可能直接插手确定私企工资。国企的协商权力显然不能与非国企一致起来，也就是说非国企可以借鉴国外集体谈判的做法实行工资集体协商，国企就要对这种模式进行改造，改造成适合国企产权性质的形式后再实施，权力博弈要以企业产权类型为基础进行设置，这需要建立不同的协商模式，才能使协商权力均衡化，减少博弈成本，降低协商失败的概率。而目前我国不管什么类型企业，都实行类似国外集体谈判的集体协商模式，只能引发“水土不服”，导致实施效果不理想。

第二个层面是对力量博弈与协商组织关系的分析。集体协商的基本组织形式是雇主组织和工会组织。目前对协商组织存在的问题主要指向工会组织一方，而且总看到其不利的一面，尤其强调工会组织的独立性问题，我国国企的工会主席进企业领导层，许多工会主席还是非专职，由党委书记或纪检书记兼任，工会组织的常设机构又是企业的一个行政职能部门，这样的现状形成了一边倒的看法，即我国的工会组织很难代表工人进行维权，即使开展了集体协商，也只能是假谈真签、做表面文章。

对此如果以另一视角认识事物，就会发现我国的工会组织具有国外工会组织所不具有的三大优势：一是国外的工会是自下而上形成的，先由工人自发成立工会组织，最终逐步发展成全国性工会组织；而我国的工会是自上而下形成的，中国共产党成立后不久即成立了中华全国总工会，新中国成立后全总授权组建了产业工会、地方工会和企业工会。这使全总更具有“有令即行”“有禁即止”的统一性、代表性和权威性。二是国外的工会与政党是分立的，全国性工会组织的主张和政策要全面贯彻下去，只能依靠自己的力量；而全总受中国共产党的领导，一旦遇到问题和困难，会立即得到党中央的支持。三是国外的雇主组织只代表雇主的利益，提高工人工资的任务就只能由工会组织独自承担；而我国国有企业的代表机构—国资委却把职工工资的正常增长与国有企业的“雇主”—经营者的收入紧密挂钩，国资委成了全总的“好帮手”。国企经营者不仅对国有资产的保值增值负责，而且还在国家相关政策规定约束下，对本企业职工工资的增长负责，这已经具备了企业员工工资收入正常增长的前提条件，国企也就无须“从头再来”，让工会先提出要求，劳资双方再就工资到底增加多少轮番地讨价还价。“趋利避害”和“集中优势兵力”不仅是自然法则和战争法则，也是经济建设法则。国有企业的工会组织如果充分利用这3个优势，把推行集体协商的思路放在完善现有工资增长管理模式上来，进一步巩固和加强民主公开、民主管理和民主监督，而不是“推倒重来”，机械地实行工资集体协商，势必会取得新的进展和效果。

目前很少对雇主组织的问题进行评估。雇主组织不健全，也是工资集体协商无法顺利推行的重要原因。中国企业联合会是我国最高级别的雇主组织，但它无法发挥集体协商与谈判的作用。我国存在为数众多的行业协会，但它们不是雇主组织，而是亦官非官组织。在国外，雇主组织很健全，代表雇主的组织通常是全国和行业的雇主协会，它们在维护雇主利益、稳定劳资关系、促进社会合作、推动经济发展方面起到了不可替代的积极作用。我国的雇主组织不健全带来的直接后果就是：在劳资事务中，本应由雇主组织解决的问题只能由政府出面解决；本应由雇主组织协调雇主与工会组织的关系只能由政府出面协调；本应由雇主组织为企业提供帮助与服务只能由政府出面提供。而政府对此除了“疲于奔命”外，就只能“视而不见”。协商力量博弈要以工会组织和雇主组织的双重建设为基础，形成合作伙伴关系，才能使协商力量均衡化，实现双赢的结果。

第三个层面是对认识博弈与协商制度关系的分析。认识博弈是指劳资双方对协商内容和工资增长方式认识上的较量，这需要建立健全协商制度，包括：结合社会制度认识工资集体协商的本质内涵，运用法律手段合理规定协商内容，并创立工资增长新模型。如果政府不依法规定协商内容，工资增长原则和方法还停留在过去的认识上，制度缺陷与失衡也会阻碍劳资双方协商的顺利进行。

第四个层面是对心理博弈与协商技能关系的分析。心理博弈主要是指工会在与资方协商时如何掌握好协商的度和技巧的较量，这需要转变工会组织的职能和加强对工会干部的协商技能培训。在劳方实际处于弱势协商地位时，工会一方要优先调整好心理状态，才有可能与强势的资方形成平等协商。

综上所述，推行工资集体协商要采取因地制宜、顺势而为、健全组织、梯次推进的策略，从协商本质、协商模式、协商制度和协商组织的构建 4 个方面提出解决方案与措施。

七、工资集体协商模式与选择

我国应当有多种工资集体协商模式供各类企业选择。工资集体协商要以企业产权类型为基础设计协商模式。按照企业产权划分，我国的企业主要包括中央集团企业、省属国有企业、私有企业、外资企业、其他企业。还要从解决难点问题出发，兼顾考虑行业性质和规模大小，即要重点考虑如何建立外来用工集中的劳动密集型企业和工会组织不健全或势力弱小的跨国外资企业和中小私有企业的工资集体协商模式。

我国企业的工资集体协商制度大致要包括以下 4 种模式：

第一种模式是国家（地区）三方工资增长指导制度，适用于中央集团企业和省属国有企业。在国家一级，国资委、全国总工会、人力资源社会保障部组成央企工资增长指导委员会，主要负责确定中央集团企业的工资增长幅度区间；在地区一级，省国资委、省工会、省人力资源社会保障厅组成省国企工资增长指导委员会，主要负责确定省属国有企业的工资增长幅度区间。

第二种模式是企业工资集体协商制度，适用于私有企业和外资企业，企业劳资双方共同协商直接确定本企业员工的工资水平增长幅度。目前，我国实行的工资集体协商仅就这一种模式。

第三种模式是建筑及服务行业工资增长磋商干预制度，适用于农民工聚集的劳动密集型企业，如建筑业、采矿业、餐饮业、美容美发等服务业。由行业协会经与多方有关机构磋商后，对本行业内企业劳动者的工资水平增长实施干预，直接确定本行业内企业劳动者的工资水平最低增长幅度。

第四种模式是中小企业工资增长援助制度。对于集中在某一地区、数量较多、又难以开展协商的中小私有企业，可由当地的雇主组织、工会组织、政府部门组成中小企业工资增长援助委员会，对其给予工资集体协商的帮助、指导、协调和斡旋。

其他企业则实行比照方法，选择产权形式相近企业的协商制度模式作为本企业工资集体协商制度模式。

各类企业还要从以下 5 种具体协商方式中选择其中一种：党政工联席协调会议方式、工会（职代会）审议表决方式、上级工会直接确定方式、劳资双方协商方式、中介机构授权咨询方式。

在中央集团企业和省属国有企业，党政工机构工作关系比较融洽的企业实行党政工联席协调会议方式，即企业党政工机构联合召开专门会议，在国家（地区）工资增长幅度区间内，协调确定本企业工资总额预算及工资水平增长方案，央企还要将其报税务部门进行纳税评估，并按照《劳动合同法》第四条规定将其提交职代会讨论通过；职代会能够发挥较好作用的企业实行职代会审议表决方式，即企业人力资源和财务部门，在国家（地区）工资增长幅度区间内，提出本企业工资总额预算及工资水平增长方案，企业领导班子确认方案后交由职代会审议并召开大会进行表决；大多数员工比较信任上级工会组织的企业实行上级工会直接确定方式，即本企业工会组织委托上级工会组织，由上级工会直接确定本企业的工资增长幅度并和企业行政方共同商讨做出最后决定。私有企业和外资企业实行劳资双方协商制度，其中，正常经营的劳动密集型企业都要按照不低于行业协会确定的工资最低增长幅度为本企业员工增加工资，如果确因经营困难和就业状况无法执行行业协会确定的工资最低增长幅度，可提出减增或免增工资的申请报告，行业协会经过认真调研、综合分析和详细计算后做出批复决定；难以开展工资集体协商的跨国外资企业和中小私有企业必要情况下实行中介机构授权咨询方式，中介机构草拟增资方案，然后将其交由劳资双方讨论协商决定。

八、用创新理论指导工资增长

企业工资集体协商主要涉及工资水平、工资制度和工资关系3方面内容。工资水平涉及工资水平的增长幅度；工资制度涉及工资制度模式、工资结构、工资形式、工资支付；工资关系涉及企业内部各类人员的工资差距。在国外，集体谈判和协议包括哪些内容，受到经济状况、市场力量、舆论导向、政府干预、谈判结构的影响。协商内容不是一成不变的，矛盾和纠纷出在哪，协商的内容就放在哪。

对于工资增长问题，要从建立工资增长新模型入手进行，建模型是指建立工资增长公式，如西方国家通用的计算工资增长率公式为：最高工资增长率=劳动生产率增长率+消费物价上涨率，以使工资增长保持常态化和规范化。工资增长首先是市场初次分配决定的问题，所以要构建协商机制，发挥好它的基础作用，政府的作用不应超越并凌驾于市场之上，即最低工资的调整不宜过频、提高幅度不宜过快，它不要成为工资增长的主宰者，而要成为工资增长的润滑剂。对于工资增长问题要在理论上实现两个突破性创新。

第一个突破性创新是：要以“两均衡”原则取代“两低于”原则。“两均衡”原则即工资总额的增长与企业经济效益增长相均衡，工资水平的增长与劳动生产率增长相均衡。“两低于”原则实际意味着资本要素和劳动要素在参与收益分配中，资本分配优于劳动分配，在同等份额的生产投入中，资本要素要比劳动要素获得更高的产出收益，劳动者获得的工资收入则明显低于其价值创造与价值贡献。我国劳动者的工资分配长期实行“两低于”原则，是造成劳动者工资收入水平长期持续偏低的一个重要原因。在“两均衡”原则下，以利润等指标为代表的经济效益增长1%，工资总额就要同步增长1%；劳动生产率增长1%，工资水平就要同步增长1%。当然在特殊情况下，工资的增长可以分别低于或高于利润增长和劳动生产率的增长。私企和外企等非国有企业劳资双方可以以“两均衡”原则为基础，协商确定工资增长幅度。

第二个突破性创新是：按照劳动增加值（LVA）理论分别计算劳动成本（法定最低工资标准）和劳动收入的增长率。LVA 理论确立了法定最低工资不是劳动收入而是劳动成本，只有 LVA 才是劳动收入的理论概念，LVA 理论的创立是为了避免把劳动成本当做劳动收入，进而使劳动者的价值创造和价值贡献在收入分配上得到充分合理地体现。劳动成本增加与劳动收入增加考虑的因素是有差异的，其计算公式分别为：

劳动成本增长率＝法定最低工资标准增长率。法定最低工资标准增长率的确定主要考虑当地消费价格水平增长率，兼顾考虑当地人均 GDP 增长率。劳资双方不必对劳动成本的增长进行协商，只需按照当地政府颁布的最低工资调整标准全额补偿给劳动者；而工会（职代会）如果提出劳动成本应高于法定最低工资标准，这时，劳资双方才可以进行协商。

LVA 理论虽然表明劳动收入不再包括劳动成本，但从内涵上，劳动收入由于是对劳动者的价值创造与价值贡献的报偿，由此便推导出：劳动收入＝劳动收益（劳动价值）＝工资（劳动报酬）。这组公式表明，劳动成本补偿给劳动者后，再把被扣除掉的劳动成本以同等数额加回到劳动收入中来，才有可能合理体现出劳动者的价值创造与价值贡献，即劳动收入－劳动价值回报额＝劳动增加值＋等同于法定最低工资的标准，这种计算方法为工资集体协商开放了一个工资增长的空间，而这一理论创新只有在认同、重视和追求人力资本价值提升的时代才能够得到全面实现。国有企业工资增长的基本公式是：劳动收入（预设定为 LVA＋等同于法定最低工资的标准，下同）总额增长率＝（经济增加值，EVA 和利润）综合增长率±调节值；劳动收入水平实际增长率＝劳动生产率增长率（可比价格计算）±调节值。其中调节值是指对没有列入计算公式的考核指标和无法解决的问题所进行的必要修正。这组公式表明工资的增长是以经济效益和劳动效率为依据的，央企和省国企可以在行业对标和 EVA 考核基础上，以上述公式为基础提出工资增长方案。

各级协商组织要经常进行一些相关资料和数据的研究与分析，以保证能够合理地提出工资增长幅度。以下 3 组资料专门用于工资变动因素的研究和分析：一是国际劳工组织（ILO）规定的工资变动 4 因素（见表 19—1）；二是企业工资变动的内、外因素（见表 19—2）；三是企业工资变动的辅助因素

（见表 19—3）。

表 19—1　　ILO 工资变动 4 因素

因素	主要内容说明
企业支付能力	收入、利润、投资回报率、劳动生产率等经济指标
地区物价水平	消费价格指数（CPI）
国家工资法规政策	分配原则、工资指导线、法定最低工资、工资支付立法、工资冻结法令
行业地区比较	行业工资比较看人工成本，地区工资比较看消费水平

表 19—2　　企业工资变动内、外因素

因素	主要内容说明
宏观背景分析	国家宏观状况（经济增长、充分就业、公平分配） 行业发展状况（产业政策、行业地位） 社会分配格局（国家、企业、个人三者分配关系）
企业内部分析	发展战略、发展阶段、经济效益、投入产出、人工成本、员工状况

表 19—3　　企业工资变动辅助因素

因素	主要内容说明
外部因素	劳动力市场供求关系、资本市场和商品市场、社会经济环境、地区生活指数、地区行业差异影响
内部因素	人岗配置、分配观念、企业薪酬政策、企业文化影响
个人因素	岗位差别、技能差别、绩效、工作量、风险

上述 3 组增资因素分析的侧重点有所不同。表 19—1 因素分析主要说明工资变动 4 因素是具有普遍意义的；表 19—2 因素分析主要说明企业增加工资，必须系统全面考量增资因素；表 19—3 因素分析更侧重于工资增长的微观因素。

目前阶段要加强协商组织的建立与完善。对国有企业，一要引入三方机制，国有企业的职工工资增长现由国资委和省国资委分别单独确定，应当改由全总和人社部与国资委一道共同确定央企的工资增长幅度，省国企的职工工资增长依此类推；二要引入责任到位、层层考核机制，对企业经营者和工会主席实行“双考核”导向机制，把职工工资增长情况作为其业绩纳入考核范围，他们分别由各自的主管部门考核，考核企业经营者意在促使他愿意协商，考核工会主席意在促使他敢于协商。职工工资能够正常增长即为对这一指标的考核合格，没有正常增长即为对这一指标的考核不合格；由于效益下滑、企业亏损等客观情况致使职工工资没有增加的，在考核中不能作为不合格处理。对非国有企业，一要按照全总的部署加快建立工会组织，强化对工会干部的职业培训；二要发挥行业协会的作用，行业协会由于处在中立的位置上，还有半官方性质，所以，在雇主组织尚未发展起来之时，可先使其充当专家、领导、裁判的角色；三要借助中介机构，跨国外资企业和中小私有企业可以依据各自对相关中介机构诚信度的了解和认同，聘其为员工工资增长提供咨询方案，供企业劳资双方讨论协商决定。

长远看，随着经济体制深化改革，要强化工会（职代会）的组织建设与改革，并积极创造条件推进行业、区域雇主组织的建立，使工会组织和雇主组织既要符合国际雇主组织和国际劳工组织的基本要求，又要符合我国特有的国情和适应社会管理体制发展进步的要求。

协商即见面、沟通、博弈、理解、合作，要形成合作伙伴关系，实施共同发展、共同致富的双赢战略，深化协商机制，寻求工资增长与利润增长的最佳平衡点，保障劳动者的合法权益和企业的长远发展。最后，我国实行工资集体协商，推广重在建制，履行重在效果，深化重在创新。

实践篇

第二十章
山东省企业工资宏观调控机制

近年来，山东省企业工资收入分配工作按照“市场机制调节、职工平等参与、企业民主分配、政府监控指导”的原则，建立健全按劳分配为主体、工资指导线为依据、劳动力市场工资价位为参考、工资集体协商为决定形式、最低工资为保障的企业工资宏观调控体系。采取多项措施，深化企业工资改革，规范企业工资收入分配秩序。随着山东省经济的快速发展，企业职工工资水平有了一定增长，2010 年全省企业和国有企业（含国有控股）在岗职工平均工资分别为 32 074 元和 41 529 元，其中全省企业在岗职工平均工资比“十五”末期翻了一番。

一、国有企业工资总额管理办法

（一）国有企业工资总额管理现状

2004 年以前，山东省国有企业工资总额管理由劳动保障、财政部门负责，主要采取工效挂钩、工资总额包干和在“两低于”前提下企业自定工资总额的方式。2004 年山东省组建国资委后，国有企业工资总额及企业负责人薪酬管理的职能移交国资委，少数没有成立国资委的市和县（市、区）国有企业工资总额管理仍由劳动保障部门负责。2007 年，为进一步深化企业工资收入分配制度改革，建立健全企业职工工资正常增长机制，加快企业工资总额管理与新的企业所得税法衔接，省政府出台了《关于加强企业工资宏观调控，健全职工工资正常增长机制的意见》（鲁政发［2007］52 号），规定从 2008 年开始，劳动保障、财政和国资监管机构不再审批企业“工效挂钩”方案。企业依据政府发布的年度工资指导线、劳动力市场工资指导价位、本企业经济效益和人工成本等因素，通过工资集体协商的方式制订工资指导线实施方案，报国资监管部门审批（审核），并报劳动保障等部门备案后实施，企业按照经审核的工资指导方案发放的工资，据实在税前列支。目前除少数国有（含控股）企业仍过渡性地沿用"工效挂钩"办法管理工资总额外，大部分企业已不再施行。

每年省政府定期发布工资指导线，企业根据《山东省企业工资支付规定》，在当地政府发布工资指导线30日内，通过集体协商的方式制订落实工资指导线实施方案，并向同级人力资源社会保障部门备案。国有及国有控股企业、县以上集体企业落实工资指导线实施方案，须经职工代表大会通过、企业主管部门或监管机构（单位）审核同意后，报同级劳动保障部门会同财政、国资部门对企业工资指导线实施情况进行审核，企业按照经备案、审核后的实施方案实际发放的工资（薪金）可据实在成本（费用）中列支，税务部门在征收企业所得税时按规定在税前扣除。企业相关效益、工资等指标的计算，均以与企业依法签订劳动合同并在人力资源和社会保障部门登记备案的职工人数为准。

（二）具体办法

2009年6月，山东省国资委发布《山东省省管企业工资总额预算管理暂行办法》，对国有企业工资总额预算管理办法做了详细规定。

1. 企业年度工资总额预算

企业年度工资总额预算由工资总额预算基数和预计增长（减少）额两部分组成。工资总额预算基数是指企业上年度实际发放的职工工资总额，扣除企业改革改制、减少人员等因素应减发的年度工资数额。工资总额预计增长（减少）额，按照省政府发布的年度工资指导线要求，以企业法人为单位，根据企业年度经济效益指标预算，参照同行业、所在市企业职工平均工资水平和劳动力市场价位，综合考虑人工成本承受能力等因素合理确定。

（1）依据当年财务预算，持续盈利且较上年增长的，预算利润总额每增长1%，按预算利润增长率的0.2%～0.5%安排工资总额增长。其中：企业职工平均工资低于企业所在市职工平均工资的，职工平均工资增长幅度原则上不高于省政府发布的工资指导线上线；企业职工平均工资高于所在市企业职工平均工资且为3倍以下的，职工平均工资增长幅度原则上不高于省政府发布的工资指导线基准线；企业职工平均工资高于所在市企业职工平均工资3

倍的，职工平均工资增长幅度原则上不高于省政府发布的工资指导线下线。

(2) 当年预算实现扭亏为盈的，其工资总额适度增长，职工平均工资增长幅度原则上不高于省政府发布的工资指导线下线。

(3) 当年预算减少亏损但未实现盈利的，或当年预算利润总额出现负增长但仍实现盈利的，工资总额不增长或适度增长，但职工平均工资增长幅度不得高于省政府发布的工资指导线下线。

(4) 当年预算增加亏损或由盈利变为亏损的，工资总额原则上应适度下降，下降幅度视企业工资水平和亏损情况确定。

在预算年度内企业因新建、扩建项目等情况增加职工的，依据企业劳动用工制度，相应增加年度工资总额。

企业年度工资总额预算经董事会（不设董事会的为总经理办公会，下同）审议通过后，形成年度工资总额预算报告，于每年 3 月底前以正式文件报省国资委审核批复。

2. 工资总额预算的执行与调控

企业将经核定的年度工资总额预算进行分解细化，层层落实预算执行责任，确保年度工资总额预算目标的实现。企业根据经济效益预算指标执行和内部绩效考核等情况计提和发放职工工资，并按国家有关规定据实列支。

企业在预算执行过程中出现下列情形之一的，可予以调整：(1) 国家收入分配政策发生重大调整的；(2) 市场环境发生重大变化引起企业效益大幅变动的；(3) 企业发生分立、合并等重大资产重组行为导致企业效益、职工人数发生重大变化的；(4) 其他重大影响因素。企业年度工资总额预算调整方案要经董事会审议后报省国资委审核批复。

年度终了，企业结合编制财务决算报告，组织所属子企业对工资总额预算执行情况进行清算，并由负责财务决算审计的中介机构进行专项审计，出具审核意见。企业工资总额清算额度经省国资委核准确认后，作为编制下年度工资总额预算的依据。

二、国有企业及负责人收入分配政策

为加强对企业工资收入分配的调控指导，健全企业职工工资正常增长机制，山东省制定出台《关于加强企业工资宏观调控，健全职工工资正常增长机制的意见》，提出进一步规范企业分配秩序，促进职工工资合理增长的政策措施。

（一）国有企业的工资水平，要根据企业经济效益、工资指导线、本地区经济发展、职工平均工资水平和同行业平均利润率等因素合理确定。

（二）适当控制少数国有垄断企业工资水平过高、增长过快。国有企业在岗职工平均工资水平原则上不超过本地区企业在岗职工平均工资的3倍（职工平均工资按与本企业签订劳动合同并到劳动保障行政部门登记备案的人数计算）；对当年亏损的国有企业的工资水平和增长要进行严格控制。

（三）合理调节国有企业负责人与职工的分配关系。国有企业负责人收入要与企业效益、规模和职工工资增长幅度挂钩。职工平均工资不增长的，企业负责人工资亦不能增长；企业工资增长达不到工资指导线要求的，要同比例扣减企业负责人收入；企业在岗职工平均工资低于本地区在岗职工平均工资的，企业负责人收入增幅不得高于本企业职工工资增幅；一线职工（除企业中层及中层以上职工）年度工资增长幅度不得低于本企业平均工资增长幅度。

（四）严禁国有企业负责人自定工资行为，切实解决部分企业负责人与职工收入差距过大问题。除经批准实行规范年薪制管理的负责人外，企业负责人年度税前实得工资收入，按不高于本企业在岗职工平均工资3～6倍确定。不论实行何种考核管理办法，企业负责人年度收入必须在国资监管机构或按现行规定经核定后兑现。国资监管机构要将企业负责人年度收入核定意见抄送同级劳动保障、监察、审计部门备案，企业要将其作为厂务公开内容向全体职工公示。除国家另有规定的外，企业负责人不得再在企业领取除年度薪酬方案核定收入以外的其他收入。

（五）企业负责人年度收入要在工资总额中单批、单列，不得挤占、影响职工工资。对国有企业负责人与职工工资进行挂钩考核时，职工平均工资计算应剔除企业负责人的收入。

三、企业工资"三项制度"备案制度

"十一五"期间，为规范企业工资收入分配秩序，促进企业健全完善工资分配基本管理制度，维护劳动者劳动报酬权益，山东省制定下发《关于进一

步健全企业工资分配三项基本管理制度的通知》，建立企业“三项制度”备案制度，即工资指导线、工资分配（工资支付）制度和最低工资标准。

工资指导线备案制度：企业应当在政府发布工资指导线30日内，通过集体协商的方式制订落实工资指导线实施方案，并向同级人力资源社会保障部门备案。联合财政、税务部门就工资指导线制度的实施范围、实施方案制订程序和相关工作制度等做出具体规定。细化完善年度企业工资指导线政策，按照企业经济效益每增长1%，职工平均工资最低增长0.2～0.5的比例，指导各市制定发布企业工资随经济效益增长的最低增长比例。企业依据工资指导线，通过工资集体协商确定发放的工资税前据实列支。将落实工资指导线情况作为和谐企业、和谐工业园区评选的必要条件。同时，结合劳动保障年检，认真检查企业落实工资指导线方案各个环节的执行情况，推动工资指导线制度的落实。原省劳动保障厅与财政厅、国税局、地税局联合下发《关于全面落实企业工资指导线制度的通知》，对工资指导线制度的实施范围、报批程序和相关工作制度做出明确规定。企业按照经审核的工资指导方案发放的工资，可据实在税前列支，并作为缴纳社会保险费的重要依据，以推动工资指导线制度的落实。

工资分配（工资支付）备案制度：企业工资分配（工资支付）制度，在企业制定或变更后30日内向同级人力资源社会保障部门报送并备案。

企业执行最低工资标准情况备案制度：企业确需按最低工资标准支付劳动者工资的，应事先报送同级人力资源社会保障部门备案。报送备案的内容包括：企业基本情况（生产经营、工资发放等状况）、执行最低工资标准的原因（效益、资金等状况）、拟执行最低工资标准的起止时间、履行民主程序情况等。

实践中，山东省将建立企业工资分配“三项制度”（工资指导线、工资分配和最低工资标准）备案作为加强企业工资收入分配调节，规范工资分配秩序和促进劳动关系和谐的总抓手。按照分类调控，细化规则的工作思路，制定工资收入分配向企业普通职工特别是一线职工倾斜、企业执行最低工资标准备案有效期制度等配套政策措施。同时，通过劳动保障监察加强跟踪检查，及时处理“三项制度”备案过程中发现的问题，督促企业完善工资分配制度、规范工资分配行为，切实维护劳动者的劳动报酬权益。

四、工资调控的部门内外协调机制

为加强对企业工资收入分配的调控指导，健全企业职工工资正常增长机制，山东省从加强内外资源整合、增强工作合力出发，以加强内部联动机制为基础，建立健全部门外联动协调机制。

整合内外资源、形成工作合力。山东省制定下发《关于加强企业工资宏观调控健全，职工工资正常增长机制的意见》，提出进一步规范企业分配秩序，促进职工工资合理增长的政策措施。将职工劳动报酬增长与经济发展相联系的考核指标，纳入国民经济和社会发展计划，列入对各级政府及主要负责人的考核内容，明确任务，落实责任。加强人力资源和社会保障与发展改革、财政、税务、审计、监察等部门和工会的配合，形成工作合力。原省劳动保障厅与财政厅、国税局、地税局联合下发《关于全面落实企业工资指导线制度的通知》，对工资指导线制度的实施范围、报批程序和相关工作制度做出明确规定，进一步推动工资指导线制度的落实。

健全最低工资标准评估协调机制。加强与发改委、物价等部门的协调配合，全面评估物价上涨等因素对最低工资的影响，适时提高标准。

建立企业劳动保障诚信制度。与人民银行联合，将企业工资支付信息，包括企业工资“三项基本管理制度”备案，工资总额和工资基金管理情况，克扣、拖欠工资等情况，列入征信系统管理范围，作为各商业银行信贷评估审查的重要依据。将劳动保障信息纳入重合同守信用企业和劳动模范、“五一”劳动奖章等评选指标体系，对有重大违反劳动保障法律法规行为的企业实行一票否决。

建立健全劳动保障部门内部联动机制。通过劳动工资、社会保险经办机构、就业服务机构、劳动保障监察等部门的协调配合，形成工作合力，促进工作的落实。以建立劳动用工备案制度为入口，建立各类企业劳动合同签订、履行工资收入分配制度等情况的基础资料实现共享。通过强化劳动合同管理各环节的衔接，整合劳动合同管理职能，进一步提高劳动合同管理水平，全面了解掌握企业劳动工资情况。

五、劳动合同备案制度

“十一五”以来，山东省紧紧抓住《劳动合同法》《劳动合同法实施条例》

贯彻实施的契机，深入推进劳动合同制度的实施。建立健全了企业职工名册制度、企业劳动用工备案制度、企业集体合同备案审查制度、工资集体协商制度和工资“三项备案”制度，组织开展劳动合同制度实施三年行动、以促进农民工签订劳动合同为主要内容的“春暖行动”、以工资集体协商为主要内容的“彩虹计划”、小企业劳动合同制度实施专项行动等，政府协调劳动关系能力不断增强，企业劳动用工管理水平、劳动合同签订率和履行质量不断提高。截至 2010 年年底，全省规模以上企业劳动合同签订率达到 98%以上，比“十五”期末提高了 11.3 个百分点。劳动合同制度的深入实施，为掌握企业工资分配状况、调节工资收入分配奠定了良好基础。

山东省以推动劳动合同制度实施三年行动计划为重点，认真规范劳动合同管理工作。制定下发《山东省全面推进劳动合同制度实施三年行动计划工作考核办法》，加强对各市推进劳动合同制度实施的考核指导。在劳动合同备案工作中，强化部门内部联动机制，督促尚未办理劳动合同备案的用人单位在申报社保缴费期间办理备案手续。通过建立劳动保障部门内部联动机制，促进劳动合同备案提高劳动合同签订率。同时，着力夯实劳动合同管理基础，建立依托基层劳动保障工作平台的区、街、社区三级劳动关系工作体系，积极推行劳动合同网上备案，为掌握企业工资分配状况、构建和谐劳动关系创造条件。

第二十一章
江苏省企业工资集体协商制度

近年来，江苏省立足经济社会发展的大局，努力处理好政府主导与社会协同、促进企业发展与保障职工利益、解决当前主要问题与建立长效机制的关系，多措并举推进工资集体协商工作的深入开展，基本形成了“党委统一领导、政府依法推进、人大政协督办、三方协调联动、企业全面实施”的工作格局。截至2011年上半年，江苏省工资集体协商建制企业达到了22 900多家，覆盖职工1 152万人，连续多年居全国之首。调查数据显示，工资集体协商制度使江苏省企业劳动关系更加和谐。在2 000多家企业中，2009年发生涉及工资报酬的劳动争议230件，2010年减少到112件。

一、推进企业工资集体协商主要做法

（一）立法先行、规范运作

在省委、省人大和省政府的直接支持下，江苏省自2003年以来先后颁布实施了《劳动合同条例》《工资支付条例》《集体合同条例》等地方法规，为工资集体协商工作的开展提供了重要的法律支撑。2010年以来，为推进企业建立健全工资分配决定机制、正常增长机制和支付保障机制，江苏省制定了《关于推进工资集体协商发展和谐劳动关系的指导意见》，明确提出推动50人以上已建工会企业建立工资集体协商制度，50人以下企业可通过建立行业性、区域性工资集体协商制度予以覆盖。推动已建工会企业新签订工资集体合同数，力争比上年增长10%以上；推动百人规模以上企业新签订工资集体合同数，力争比上年增长10%以上。为提高工资集体协商制度运行质量，江苏省印发了《关于深入推进集体协商和集体合同制度实施彩虹计划的通知》，有针对性地解决工资集体协商工作中存在的矛盾和问题。为规范工资集体合同的审查，加强集体合同管理，从依法行政的角度，总结实践经验，出台了《集体合同审查办法》，从多个方面明确规范了集体合同的审查行为。各地也积极作为，加强工资集体协商法规政策制度建设。无锡市颁布了《企业工资集体协商条例》，南京市出台了依靠职工开展工资集体协商的指导意见等。通过出台一系列法规政策，推动工资集体协商工作的开展。

（二）上下联动、形成声势

在工作部署上，江苏省人力资源社会保障厅高度重视，把工资集体协商建制情况细化为具体考核指标列入系统年度考核重点，做到在全局工作中有位置，在部署安排上有目标，在推进落实上有措施；江苏省协调劳动关系三方组织也将工资集体协商工作列为年度的重点任务予以推进。在责任落实上，积极争取各级党委、政府领导的重视，建立政府促进职工工资增长责任制，充分发挥政府宏观政策对职工工资增长的导向作用，部分地区明确将工资集体协商纳入地方政府主要工作考核目标。在工作协调上，各地结合本地经济发展状况和行业、企业特点，制定切实可行的专项工作方案，依托协调劳动关系三方机制，加强部门合作与支持，协同工会组织广泛开展工资协商要约行动。连云港市开展“百日要约行动”、镇江市实施“百千万”工资协商专项行动、盐城市将工资协商情况作为劳动关系和谐企业评比以及税前列支审核的重要依据、昆山市设立集体合同专项奖励，调动基层工作积极性等做法，各具特色，有力地推动了工资集体协商的扩面进程。

（三）突出重点、分类推进

顺应企业经营状况和职工利益诉求的新变化，江苏省把引导企业建立健全职工工资正常增长机制作为工资集体协商的重点，加大劳动报酬在初次分配中的比重。在具体操作上，开展全方位、多层次、密集式的宣传活动，增强企业与职工开展工资集体协商的意识和自觉性，引导劳动者合法理性表达利益诉求。坚持以外商投资企业、港澳台商投资企业、经济开发区和工业园内中小企业为重点，积极实施新一轮集体合同“彩虹计划”。对建筑、采矿、餐饮服务等行业企业，会同相关主管部门送法上门，重点服务。对未开展工资集体协商的企业，督促企业主动要约。对已建工会但未开展工资集体协商的企业，由上级工会组织督促企业工会主动要约。对一定区域内行业集中度高、产业特色鲜明但职工人数较少的企业，通过开展区域、行业工资集体协商进行有效覆盖。对实行计件、计时工资制的企业，重点就劳动定额、计件单价、计时工资标准等进行集体协商，着力解决职工特别是一线职工工资增长问题。适应经济转型升级、发展创新型经济的要求，组织实施“协商薪酬制度激励职工创新计划”，指导企业与创新型人才、核心技术骨干开展个性化的工资集体协商，将企业对职工的专项奖励、提成奖励等办法和标准，纳入工资集体协商范畴，加大薪酬激励力度，让一流人才享受一流待遇。建立企业薪酬调查制度，定期开展专项调查，动态研判企业工资分配现状，为制定政策提供决策依据。

（四）做实指导、强化服务

江苏省各级人力资源社会保障部门选择不同类型的、有代表性的企业作为推进工资集体协商工作的重点联系单位，制定推广工资集体协商指导手册，以及适合本地区不同行业特点的企业、行业性、区域性工资集体合同参考文本和集体协商要约参考文本，并在当地公共服务平台上发布，从源头上提升工资集体协商水平。自金融危机后，江苏省连续两年调整全省最低工资标准，2011 年调整后的一、二、三类地区最低工资标准分别为 1 140 元、930 元和 800 元，最高增幅达 19.4%，对劳动关系双方开展工资集体协商提供了强烈的政策信号，有效地推动了企业提高职工特别是低收入职工的工资水平。在各市普遍实施工资增长指导线、人力资源市场工资指导价位和企业人工成本信息制度，按照不同的行业、工种、年龄、学历和技术等级，发布薪酬信息和参考标准。探索由省三方组织共同发布全省企业工资指导线，以增强社会影响力，为企业在工资集体协商中合理确定本单位的年度工资增长水平及其不同岗位人员的工资调整幅度，提供权威依据。南京、常州、南通等地及时发布主要行业、通用岗位工资指导线，增长基准线普遍在 10%左右，明确一线职工工资增幅原则上不得低于本企业职工平均工资增幅。各地还以经营管理人才、技术人才、高技能人才等优秀人才，以及生产一线职工和市场通用岗位工种为重点，扩大劳动力市场工资指导价位工种岗位发布数量。

（五）多措并举、重抓落实

组织开展现场辅导、重点帮扶、管理人员培训以及劳动关系和谐企业、劳动保障诚信示范企业创建等活动，并通过劳动保障监察建议书、工资集体协商建议书和劳动争议仲裁建议书的形式，创新公共服务方式方法。启动企业薪酬调查国家级试点项目，了解不同类型企业人工成本变化情况和工资分配、支付情况，努力掌握第一手材料，制定有针对性的政策措施。根据行政权力网上公开透明运行的要求，江苏省研制了集体合同审查管理软件系统，发布了《集体合同受理单》《集体合同审查办理书》和《集体合同审查意见书》等审查办理文书。改进集体合同统计工作，建立数据比对制度，推动各市普遍建立健全集体合同电子档案数据库。2010 年 8—9 月间，在全省范围内开展“维护职工合法权益促进企业稳定发展”专项行动，将开展工资集体协商情况等作为专项行动的重要内容，指导企业正确对待职工利益诉求，建立健全工资集体协商机制。聘请有经验的劳动法律人士担任工资集体协商指导员，指导劳动关系双方以劳动法律法规规定的有关职工劳动权利为要件，因地制宜、因企制宜开展工资集体协商。

二、2011 年企业工资集体协商最新进展

（一）进一步部署工资集体协商的目标任务和落实措施

2011 年，江苏省扩大了工资集体协商覆盖面，提高工资集体合同履约率，认真做好“十二五”规划开局之年的工资集体协商工作，推动企业建立健全工资分配决定机制、正常增长机制和支付保障机制，提高企业职工尤其是一线职工工资水平，让广大职工分享企业发展和经济发展成果，助推实施居民收入 7 年倍增计划。为大力推进工资集体协商的扩面提质，省协调劳动关系三方委员会于 2011 年 5 月 12 日下发了《关于深入推进企业工资集体协商的指导意见》（苏人社发［2011］212 号），进一步部署工资集体协商制度的目标任务和落实措施。

推进企业工资集体协商的具体目标任务是：

1. 推动各类企业普遍建立工资集体协商机制，推动各类已建工会企业基本建立工资集体合同制度。力争 2011 年职工 50 人以上企业工资集体协商建制率达到 70%以上，2012 年达到 80%以上，2013 年达到 90%以上。对职工 50 人以下企业通过扩大推进区域、行业工资集体合同予以有效覆盖。

2. 已开展工资集体协商的企业要参照企业工资指导线，建立健全职工工资正常增长机制，科学合理确定工资分配制度、工资结构、工资水平、劳动定额和计件报酬标准等，落实同工同酬原则，原则上一线职工工资增长幅度

不低于本企业职工平均工资增长幅度，职工劳动报酬增长不低于本地区居民收入倍增计划确定的时序目标要求。

3. 企业、区域、行业签订工资集体合同后应依法报人力资源社会保障行政部门进行审查。力争2011年的上报审查率达到70%以上，2012年达到80%以上，2013年达到90%以上。

为达到上述目标，江苏省提出重点抓住要约应约、平等协商和履约兑现3个环节，突出工资增长、劳动定额、计件报酬标准和工资支付保障4个方面的内容，创新机制载体，加强社会合作，完善指导服务。主要在加强组织领导，形成长效推进的工作机制；坚持分类指导，提高工资集体协商质量；做实公共服务，支持企业开展工资集体协商；督促激励并举，增强主体双方的协商自觉性等4个方面提出具体落实措施，以此推进企业工资集体协商机制的建立和完善。

（二）协商薪酬制度激励职工创新计划

从2011年5月起，江苏省总工会组织开展“协商薪酬制度激励职工创新计划”，引导和激励职工投身创新型企业、创新型经济的实践，实现“劳有所值”。在协商中合作，在发展中分享。江苏省总工会提出，要通过工资集体协商制定或修订完善企业薪酬制度，鼓励职工提高劳动技能，提升综合素质，体现劳动和创造的价值。让职工既可以通过爱岗敬业实现多劳多得，又可以通过累积贡献增加工资收入；既可以通过晋升专业技术职称等级、提高个人学历层次等途径增加工资收入，又可以通过参与企业技术革新、发明创造等，以创新性劳动实现按贡献参与企业收益分配。工资集体协商针对企业不同薪酬制度实施有效的激励，最大限度地把职工的智慧和力量凝聚到推动科学发展上。比如实行岗位技能工资、计件工资制的，可重点协商技能工资标准、劳动定额标准、计件工价标准；实行绩效工资制的，可重点协商工资与效益的比例，加大劳动参与分配的比重；实行年薪制的，可重点协商企业高级经营管理人员的年薪标准、工资水平与普通管理人员、一线职工的工资标准、工资水平的比例或挂钩系数，调动普通管理人员、技术骨干和一线职工的积极性；实行劳动、技术、管理等生产要素按贡献参与分配的，可重点协商确定职工参与企业技术革新、发明创造、科技创新的奖励措施、奖励标准等，使职工的创新性劳动获得相应回报。

（三）无锡市出台省内第一部工资集体协商地方性法规

2011 年 3 月 24 日，江苏省第十一届人民代表大会常务委员会第二十一次会议批准通过《无锡市企业工资集体协商条例》（以下简称《条例》）。这是江苏省首个企业工资集体协商的地方立法。《条例》把一线职工工资调整幅度单列出来，要求进行单独协商；协商中要确定具体的劳动定额和计件单价；明确提出“企业一线职工工资增长幅度不得低于企业职工工资增长幅度”的刚性要求，解决工资发放“平均数掩盖大多数”的问题；首次加进了“劳务派遣工可以作为协商代表参加用工单位工资集体协商”的条款，以解决“同工同酬”的难题。针对企业行政“不愿谈”的问题，该《条例》明确规定：“收到协商意向书的一方，应当在二十日内予以书面答复”；《条例》中的“协商保障”一章，重点解决不愿谈、不肯谈，不履约、少履约的问题，赋予人力资源和社会保障行政部门、总工会、企业代表组织指导、协调、监督、检查的权力。《条例》还针对工资集体协商双方“不会谈”的问题，明确了协商的具体程序，把协商过程从“协商意向书”到开展协商的形式到职工大会讨论通过，进行了详细规范。工资集体协商，如果双方“谈不拢”怎么办？《条例》赋予协商双方上一级组织调解解决“协商无法达成一致意见”的矛盾，把“上代下”的要领引入工资协商。

（四）江苏省人力资源社会保障部门推动企业工资集体协商的主要工作

2011 年，江苏省人力资源社会保障部门大力推进企业工资集体协商，主要开展了以下 7 个方面的工作：一是大力推进工资集体协商的扩面提质，省协调劳动关系三方委员会于 2011 年 5 月 12 日下发了《关于深入推进企业工资集体协商的指导意见》（苏人社发［2011］212 号），进一步部署工资集体协商制度的目标任务和落实措施。二是了解和掌握影响最低工资标准的各项因素变动情况，适时适度调整企业最低工资标准，同时跟踪掌握政策实施情况，做好效果评估。三是围绕数据采集、发布方式和适岗范围等关键环节，进一步落实和创新工资指导线、人力资源市场工资指导价位和人工成本预测预警等基本制度，探索发布计件单价等指导性劳动标准，及时向企业释放积极的工资政策信号。四是采取多种用工指导服务措施，帮助企业妥善处理结构调整、转型升级和退城进园过程中的劳动用工、工资分配和特殊工时等问题，助推发展高劳动报酬的战略性新兴产业、高新技术产业，加大劳动要素按贡献参与企业分配的力度，拉动工资性收入增长。五是指导帮助企业特别是非公企业、中小企业建立健全工资分配和工资支付制度。总结推广集体协商集体合同提示函制度，支持工会与企业广泛开展各类工资协商要约活动，重点就工资增量分配、利润分享、计件单价等开展集体协商。六是逐步扩大开展企业薪酬调查的范围，重点加强对企业人工成本变化情况的分析比对。逐步建立企业薪酬信息数据库，探索在发布企业薪酬指导信息等方面，发挥数据支撑作用。七是实施集体合同审查行为规范达标活动，规范审查管理，简化审查流程，因企制宜提出审查意见，确保已签订的工资集体合同取得法律效力。对因集体协商和签订集体合同发生的争议，要及时调解、主动调解，并将工资集体合同的履行情况纳入劳动保障监察书面审查内容和企业劳动保障守法诚信档案，对违法、违约行为及时纠正和处理。同时，加大对先进典型进行宣传和荣誉激励的力度。

三、各地市推进工资集体协商经验简介

（一）镇江市提升工资集体协商质效的“六个强化”

镇江市总工会确定2011年为“工资集体协商质效提升年”，明确提出“三个提升”的工作目标，即全面提升工资协商的建制覆盖面，全面提升工资协商的程序规范，全面提升工资协商的履约质量，具体做到“六个强化”：一是强化组织领导。市总工会成立推进小组，制定推进意见，整合各方力量，狠抓推进落实。通过分地区、分片区召开推进会、培训会、经验交流会等形式，在全市形成“春季要约行动”的声势和氛围。广大企业工会主动行使要约权，全面实施要约行动。二是强化目标责任。推动各级政府将经济发展与职工工资收入同步增长纳入考核体系，继续签订目标责任状，对职工工资增长率、工资集体协商覆盖面等提出量化考核要求。三是强化质量提升。依法规范企业工资支付行为，将企业工资支付、建立工资增长机制等列入协商提质重点内容，并要求协商要突出个性化，突出实效性，突出普惠面。四是强化培训指导。对协商代表尤其是首席代表全面轮训。充分发挥工资协商指导员、谈判员的作用，主动承担企业工资协商过程中的政策咨询、协商指导、参与谈判、代拟文本等工作。五是强化典型培植。市级将选树一批协商程序规范、协商质量较好、履约情况较好的典型单位，对各辖市、各行业、局工

委都提出明确的培树要求，并对典型案例进行分析总结，通过典型引路的方式，带动全面工作。六是强化监督保障。市总工会要求企业工会将工资协商履行情况向职代会报告，并积极探索建立职代会对工资协议履行情况的评议制度。镇江市将充分发挥人大的法律监督、政协的民主监督、人力资源社会保障部门的行政监督和工会组织的劳动法律监督作用，为企业工资协商履约提供有效的法律保障。年内，镇江市将对全市工资集体协商开展情况进行全面检查，总结经验，强化监督，务求取得实效。

（二）盐城市坚持“四个贴近”推进工资协商扩面建制

盐城市总工会在推进工资集体协商工作中，针对不同企业的实际，坚持从“四个贴近”入手，使工资集体协商工作内容更加充实，形式更加多样，方法更加灵活，取得了明显效果。一是距离上贴近。市总工会既抓面上指导，又靠近一线指挥；既抓会议部署，又搞上下互动；既抓典型培树，又抓全面开花；既抓规定动作，又鼓励基层大胆创新，拉近了市总工会与企业工会的距离。在开展工资集体协商突击月活动中，市总工会除安排少数同志值班外，主席、副主席、机关各部门全部分工包片，深入县（市、区）和企业中去，与企业工会主席和一线职工代表零距离接触，听取意见和建议，进行面对面的指导和交流，真正把指导服务的触角从会议、文件、表格、总结中延伸到基层工会和企业工会，有力地推动了工资集体协商工作的顺利开展。二是方式上贴近。市总工会按照省总的要求，聘请有丰富经验的 3 名同志组成专家指导组，机关有关部门负责同志带队，深入县（市、区）和企业，采取向主要领导报告、与分管领导沟通、上下级工会联动等方式，把工资集体协商工作的组织领导、任务分解、方法步骤、质量要求、完成时限和典型案例等事项，直接向单位领导通报，现场制定协商方案，保证了工资集体协商真正在企业得到落实。三是内容上贴近。做到“五个同步推进”“五个并重”“三个充分运用”，即定报企业和非定报企业、百人以上企业和百人以下企业、效益好的企业和效益差的企业、单个企业和行业（区域）、非公企业和国有企业同步推进；数量与质量、典型与效益、形势与实效、建制与长效、运作与规范并重；充分运用法律法规和政策资源、充分运用关系情感资源、充分运用媒体信息资源。实现工资协商内容与完成的时序进度相一致，工会组织建立与开展工资集体协商相统一，使全市的工资集体协商工作内容更加充实、方法更加合理、材料更加完善、成效更加明显。四是法规辅导上贴近。市总工会把涉及工资集体协商的一系列法律法规、政策文件、实施办法、考核细则等，编印成简明读本，印发到县（市、区）总工会和企业主管工会；并举办了有100多名各级工会干部参加的工资集体协商专题培训班，市总工会还专门开通了“工资集体协商在盐城法律直通车”和工作热线，直接送法上门，接受企业负责人、工会主席和职工的法律咨询。

（三）扬州市以推进工资集体协商实现居民收入倍增

中共扬州市委办公室、市政府办公室联合下发全面推进企业工资集体协商工作意见，提出以推进工资集体协商，加快企业职工工资收入分配机制、正常增长机制和支付保障机制建设，大力发展社会主义和谐劳动关系，全面实现“十二五”经济社会发展目标和居民收入倍增计划。意见明确，全市职工50人以上建立工会的企业，在3年内普遍实行工资集体协商制度，且协商内容规范、程序标准、履约到位。职工50人以下的企业（含未建会企业）通过区域性、行业性工会与行业协会（商会）等企业雇主组织开展工资集体协商，并在3年内基本实现全覆盖。工资专项集体合同经职工代表大会、职工大会或区域（行业）职代会审议率达到100%。企业（含区域、行业）工资专项集体合同普遍报送人力资源社会保障行政部门进行合法性审查，其中，职工50人以上建会企业上报审查率达到并稳定在95%以上，人力资源社会保障部门书面审查意见出具率达100%。意见要求，突出工资集体协商工作重点。生产经营正常、效益较好的企业，可重点就工资水平、奖金分配、补贴和福利等进行协商，建立正常的工资增长和调整机制；生产经营比较困难的企业，可重点就工资支付办法、保障措施、歇业待岗职工生活费等进行协商，重在建立工资支付保障机制。在小型企业比较集中或同行业企业相对集中的区域，推行区域性、行业性工资集体协商。注重在非公有制企业中通过开展工资集体协商，推动一线职工特别是农民工和劳务派遣工工资增长，提高一线职工工资收入。意见强调，建立“人大检查、政协视察、部门联动、工会监督”相结合的“四位一体”工资集体协商外部监督检查体系，强力推进工资集体协商工作。对工会提出协商要约后，企业方不按期回应或拒绝进行集体协商的，地方总工会可以发出《劳动法律监督整改意见书》，要求企业予以改正；对逾期不改正的，同级人力资源社会保障部门提出《劳动法律监督处理建议书》责令其改正。对于无正当理由拒绝对方要约或者故意拖延协商和签订集体合同等行为，由地方总工会提请同级协调劳动关系三方会议进行协调。对拒不执行的，由人力资源社会保障部门牵头，组织国税、地税、工商、物价、统计、司法、工会、工商联等部门对企业工资薪金的合理性进行联合调查，并督促其整改。各级党委、政府要将企业建立工资集体协商制度纳入地方构建和谐社会的大局中去部署，纳入地方（行业）经济和社会发展布局中去规划，纳入地方政府工作目标体系中去考核，纳入创建和谐劳动关系企业活动中去推进，通过工资协商，实现居民收入倍增计划的实现。

（四）宜兴建制方式“1＋1”

小企业开展工资集体协商难，在宜兴市也是一道绕不过的“坎”。破解这道难题，宜兴市的做法是因企制宜，实行先行业后企业“1＋1”的工资集体协商建制方式。宜兴市各镇园、街道围绕普遍推进工资集体协商，一般采用先开展行业工资集体协商，签订行业工资专项集体合同，在此基础上，再由企业工会向企业行政发出协商要约，依据行业工资专项集体合同，协商签订本企业的执行协议。通过行业和企业“1＋1”的协商方式，促进了工资集体协商在中小企业的扩大建制。宜兴市官林镇在经济发展过程中，形成了独特的电线电缆产业集群。通过开展电线电缆行业工资协商，将部分线缆企业农民工每天 9 小时劳动定额统一调整为每天 8 小时，超过工时部分计算加班工资。行业协会和行业工会所属 120 家企业都签订了执行协议。履行落实的结果是，该行业的全镇一线员工，特别是农民工群体的工资月收入可以净增 18%以上。

为了避免工资集体协商企业工资总量增加，一线职工不增收的现象，宜兴市还普遍实行了以岗位、工种分别协商协议条款的办法，以行业一线岗位工资作为企业工资集体协商的主要内容，开展“两线”协商。即在工资集体协商的内容上，不再协商涵盖企业全体人员的最低工资标准，不以简单划一的增长比例作为协商的主要内容，而是把车间、班组直接从事生产岗位的人员列为一线职工，企业后勤、管理人员列为二线职工，把协商的重点放在一线岗位的职工收入上。宜兴市周铁镇是服装加工企业集聚地，在行业工资集体协商过程中，镇工会依据区域内几十家企业统一制作西裤的情况，把西裤的生产工序分为 16 道岗位工种，按行业岗位的计件定额标准逐个工种协商，协商通过后，西裤加工行业一线女工月均工种收入增长21%。

（五）徐州市制定工资集体协商“1—2—3，3—4—5”工作法

2011年，徐州市总工会结合开展工资集体协商实践，制定并下发了《徐州市工资集体协商“1—2—3，3—4—5”工作法》。1—2—3工作法的具体内容是：一是建好一支工资集体协商指导员、谈判员队伍。分级建立工资协商指导员、谈判员队伍。市总聘用30名工资协商指导员，其中首席指导员10名，兼职指导员20名；各县（市）、区工会聘用工资协商指导员各10～20名，其中首席指导员3～5名；各有关局（公司）可聘用1～2名。指导员、谈判员基本条件要求：政治可靠，热心群众工作，责任心强，办事公道，乐于为职工群众说话办事，身体健康；熟悉国家和地方劳动法律法规、政策，具有3年以上工会工作或劳动工资、人力资源管理工作经历，具有较高的理论政策水平，工作能力和文字语言表达能力；了解本地区各行业的工资水平和企业生产经营管理等方面的专业知识，熟悉企业财务制度和企业工资账务处理业务；具有一定的组织协调能力和协商谈判能力。主要任务是：开展协商，提供服务；加强联系，密切配合；接受委托，直接参与；收集资料，加强交流。同时制定相应管理办法，内容包括：聘用管理、建档管理、业务培训、岗位补贴、协商目标和奖励措施等。二是明确工资集体协商的两个主体。工资集体协商的两个主体是用人单位和本单位职工。规模较小、行业相同或者相近、生产经营特点相同或者相似的企业，职工方可以通过基层工会联合会或者行业工会，与区域、行业的企业代表组织或者区域、行业内各企业民主推举的代表开展区域、行业工资集体协商。三是把握好工资集体协商的3个环节。要把握好工资集体协商的内容；把握好工资集体协商目标的前期准备工作；把握好工资集体协商的全过程。

3—4—5工作法的具体内容是：一是发挥三方联动机制的积极作用。各级人力资源社会保障行政部门、工会、企业联合会/企业家协会，要按照各自职能，指导和推动企业开展工资集体协商工作，经常沟通情况，开展联合行动，强化督促检查，努力构建工作目标趋同、政策指导到位、紧密协调合作的工作格局。二是建立完善四项工资集体协商基本制度。建立定期协商、即时协商制度；建立职代会审议通过工资专项集体合同草案和听取履行情况报告制度；建立工资专项集体协商合同草案经指导员签字履行制度；建立工资集体

协议履行监督检查制度。三是规范工资集体协商的5个主要步骤。第一步产生代表：产生协商代表；确定首席代表；聘任代表；培训协商代表。第二步启动要约：在广泛、深入了解职工和企业相关情况的基础上提出协商要约；要约答复；向上级工会报告。第三步协商准备：搜集各方面意见；准备协商材料；确定协商重点；进行协商沟通。第四步正式协商：履行集体协商程序；发生分歧不能解决时申请协调，以利早日达成共识。第五步，审议审查：职工（代表）大会审议通过工资专项集体合同草案；双方首席代表签字；（10日内由用人单位一方将合同文本一式三份）报送人力资源社会保障部门审查；（人力资源社会保障部门收到文本15日内未提出异议的）工资集体合同（协议）生效执行，协商双方代表应于5日内将生效的工资集体合同及时向本方全体人员公布。

第二十二章 上海建立环卫职工收入正常增长机制

上海市环卫行业市、区县级管理的在岗职工 39 368 人，一线职工 33 357 人，占在岗人数的 84.7%。从户籍结构看，外来务工已逐步接近本地从业者，尤其在人工道路保洁，3 个人工道路保洁工中有 2 个是非沪籍。从年龄结构看，40 岁以下的从业人员不足 1/4。从学历结构看，初中以下超过八成，技师严重缺乏，全市环卫职工只有高级技师 23 人；技师 121 人；高级工 701 人，而普工达到 37 023 人。长期以来，上海市环卫职工普遍存在收入水平偏低，增长缓慢，缺乏正常增长机制和保障机制等问题。为解决这些问题，上海市有关部门采取了一系列措施，取得了积极成效。

一、建立环卫职工收入正常增长机制背景

（一）建立环卫职工收入正常增长机制的必要性

1. 环卫职工收入情况

上海市有关调查显示，一线环卫职工收入偏低，人工道路保洁工工作最累，收入最低。上海全市一线在岗环卫职工人均月收入 2 192 元，低于全市平均工资 39%。在一线职工中，拥有人数最多的人工道路保洁工工作强度大，要求不低，但收入却是最低的。加班费成为一线环卫职工增加收入的唯一途径。调查显示，一线环卫职工劳动时间相对较长，职工超时和延时加班已成为普遍现象，超时和延时加班是其提高收入的唯一途径。有的最多每周工作超过国家劳动法规定 17.6 个小时。

2. 行业性质定位模糊，职工收入缺乏增长机制

作为非完全市场竞争特点的服务性行业，环卫企业具有社会公益性服务和经营性服务的双重属性。然而，当社会在需要环卫企业提供环境公共产品

的时候，就刻意强调环卫企业的公益性；在考虑支付作业经费等时，又把环卫企业当成完全市场竞争经营性企业。上海市环卫行业单位从事业转为企业后，一些人认为环卫企业职工的工资增长，是企业内部的行为，应该根据企业自身发展实际和盈利水平来决定。但实际上，现有体制下环卫企业盈利能力普遍较弱。上海市环卫企业转制 6 年，大部分区县的环卫转制企业仅提高过一次工资；条件好的区县也是在 2～3 次左右。

3. 经费投入不相适应，职工收入增长缺乏保障

目前，上海市各区县财政对环卫企业作业经费投入，主要看本区域财政实力。近年来国际性的会议、会展、论坛、交流等重大活动越来越频繁地在上海市举办，环卫职工原先作业量、作业标准和作业范围均在不断提高和扩大，但作业经费却没有同步、按比例增加。转制后的企业仍承担着 20%～30%的公益性服务，得不到有效补偿，使企业经营成本上升，不得不挤压人工成本增长空间，造成职工收入增长缓慢。

（二）建立环卫职工收入正常增长机制是改善民生，构建和谐社会的客观需要

第一，是推进现代化国际大都市建设的基本要求。一个现代化国际大都市的基本条件是多方面的，如雄厚的经济实力，完善的基础设施，鲜明的文化特色等。但无论如何，这个城市还必须拥有整洁有序的市容环境。它是城市管理水平、居民生活质量、社会文明程度等因素的外在体现。上海建设现代化国际大都市，必须建设整洁有序的市容环境。市容环境建设涉及方方面面，经过多年的努力，特别是世博会 184 天的实践，对如何建设市容环境已经有了一个比较系统成形的工作套路。建立了指挥协调的平台机制、形成了相关的标准规范，出台了环卫作业服务定额。但是，所有这一切的实现都需要人来完成。没有一支稳定的职工队伍，整洁有序市容环境只能是一句空话。要巩固世博成果，留住美好的“蓝天白云”，建设整洁有序的市容环境，一定离不开广大环卫职工的辛勤劳动和艰辛付出。因此，建立环卫职工收入正常增长机制，正是为了解决环卫职工队伍建设中面临的一些根本问题，通过职工队伍的建设来加快上海市容环境的建设，加快国际现代化大都市的建设。

第二，是改善民生构建和谐社会的客观需要。环卫工作是城市管理和公共服务的重要组成部分，是关系民生的基础性公益事业，与老百姓日常生活

息息相关，地位重要。同时，环卫行业职工队伍是一支中低收入群体，由于诸多主、客观因素的限制，目前的环卫工作和环卫职工队伍建设中仍然存在着一些问题和矛盾，正视环卫行业职工队伍建设中存在的问题，出台具体举措，维护好环卫企业职工合法权益，在全社会营造改善环卫职工工作生活条件，尊重环卫职工劳动成果的良好环境，体现了政府加强和改善民生，着力构建和谐社会的用意。

第三，是加快环卫事业持续健康发展的重要举措。随着经济社会发展和城市建设管理进程的加快，广大市民对环卫工作提出了越来越高的要求。但是环卫行业提高的保障和服务与市民日益增长的需求之间还存在一些不适应，特别是环境卫生保障水平和环卫职工队伍收入增长机制上还存在一些问题，尤其是从事脏苦累劳动的一线职工，普遍存在收入偏低、收入增长偏慢、劳动强度大、作业环境不佳等问题，需要各级政府、各部门和全社会予以更多的理解、关心和支持，采取切实有效的措施解决好这些问题。

（三）建立环卫职工收入正常增长机制的历程

2004 年 6 月，上海市容环卫体制综合改革后，全市 18 个区县和局直属作业服务单位由事业单位转制成企业，环卫职工身份由事业转为企业职工，城市市容环境保障工作领域遇到了一些亟待研究解决的问题。此时，市总工会与市市容环境行业工会开始关注环卫一线从业人员队伍结构变化与收入变化状况。

2005 年，上海市总工会通过对环卫一线道路保洁工收入状况调查，提出了相关行政部门应定期核定、调整保洁经费定额，逐渐形成公共服务投入增长长效机制。

2006 年，上海市总工会保障部和市市容环境行业工会再次联手，就影响道路保洁工收入分配的劳动定额这一核心问题，进行人盯人式的跟踪调查。提出了“在科学合理的劳动定额标准基础上，制定覆盖全市的行业性最低工资标准，建立市容环卫行业一线人员工资合理增长机制，保障一线员工的经济权益”的建议。

2009 年，在上海市举办世博会前夕，上海市总工会保障部、市市容环境行业工会、市绿化和市容管理局工会合作开展了《上海道路保洁工队伍可持续发展状况调查》。提出了提高道路保洁工收入水平，实现职工队伍可持续发展的6点建议。

2010年3月，上海市总工会、市“六百办”向市政府作《关于世博期间提高保洁水平，稳定环卫企业一线职工有关工作建议的专报》。沈骏副市长批示：“一线操作的环卫职工收入要有一个保障机制，而不是世博期间的临时动议。”

2010年4月，上海市绿化市容局、市总工会、市城市管理指挥部办公室下发了《关于世博期间加大对环卫作业一线员工激励力度的通知》，要求环卫企业对一线作业服务人员实施9个月的激励措施。

2010年5月，上海市总工会、市发改委、市人保局、市财政局等部门组成了联合调研组，就本市环卫企业职工队伍和收入状况开展历时6个月、走访了全市18个区县的调研。

2010年10月，上海市总工会、市市容环境行业工会将调研中发现的环卫一线作业人员缺少作息场所问题，及时向市委、市政府报告，引起了市领导的重视。

2010年12月，联合研课题组形成了《上海市环卫行业一线职工工资收入情况调研报告》《关于建立环卫行业职工收入正常增长机制，提升职工福利待遇水平的指导意见》。

2011年3月21日，经市政府常务会议审定通过，4月2日由市政府办公厅转发六部门制定的《关于本市建立环卫职工收入正常增长机制，提高城市环境卫生保障水平的若干意见》正式实施。

2011年4月28日，上海市市容环境行业工会、上海市市容环境卫生行业协会联合发布《关于建立环卫行业最低工资标准和企业福利制度的指导意见》。

2011年4月28日，上海市绿化和市容管理局发布《关于实施环境卫生一线职工岗位津贴的通知》。

二、环卫职工收入正常增长机制主要内容

（一）建立环卫行业职工收入正常增长机制的基本原则

1. 坚持政府强化指导，企业自主实施。企业是职工增加收入的主体，具体负责推进实施；政府依法履行职责，强化宏观调控和监督指导。这条原则

主要是针对政府和企业在这项工作上的职责而言的，政府的职责主要是按定额标准采购服务，加强宏观调控和指导，企业具体负责建立环卫职工收入增长机制，保障职工合法权益，保障环境卫生水平的提升。

2. 坚持综合措施并举，以机制保障为主。统筹考虑环卫职工工资和福利保障中存在的各类问题，着力建立长效机制，确保保障水平与经济社会发展相协调。这条原则主要阐述在解决当前环卫职工收入增长和环境卫生保障方面存在的问题，制定出台各项举措时，不是就事论事，而是从长效机制上着手。

3. 坚持公平和效率兼顾，向一线职工倾斜。职工收入分配既要体现效率优先，又要兼顾公平。绩效考核重点向一线职工倾斜，着力提高一线职工收入水平。这条原则主要强调不是普加工资，吃大锅饭，还是要体现效率优先，向一线倾斜向绩效倾斜。

（二）建立健全环卫行业工资集体协商制度

建立两级工资集体协商机制。上海市市容环境行业工会与市容环卫行业协会制定协商内容、协商代表产生办法、协商程序、争议处理办法等规则，就行业职工最低工资标准、年度工资增长计划、休息休假等涉及职工切身利益的规章制度或重大事项开展定期协商，提出具体指导意见。环卫企业与企业工会则根据市市容环境行业工会与市容环卫行业协会共同提出的指导意见内容和事项，开展工资集体协商，签订工资专项集体合同。

集体协商主要围绕职工切身利益的保障方面开展，主要包括以下3个方面的内容：一是行业最低工资标准。协商确定上海环卫行业最低工资标准及相关计算口径等事项。二是行业职工体检。协商确定环卫企业职工体检的周期、规格、标准、管理等事项。三是行业职工疗休养。协商确定环卫企业职工享受疗休养的条件、待遇、年限、标准等事项。

（三）确定环卫一线职工工资最低标准

上海市明确要求有关部门要定期发布《环卫行业职工工资指导价位》。环卫企业要根据指导价位以及集体协商提出的指导意见，确定环卫一线职工工资最低标准。环卫行业最低工资标准由行业工会和行业协会协商确定。具体测算是在上海市最低工资标准基础上，按照一定的比例予以适当上浮。本年度执行的标准，在上海市月最低工资标准1 280元的基础上，参照目前居民消费品价格指数（即 CPI）涨幅予以上浮，即在 1 280 元基础上上浮 5%左右，为 1 345 元。其中，加班加点的工资、中班、夜班、高温、低温、井下、有毒有害等特殊工作环境、条件下的津贴和法律、法规和国家规定的劳动者福利待遇等不列入“最低工资标准”计算范围内。

（四）规范企业收入分配制度，稳步提高环卫一线职工收入

上海市要求环卫企业制定科学合理的收入分配制度，并经职工代表大会或职工大会讨论通过。企业经营者收入要与职工收入挂钩，一线职工收入正常增长应作为经营者薪酬考核的重要指标。职工收入不增长的，经营者的收入不得增长。经营者收入与本企业职工平均收入的差距不应过大，应保持在合理倍数内。

建立环卫行业职工收入正常增长机制，年工资增长幅度要高于上一年全市平均工资增长幅度，逐步改变环卫一线职工收入明显低于全市平均水平的状况。“十二五”期间，由市建设和交通委、市绿化和市容管理局会同有关部门，每年参照市人力资源社会保障局公布的本市企业工资增长指导线，结合本市发展实际，提出环卫职工年工资增长计划。

（五）实施环卫一线职工岗位津贴制度

根据不同岗位和工种、工作环境和劳动强度的差异，有差别、分档次确定环卫一线职工岗位津贴，其标准分别为 10 元/天、12 元/天、15 元/天，并根据国家相关规定和本市经济发展情况，适时进行相应调整。具体标准等级如下：一等岗位，每人每天 15 元津贴。共包括 19 个岗位工种，如道路人工清扫保洁工、废物箱收集保洁工、垃圾填埋场操作工等。二等岗位，每人每天为 12 元津贴。共包括 5 个岗位工种，如吊车司机，公厕、倒桶站、小便池管理保洁工等。三等岗位，每人每天为 10 元津贴。共包括 5 个岗位工种，如环卫设施设备修理工、中控室操作工等。环卫津贴根据职工实际上岗出勤天数计算，按月发放；实行综合计时的应按标准工作时间折算成实际出勤天数计算；每月工作日按 20.83 天计算。单位安排的脱产学习（在一周以内的业务培训）、疗休养、公差等，环卫津贴照常发放；因病、事假半天的工作人员，津贴减半发放。

环卫津贴实施的范围和对象是：上海市各区县绿化市容管理部门（包括纳入财政采购作业服务预算并由区县绿化市容管理部门业务管理的）从事环

境卫生作业服务的企业一线职工。市城市投资开发总公司的上海环境集团和上海环境实业总公司中从事环境卫生作业服务的一线职工参照执行。

（六）落实一线职工社保权益

上海市明确要求环卫企业要认真贯彻执行《劳动法》《劳动合同法》等法律法规，规范企业用工行为。按照规定办理环卫一线职工参加社会保险的手续，并足额缴纳各类社会保险费用。要充分保障环卫一线职工休息休假权利，确因工作需要安排职工加班的，要按照规定及时足额支付加班工资。要大力开展面向全体职工的职业培训，不断提高环卫职工的劳动技能，提升行业职工队伍职业素质。要建立健全环卫一线职工每年进行健康体检、职业病预防培训和疗休养制度。

第二十三章
人力资源外包服务的探索与实践

一、企业人力资源外包服务的认知

人力资源的概念起源于20世纪60年代，是指一个社会或组织所拥有的具有智力劳动能力和体力劳动能力的人们的总称。而人力资源管理视员工为组织的资产，是一个组织对人力资源的获取、维护、激励、运用与发展的全部管理过程与活动。它是属于预警式的管理模式，即采取前瞻态度，防患于未然。同时，它将重点放在资源的获得和使用上，满足组织对人力资源的动态需求。在经济快速发展和社会专业化分工趋势越来越显著的背景下，企业人力资源管理方式发生了深刻变化，外包服务就是近年来顺应企业人力资源战略转型的需求而兴起的。

21世纪以来，欧美发达国家和日本兴起人力资源管理外包的新型服务——一种企业委托第三方服务商连续提供，过去通常是由企业内部有关部门，特别是人事行政部门从事的人力资源管理活动。通常第三方服务商会根据管理活动的内容，对提供的人力资源服务与企业签订协约并收取费用。

20世纪90年代，由于改革开放的推进，我国民营企业和外资企业相继兴起，人才开始在一定范围内流动。人力资源管理外包在我国各地人才交流中心与职业介绍机构开始应运而生。初始是以为各类企业提供基于人事档案的劳动用工手续的服务。随着我国加入WTO，人力资源管理外包服务先后在上海市、北京市、广州市、深圳市、南京市、宁波市等地兴起，人力资源管理外包行业进入了发展时期，具有高速的成长性与巨大的市场潜力。人力资源外包这一新型管理模式，已经成为现在企业人力资源管理发展的一种新趋势，他不但增强了企业对变化的社会经济环境、人事流动风险迅速应变的能力。

它渗透到企业内部的所有人事业务，包括人力资源规划、制度设计与创新、流程整合、员工满意度调查、薪资调查及方案设计、培训工作、劳动仲裁、员工关系、企业文化设计等方方面面。它特定而丰富的内容更经济、更有效地解决组织内部人力资源活动所涉及的工作。

虽然人力资源外包在中国发展时间较短，但企业已充分认识到使用人力资源外包的诸多优点。其为企业带来的便捷与在企业管理中发挥的作用不容忽视。

其一，高效规模的服务。人力资源外包最大的优势就在于它有效地降低企业人力资源的管理成本，带来服务质量的提高。外包商作为世界级的人力资源机构，其专业程度、工作效率、服务质量、团队规模在行业内均属前茅，将人事外包交与外包商，企业不仅能获得最一流的职能技术的支持，同时精简人员可降低办公场所成本与设备耗损，而更为专业的是外包商高质量的服务，远远超出公司自身组建的人事管理队伍。同等资源甚至更少的投入，无论是在软件回报的高度与密度上，还是在硬件成本的支出与降低上，都让企业在人事管理上更省心力。

其二，专业风险的控制。作为一个企业来说，由内部人员来管理高级密度的信息的情况下，管理人就是最大的风险。一旦这个人离开企业，他带走的可能不仅仅是人事数据，更可能带走的是企业多年来积累的 HR 操作经验以及高度机密的信息。而专业的第三方外包机构在提供服务的同时，会遵守法律、合同和职业道德操守的要求，稳定地进行 HR 操作。如果发生泄密，企业可根据合同的约定向司法部门提出仲裁或直接起诉，而且，外包机构会在人员更换的时候将过渡期压缩到最短时间。

其三，核心业务的关注。人力资源管理工作突出特点是其繁重的重复性。如录用、退工、保险、招聘、培训、档案等此类琐碎的重复性事务成为人事工作中的“家常便饭”。而因这些事务的基础性质所致，企业管理者往往不得不投入大量精力。如何让企业的管理更加行之有效，让企业的核心竞争力从日常行政管理的烦琐中解脱出来，让企业能集中核心力量更好地参与企业高层的战略规划，人力资源外包团队可以给出满意的答复。外包商在行业内有着众多权威的专家，深悉人力资源管理方面的诸多内容，在企业方看来繁琐重复性的人事工作，在外包商的团队专业的服务之下，被行之有效的管理方案一一化解，企业方将收获的是最干净利索的人力资源管理成果，从而获得更多精力关注员工潜在能力的挖掘，使人力资源部门能够真正地去关注于其核心业务，为企业核心竞争力的增强注入潜在的动力。

在人力资源外包的各项服务中招聘外包的发展也正是基于以上各项优势，当然也存在着其自身发展的内在动因。

第一，招聘高级人才的需要。随着跨国大公司进入中国步伐的加快和中国本土企业的蓬勃发展，企业相对于高级人才的争夺越演越烈。但这些人才的数量相对较少，而且主动求职的愿望比较低，很多高级人才可能根本就不想换工作，他们也从不参加招聘会，从不看招聘广告，所以用一般公开招聘方法比较难以获取这样的人才，于是企业只有借助猎头公司来进行人才寻找。

第二，今天企业所面临的最艰巨、最重要的挑战就是以能够满足企业发展需求的速度招募和聘用人才。快速成长的企业一直面临人才短缺的局面。这正是很多企业将其招聘只能外包给在人才招聘方面有经验的服务商的原因所在。例如：某国际知名快消品公司，要求在 50 天内招聘 30 名销售主管及销售代表，工作区域分布在 14 个城市，如果由企业本身来做，很难在这么短时间内招聘这么多符合要求的人才，而通过专业的招聘外包公司合理进行资源整合和挖掘，企业会在预定的时间内组建符合企业业务发展需要的销售团队。

第三，使用招聘外包可以提升招聘的工作效率。招聘外包人力资源服务商将协助企业了解各种招聘渠道及招聘服务商的状况，对招聘需求进行分析和评估，在充分了解企业状况的基础上，定制出适合企业情况和招聘难度的项目方案，进而通过一系列的信息发布，利用人力资源服务商自身的品牌号召力带动和提高自身吸引力不强的企业，影响目标人群，收集候选人简历。

第四，能够提高招聘质量。一方面，企业自身的招聘渠道往往较单一，而专业的招聘渠道通常具有多种招聘渠道，他们利用庞大且能及时更新的人才收集网络，为企业能够在更大范围内找到合适的人才提供一个基本保证和宽阔的平台。另一方面，专业的外包公司会提供专业有效的服务，并具有资深的面试专家群体，这一群体能为人才的甄选提供充分的专业支持，有效保证人职的匹配度；专业公司于政府人事、劳动、教育、行业协会等部门有着密切的合作关系，对政策法规有着细致的了解和准确地把握运作能力；专业公司拥有比较完备的招聘流程、强大的人才测评工具，保证推荐人才的真实性和有效性。

总之，从外部的大环境到内部企业发展的需求，都决定着企业在一些岗位上的招聘选择。招聘外包服务也势在必行，招聘外包是外包战略在人力资源管理中的一种具体应用，是一种新兴的招聘服务模式。招聘外包有助于人力资源部门同事具备战略性、灵活性及高效率性，从而提高核心竞争力，使企业在激烈的市场竞争中处于不败之地。

二、企业人力资源外包服务的现状

随着我国劳动人事工资制度改革的深入，迫切需要灵活用人方式的中小企业越来越钟情于人力资源外包服务。人力资源外包现状作为企业人力资源管理职能转变的方向，得到较快迅速。根据国际数据集团的权威统计，2003年全球外包服务开支突破1 500亿美元，而在中国的增长率为15.1%。有调查显示在中国目前大约有75%的本土公司还没有采用人力资源管理信息化的解决方案，而人力资源外包这一概念还刚被引进不久，正处于起步阶段。同时，相当多的跨国公司、本土公司，以及有关机构已经对其表现出浓厚的兴趣和关注度，可以说人力资源外包现状在中国具有广阔的市场前景。

目前，开展人力资源外包服务的主要是一些人才中介机构、人才市场，专业的人力资源服务机构较少，人力资源外包现状的内容主要有代办社会保障；代办劳动用工证；推荐人才；录用备案、合同鉴定；档案管理；跨地区人才引进；专业技术职称评定、申报；人事、劳动纠纷的代理办理等。人力资源外包项目涉及面广，但以基础性业务为主。国内的人才服务机构发展突飞猛进，但是也带来了负面影响，如从业人员素质参差不齐、专业化程度不高等，加上一些机构的违规经营，使服务商的诚信度大打折扣。此外，专业从事人力资源外包服务的机构，从企业观念和区域差异来看，还有一定距离。

虽然说人力资源外包现状既可解决人力资源管理工作中繁琐的事务性工作，又可节约成本，但也有企业对人力资源外包现状持反对态度。他们认为如果太多地将企业内部的事情交由他人来办理并不合适，企业人力资源管理往往会牵扯到企业的秘密；而且，从员工发展角度来看，容易使企业人力资源管理人员的业务生疏。看来，人力资源外包业务要完全让企业接受还有一段时间。尽管人力资源外包在国外已经发展到成熟阶段，但是不少企业对人力资源外包现状仍心存疑虑。

三、企业人力资源外包服务的问题

随着企业对人力资源管理工作认识的不断加深，以及人力资源中介机构的迅速发展，"人力资源外包"这一当前国际流行的思潮已逐渐被越来越多的企业所接受。然而，这种新型的人力资源管理方式能否真正地扎根本土呢?业内人士认为，将人力资源管理服务外包给其他专门机构，需要经过一个角色的转变。但是，仅仅是完成了自身的条件转换还不够，"人力资源外包"服务是否可行，还有其他的制约因素。

第一，目前没有统一的服务收费标准，人才机构都是自行制定的价格，参照的价格都不一样。对大多数企业来讲，"人力资源外包"的收费，是否会增加企业劳动力成本，是否用得其所，恐怕是企业考虑最多的问题。

第二，"人力资源外包"的目的之一是为了提高工作效率，因而是否具有较高的信息化、网络化程度，也会是制约"人事外包"服务发展的一个因素。

第三，一些基本福利保障和保险金等的交纳也是当前企业所避讳的问题。要想"人力资源外包"能真正扎根本土，企业主的素质还有待于全面提高。

第四，目前不少企业依然停留在"人治"方面，不规范、不合理的企业管理制度随处可见，只有企业管理者转变了观念，真正认识到"人"的重要性，才能够认识到"人力资源外包"服务的必要性和有效性。

第五，我国尚无相应的、完善的法律法规去规范猎头及其他外包行业的运作，所以，这种风险是显而易见的。服务商的规范经营和专业化程度让人不免担心，虽然人才机构发展突飞猛进，但是也带来了负面影响，如从业人员素质参差不齐、专业化程度不高等，加上一些非法经营的中介机构的违规经营，使服务商的诚信度大打折扣。

相对于已经有60多年发展经验的欧美市场，中国的人力资源外包市场依旧处于幼年期，尚有很多需要规范的地方。外界对于处在成长幼年期的人力资源外包的认识也有失公允，存在一定的偏差和误区：

误区一：人力资源外包损害了员工的利益

很多企业都采用了人力资源外包公司提供的劳务派遣服务。根据人力资源社会保障部统计数据，我国目前有劳务派遣员工 6 000 万人左右。国有企业、事业、机关单位大量存在劳务派遣员工，部分央企、国企甚至有超过 2/3 的员工属于劳务派遣工。

人力资源外包公司和劳务派遣员工签订劳动合同，并且管理他们。实际用工企业只负责支付报酬和中介服务费等费用。由于和正式员工相比，劳务派遣员工的福利待遇一般偏低，所以外界认为人力资源外包损害了这些员工的利益，不合法。

“人力资源外包损害了员工的利益”这一说法有失偏颇。很多企业由于在用人方面受到人员编制和人工成本的限制，无法满足实际用工需求，选择人力资源外包可以解决人员劳动合同合法问题，也能满足企业的用工需求。例如，1998 年我国央企在册职工有 3 000 万人，随着国有企业改革的深化，央企职工总数被锐减到 1 000 万人。政策需要减少央企的编制员工数量，但是企业又需要用人，这个矛盾怎么解决？于是劳务派遣员工填补了这个缺口，使得企业得到符合数量要求的员工，社会人员也得到了需要的工作。社会上很多企业已经使用了劳务派遣员工，如果说这损害了员工利益，要严格按照同工同酬等劳动法规用工，这些企业迫于经济压力和发展需求，肯定要减少用工，如此就会给社会带来一些就业压力，对整个社会的稳定不一定是有利的。

其实，在人力资源外包市场，为了长远的发展很多有责任感、讲良心、有远见的人力资源外包公司都在努力积极地为其派遣员工谋福利，争利益，给予派遣员工关怀和帮助，用工单位也尽量在配合，以使他们开心工作、健康生活。可以说，劳务派遣帮助社会解决了很多人的就业难题。

误区二：人力资源外包的功能仅仅是节省成本

帮助企业节约用于人力资源管理方面的时间和成本，这是很多人力资源外包公司的服务宗旨，这个说法是正确的，但是很多企业却误认为：进行人力资源外包仅仅是为了节省成本。

人力资源外包机构专业地帮助企业打理人力资源相关事务，将大大提高企业的经营效率（在运营的效能和质量方面可以节省 50%），优化劳动力配置。

如果企业进行人力资源外包仅仅是为了节省成本，如一味想着削减派遣员工薪酬福利标准来降低用工成本，必然会造成这部分员工的不满，进而是怠慢工作，甚至罢工、辞职，如此一来，企业用于招聘和更换员工的隐形成本将大大增加。并且，这样一来也不利于企业内部良好的文化氛围、员工凝聚力和向心力、员工忠诚度的形成和强化。员工人均产出率低了，企业发展必受限制。企业和员工是一体的，企业不能一味压榨剥削员工。

但是如果企业正确认识到人力资源外包并非仅仅是为其节省成本，对其恰当运用，企业就会如虎添翼，增强自身的核心竞争力。

误区三：人力资源外包不安全

目前，国内很多企业出于风险防范和保守商业机密的考虑，认为招聘、培训、缴纳社保等实施外包是可以的，而对于薪酬管理、绩效管理、人力资源规划等人力资源管理的核心内容则认为是不可触摸的“禁区”，是坚决不允许外包的，害怕数据和秘密泄露于公共领域，造成不可预测的损失。实际上，这种想法是相当片面的，也是落后于国际同行的。根据美国 Gartner 公司的调研显示，2006 年年末，亚太地区现有以及正在规划的人力资源外包职能中，41.8%的企业选择了招聘与培训外包，27.3%的企业选择了绩效管理外包，20%的企业选择了薪酬管理外包，10.9%的企业选择了人力资源战略外包。只要在外包前，全方面地了解人力资源外包公司，签署保密协议，订立风险责任追究制，企业完全可以依据自身战略发展需要和内部人力资源管理实力的强弱，有选择的把招聘、培训、档案管理、工资发放等事务性、社会性的人力资源管理业务外包出去，也可以策略性地将人力资源规划、绩效管理、薪酬管理等高难度、高专业化的职能进行外包。

面对着诸多质疑，人力资源外包行业的先行者们也在不断进行探索，尝试和创新，使人力资源外包的优势尽量发挥到极致。

四、企业人力资源外包服务的实践

易才集团是中国最专业的人力资源及相关流程外包服务供应商，以“以人为本，与企业，与社会共赢未来”为企业使命，不断创新，追求卓越，致力达到国际领先水准。

易才集团成立于 2003 年，已在北京市、上海市、广州市、深圳市、西安市、南京市、拉萨市等近百个主要城市设立分公司及办事处，业务覆盖全国 300 多个城市，并在香港、美国成立分支机构。集团专注于人力资源服务行业，拥有中国最大的人力资源服务网络，全面高效的专业化服务，灵活、高效的业务模式与持续创新能力，精细的客户满意度与质量管理，强大的云计算平台与先进的管理信息系统，专业的人力资源外包整体解决方案。

基于目前市场的发展需求，易才集团专注人力资源管理外包服务和提升人力资源运营绩效，以客户需求为导向，逐步构建人事代理、工资与薪酬服务、人才派遣、行业租赁、人才招聘、福利保险、劳动关系管理、咨询与培训等全方位、多层次、高效率的人力资源服务，持续推动中国人力资源外包产业健康发展。尤其是在高端人才竞争趋于白热化的今天，为了解决企业招工难，用工难，留人难的问题，易才集团始终为人力资源招聘外包发展做出自己新的探索，不断用实践及优质的产品为企业切实解决招聘流程中遇到的各种问题。其中 RPO（Recruitment Process Outsourcing，RPO）招聘服务外包就是其核心及主要服务产品之一。

1. 易才集团 RPO 服务产品。RPO 服务是指企业将服务招聘需求外包给第三方专业公司来完成，RPO 服务供应商管理着企业内部招聘的整个流程，包括雇主品牌管理、内外部招聘渠道的管理、直接寻访中高级管理人才等。RPO 服务显然属于人力资源外包（HRO）的一种方式，后者对于企业来说已经不是什么新鲜事。易才集团 RPO 服务产品主要大客户招聘年包，高端猎头服务，批量招聘外包服务。通过这 3 种方式企业可以把行政性、基础性的事务外包给第三方专业公司来处理，一方面可以提高效率，降低成本；另一方面还可以使人力资源部将更多的精力和事件聚焦在核心的战略事务上。比如，猎头服务其实就是一种招聘外包，企业将一些中高层职位交给猎头公司来寻找，可以在短时间内通过更广的渠道找到适合的人才；再比如，一些公司将校园招聘外包，由第三方公司负责招聘宣传、组织校园招聘会、进行简历的筛选等，可以减轻人力资源部的负担，提高工作效率。

RPO 服务和这些常见的招聘外包的最大不同在于它提供的是直通车式的服务。在这种服务中，企业外包的是内部招聘的职位和涉及的部分管理流程，所谓整个流程是指从得到一个具体的职位的描述，到有合适的候选人上班的所有环节，其中包括员工、技术、方法和报告。也就是说，RPO 服务提供的是“端到端”的一站式服务服务。

易才集团 RPO 产品秉承快速高效，注重结果，做最专业的招聘整包服务为理念，为企业提供一站式专业化并值得信赖的优质服务。

2. 易才集团RPO产品优势。易才集团RPO服务给企业带来的好处很多。一个最显而易见的好处就是能够大大缩短从职位需求产生后，人员招聘到岗"成功时间"，为企业解决燃眉之急。这不仅降低了招聘的时间和成本，还降低了招聘和雇佣成本及风险，通过外包服务企业能够在最短的时间内找到最合适最优质的候选人。

如此之高的效率，除了RPO服务提供商深厚的专业能力之外，还因为整个的招聘流程被理顺了，不再呈现一段一段被割裂的状态了。"不识庐山真面目，只缘身在此山中"，企业的人站在企业内部，目光很难越过各个"部门墙"来最优化地统筹工作，而以往分散的外部的供应商被局限在一段段割裂的流程当中，想要综观全局更是不可能。这就造成了整个招聘工作是以任务来驱动，而不是以流程为驱动，于是各个部门之间撞车、延误、重复工作，效率低下。当把整个招聘流程外包之后，RPO服务供应商站在外部的角度，可以在看清整个招聘流程的基础上将其进一步优化。路畅通了，路上的车就跑得更多、更快、更有效率了。

将招聘流程外包，还可使企业与招聘供应商之间结成紧密的、长期的合作关系，从而享受到稳定的、高质量的、不断改进的服务。易才集团RPO服务真正深入到企业中去，深入了解企业，供应商传递给企业的再不是一个"烫手的山芋"。比如新员工上岗之后，供应商不会撒手不管了，而是会进一步提供后续的跟进服务，这一系列的流程帮助新员工尽快适应和融入新公司，因为新员工的流失率作为一项关键绩效指标将和供应商的业绩表现息息相关。

但即使这些，都还不是RPO服务带来的最重要的好处。企业将原本自己并不擅长的招聘流程管理工作外包，从而将人力资源部门从招聘带来的繁杂行政性事物当中彻底解脱出来，可以使其能够更加专注于战略性核心事物，这对于企业来说才是最重要的。

目前，大多企业的人力资源部呈现的是这样一种状态：绝大部分企业的人力资源部将近80%的工作时间仍然是花费的行政性事物上，只有余下的20%时间才花在制定战略计划和客户咨询与服务上，而行政性的事物与效率有关，与效能无关，只有制定战略计划和客户咨询与服务的工作才能真正保证企业朝着正确的方向走，才能帮助企业获得核心能力，在竞争中取得优势。

当企业选择了RPO服务之后，可以使得人力资源部从事这一部分工作的时间大大增加，腾出精力来融入业务部门，真正发挥出效能。

相对于企业目前对于人力资源外包产业的质疑，易才集团的RPO产品具有强有力的服务优势来确保为企业提供专业、安全、精准的一站式服务。易才集团RPO产品有覆盖全国的招聘网络，可以实现跨地区人才招聘的全覆盖“一站式”服务；高效灵活的动态调配，可实现按劳动力分布调配的精细化“一站式”服务；完善便捷的产品体系，可实现招、育、留、用人的全流程“一站式”服务；海量储备的人才资源，可实现高、中、低端的全方位“一站式”服务。在RPO产品的服务过程我们会为客户提供最全面的人力资源解决方案，从而帮度企业集合更多优势，灵活可调的服务模式，配合客户的个性化服务需要，都会让企业体会到RPO服务的方便快捷。

五、企业人力资源外包服务的展望

有专家学者将目前中国人才市场机构分为4种，即外服机构、劳动或人事部门的下属机构、国外公司在国内的分支机构、中国民营机构。研究数据表明，外服机构依靠政策，经过近30年的发展，占据着国内人力资源服务市场份额的55％~63％；而各个当地政府劳动人事部门所属的人才中心或职业介绍中心，又在当地政府的“树荫”下分得大约25％的市场份额；外资和民营机构合计起来当前所占的市场份额也不足25％。

随着外包市场的不断成熟和国际竞争加剧，服务外包的业务领域不断拓展，服务外包的定义有了新的外延。特别是近年来信息技术及网络技术的发展，使服务外包所需的技术水平逐渐提高，全球知识密集型服务外包兴起，许多公司不仅将数据输入文件管理等低端服务转移出去，而且还将风险管理、金融分析、研究开发等技术含量高、附加值高的业务外包。因此，高端服务外包领域受到了特别关注，金融服务外包、通信服务外包、医疗服务外包等垂直行业领域都会成为业内重点关注方向。除此之外，中欧、中东、非洲、拉丁美洲和亚太等新兴发展中的国家或地区的外包需求在全球发外包市场中所占的份额将会迅速增长，国际服务外包市场虽以发达经济体为主，但新兴国家的参与无疑为整个市场的发展注入活力。

对于处于起步阶段的中国人力外包供应商们，怎样将人力资源外包这一舶来品真正实现本土话，怎样根据中国的国情和政策是中国的大中小企业真正意义上接受并选择人力资源外包这一服务加快服务外包产业的发展，需要从以下几方面进行探索和实践。

首先，建立服务外包人才培养体系。“十二五”时期，应逐步形成高、中、低端各类服务外包人才全面发展的格局，尤其要加强高端人才培育，应在服务外包课程专业建设上提供支持和引导，制定服务外包人才培训规划和标准，加大对在职员工培训的补贴费用。应建立政府、高校、企业、行业协会、培训机构一体化的服务外包人才培养体系，尤其要加强对培训机构的扶持，鼓励吸引外资培训机构进入国内市场，扶持国内培训机构做大做强，形成高校与培训机构、企业的稳定合作机制

其次，实行服务外包区域差别政策。长期以来，中西部地区的国际化水平、服务业发展水平、人才数量等方面相比东部地区都存在较大差距，因此，在政策上不能“一刀切”，应考虑实行服务外包区域差别政策。

最后，还要采取积极措施不断完善服务外包管理。要积极培育国内服务外包市场，继续发挥跨国公司的示范带动作用，支持服务外包企业“走出去”。相信，在人力资源外包行业人士的不断努力和共同探索下，中国的人力资源外包行业会不断发展壮大，实现逐步与国际接轨。

国外篇

第二十四章
国外最低工资

2011年，经历了20世纪30年代以来最严重经济衰退后，世界各国经济总体上表现出复苏态势。各国都积极合理调整最低工资，以适应经济形势和劳动力市场变化。本章主要研究2011年全球各国最低工资调整概况，了解最低工资政策新动态和新趋势，以对我国最低工资调整机制提供参考和借鉴。

一、2011年全球最低工资概况

（一）2011年全球最低工资背景

2011年，无论是发达经济体，还是新兴与发展中经济体，经济增长总体上呈现放缓态势，尤其是发达经济体明显展现出复苏动力不足。由于持续的高失业率，无就业的复苏成为发达世界宏观经济形势的主要特征。通货膨胀也成为一个全球性的问题。受金融危机的余波影响，2011年世界众多国家通货膨胀形势都异常严峻，各国从年初开始，即提高利息，抑制通货膨胀。

（二）各国最低工资水平及调整幅度

在2011年最低工资有所增长的国家中，增长较高的是澳大利亚、法国和加拿大（见表24—1）；其次是日本、新西兰和葡萄牙。有些国家在2011年无增长：美国最低工资的变化取决于国会投票（最后一次3年增长决议是在2009年）；爱尔兰成人工资在2011年2月1日被降至7.65欧元，但在2011年7月1日恢复到8.65欧元；比利时则没有增长工资的协议。

当汇率及购买力平价被考虑在内时，英国的工资保持不变。从购买力平价上看，英国跟新西兰和加拿大差不多，比西班牙、美国和日本高，但低于澳大利亚、法国和比利时。

（三）各国最低工资纵向比较

表 24—1　　各国成年人最低工资水平比较（2011 年）

	本国货币单位[a]	换算为英镑		更新日期	用本国货币计算从2010 年到2011 年增加比例	该国全职工薪者适用年龄[d]
		用汇率换算[b]	用 PPP 换算[c]			
澳大利亚[e]	15.51 澳元	10.05	7.73	2011 年 7 月	3.4%	21
比利时	8.17 欧元	7.12	6.98	2010 年 9 月	0.0%	21
加拿大[f]	9.80 加元	6.20	5.90	日期不同[g]	7.0%	16
法国	9.19 欧元	8.01	7.86	2011 年 12 月	3.7%	18
希腊[h]	4.20 欧元	3.66	4.16	2011 年 7 月	1.7%	25
爱尔兰	8.65 欧元	7.54	6.86	2011 年 7 月[i]	0.0%	20
日本[j]	737.00 日元	6.08	4.83	2011 年 10 月	1.0%	15/18[k]
荷兰	8.28 欧元[l]	7.22	7.37	2011 年 7 月	1.3%	23
新西兰	13.00 新元	6.69	6.31	2011 年 4 月	2.0%	16
葡萄牙[m]	2.80 欧元	2.44	2.87	2011 年 1 月	2.2%	16
西班牙[m]	3.70 欧元	3.23	3.62	2011 年 1 月	1.4%	16
英国	6.08 英镑	6.08	6.08	2011 年 10 月	2.5%	21
美国	7.25 美元[n]	4.59	5.67	2009 年 7 月	0.0%	20

注：a——对于没有以小时计算最低工资的均假设每天工作时间 8 小时，每周 40 小时，每月 173.3 个小时。

b——英格兰银行（英国央行）每月平均汇率点，2011 年 9 月。

c——采用经合组织（OECD）相对价格水平（CPLs），用汇率换算后的购买力平价（2011 年 9 月）。

d——在许多情况下有豁免和特殊的规定。例如，在法国和美国的全职成年工资率适用于分别超过 6 个月或 3 个月以上的工作时间的年轻人。

e——澳大利亚联邦最低工资法令，从 2011 年 7 月开始生效。

f——各省、地区加权平均数。

g——各省更新时间不同。

h——适用于蓝领工人。

i——该国年轻人最低工资于 2011 年 2 月由 8.65 欧元降至 7.65 欧元，而后于 2011 年 7 月又增至 8.65 欧元。

j——各区加权平均数。

k——15 岁以上适用于区域最低工资，18 岁以上适用于行业最低工资。

l——不包括额外的 8%带薪休假收入。

m——不包括全职劳动者每年额外补助的 2 个月薪水。

n——联邦最低工资。收取小费的雇员适用于 2.13 美元的直接最低小时工资。

数据来源：英国低工资委员会《国家最低工资报告 2012》附录 3《各国最低工资比较》。

比较各国最低工资，不应只比较单一年度国家间的最低工资水平，而应同时比较各国纵向的最低工资水平。

图 24—1 汇集了本国货币、汇率、购买力平价计算的 1999 年和 2011 年间，每个国家的成人最低工资变化。以本国货币计算，大多数国家此间最低工资增长要比英国低。考虑到汇率变化，换算成英镑后，除日本和美国外，所有国家此间最低工资增长要比英国快。当考虑购买力平价因素，英国在此间的增长基本位于中间位置，比 5 个国家增幅高。

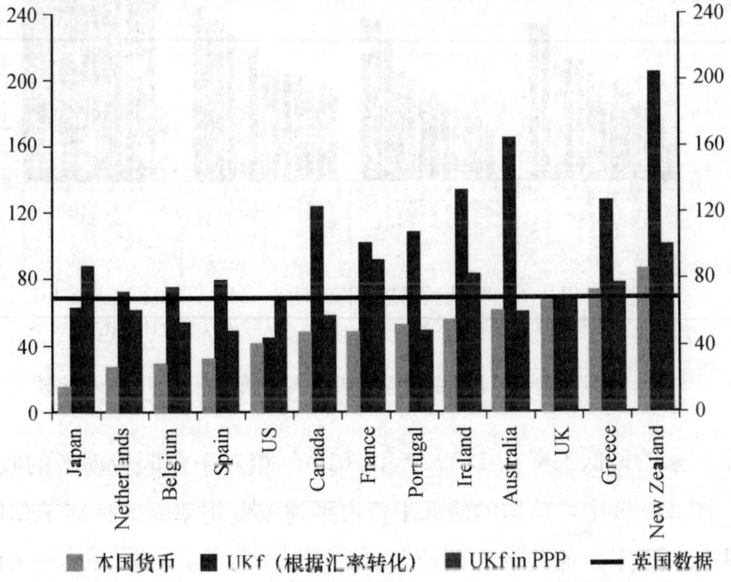

图 24—1　1999—2011 年期间各国成年人最低工资变化比例比较

2007 年前后，有一个比较明显的变化。图 24—2 显示，1999—2011 年期间，国家最低工资平均每年增加 4.5%，这个年均增长率比希腊和新西兰以外的其他国家都高（本国货币计算）。自 2007 年起，国家最低工资仅以平均每年 2.4%的增长率增长。这个增长率和法国、荷兰以及比利时类似，但是低于大多数国家。

以购买力评价计算，1999—2011 年，只有法国、日本、新西兰和希腊的年均增长率比英国高。2007—2009 年英镑正值贬值期间，当英镑贬值 25%左右，结合相对较高的英国通胀，意味着自 2007 年以来，所有的这些国家都采用了更高的购买力平价计算，他们的最低工资平均增幅比英国要高。爱尔兰最低工资以本国货币计算，从2007—2011年，最低工资没有增加，但按购买力平价计算，平均以每年超过11%的速度增长。

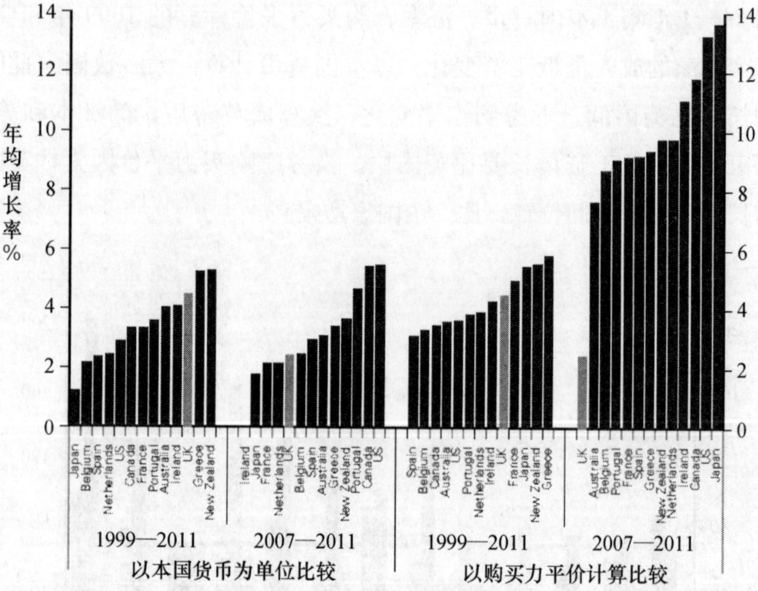

图 24—2　1999—2011年期间各国成年人最低工资年均增长率比较

每个国家的最低工资在1999年和2010年相对于全职劳动者的收入中位数的值，图24—3中，英国的最低工资占平均工资比率的增长高于其他国家，但低于法国、日本、葡萄牙和新西兰。然而，在1999年和2010年的比率低于其他国家。

二、各国最低工资水平占平均收入的比例

2010年中期，各国国家最低工资与全职中等收入比值维持在35%～60%左右，其中英国国家最低工资仍处于中等水平，占比46.1%，日本最低，只有37%，加拿大处于45%～50%之间，比美国、西班牙和日本略高，新西兰和法国最高。

纵观2008年到2010年各国最低工资水平占平均收入比例的变化，有升有降，各有不同。其中比例不断上升的有比利时、加拿大、日本、葡萄牙以及美国（见表24—3）。由于数据计算方法不同，荷兰的比例按照不同收入数据计算呈现一升一降的不同现象，而比例不断下降的是西班牙。新西兰、英

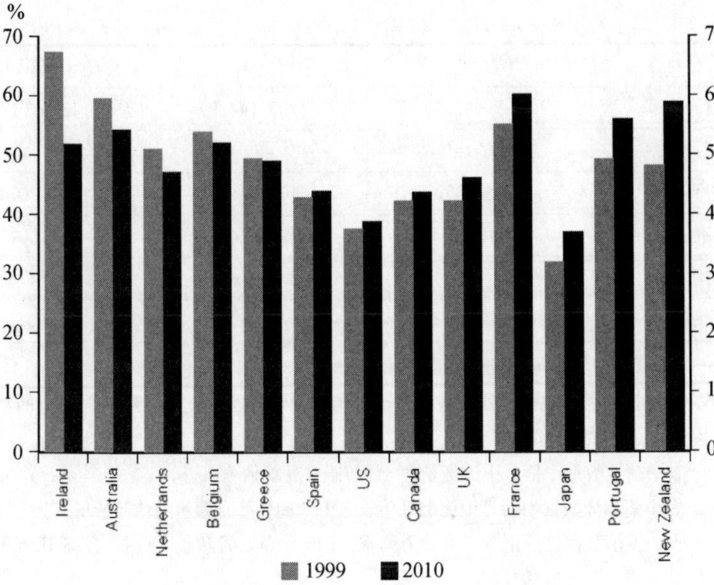

图 24—3　1999 年和 2010 年各国成年人最低工资
占全职收入中位数比例比较

国、法国基本持平不变，澳大利亚出现先升高后降低的趋势。

不论是最低工资水平还是最低工资占收入中位数的比较，这与不同国家所设立的截然不同的法定最低工资制度有关。比如，法国的制度以“生活工资”理念为前提，主要目标是确保低薪工人可享有一定的生活水平，并能分享经济发展的成果。在英国，采取的是“工资下限”理念，在防止工资过低的同时，兼顾法定最低工资对整体经济及就业的影响。

表 24—2　　成年人最低工资占全职劳动者收入中位数的比例
(2009—2010)

单位：%

	2008	2009	2010
澳大利亚	52.2 (49)	54.4 (51)	51.8 (47.2)
比利时	50.4	50.8	51.7
加拿大	42.5	43.8	45
法国	60.6	59.8	60.1
希腊	44.9 (52.4)	41.9	41.9
爱尔兰	52.8	51.1	51.9
日本	34.6	36.2	37

续表

	2008	2009	2010
荷兰	42.5（49.6）	43.5（46.9）	43.6（47.1）
新西兰	60	60	59.1
葡萄牙	40.3（47）	46（53.7）	48（56）
西班牙	38.3	37.8（44.1）	37.6（43.8）
英国	52（46.1）	52.2（46.1）	46.1
美国	32.4	35.5	38.8

注：a——在估算过程中，收入数据含社保费。

b——表中澳大利亚数据是分别基于劳动力调查（LFS）和企业调查（ES）不同数据估算所得，并以周薪计算。

c——表中荷兰数据中括号中比例是含8%的假日薪酬估算所得。

d——表中葡萄牙数据中括号中比例是年收入中含额外2月薪水而估算所得。

e——表中英国数据是分别基于劳动力调查（LFS）和工时和收入调查（ASHE）不同数据估算所得，并比时薪计算。

数据来源：OECD最低工资数据库及全职劳动者收入中位数数据库估算所得，以及英国低工资委员会《国家最低工资报告2012》《国家最低工资报告2011》《国家最低工资报告2010》。

三、各国最低工资调整方法

作为一个整体原则，国际劳工组织第131号公约号召各国在决定最低工资水平时采用平衡的方法，即应全面考虑工人及其家庭需要、经济因素（如生产率）以及保持较高就业率的需要。在调整最低工资标准时，面临价格上涨、通胀预期等因素，最低工资应定期调整以维护受到影响的工人的购买力，避免对经济造成冲击。ILO在2008—2009年全球工资报告中指出，在价格上涨时调整工资就像当初制定最低工资水平一样重要。

国外最低工资政策或体制一般按大类分为法律规定和集体协议确定并颁布。大多数国家采用前者，政府通过立法机关、行政当局以及设立独立或半独立的最低工资委员会，与社会伙伴协商后，对最低工资水平有最终决定权。美国、加拿大是由工会组织通过集体商议、仲裁，最终以立法的形式确定；法国是每年在收到集体谈判委员会意见后通过部长会议决定并发布调整最低工资政令；日本、英国、韩国、孟加拉、澳大利亚等国设有专门的类似最低工资委员会的专门机构。表24—3和表24—4中分别介绍各国提高最低工资的方法和考虑因素，大多数国家主要考虑经济情况和生活费用水平来确立最低工资，频率基本维持在1～2年一次。

表24—3　　各国提高最低工资的方法简介

国家	提高最低工资的方法
澳大利亚	2008年4月，澳大利亚政府发布澳大利亚《公平薪酬及工作条件标准》，该法律提出就业的最低条件，例如最低工资。该法而于2010年由《国家就业标准》（NES）替代。NES于2010年1月生效，包括工资、带薪休假、公共假日、提出终止合同以及加班工资的有关规定，同时发布最低工资法令
比利时	每月最低保证的收入由私营部门通过集体劳动协议提出并由国家劳动法庭（社会伙伴）确定。所有劳动者基本获利于基于通胀率的指数而调整的最低收入
加拿大	大多数省份中，最低工资的确定和调升是基于法律规定的。各省的行政总督有权在多次听取最低工资委员会、审查委员会、劳工标准委员会或劳工部长的建议后修改有关规定。联邦最低工资率即一般成人执行工作的省或地区的最低工资率
法国	每年1月1日最低工资标准进行重新评估。必须在与通胀一致，并增速至少是以购买力计算的小时平均工资的一半。如果年内价格提高超过2%，则工资随着该指数自动上调。政府也可以在任何时间提高最低工资
希腊	国家最低工资是根据国家集体劳动协议（NGCLA）设定，即由社会伙伴协议并最终投票通过法律。最新的NGCLA是与2010年7月签订，并生效3年。新的协议预先提出2010年冻结最低工资，并随着欧元区的通胀变动来调整接下来2年的最低工资。该国也有设立相对较低的年轻人最低工资
爱尔兰	国家最低工资仅仅在通过全国范围的协议和建议后才可提高。最低工资率之审议，系由劳动法庭以辩论方式决定。劳资团体均可以正式提案方式将调整的幅度及理由向劳动法庭提出草案，再以公开辩论方式决定。唯劳动法庭之决定，尚须经由劳工部长之批准始生效力。换言之，劳工部长有权否决或修正劳工法庭之建议。基于经济状况整体考虑，2011年2月决定降低1欧元
日本	最低工资体系运行是地区性的。最低工资标准在每年秋天进行审查和修订。中央最低工资委员会对47个地区最低工资标准委员会提出建议，各地委员会由工会代表、雇员代表及社会机构代表组成。最后的决定是由劳工标准的区域机构主任来决定。行业最低工资也可以设定在一个县
荷兰	国家社会事务部通常一年调升最低工资2次（1月1日和7月1日）。工资通胀一般决定最低工资的增长率
新西兰	国家劳动部每年在12月31日前，根据《最低工资法1983》做出审议，并于下年4月1日调整生效
葡萄牙	自2007年以来，由三方委员会（由政府、工会和雇主代表组成）根据经济条件来考虑最低工资的社会和经济影响，并做出相应的调升

续表

国家	提高最低工资的方法
西班牙	政府每年依据社会伙伴的咨询和建议提高最低工资。调整时考虑很多经济指数。该国首相已承诺将于2012年最低工资提高到800欧元
英国	政府通过一个独立机构的建议来确定最低工资，该机构的报告通过广泛并深入的分析来建议。自1999年开始有最低工资以来，该国每年都提高最低工资
美国	联邦最低工资的调整是由国会表决通过，是具有间隔性的。大多数州都有设立自己的最低工资率，如果和联邦最低工资数据不一样，则以高的工资率为准

表24—4　　特定国家最低工资调整考虑因素

国家	调整因素
澳大利亚	（1）生活费用 （2）经济表现及竞争力，包括生产力、公司竞争力及生存力、通货膨胀率及就业增长 （3）促进就业和提升整个经济体系的竞争力 （4）居民生活费用价格指数的变化 （5）社会平均工资水平
法国	（1）工人的最低生活需要 （2）相同或类似工人的工资 （3）通胀率 （4）经济表现
韩国	（1）生活费 （2）经济增长率 （3）平均工资水平 （4）劳动生产力 （5）就业率 （6）消费物价指数 （7）人息分配
英国	（1）经济状况 （2）工资差别 （3）经营成本 （4）经济竞争力 （5）通胀率 （6）就业率

四、最低工资发展趋势

（一）由大幅提高到谨慎微调

近年来，随着各国最低工资逐步提高，越来越多的国家尤其是欧盟成员国，在调整最低工资幅度和力度方面采取谨小慎微的态度。例如英国，负责研究和审议最低工资的机构—低工资委员会每年发布一系列有关对就业和经济的影响研究。2003—2006 年间，因研究数据发现连续四年最低工资水平对经济的影响有限，所以作出较显著的调升，但是自 2007 年起，特别是 2009 年金融危机后，开始采取谨慎的态度，逐步改为轻微的调升。

（二）由一概而论的最低工资到不同范围的最低工资

很多国家在设立和调整最低工资时，考虑到不同行业、不同年龄段以及分不同特殊群体人员的因素，设立不同范围的最低工资，以提高针对性和可操作性。这样在每年调整最低工资时，可以有选择性的调升或者维持不变，确保不同范围或不同群体人员享有合理的最低工资。同时，又确保最低工资调整与经济发展、就业稳定保持适度协调关系。

第二十五章
国外工资指导线

工资指导线制度是一些市场经济国家收入分配宏观调控的通行做法和重要手段。新加坡以及欧盟11个成员国（比利时、丹麦、芬兰等国）目前正在（或曾经在）全国范围内实行工资指导制度或类似制度，对收入分配发挥着积极的调控作用。本章主要介绍新加坡2011—2012年全国工资理事会发布的工资指导原则，旨在对我国现行工资指导线政策提出相关建议。

一、新加坡全国工资理事会指导原则

（一）2010年的经济、劳动力市场、生产率、工资增长和通货膨胀情况

1. 2010年，新加坡经济增长了14.5%，相对2009年经济收缩了0.8%而言，经济强劲反弹。就业总人数2010年增加了115 900人，高于2009年的37 600人。裁员大幅下降，从2009年的23 430人降到2010年的9 800人。随着经济强劲复苏，2010年平均失业率为2.2%（整体）和3.1%（居民），比2009年的3.0%（总体）和4.3%（居民）降低较多。

2. 2010年，居民消费价格指数（CPI）同比上涨2.8%，高于2009年的0.6%。特别需要指出的是，由于私人道路交通和住宿费用较高的因素，消费物价指数在2010年下半年开始上升，第四季度增长了4.0%。新加坡金融管理局（MAS）测算的核心通货膨胀率是：2010年第四季度为2.1%，全年平均为1.5%。

3. 2010年，劳动生产率明显改善，提高了11%，扭转了2009年的−3.4%和2008年的−7.5%。这主要是由于2009年的技术较低，同时，2010年上半年国内生产总值（GDP）增长强劲。

4. 经历了2009年降低0.4%之后，2010年名义工资总额增长了5.5%，

体现了较强的经济和紧缩的劳动力市场。这是因为基本工资增加了 3.9%（相对而言，2009 年增长了 1.3%）和年度花红增加了 9.0%，增加到 2.17 个月（2009 年为 1.99 个月）的结果。剔除通胀因素后，实际总工资和实际基本工资分别增长了 2.7%和 1.1%（见表 25—1、图 25—1）。

表 25—1　　　　新加坡 2009—2010 年工资变化

	2009	2010
总工资变化		
——名义	−0.4%	5.5%
——实际	−0.1%	2.7%
基本工资变化		
——名义	1.3%	3.9%
——实际	0.7%	1.1%
可变工资部分（花红）	1.99 月	2.31 月

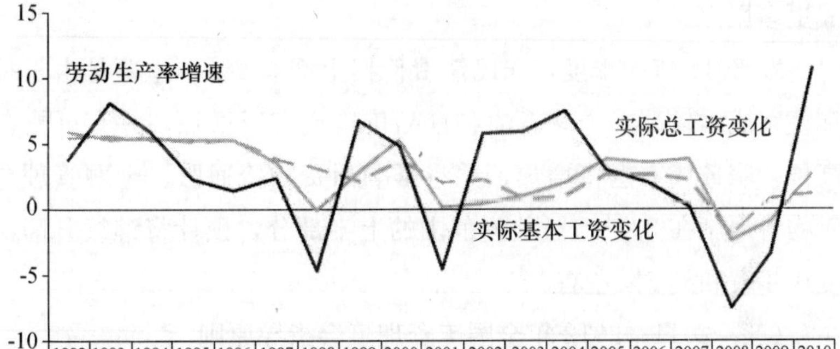

	1992	1993	1994	1995	1996	1997	1998	1999	2000	2001	2002	2003	2004	2005	2006	2007	2008	2009	2010
Real Total Wage	5.8	5.3	5.4	5.2	5.3	3.5	-0.1	2.8	5.3	0.1	0.4	10	19	3.8	3.5	3.8	-2.4	-10	2.7
Real Basic Wage	5.4	5.5	5.2	5.1	5.3	3.8	3.0	2.1	3.6	1.9	2.2	0.7	10	2.6	2.6	2.2	-2.2	0.7	11
Productivity	3.7	8.0	5.8	2.2	1.4	2.3	-4.8	8.7	4.8	-4.6	5.7	5.9	7.4	2.9	2.0	0.1	-7.5	-3.4	0.7

图 25—1　新加坡 1992—2010 年实际总工资和实际基本工资变化

5. 基于 2010 年强稳的生产力增长，过去 8 年周期内（2002—2010 年）生产率年均增长了 2.1%，超过了同期实际总工资年增长率 1.6%和实际基本工资年增长率 1.1%（见表 25—2）。

表 25—2　按年计算的新加坡 2002—2010 年劳动生产率和实际工资变化

	年度变化	
	2002—2010 年（8 年）	2007—2010 年（3 年）
劳动生产率增速	2.10%	−0.4%

续表

	年度变化	
实际总工资增长 （超过或滞后劳动生产率增速）	1.6%（滞后）	−0.3%（超过）
实际基本工资增长 （超过或滞后劳动生产率增速）	1.1%（滞后）	−0.1%（超过）

（二）2011年情况

1. 2011年一季度，新加坡经济继续以健康步伐增长。一季度经济同比增长达到8.5%。然而，也有一些经济下行的风险，包括欧盟的主权债务问题，日本核态势的演变，以及从中东和北非地区的政治动荡引起石油价格的进一步飙升。除这些急剧恶化的情况外，贸易和工业部（MTI）预计，2011年国内生产总值的增长整体而言是健康的，将保持在4%～6%之间。因为这是高于经济的中期增长潜力3%～5%，劳动力市场预计将仍偏紧，将对工资会造成更多压力。

2. 2011年一季度，居民消费价格上涨5.2%，主要是由于私人道路交通和住宿成本较高。全球石油和食品价格也有所增加，并有可能在短期内保持高位。服务成本也将增加，并将影响消费物价通胀。金融管理局预期，2011年物价通胀在3%～4%预测范围的上半部分，预计将继续升高，且在第四季度逐步缓和到3%左右。

（三）2011—2012年全国工资理事会指导原则

全国工资理事会指出，经济战略委员会（ESC）提出的平均每年提高生产率2%～3%，这将在未来十年促使收入实际增长30%。为保持固定工资增长的可持续性，其增长需落后于生产力的增长。因此，我们必须争取不断提高生产力。从长远来看，这将确保工人能享受良好的工资增长，并会推动工作积极性。此外，浮动花红的发放应反映企业和个人的绩效。

鉴于2010年强劲的经济表现，以及2011年经济增长4%～6%的前景，工资理事会建议：

1. 公司应给予更高的工资总额增加（固定和浮动工资），能够反映经济实力、公司的业绩及前景。

2. 公司可以根据经营情况，并考虑到成本竞争力，可采用更多浮动工资激励员工的贡献，而不是给予更高的固定工资。

3. 工资协商中，企业和工会应考虑 2011 年 9 月增加雇主的公积金供款率和公积金的薪资上限。

（四）帮助低工资的工人的措施

为了帮助低工资的工人，工资理事会建议，企业在考虑增加工资时更要注重这个群体的工人。

工资理事会还鼓励三方机构接触更多的低工资的工人，包括合同工和临时工，帮助他们缴纳公积金和获得就业入息补助金（WIS）的资格。我们也鼓励企业和工人制定就业培训支持（WTS）计划，以帮助工人提高他们的技能，使他们能够得到更好的就业机会，较高的工资和更好的职业前景。

（五）应对通胀的影响

工资理事会关注 2011 年更高的通胀率对工人的影响，尤其是低工资的工人。在这方面，工资理事会还提出，2011 年政府已预算并到位 32 亿美元的“成长及分享”配套资金来帮助工人和家庭抵御通胀，造福更多较低和中等收入群体。该配套政策包括就业入息补助金（WIS）受助人的一次性就业奖励特别花红（WSB）、增长股息、个人收入税退税、儿童发展信用卡、其他公用事业，以及水电费和服务和杂费（S&CC）扣减。

工资理事会指出，政府的措施在抵消 2011 年上升的通货膨胀率方面，将极大地帮助工人，尤其是低工资的工人。而通货膨胀率预计将没有 2008 年高，有些企业可能希望进一步帮助他们的员工，以更好地应对较高的生活成本。在这方面，根据管理者和工会之间的相互协议，公司可以考虑给予一次性特殊付款。

（六）提高生产力

为了满足中期生产力和国内生产总值增长目标，工资理事会强烈敦促企业要更加注重提高生产力，这将有助于增强企业的竞争力，并减少对低技术外籍劳工的依赖。它也将促进包容性增长，并确保工人良好的和可持续的工资增长。

工资理事会强烈敦促 CEO 和他们的管理团队致力于生产力的驱动。公司应将生产率的提高定位于其重要议题之一，并制定适当的战略和措施，如：

1. 建立生产力委员会或工作组，来关注生产率的提高，并培训管理人员有关生产力的管理和测算。

2. 积极地让工会/工人参与到提高生产力的过程中，以争取他们的支持。

3. 提供给工人新的和更好的技能，以提高他们的能力和效率。

4. 建立生产力和薪酬/奖励之间的明确联系，使工人会看到他们参与的利益，并会激励他们创新和提高生产力。

5. 参与新加坡全国雇主联合会（SNEF）首席执行官生产力的领导、管理和评估项目。

6. 参与政府提供的各种援助措施，如提高后的生产力和创新信贷（PIC）和国家生产力基金，以及由国家贸易联盟总会（NTUC）组织的包容性增长计划（IGP）、就业与就业力协会（e2i），以促进业务，并派员工去参与培训和技能提升。

为了进一步推动灵活的工资制度，需以雇员的工作价值和贡献为基础。工资理事会建议企业继续努力，进一步将最高一最低工资比率降低到1.5以下，特别是当工作的价值已通过生产力和技能的改进而提高后。这可以通过结合工作价值的提高而调整薪级来解决，尤其是针对最低薪水的级别，此举也将减少那些返聘员工的工资调整频率。

（七）提高就业力和工人的就业率

工资理事会鼓励三方合作机构同企业、工会共同倡议帮助工人获得有报酬就业。随着经济的增长和劳动力的需求，公司在招工时应雇用或返聘老龄员工，并吸引更多的妇女加入。他们可利用各种政府援助和计划，包括优势计划，聘用和保留老龄的新加坡籍低工资工人的特殊就业补贴（SEC）的，实施灵活的和兼职的工作配套计划。此外，鼓励企业参与由新加坡劳动力发展局（WDA）组织的卓越技术培训计划（STEP），以帮助专业人员，经理，管理人员和技术人员（PMETs）通过开发更广泛和更深入的技能，为面向未来做好准备。

（八）做好重新雇佣的准备

工资理事会特别提到，从2012年1月1日起，雇主将被要求重新雇用超过最低退休年龄62岁的员工。工资理事会赞同三方合作伙伴于2011年1月公布的有关年长雇员重新雇佣的三方指导方针，在三方指导方针的指引下，企业可进行合理调整。

NWC强烈敦促雇主和工会/工人需在法律生效前做好准备，接受和适应三方指导方针，并从2012年1月1日起实行政策和制度。企业应该准备好为他们的员工进行重新雇佣安排。三方指导方针建议，雇主最迟应在员工达到退休年龄的6个月前与员工讨论重新雇佣安排，这意味着应从2011年7月开始考虑2012年1月1日起达到62岁的员工的就业安排。年长员工数量较大的企业将立即受《重新雇佣法令》的影响，可以求助于由三方合作伙伴推出的重新雇佣援助计划。

鼓励企业采用合理的绩效评价制度。雇员可与雇主约定灵活的重新雇佣安排，并接受开放培训和技能提升。如有必要，雇主可做好调整雇员工资和福利的准备。

二、对我国的启示

自1988年以来，新加坡工资理事会不再发布具体的工资指导线，认为刚性太强，不具有灵活性。同时，该国工资指导线综合多种因素确定全国工资指导原则，其中对就业因素（事业率）给予较大关注，并提出工资增减的政策建议。

（一）从国家整体层面制定和发布全国工资指导原则制度积极有效。即使是新加坡这样市场经济体制相对健全、经济较发达的国家，为确保工人的工资有序增长，也要建立并实施从国家整体层面设计的工资指导原则，以起到宏观调控作用。因此，对正处于转型中的中国而言，建立和发布全国工资指导原则是有一定积极意义的。

（二）确定工资指导原则需多元化考虑各类因素，就业因素须优先。确定工资指导原则的因素中，应当包含就业因素（失业率）的充分考量，并且确保就业目标始终处于优先考虑之列。我国劳动力资源相对较丰富，就业一直作为民生之本来积极考虑，只有不断扩大就业机会、充分吸纳新增劳动力的经济增长，才是符合以人为本理念的经济增长。

（三）努力构建企业与职工利益共享机制。新加坡工资指导线原则一般都会提出有关企业不断投资于职工的继续教育和技能培训的政策建议，同时，建议企业要主动与职工充分分享公司业绩、商业前景和工资增长等方面的信息，为工资积极协商谈判确立一个相互信任、相互理解的基础。企业和职工利益共享机制是劳动关系稳定和谐的基础，要提高对利益分享机制重要性的认识，并加强工资集体协商的制度的推行，充分发挥工会的作用。

第二十六章
国外高管薪酬

随着经济全球化步伐的加快及企业间竞争加剧，近十几年来发达国家高管薪酬特别是金融业高管薪酬出现了新的变化，受到社会各界的关注。追踪和研究这一变化，对于强化金融高管人员薪酬激励机制，做好我国金融行业高管人员薪酬分配具有较强的借鉴意义。

一、国外高管薪酬水平

金融危机前后，全球各国在强化金融业高管薪酬监管的同时，也提高了对其他企业高管薪酬的关注。

（一）国外高管薪酬总体水平与趋势

1. 高管人员薪酬与一般员工薪酬水平差距逐步拉大。最近一、二十年，美国大公司 CEO 的薪酬水平迅猛增长。20 世纪 80 年代初，CEO 年薪约为普通工人年收入的 40 倍；2011 年，美国大公司[①] CEO 的平均年收入为 1 294 万美元，是普通劳动者年收入的 380 倍[②]；2000 年达到顶点后，该比例逐渐回落。金融危机后逐渐呈上升趋势（见图 26—1）。

美国劳联—产联依据对标准普尔 500 指数覆盖约 300 家大公司的数据调查发现，2011 年 CEO 平均薪酬同比增加 13.9%，高管年薪增长理应增加股东价值，而标准普尔 500 指数从年初到年底都在同一水平。CEO 薪酬连续两年双位数增长的同时，2011 年普通劳动者平均工资增长只有 2.8%。数据显示，2010 年 12 月 31 日标准普尔 500 指数收盘低于 2000 年 3 月 24 日的 19%。这 10 年以来，美国中产阶级平均家庭年收入减少了 3 719 美元，倒退至 1996

① 标准普尔指数 500 覆盖公司。

② 美国劳联—产联网站：2011 年 CEO 薪酬趋势。

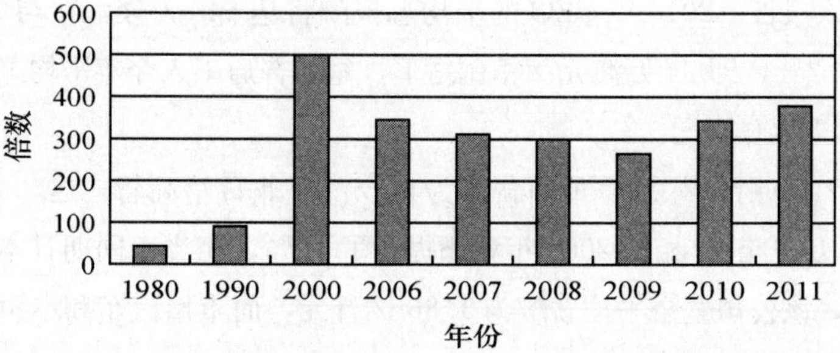

图 26—1　美国大公司 CEO 平均薪酬与普通劳动者薪酬的倍数

数据来源：美国政策研究所 & 劳联—产联网站。

年的水平。美国研究人员认为失控的 CEO 薪酬是美国日益严重的收入不平等的原因之一。国会预算办公室的报告显示，1997—2007 年以来，贫富差距不断加大，1%的人口享受了主要的收入增长。此外，经济学家 Emmanuel 研究也显示，在经济衰退恢复的第一年（2010）里，1%的高收入者夺取了收入增长的 93%。

英国高薪委员会[①]报告显示，一些企业高管的薪酬在过去 30 年增加了 40 倍以上，而普通员工的工资仅仅上升了 3 倍。统计数据显示，富时 100 指数公司 CEO 薪酬在 1999 年为英国全职员工收入中位数的 47 倍，在 2009 年已跃升至 88 倍。另据英国研究机构收入数据公司于 2011 年 10 月底发布的数据，过去 1 年中富时 100 指数成分股公司董事的收入平均增长了 49%，其中奖金平均增加了 23%，而且这些上涨都与公司的业绩毫无关系。英国一项研究报告显示，2010—2011 年度，英国 FISE 100 指数公司中，有 87 家公司 CEO 的基本收入、奖金、分红、养老保险平均为 510 万英镑。

法国 2010 年 CAC40 上市公司高管薪酬排行榜中，40 家大型上市公司 CEO 人均 246 万欧元（仅含工资和奖金部分，不含股票期权和增股等），比上一年增加 24%，米其林公司 CEO 薪酬 450 万欧元，上涨 505%。

澳大利亚工会理事会（ACTU）日前公布的《2010 年总裁薪资调查报告》显示，澳大利亚企业高管的平均工资是普通工人平均工资的 100 倍。数据表明，公司高管的报酬在 2008 年和 2009 年经历短暂的间隙后，又再次大幅上

① 英国专门关注高薪阶层收入的独立调查机构——High Pay Commission。

涨。根据该报告，2010年CEO的平均总报酬将达640万澳元，与2009年相比增加17.2%，即94万澳元。相比之下，每名普通工人今年平均工资将上涨5.2%，即3 200澳元。

日本2010财年①CEO最高薪酬为日产汽车非日籍高管，达9.82亿日元（合1 210万美元），相比2009年薪酬提高了10%，相当于同期日本劳均收入的258倍，该公司董事平均薪酬为1.86亿日元，而丰田汽车和本田汽车同期薪酬分别为1.36亿和1.30亿日元，相当于同期日本劳均收入的近50倍。日本上市公司CEO平均薪酬相当于同期普通劳动者收入的16倍多，比过去10年的差距提高不少。

2. 国外高管薪酬结构中长期激励的比重逐步扩大。美国2011年标准普尔500指数公司CEO平均薪酬的结构组成中，股票奖励和期权奖励占到60%（见图26—2），比两年前不到一半的比例提高很多。英国FISE 100指数上市公司CEO薪酬在金融风暴中缩水，但2009年会计年度看涨，虽然基本薪资仅小涨5%，但奖金提高了12%，股票激励更是猛增61%。2009年，消费商品公司利洁时CEO薪酬9 260万英镑，成为FISE 350指数薪酬最高的CEO，其收入主要来自他过去10年间累积下来的股权。相对这些欧美国家而言，日本CEO的报酬基本上是以基本薪酬和与业绩挂钩的奖金为主，作为长期激励的股份报酬比例较小。

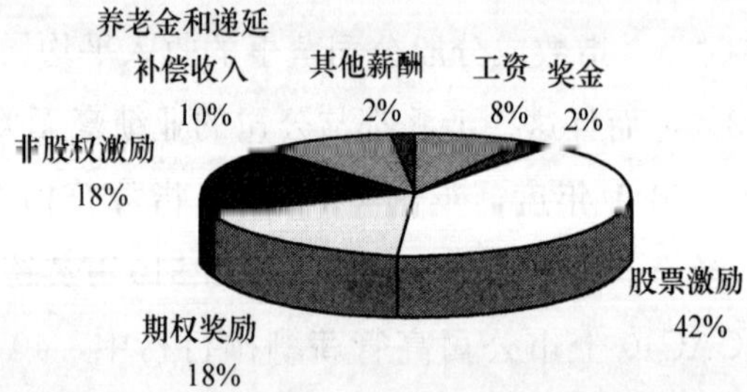

图26—2　美国大公司2011年CEO薪酬结构（1 294万美元/年）

数据来源：劳联—产联网站。

（二）美国高管薪酬行业比较

2011年，美国所有行业CEO薪酬平均值为5 031 042美元，而普通劳动

① 2010年4月到2011年3月。

者平均收入为 34 053 美元，差距约为 148 倍。表 26—1 中为美国选定行业 CEO 薪酬比较，其中，信托机构（非存款类）、保险代理，经济和服务、保险公司等金融行业类 CEO 薪酬值基本保持在全行业 CEO 平均值水平。商业银行、存款机构 CEO 平均薪酬低于全行业平均值，只维持在 2 500 000 美元左右。2011 年，有 4 家商业银行 CEO 薪酬为 15 000 000 美元以上，最高值为摩根大通 CEO 薪酬 23 105 415 美元，合人民币 145 333 060 元（见表 26—2）。

表 26—1　　　　2011 年美国 CEO 薪酬——选定行业

序号	行业	薪酬（美元）	合人民币（元）
1	服装和面料制作成品业	7 313 062	45 999 160
2	汽车修理、服务、停靠业	5 500 689	34 599 334
3	生物制品	3 313 710	20 843 236
4	一般建筑业（建造房屋等）	4 763 620	29 963 170
5	商业服务	3 800 607	23 905 818
6	煤炭开采	5 263 135	33 105 119
7	通信	7 891 970	49 640 491
8	计算机编程、数据处理等相关	4 638 053	29 173 353
9	原油和天然气	6 470 141	40 697 187
10	教育服务	3 272 302	20 582 780
11	电、燃气、卫生服务业	5 021 214	31 583 436
12	电子设备（除计算机）	4 877 657	30 680 463
13	工程、会计、研究、管理及其他服务	3 567 671	22 440 651
14	金属制品业（除机器和交通设备）	4 720 447	29 691 612
15	食品业	6 808 937	42 828 214
16	家具业	5 589 766	35 159 628
17	健康服务业	4 744 777	29 844 647
18	宾馆业等	4 937 536	31 057 101
19	铁路运输	8 275 400	52 052 266
20	房地产投资信托基金业	5 057 329	31 810 599
21	烟草产品业	13 216 872	83 134 125
22	交通服务	3 105 571	19 534 042
23	信托机构（非存款类）	4 398 997	27 669 691

续表

序号	行业	薪酬（美元）	合人民币（元）
24	保险代理、经纪和服务	5 709 031	35 909 805
25	保险公司	6 669 604	41 951 809
26	商业银行	2 528 905	15 906 812
27	存款机构	2 412 067	15 171 901

数据来源：美国劳联—产联网站；汇率 1 美元＝人民币 6.29 元。

表 26—2　美国标准普尔指数 500 覆盖商业银行业 CEO 薪酬（2011）

序号	公司简称	英文名称	公司名称	薪酬（美元）	合人民币（元）
1	WFC	WELLS FARGO&CO	富国银行	19 843 021	124 812 602
2	PNC	PNC FINANCIAL SVCS GROUP INC	PNC 金融服务集团	16 607 150	104 458 973
3	JPM	JPMOGAN CHASE&CO	摩根大通	23 105 415	145 333 060
4	BK	BANK OF NEW YORK MELLON CORP	纽约银行梅隆公司	12 350 260	77 683 135
5	NTRS	NORTHERN TRUST CORP	北方信托银行	14 305 400	89 980 966
6	RF	REGIONS FINANCIAL CORP	地区金融公司	6 381 475	40 139 477
7	USB	U S BANCORP	合众银行	13 619 458	85 666 390
8	KEY	KEYCO	科凯国际集团	4 955 665	31 171 132
9	STT	STATE STREET CORP	道富银行	16 187 964	101 822 293
10	STI	SUNTRUST BANKS INC	太阳信托银行	8 138 241	51 189 535
11	FITB	FIFTH THIRD BANCORP	五三银行	7 238 198	45 528 265
12	BBT	BB&T CORP	BB&T 银行	7 458 475	46 913 807
13	FHN	FIRST HORIZON NATINAL CORP	第一地平线全国公司	4 102 375	25 803 938
14	CMA	COMERICA INC	联信银行	9 819 167	61 762 560
15	BAC	BANK OF AMERICA CORP	美国银行	8 087 181	50 868 368
16	MTB	M&T BANK CORP	M&T 银行	2 939 914	18 492 059
17	HBAN	HUNTINGTON BANCSHARES	亨汀顿巴雪而集团	6 445 710	40 543 515
18	ZION	ZIONS BANCORPORATION	Zions 银行	2 197 399	13 821 639

数据来源：美国劳联—产联网站；汇率 1 美元＝人民币 6.29 元。

（三）美国金融业高管薪酬水平与结构分析

美国金融业高管薪酬水平一直较高，其中与公司股票和利润挂钩的股票奖励、分红与期权激励部分最为丰厚。

美国银行（BAC）作为美国最大的银行之一，接受了联邦基金中约为450亿美元的救市援助金（Troubled Asset Relief Program），2009年该银行偿还了救助金，并在政府的帮助下逃过了危机给银行造成的薪酬限制。2009年，美国银行最高薪酬所得者不是时任CEO的Ken Lewis，而是原美林证券（Merrill Lynch）全球销售和交易部门主席Tomas Montag，现任合并后的美国银行全球市场业务部门总管。Tomas M. 年薪为29 930 431美元（见表26—3），而CEO Ken L. 为27 615 409美元。Tomas M. 的薪酬中，薪资为586 539美元，而股票奖励为29 313 469美元，其他薪酬总共为30 423美元。其中股票奖励占98%（见图26—3），大部分来自于收购美林证券前初次受聘于该集团的股票收入。同时，该公司CEO Ken L. 于2009年12月31日退休，可领取83 000 000美元的退休金。其他5家银行最高薪酬所得者都是各公司的CEO。在薪酬结构中，股票奖励比例最高，固定薪水部分较极少，只有富国银行高管薪酬中薪资占总薪酬的26%，其余的都不足8%。

表26—3　美国选定金融业集团最高薪酬水平及结构比较（2009）　单位：美元

企业名称	最高薪酬	所得者职位	薪资	股票奖励	期权奖励	奖金	养老金及递延报酬	其他薪酬
美国银行	29 930 431	全球市场业务总管	586 539	29 313 469	—	—	—	30 423
花旗集团	11 276 454	CEO	500 000	10 327 374	434 380	—	—	14 700
高盛集团	9 862 657	CEO	600 000	9 000 000	—	—	—	262 657
摩根大通	15 518 794	CEO	1 000 000	14 196 700	—	—	56 386	265 708
摩根斯坦利	10 021 969	CEO	719 347	—	—	7 598 305	482 245	1 222 072
富国银行	21 340 547	CEO	5 600 000	13 083 386	—	—	2 584 375	72 786

数据来源：美国劳联—产联网站。

综上所述，美国金融业高管有着高浮动的薪酬结构，固定工资只作为保障性收入，而奖金与长期奖励则是重要的激励性收入来源。因此对奖金模式的优化是提升高管激励水平的核心所在。

二、金融危机时期国外高管薪酬监管政策

2008—2009年期间发生的金融危机，促使美国政府、国会和公众对金融企业高管的超高薪酬提出强烈质疑和抨击，美国政府相关部门针对高管薪酬

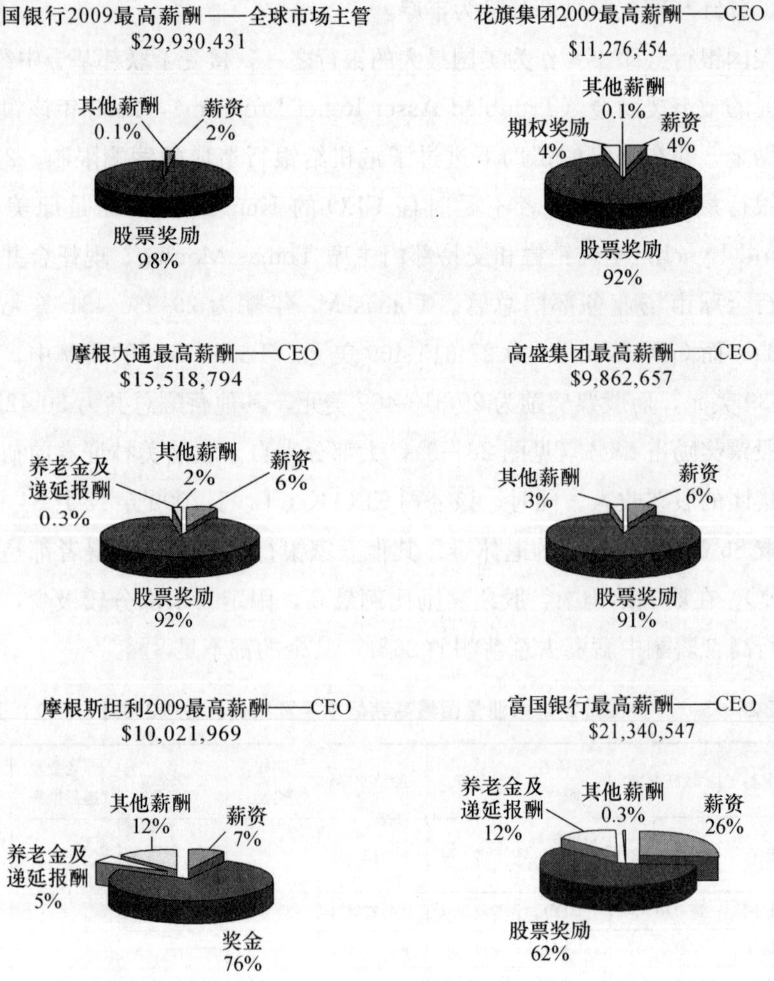

图 26—3　美国选定金融业集团最高薪酬水平及结构（2009 年）

特别是金融行业高管薪酬采取了一系列限制措施。2008 年 10 月中旬，美国财政部根据《紧急经济稳定法案》公布了高管薪酬和公司治理规定，指出任何参加“救市”计划的金融公司都必须遵守以下标准：一是凡向财政部出售 3 亿美元以上“问题资产”的公司，在新招聘高管时，不得规定优厚的离职金并可征收 20%的消费税；二是公司对每位高管的免税薪酬不得超过 50 万美元；三是凡参与财政部股票购买计划的公司必须保证向高管提供的激励性薪酬不会导致威胁公司的价值，以及带来不必要和过高的风险，如若业绩报告为假，将予以追回高管奖金及其他激励性薪酬。2009 年 2 月 4 日奥巴马宣布对华尔街高管的限薪计划，今后凡接受政府救援的金融企业高管年薪上限为50万美元。

此外，欧洲各国也在金融危机时期纷纷出台金融高管限薪措施。时任法国总统萨科奇表示，接受援助的银行高管必须放弃奖金（包括分配各种内部优惠股和无偿股票），并承诺改革银行高管薪酬支付体系；英国金融服务监管局（FSA）出台薪酬分配10项基准要求，总体要求是，金融机构必须建立、实施和维护与有效的风险管理相一致并且有助于提高风险管理水平的薪酬分配体系。

三、后金融危机时期全球金融高管薪酬

金融危机是一面镜子，这面镜子将金融业尴尬现状照得格外清楚。金融危机使得金融行业薪酬面临全球性的严控，金融行业薪酬在与长期业绩挂钩以及承担风险方面有了进一步的规范。

美国2010年7月通过的《多德—弗兰克法案》，被看做是大萧条以来最严厉的金融监管法案。其核心内容是在金融系统中保护消费者利益。主要有7个方面内容：第一，成立金融稳定监管委员会，负责监测和处理威胁国家金融稳定的系统性风险；第二，在美国联邦储备委员会下设立新的消费者金融保护局，对提供信用卡、抵押贷款和其他贷款等消费者金融产品及服务的金融机构实施监管；第三，美联储被赋予更大的监管职责；第四，美联储将对企业高管薪酬进行监督，确保高管薪酬制度不会导致对风险的过度追求；第五，将之前缺乏监管的场外衍生品市场纳入监管视野；第六，大部分衍生品须在交易所内通过第三方清算进行交易；第七，限制银行自营交易及高风险衍生品交易。

巴塞尔委员会（全球银行业监管机构）2010年12月建议公布金融业薪酬结构。建议各国银行应详细披露薪酬细则，此举将有助于促进全球金融机构在薪酬政策方面的趋同性与一致性。该委员会已经就此制定了一份新提案，建议各国银行应定性和定量地公布具体薪酬运作信息，其中包括员工薪酬如何与银行业绩和较长期盈利能力挂钩，一个财年中已发放的奖金笔数和总额，以及所有已授予但尚未支付的薪酬总额。巴塞尔委员会薪酬专责小组主席兼西班牙央行行长费南多·瓦加斯称，新规定还“将允许市场参与者评估银行

薪酬政策的质量以及所承担的风险”。

欧洲议会2010年7月通过了旨在加强银行高层管理者薪酬管理的立法议案。欧盟全部27个成员国将从2011年开始对银行高管的现金奖励设置限额，银行高管一半左右的奖金将延期支付，一旦银行发生困难，将动用这笔钱进行救助。根据新规，银行高管奖金总额中的现金比例将被限制在30%，如奖金数额巨大，现金比例还将被下调至20%。奖金总额中的40%～60%须至少延期3年支付，如银行业绩表现糟糕，这部分奖金可被收回。此外，银行还必须根据员工工资限定奖金额度。

G20峰会多次提及银行高管薪酬问题，并最终提出建议。在匹兹堡举行的G20集团领袖同意将银行花红同长期业绩挂钩，而不是根据短期冒险行为的得利来决定，并建议各国在2012年之前落实新条例，以改善银行资本的质量，抑制过度的金融杠杆效应。

美国证交会（SEC）于2011年3月初出重拳抨击金融高管薪酬，首次要求接受监管的公司每年向SEC报告详细薪酬计划，而SEC则有权禁止相关公司发放那些被其判定为属于激励过度的薪酬安排。根据美国SEC网站公布的新规概要，管理资产超过10亿美元的美国金融经纪公司和投资顾问公司，每年需向SEC报告一次基于激励体系的薪酬计划。之后，SEC有权中止任何其认为存在过度激励并有可能导致企业遭受“实质性金融损失”的薪酬方案。而像高盛和摩根大通这样资产达到或超过500亿美元的大型金融公司，则将面临更为严格的薪酬限制。除需定期汇报薪酬计划外，SEC要求这些公司高管的薪酬中有一半需要延期3年支付。在此期间，如果企业遭受损失或效益下滑，则承诺延期支付的奖金也将相应减少。

日本金融厅继2010年颁布新规要求公开年收入超过1亿日元以上管理人员姓名和收入的政策后，自2012年3月起，将强制要求金融机构公开其海外基地证券交易员和执行董事等领取高额薪酬职员的薪酬总额，旨在执行FSB（金融稳定理事会）[①] 要求各国制定与风险相称的薪酬体系的方针政策。

① 20国集团（G20）在2009年4月2日伦敦峰会后一致同意在金融领域实施新的监管规定，其中包括对冲基金、银行交易员薪酬、评级机构、银行资本金要求、证券化、税收天堂黑名单及对会计规则的审议等，并决定成立金融稳定委员会（Financial Stability Board，FSB）来代替金融稳定论坛（Financial Stability Forum，FSF）。

四、对我国的启示

以美国为主的发达国家金融业高管薪酬水平及监管措施的最新做法，对我国建立高管薪酬制度有一定的启示。

（一）加强政府监管力度

尽管市场有它自身的规律所在，但是政府在调控与监管方面不能失职。自2008年9月美国雷曼兄弟公司申请破产保护，金融危机第一枚骨牌倒下，紧接着金融风暴肆虐全球。许多国家特别是美国政府在危机中期直接干预美国银行业高管薪酬，并在后金融危机时期不断出台严厉的限薪措施，剑指华尔街银行高管，旨在加强风险评估、业绩评估等方面的监管。我国政府也应进一步明确高管薪酬管理的监管部门，必要时出台相应的政策以防止出现高管薪酬失控的局面。

（二）重视长期激励趋势

研究表明，越来越多的企业在高管薪酬中加入长期激励部分，将个人绩效、个人发展潜力和战略贡献纳入参考因素，以吸引和留住高管人才。近年来要求控制高管薪酬水平过高和增长过快的压力越来越大，所以长期激励机制必须和其他薪酬组成部分一起，被谨慎的评价，以保证整体薪酬体系的有效性和合理性。此外，为防止短期效益的弊端出现，应合理减少现金类奖金，年度分红和奖金与公司中长期业绩挂钩，并采用递延方式支付。

（三）链接薪酬与企业绩效

全球各国公司采取不同的方法将高管薪酬与组织业绩关联起来。在决定高管年度基本薪酬增长时，主要考虑的因素是公司业绩、个人业绩和市场薪酬增长率。目前很多美国公司高管与业绩挂钩部分的薪酬大多不是以纵向，而是以横向与竞争对手当期业绩水平为依据[①]，这样会调动公司高管的短期冒险行为，所以制定合理且全面的绩效考核指标在考核高管业绩方面显得尤为重要。数据显示，与前些年相比，美国去年CEO薪酬与最新股价联系更紧密。分析发现，平均而言，2009—2011年期间公司的股东回报每增加1%，CEO当年薪酬会增加0.6%；股东回报每下降1%，CEO薪酬会下降0.6%。

① 狄煌．美国金融风暴与高管薪酬机制变革［J］．经济参考报，2008（12）。

（四）探索薪酬与债务联系

高管薪酬不但应与利润和股价挂钩，还应与风险控制问题联系起来。国外很多研究人员认为公司高管薪酬应该与公司债务而不是公司股权更紧密地联系在一起。该观点代表人物是 Alex Edmans 和 Qi Liu[①]，他们认为数十年来，公司一直将高管薪酬与诸如股票和优先认股权等股权捆绑在一起，但是，在薪酬组合中添加债券，比如退休金，公司从内部付给高管的递延报酬［deferred compensation，也就是人们熟知的"内部债务"（"inside" debt）］，则开始受到人们的关注。这是一个具有积极意义的动向，这种方式有望防范未来的金融危机，同时，还能将公司经理人的利益与所有投资者（既包括股东也包括债券持有人）的利益更紧密地结合起来。这种激励机制能保护债券持有人的利益，而且还能保护企业的价值，尤其是当公司的偿付能力出现问题的时候。

（五）扩大薪酬披露范围

随着金融危机后经济初步复苏，国外许多国家，特别是发达国家在薪酬信息的披露和透明度方面加大监管力度，出台了一系列严厉的方案与措施。美国虽然扩大和加强了公开高管薪酬的义务，但是高管薪酬却出现了进一步高额化的倾向。日本专家分析，由于公开了薪酬，知道自己比其他公司薪酬低的高管要求增加薪酬金额；另一个原因是，虽然得到了高管薪酬的信息，但股东能够对决定高管薪酬施加影响的体制并没有得到保障。在这种情况下，公开高管薪酬有可能导致高额化。我国也应在薪酬信息披露方面强化力度，健全金融业上市公司信息披露制度，同时加强股东在高管薪酬决定方面的影响力和约束力，对高管薪酬加以有效干预。

① Edmans A. & Liu Q.，2010 "Inside Debt"，*Review of Finance*，Forthcoming.

第二十七章
国外利益分享机制

20 世纪 70 年代以后，一些西方市场发达国家普遍实施了利润分享计划。80 年代中期，美国经济学家威茨曼的“分享经济”理论，主张把工资制度改为分享制度，其主要形式有奖金制、分红制、刺激工资制、利润分享制、纯收入分享制等，特点是在固定工资之外，根据企业经营效益的好坏分给工人部分利润。后来，分享经济的概念被扩大化，把工人参与产权分配、参与企业管理以及与资方共享收益的各种形式都归入分享经济的范畴。在多数国家，利润分享的分配形式在一些企业已经常规化、成熟化，取得了良好的效果；在政府的保障和支持下，参与利益分配也成为普通劳动者的一项权利，其经验可供参考或借鉴。

一、主要做法和成效

西方国家劳动者参与分享企业经营成果的主要形式有纯收入分享计划、利润分享计划（利润分红）、职工储蓄计划、职工持股计划等。欧盟也将此类形形色色的计划被称为“金融参与”（financial participation），以示与职工通过工人理事会或合作管理等方式参与企业决策的“雇员参与”（cmployec participation）形式相区别。1991 年起，在欧共体（欧盟）的 PEPPER 报告中，这些金融参与计划又被称为“雇员对企业利润或经营成果的参与”（Employee Participation in Profits and Enterprise Results）。

（一）纯收入分享计划和利润分享计划

纯收入分享计划是企业所有者和劳动者共同分享企业利润的一种企业纯收入分配模式，是相对于传统的固定工资制度而言的。实施这一计划的企业，劳资双方按预先确定的比率，在工资和资本收益之间分配企业纯利润。这样，劳动者和雇主在劳动力市场上达成的协议就不再是规定每小时多少工资，而是各自企业收入中各占多少分享比例。对于劳动者来说，无论是固定工资制度还是纯收入分享制度，其分配结果可能是一样的，但是两种制度对宏观经济的影响却是完全不同的，纯收入分享的核心内容和优势就是能够对抑制通货膨胀并对失业产生积极影响。

利润分享计划是对纯收入分享形式的改进。它是指在分配的过程中，让职工在取得固定工资的基础上再以一定的比例参与利润的分配。职工既有一部分变动收入，还保留了其固定收入，因而更易被职工所接受。

1987—1999年间，在《财富》杂志评选的世界1 000家大企业中，采用利润分享的企业从26%上升到50%以上。日本雇用职工在30人以上的企业，几乎都固定给职工发放每年两次的奖金分红，或者实行其他形式的利润分享计划。日本产业工人总收入的1/4由奖金分红构成；1998年，英国有14 275个利润分享计划，覆盖460万名雇员，但由于政府认为这类计划不以职工广泛持股为目的却享受了巨额税收优惠，于2002年彻底取缔，改为实行“股份刺激计划”；美国2003年有70万家企业为雇员提供了缴费限定型的利润分享计划，覆盖了6 250万名雇员，资产规模达到2.4万亿美元；2005年，德国9%～11%的企业都实行了利润分享计划，1/3的500人以上企业都有利润分享计划；2006年，法国2/3的大企业实行的利润分享计划使1 030万名雇员受益。同年，雇员仅从“义务性利润分享计划”中就获得58亿欧元的收益。

（二）职工持股计划

职工持股计划属于对企业所有权的分享形式，是指在股份公司内部设立职工持股委员会或职工持股基金会，公司以某种形式赋予职工全部或部分资金，帮助职工个人积累资金购买并持有本公司股票的一种新的股权制度。其实质是通过报酬激励、产权激励的双重机制，为企业职工以劳动者和管理者双重身份参与企业生产经营管理提供制度条件。职工持股可以看做是在公司治理框架内对实现所有权激励的一种探索。资方推进职工持股，正是巧妙地运用了职工持股的所有权激励机制。

职工持股计划以各种形式在各国得到快速发展。从1974年职工持股计划开始推广，15年中约有10%的美国劳动者加入了这项计划。到1998年，美国已有约14 000家企业以制度形式实施“职工持股计划”，有3 000万名职工持股，资产总值超过 4 000 多亿美元；在日本，到 1993 年职工持股已经变成一种全国性的现象，有些企业的职工持股会甚至成为第一或第二大股东；2005 年，德国 2%～3%的企业有职工持股计划；英国的职工持股计划是伴随着私营化的改造而兴起的。在已经私有化运作的货运、煤气、电信等 5 家国有企业中，80%以上的职工拥有本公司的股票。

（三）实施效果

学者们对实施各类分享计划的企业进行了跟踪调查，发现实施分享计划刺激了劳动者的工作积极性，对企业经营产生了积极影响；客观上，还有助于缓和劳资关系。

美国联合航空公司在持续多年亏损以后，职工用未来工资的 15%为代价，换取了公司 55%的股权，并在董事会的 12 个席位中取得了 3 个席位，着手参与企业管理，使得联航一年即扭亏为盈；“美国职工所有制中心”对实施职工持股计划的公司和未实行该计划的公司做过调查，发现推行职工持股计划的公司一般比未实行的公司利润率增长高出 8～11 个百分点；职工分享所有权的公司比职工不持股公司的倒闭率低 10%；实行职工持股计划公司的销售额比实行前每年提高 1.89%，比没有实行的公司，每年增长要快 5.4%；美国职工持股计划协会对 239 个成员公司的调查显示，75%的公司认为，实行职工持股计划后，职工的主动性和公司的生产力大为改善或有所改变。

从 1992 年以来，英国职工持股程度高的公司股票的表现总是比整体市场指数好。尽管职工持股只是股票价格上升的因素之一，但公平地说，实行职工持股的公司往往倾向于采取一流公司的管理和交易方法。公司职工由于持有股份更关心公司的事务，公司文化也更加开放并提供给职工更多的信息。职工努力工作，提高效率，节省时间，避免浪费。职工持股方案并不仅仅是提供物质上的激励，而且还创造出更加愉快和积极投入的职工队伍。

日本企业通过实施职工持股制度，使劳动生产率提高了 4%～5%。在劳动力资源稀缺的条件下，通过使职工持有本企业的股票，允许职工通过努力工作使其所持有的股票增值而带来额外收益，增强了职工对企业的归属感，同时更加关心企业的生产经营情况；而对于参加持股会的职工来说，强制性储蓄的同时公司又给予相应的补贴，当职工退休时，可以形成一笔可观的个人财产。

由于这类计划能够协助劳动者储蓄、置产与投资，为劳动者创造或建立资产，使劳动者资产从无到有、由少到多，所以在德国，又将这类制度、方案或措施称为“财产形成制度”（System der Vermogensbildung）。劳动者财产形成制度本身属于一种衍生的福利制度，但也具有调节社会财富、促进社会正义和保障国民经济安全的功能，在一些国家或地区将建立和完善劳动者财产形成法律制度作为一项重要的重要任务，纷纷立法予以保障和促进。

二、政府的保护和促进措施

各类企业利润分享计划的顺利实施与各国政府给予的税收支持是密切联系的。

（一）美国法律提供的优惠条件

20 世纪 30 年代末，美国国会即出台了相关的法规鼓励利润分享制的发展。70 年代至 90 年代，美国先后出台了 5 部以上的法规推动利润分享制的发展，最重要的包括 1984 年、1986 年的《税制改革法》，1996 年的《小企业就业保护法》和 1997 年的《赋税人信任法》。美国各州中也有一半以上的州制定了促进职工持股计划的法律。

具体优惠内容包括：（1）向职工持股计划提供贷款的银行或其他金融机构，因发放职工持股计划贷款而获得的利息收益的 50%可免收联邦所得税（1996 年后不再实行）；（2）职工持股计划基金会分得的用于归还贷款的股份收入可以减免税收；（3）参加职工持股计划的职工，因离开公司或退休时得到的股份收益，可享受税收优惠；（4）非上市公司的股东把股份卖给职工持股计划，使职工持股计划拥有 30%以上的股份，且将其因出售这部分股份的收益用于国内再投资，政府缓征其在出售股份时的资产收益税。

（二）法国的促进措施

法国的做法是，政府以法律手段推进；雇主与雇员通过平等协商签订利润分享协议；政府对企业由雇员分享的利润部分给予税收优惠政策；对雇员分享所得给予税收优惠政策；雇员分享的利润多数成为返给雇主的投资贷款或者存入信托基金。

法国 1959 年颁布《利润分享法》起，开始实施职工参与利润分享制。1967 年再次颁布《利润分享义务法》《雇员储蓄计划法》，规定拥有 100 名雇员以上（1986年调整为50人以上）的企业有义务用未来利润的5%实行利润分享计划。此后这些法律又经过多次修订。

1973年的法律规定，向职工发放股份增加的资本可以免费登记；职工为交纳本金获取股份而从工资中扣除的金额，可以不征所得税。至于企业为鼓励认股或购股而配套的补贴，也不属于纳税范围。

2006年12月和2008年12月，相关法律又经过了最新的修订。目前法律规定，雇主在职工入职时就必须告知本公司实行的分享计划内容和参与这些计划的资格条件。公司就参与这些计划而对职工进行培训还可以享受税收优惠，一小时培训可以获得75欧元的税收减免，每家企业每两年此类税收减免额最高为5 000欧元。根据2006年修订的法律，企业在引入分享计划之前，应报劳动部批准，如果政府主管机构在4个月内未提出异议，则视为同意该计划的实施；分享计划还是各经济部门集体谈判的必谈内容，意味着个体经济也可以在协商自愿的基础上实施分享计划。

为了保障劳动者该项财产形成制度的落实，法国政府还专门成立了“红利与分享制度最高委员”，该委员会代表劳动者的利益，负责监督“红利与分享”制度的实施。该委员会每年向议会和总理提交一份雇员红利和分享情况的报告。

三、对西方国家实施雇员分享计划的思考

（一）雇员利益参与计划自身的优点与不足

各类雇员参与利润分享的计划已成为全面系统的激励体系的一个新的组成部分。它对于有效激励雇员积极性，提振职工士气，提升劳动生产率和企业经营效益的作用是显而易见的。从与本人工作努力程度无关的刚性的保障工资体系，到将职工收入的一部分与企业利润联系到一起，可以增强个人利益与公司利益的一致性，提高劳动生产率和企业的整体效率。如果采用雇员持股计划，雇员会更关心企业收益，因为他们可以从股票升值中受益。职工参与利润分享还在促进企业改善管理方面有潜在推动力。职工作为企业主人参与经营管理，有助于企业的管理革新。

利益参与计划的不足主要体现在3个方面：一是这类计划一般是对所有雇员的激励，可能会限制公司对表现好的职工个人进行专项激励；二是一些

小公司由于年度之间利润的波动较大，可能会导致职工年度间收入的大幅波动；三是对经济效益的过度关注，可能会使职工忽视质量和其他企业目标。

（二）企业实施分享计划的目的具有多元性

20 世纪 60 年代以前，西方国家的利润分享制度仅局限在小范围内运作，其目的主要是使职工安心工作。但西方国家分享经济的持续发展壮大具有日益复杂的经济和社会背景，企业也会出于不同的考虑主动加入利润分享计划。一些企业通过职工持股，成功防止了企业被竞争对手兼并或者收购；还有的企业是为了阻止劳动者加入工会，使工会力量壮大，而同意实施利润分享制度；分享形式中的职工储蓄计划，是一种鼓励储蓄的延期支付形式，能够有效引导劳动者进行储蓄，实现“劳动致富”；而职工持股计划（ESOP）本身就属于是金融创新的产物，是一项复杂的金融契约安排。但不论其出发点如何，职工参与企业收益的分配确实不同程度地提高了企业效率，促进了劳动者与企业的利益一致性，从而有利于劳动关系的改善。

（三）政府推动利润分享计划的原因

近二、三十年来，各国积极推动利润分享制度具有深刻的经济和政治内涵：

目的之一是增进职工福利、消除企业内部纠纷，协调劳资关系。

德国建立劳动者分享制度，目的是为了安抚劳动者情绪，使劳动者不必离开生产线即可间接参与投资，积聚财产；日本建立劳动者利润分享制度，确立由政府补助企业，再由企业补助劳动者，使劳动者与用人单位建立比较密切的劳资关系，减少劳资对立，促进劳动者购买自用住宅，实现劳动者有其居；我国台湾地区实行了劳工储蓄购屋、劳工储蓄保险、劳工储蓄信托和劳工分红入股等方式，是为了改善劳资关系，激励劳工勤于工作、乐于储蓄，抑制贫富差距。

目的之二是缓解失业压力。

雇员利润分享计划提供了更灵活的劳动报酬体系和雇佣政策，可以降低失业率。如果采用雇员持股计划，企业可以仅提供较低的工资，因为他们还可以另外获得作为股东的一部分收入。雇员为了获得资本收益，可以接受雇主提出的较低工资水平。工资的稳定反过来又会减少雇佣政策的变动，因此可以降低失业率。威茨曼在 20 世纪 80 年代提出分享经济的基本目的也是为了缓解滞胀现象，使工资刚性与利润弹性之间的矛盾得到缓解。

目的之三是使财富分散化，实现所谓的“财产所有权民主化”。

一些国家决策者采纳了凯尔萨的思想，即在一个财产所有民主化的社会中（每个公民既是一名资本家，又是一个工人），利益方面和政治意识形态方面的冲突将会大大减少。而职工持股正是资本主义所有权分散化的新机制，它能够在不剥夺、不侵犯原财产所有者利益的前提下，实现财富的重新分配。这也是在资本主义条件下，缓解贫富差距的一种手段。有些情况下，有些国家是出于政党竞选的目的，推动员工利益参与计划的实施。

当前，西方社会普遍面对贫富差距的日益扩大、失业人口剧增、劳动者的幸福感不断衰减等现实，人们将更加关心财产重新分配的可能性。分享经济这种分配制度能够逐步减少社会中富裕成员和一般成员之间在权力、影响、收入和生活水平等方面存在巨大差距，其发展趋势也将不可逆转。

大 事 记

1月

▲1月20日，国际劳工组织（ILO）发布了《2010—2011年全球工资报告》（中文版），报告使用了115个国家和地区的数据，分析了金融危机对各国家和地区工资水平、差距和劳动报酬份额的影响，讨论了各国在工资分配领域采取的不同政策措施。中国的数据和例子在报告中多次出现。

▲1月25日，人力资源和社会保障部会同住房和城乡建设部、公安部、国务院国资委等部门组成联合督查组，分赴江苏省、河南省等地开展保障农民工工资支付工作专项督查。

2月

▲2月初，据东南沿海各地毕业生招聘会的统计信息，2011年应届本科毕业生的薪酬涨幅低于普工、技工。春节以来，普工、技工的薪酬水平已迫近甚至赶超了大专院校的毕业生，“大学毕业生月薪不如农民工”引起社会广泛讨论。

▲2月12日，新华网“两会最受关注的问题”调查结果显示，2011年两会期间网民最关注的民生问题中，“社会保障”位居第1，“司法公正”和“个人收入”分别位于第2和第3位。

▲2月25日，第十一届全国人民代表大会常务委员会第十九次会议通过《刑法修正案（八）》，修正案设立了拒不支付劳动报酬罪。该法规定：以转移财产、逃匿等方法逃避支付劳动者的劳动报酬或者有能力支付而不支付劳动者的劳动报酬，数额较大，经政府有关部门责令支付仍不支付的，处3年以下有期徒刑或者拘役，并处或者单处罚金；造成严重后果的，处3年以上7年以下有期徒刑，并处罚金。

3月

▲3月8日，十一届全国人大四次会议举行主题为“就业和社会保障体系建设”的记者会，人力资源和社会保障部部长尹蔚民、副部长胡晓义接受媒体采访，回应了就业、最低工资、社保等民生问题。

▲3月23日，中共中央、国务院发布《关于分类推进事业单位改革指导意见》，指导意见中指出，要以完善工资分配激励约束机制为核心，健全符合事业单位特点、体现岗位绩效和分级分类管理要求的工作人员收入分配制度。

4月

▲4月18—19日，全国劳动关系工作座谈会在浙江省杭州市召开。人力资源和社会保障部副部长杨志明在会议中指出，未来劳动关系协调工作的重点之一是调整企业工资收入分配关系，“十二五”形成合理有序的工资收入分配格局，要以提高企业普通职工工资水平为核心，进一步深化企业工资分配制度改革，以实现职工特别是农民工工资基本无拖欠为目标，进一步健全保障工资支付长效机制。

▲4月22日，人力资源和社会保障部召开第一季度新闻发布会，一季度，13个省（区、市）根据当地实际调整了最低工资标准，平均增幅20.6%。截至4月底，全国月最低工资标准最高的是深圳市1 320元，小时最低工资标准最高的是北京市13元。

▲4月23日，武汉市商贸金融烟草工会联合会代表职工方，与代表企业方的武汉市餐饮业协会正式签订《武汉市餐饮行业工资专项集体合同》。合同分别明确了中心城区和新城区的职工最低工资标准以及厨师长、餐厅服务员、餐具清洗员等10类岗位的最低工资标准。明确了年度工资增长最低幅度。这是国内迄今为止内容最为齐全、保护职工权益最具体的集体合同范本。

5月

▲5月20—22日，人力资源和社会保障部劳动工资研究所、人力资源和社会保障部《职业》杂志社以及中国劳动学会薪酬专业委员会共同在成都市举办“第八届中国薪酬管理高层论坛”。全国人大农业与农村委员会委员、中国劳动学会会长华福周出席论坛并作了主旨报告，会议表彰了2011年中国薪酬管理年度创新企业、创新人物和年度优质服务机构，人力资源和社会保障部劳动工资研究所所长刘学民发布了《2011年中国薪酬发展报告》。

▲5月30日，中华全国总工会启动了《全国工会集体协商指导员培训实施计划》，计划用3年时间，由全国各级工会分层分批培训15万名从事工资集体协商工作的指导员或工会干部。中华全国总工会集体合同部部长张建国表示，将着重抓好区域性、行业性工资集体协商、非公有制企业工资集体协商建制、世界500强在华企业建制工作。

▲5月底，人力资源和社会保障部开始在全国范围内开展企业薪酬调研，计划将44 467家企业确定为薪酬调查对象，重点掌握在2010年1月1日至12月31日期间每个企业的人工成本情况和劳动者的工资报酬情况。此举在于以提高企业普通职工工资水平为核心，进一步深化企业工资分配制度改革，以达到“十二五”期间实现最低工资标准年均增长13%以上的目标。

6月

▲6月2日，人力资源和社会保障部发布《人力资源和社会保障事业发展“十二五”规划纲要》。《纲要》提出未来5年，我国最低工资标准年均将增长13%以上，绝大多数地区最低工资标准将达到当地城镇从业人员平均工资的40%以上。

▲6月13日，人力资源和社会保障部部长尹蔚民在日内瓦举行的第100届国际劳工大会上发言提出“以体面劳动实现包容性增长”，其中重点要完善收入分配制度，努力实现居民收入增长和经济发展同步、劳动报酬增长和劳动生产率提高同步。

▲6月21日，国家审计署披露17家央企多项违规问题，国资委表示将规范职务消费、加强薪酬福利管理，推动企业及时堵塞管理漏洞，并不断增强透明度，欢迎媒体及社会各界对央企监督，打造“阳光企业”，促进中央企业健康可持续发展。

▲6月30日，全国人大常委会表决通过了《全国人民代表大会常务委员会关于修改〈中华人民共和国个人所得税法〉的决定》，《决定》规定我国居民个税免征额提高到3 500元，将最低档税率由5%降低到3%，《决定》于9月1日起生效。

7月

▲7月5日，国家安监总局办公厅、卫生部办公厅、人力资源社会保障部办公厅、全国总工会办公厅发布《关于进一步做好夏季防暑降温工作的通

知》。通知要求，进一步做好高温天气防暑降温工作，用人单位不得以因高温停止工作、缩短工作时间为由扣除或降低劳动者工资和奖金。

▲7月12日，国家统计局公布北京等23个省（区、市）的2011年城镇单位在岗职工平均工资。数据显示，在这23省（区、市）中，北京市职工月平均工资最高，其次是上海市、浙江省，而排名垫底的甘肃省月平均工资仅为北京市的1/2。很多公众由于不了解统计规则，普遍认为工资“被平均”。

▲7月25日，人力资源和社会保障部召开第二季度新闻发布会，通报2011年第二季度人力资源和社会保障工作进展情况。上半年全国共有北京市、天津市、山西省等18个地区相继调整了最低工资标准。月最低工资标准最高的是深圳市1 320元，小时最低工资标准最高的是北京市13元。全国共有13个省（区、市）发布了2011年度工资指导线，基准线多在15%以上。

8月

▲8月8日，人力资源和社会保障部开展公务员的津补贴调研，积极准备起草制定《公务员实施地区附加津补贴方案》和《事业单位岗位绩效工资制度》，同时为下一步公务员工资改革做准备。

▲8月15—16日，由全国总工会、人力资源社会保障部、全国工商联、中国企业联合会、中央宣传部联合召开的“全国构建和谐劳动关系先进表彰暨经验交流会”在北京市举行。中共中央政治局常委、中央书记处书记、国家副主席习近平出席会议并讲话。

▲8月24日，中华全国总工会与国际劳工局共同举办的“行业工资集体协商国际研讨会”在哈尔滨市举行，来自国际劳工局的专家及17个省（区、市）的50多名工会干部，就开展行业工资集体协商进行专题研讨。中华全国总工会书记处书记江广平、集体合同部部长张建国，国际劳工组织北京局局长霍百安等出席研讨会。

9月

▲9月26—28日，人力资源和社会保障部副部长何宪出席在湖北省武汉市召开的全国机关事业单位工资工作座谈会并作重要讲话，湖北省委常委、副省长张岱梨致辞。期间，何宪副部长就机关事业单位工资工作进行了调研。

10月

▲10月25日，人力资源和社会保障部召开第三季度新闻发布会，新闻发

言人尹成基称，前三季度我国21个省（区、市）提高了最低工资标准，平均增幅21.7%；小时最低工资最高的是北京市的13元，月最低工资最高的是深圳市的1 320元。截至9月底，全国已有北京市、天津市、山西省等21个省市上调了最低工资标准，25个省份发布了2011年度工资指导线，基准线多在14%以上。

11月

12月

▲12月1—2日，尹蔚民部长在人力资源和社会保障部务虚会上要求加强顶层设计，深入研究人力资源社会保障重大问题，指出工资收入分配领域要重点研究建立机关事业单位工资水平决定和正常调整机制问题、建立企业职工工资正常增长机制和指导调控机制问题。

▲12月1日，第四届中国劳动论坛在北京会议中心成功举办。此次论坛由人力资源和社会保障部主办，会议以构建和谐劳动关系为主题，从劳动关系、就业、收入分配、社会保障等方面展开交流研讨，各省、自治区、直辖市人力资源和社会保障厅（局）及有关协会、学会的代表、研究机构和高等院校的专家学者、有关企业代表近150人出席论坛。

▲12月5日，2012年元旦春节前保障农民工工资支付工作视频会议在北京召开。会议由人力资源和社会保障部、国家发展和改革委员会、公安部、监察部、财政部、住房和城乡建设部、国务院国有资产监督管理委员会、国家工商行政管理总局、中华全国总工会9部门联合举办，专门就做好2012年元旦、春节前保障农民工工资支付工作进行动员部署。

▲12月29日，全国人力资源和社会保障工作会议在北京召开，中共中央政治局委员、国务院副总理张德江出席会议并讲话。张德江副总理强调，要积极构建和谐劳动关系，大力推动劳动关系制度创新，抓紧解决劳动关系领域存在的突出问题，完善劳动关系工作机制，切实维护劳动者合法权益。

参考文献

［1］国家统计局. 中国统计年鉴［M］. 北京：中国统计出版社，2011

［2］人力资源和社会保障部. 中国劳动统计年鉴［M］. 北京：中国劳动社会保障出版社，2010

［3］麦可思研究院. 中国大学生就业报告（就业蓝皮书）［R］. 北京：社会科学文献出版社，2009，2010，2011，2012

［4］中国社会科学院. 中国人才发展报告 2011［R］. 北京：社会科学文献出版社，2011

［5］《中国就业》编辑部. 记忆 2011：数字篇［J］. 中国就业. 2012，1

［6］张金华. 2012，毕业生就业前路漫漫［J］. 中国大学生就业. 2011，24

［7］曾湘泉，丁大建等. 大学生就业难在“满意度”［J］. 中国大学生就业. 2012，5

［8］智联招聘薪酬数据研究中心. 年度薪酬报告［R］. 2012

［9］人力资源和社会保障部劳动工资研究所. 中国薪酬发展报告 2011［R］. 2009

［10］清华大学教育研究院. 中国大学生学习与发展追踪研究［R］. 2012

［11］全国高等学校学生信息咨询与就业指导中心. 2011 年中国大学生就业状况调查［J］. 职业与技术教育. 2011，33

［12］蔡昉. 农民工和大学生工资趋同说明了什么［N］. 人民日报，2006-7-12

［13］孙群义. 白领蓝领月薪倒挂之谜［J］. 中国薪酬. 2012，3

［14］中国青少年研究中心. “十五”期间中国青年发展状况及“十一五”

期间中国青年发展趋势研究报告［R］. 2005

［15］曾湘泉. 变革中的就业环境和中国大学生就业［J］. 经济研究. 2004，6

［16］加里·贝克尔. 人力资本投资［C］. 北京：中信出版社，2010

［17］萧鸣政等. 中国人力资源服务业白皮书 2012［R］. 北京：人民出版社，2012

［18］中国社会科学院人口与劳动经济研究所. 人口与劳动绿皮书（2011）［R］. 北京：社会科学文献出版社，2009

［19］何亦名. 中国高等教育扩张的就业与工资效应研究［D］. 暨南大学，2007

［20］张车伟，薛欣欣. 国有部门与非国有部门工资差异及人力资本贡献［J］. 经济研究. 2008，4

［21］中国证监会. 中国证券监督管理委员会 2011 年报［R］

［22］PSFD 数据，2005 年 7 月在上海、浙江和福建三省市进行的“家庭动态与财富代际流动抽样调查”。

［23］张东生等. 中国居民收入分配年度报告［M］. 北京：经济科学出版社，2011

［24］李晓西等. 中国地区间居民收入分配差距研究［R］. 北京：人民出版社出版，2010

［25］马晓君，刘璇. 我国地区间工资差异比较研究［J］. 经济研究，2010，9

［26］马小丽著. 薪酬绩效体系构建方法与操作［M］. 北京：中国劳动社会保障出版社，2011

［27］赵治纲. EVA 业绩考核理论与实务［M］. 北京：经济科学出版社，2009

［28］佘运霞. 市场经济国家的集体谈判制度［M］. 北京：中国经济出版社，1999

［29］余永定等. 西方经济学［M］. 北京：经济科学出版社，1997

［30］斯蒂格里茨. 经济学［M］. 北京：中国人民大学出版社，1997

［31］国际劳工组织. 最低工资［M］. 马小丽译. 北京：经济管理出版

社，1997

[32] 国际劳动组织. 工资 [M]. 金勇进译. 北京：中国劳动出版社，1991

[33] 狄煌（劳动工资研究所）. 美国金融风暴与高管薪酬机制变革 [J]. 经济参考报，2008，12

[34] 中国国内生产总值核算历史资料（1952—2004）[M]. 北京：中国统计出版社，2007

[35] 中国资金流量表历史数据（1992—2004）[M]. 北京：中国统计出版社，2008

[36] 亓名杰. 国有企业活力的利益机制研究——兼论劳动者直接参与利润分配 [J]. 浙江经专学报（嘉兴）. 1996（2）

[37] 孙迎联. 中西比较视野中的分享经济理论 [J]. 南京理工大学学报（社会科学版），2007（6）

[38] 张泽荣. 当代资本主义分配关系研究 [M]. 北京：经济科学出版社，1994

[39] 杨体仁，李丽林. 市场经济国家劳动关系 [M]. 北京：中国劳动社会保障出版社，2000

[40] 新加坡人力部. 新加坡全国工资理事会（NWC）指导原则 2011/2012. http：//www. mom. gov. sg/Pages/default. aspx. 2012-2-2

[41] 胡志华，黄凤仪. 选定地方的最低工资制度 [R]. 立法会秘书处资料研究及图书馆服务部. 2008，3

[42] LPC，National Minimum Wage-Low Pay Commission Report 2012，http：//118. 26. 57. 18/1Q2W3E4R5T6Y7U8I9O0P1Z2X3C4V5B/www. lowpay. gov. uk/lowpay/report/pdf/2012 _ Report. pdf，accessed in 3 April，2012.

[43] Edmans A. & Liu Q.，2010 "Inside Debt"，*Review of Finance*，Forthcoming.

[44] AFL-CIO，Trends of CEO Compensation，http：//www. aflcio. org/Corporate-Watch/CEO-Pay-and-the-99/Trends-in-CEO-Pay，accessed in 4 April，2012.

后　记

呈现在读者面前的这本《中国薪酬发展报告》，是我们奉献给大家的第二本薪酬蓝皮书。

《中国薪酬发展报告》2011年版是在总结2010年版的基础上撰写完成的。为了全面展示2011年薪酬工作的全貌，我们对薪酬发展报告从体例、结构到内容进行了调整，使体例更加合理，结构更加完整，内容更加全面。读者一书在手，便可全面了解目前工资收入分配制度改革、发展以及探索、实践等相关情况。

本报告重点对2011年国内薪酬工作进行了全面总结和系统展示，对未来一个时期薪酬发展趋势及前景进行了初步展望和预测。全书共分5篇27章，几乎涵盖了我国工资收入分配的全部内容。

在综述篇中，我们对“十一五”时期企业、机关和事业单位工资收入分配情况进行了回顾和总结，同时还对近年来劳动报酬占初次分配比重的变化情况以及2011年工资收入分配情况进行了综述和分析。

在评估篇中，我们侧重从9个方面分别对2011年工资收入分配情况进行了全面评述，有进展情况，有主要问题，还有展望与建议。

在探索篇中，我们重点对目前工资分配领域若干重大理论和实践问题进行了研究和探讨，这也是我所2011年部分科研成果的集中展现。

在实践篇中，我们选取了部分有代表性的地区和企业在工资收入分配制度改革和人力资源管理方面的经验和做法，可资参考和借鉴。

在国外篇中，我们选编了部分国家工资制度方面的相关情况，并进行了综合比较分析，从中可以得到一些启示。

本报告主要有以下特点：

一是全书每章都在理论阐述、实践总结的同时，深刻地剖析了该部分当前存在的突出问题，提出了相关改进建议和对未来发展的预测。

二是全书每个主题都注重数据分析，同时辅之以相关的案例、示意图及归纳表格以辅助表述，做到宜图则图，宜表则表，以达到简明清晰之目的。同时内容努力做到有最新年度的数据支持，尽可能地符合社会和企业人力资源部门的需要。

三是全书在体例和结构安排上，既区别于教科书面面俱到，也有别于学术专著长篇大论。而是每章围绕一个中心，较好地集理论性、政策性、实用性、技术性和前瞻性于一体。

总之，我们试图通过上述篇章和内容，从多角度、多侧面、多层次展示2011年的薪酬发展情况。虽然全所撰写人员尽了最大的努力，但限于水平，特别是由于相关数据的缺乏和不完整，给撰写分析工作带来不少困难，不免挂一漏万，心中仍存忐忑，期待着各位的批评和指正。

感谢参加本书各章编写人员，他们分别是：

第一章王学力；第二章肖婷婷；第三章王霞；第四章刘军胜；第五章吕井海、杨艳玲；第六章吕井海；第七章刘秉泉；第八章王宏；第九章胡宗万；第十章狄煌；第十一章常风林、孙群义；第十二章王学力；第十三章钱诚；第十四章王宏；第十五章狄煌、肖婷婷、贾东岚；第十六章王霞；第十七章刘军胜；第十八章杨飞刚；第十九章马小丽；第二十章、第二十一章、第二十二章孙玉梅；第二十三章易才集团企业与社会发展研究院；第二十四章、第二十五章、第二十六章贾东岚；第二十七章王霞；大事记钱诚。全书由刘秉泉、杨黎明初审，最后由刘学民审改定稿。王学力、王霞、常风林、胡宗万等在本书的体例、内容和组织协调过程中，做了大量工作。

感谢人力资源和社会保障部邱小平副部长在百忙之中为本书作序。

感谢易才集团企业与社会发展研究院院长龚德智以及杜丽静、副总裁郝永泉给予的支持。

感谢中国劳动社会保障出版社的责任编辑黄霞为本书所做的工作。

本书在撰写过程中，参考、引用、借鉴了相关数据和研究成果，在此不一一列举，对他们的贡献一并表示感谢！

刘学民

2012年8月20日